KB131656

유발 하라리의 르네상스 전쟁 회고록

# Renaissance Military Memoirs

## 르네상스 전쟁 회고록

유발 하라리의

: War, History and Identity, 1450-1600

전쟁, 역사 그리고 나, 1450~1600

Yuval Noah Harari

유발 하라리 ─ 김승욱 옮김 ─ 박용진 감수

김영사

# 유발 하라리의 르네상스 전쟁 회고록

1판 1쇄 발행 2019. 7. 18.
1판 8쇄 발행 2019. 8. 13.

지은이 유발 하라리
옮긴이 김승욱 | 감수자 박용진

발행인 고세규
편집 박민수 | 디자인 이경희
발행처 김영사
등록 1979년 5월 17일(제406-2003-036호)
주소 경기도 파주시 문발로 197(문발동) 우편번호 10881
전화 마케팅부 031)955-3100, 편집부 031)955-3200 | 팩스 031)955-3111

값은 뒤표지에 있습니다.
ISBN 978-89-349-9687-3 03900

홈페이지 www.gimmyoung.com 블로그 blog.naver.com/gybook
페이스북 facebook.com/gybooks 이메일 bestbook@gimmyoung.com

좋은 독자가 좋은 책을 만듭니다.
김영사는 독자 여러분의 의견에 항상 귀 기울이고 있습니다.

이 도서의 국립중앙도서관 출판예정도서목록(CIP)은 서지정보유통지원시스템 홈페이지(http://seoji.nl.go.kr)와
국가자료종합목록 구축시스템(http://kolis-net.nl.go.kr)에서 이용하실 수 있습니다.(CIP제어번호 : CIP2019026269)

아바, 이마, 사브타에게

# 역사 속 나의 의미를
# 찾는 여정

유발 하라리에 대해서는 더 이상 설명이 필요 없을 듯하다. 그는 널리 알려진 미래학자이자 사상가다. 그런데 그의 이력에는 역사학자, 더 자세하게는 중세 전쟁사 전공자라는 소개가 빠지지 않는다. 미래학자와 역사학자. 이 두 분야는 전혀 어울리지 않아 보인다. 그를 유명하게 만든 《사피엔스》는 거시적 안목에서 역사를 다루고 있고, 중세 전쟁에 관한 내용은 거의 없다. 그러므로 그가 어떻게 해서 아주 특수한 분야에 속하는 중세 전쟁사에서 인류 역사 전체를 다루는 빅히스토리로 옮겨간 것인지 궁금할 수밖에 없다. 아주 세밀한 분야로 역사에 입문했지만, 좀 더 넓은 시야에서 역사를 바라보고자 했을 것이라고 짐작해볼 수 있다. 좀 더 상상력을 발휘해본다면 재레드 다이아몬드의 《총, 균, 쇠》가 영향을 미쳤다는 정도를 더 할 수 있을 것이다.

그러나 문제의식이 갑자기 바뀌지는 않았을 것이다. 이에 관한 단서를 《21세기를 위한 21가지 제언》에서 얻을 수 있는데, "나는 누구인가?"(20장)라는 질문이 그것이다. 그는 삶의 의미와 세상의 의미에 대해 고민했고, 답을 얻기 위해 학문 세계에 발을 들여놓았다. 그리하여 "옥스퍼드 대학교에서 중세 병사들의 자전적 기록을 주제로 박사학위 논문을 썼다"(21장)고 했다. 그렇지만 답을 얻지 못했다. 그 이후에는 자신과 자신을 둘러싸고 있는 세상에 대한 관찰, 혹은 통찰을 통하여 인류 전체에 대한 새로운 해석을 선보였다. 여기서 우리는 그가 "나는 누구이며 삶의 의미와 세상의 의미란 무엇인가"라는 일관된 문제의식을 가지고 있음을 엿볼 수 있다. 결국 하라리의 출발점은 나 자신과 삶의 의미에 대한 질문이었고, 이에 대한 잠정적인 답변이 바로 그의 박사논문인 이 책 《르네상스 전쟁 회고록》이다

한마디로 이 책은 하라리의 독자적 역사 해석의 출발점이다. 앞서 하라리의 질문은 '나'와 '세상'의 의미라고 했다. 《사피엔스》를 비롯한 '인류 3부작'이 '세상의 의미'를 구하려는 시도였다면, 이 책은 '나의 의미'를 탐구하는 셈이다.

흔히 많은 사람들은 역사를 알아야 한다고, 이 세상이 어떻게 돌아가고 있는지 알아야 한다고 말한다. 하라리의 3부작 역시 세상이 지금까지 어떻게 변해왔으며, 앞으로 어떻게 변할 것인가를 말하고 있다. 많은 독자들이 역사를 알면 미래를 예측할 수 있을 것이라고

생각한다. 그러나 감히 독자들에게 묻건대, '우리'의 역사를 돌아봄으로써 '우리'의 좌표를 알고 미래를 예측할 수 있게 되기는 했는데, 독자 자신의 삶의 의미는 발견했는가? 우리의 좌표를 알아내기는 했는데, 나의 좌표는 어디인가? "나는 누구이며 내 삶의 의미는 무엇인가"라는 애초의 질문에 대한 답을 얻었는가 말이다.

이 책은 바로 '우리'에 대해 질문을 던지기 이전, '나'에 대한 질문을 던진 하라리가 잠정적으로 얻은 답변이다. 물론 책에 '나의 의미'에 대한 해답은 나오지 않는다. 이 책을 읽는다고 해서 내 삶의 의미를 발견할 수는 없을 것이다. 다만 나와 우리의 구분선을 찾아보고, 그 둘은 어떤 점에서 갈라지는가, 어떻게 관계를 맺고 있는가, 그리고 진정한 나는 어떻게 관찰해야 하는가에 대한 실마리를 얻을 수는 있을 것이다.


이 책은 박사학위 논문이므로 중세사 연구자라면 당연히 알고 있으리라 생각되는 것들을 굳이 설명하지는 않았다. 그러나 독자들은 중세사 전공자가 아니므로, 이 책을 읽기에 앞서 미리 알아두면 이해하는 데 도움이 될 만한 통념을 간략히 소개한다.


1. 무엇보다 염두에 두어야 할 것은 근대와 중세는 뚜렷이 대비되는 시대라는 것이다. 근대 사회의 중심 원리는 합리성, 혹은 이성이다. 근대 사회를 구성하고 있는 것은 이성을 가진 개인individual으로서, 자율적이며 독립적인, 불가분의in-divide 존재다. 이러한 개인은 르네상스 시대(15~16세기)에 처음 등장했다. 그 이전에는 이

러한 개념의 개인이란 존재하지 않았다. 신앙의 시대인 중세 시대 (5~15세기)에 인간은 공동체의 일원일 때에만 의미를 가졌다. 당시 인간은 두 번 태어나는 것으로 간주되었는데, 첫 번째는 생물학적 탄생이고, 두 번째는 공동체의 구성원이 되는 사회적 탄생이었다. 예를 들어, "너는 누구인가?"라는 질문을 중세인에게 한다면 "나는 어느 집단이나 공동체 소속이다"라고 대답할 것이다. 따라서 나의 정체성은 곧 집단이나 공동체의 정체성과 같았다. 그러므로 오늘날 우리가 생각하는 개인은 근대 이전에는 존재하지 않았다.

 2. 정치와 권력관계 측면에서도 근대와 중세는 대비된다. 중세 시대에는 권력이 분산되어 있어서 왕이란 일개 귀족에 불과했고, 왕국이란 이름뿐이었다. 자연히 귀족들은 각 지역에서 왕과 같은 권력을 누렸다. 특히 무력의 행사에 있어서, 귀족들은 전사였으므로 모든 전사들은 동등한 권리를 지녔다. 그러나 이러한 권력관계 및 무력의 행사가 근대로 넘어오면서 왕에게 집중되었다. 이때 왕이 무력과 권력을 집중시킬 수 있었던 근거는 국왕만이 전체의 이익, 혹은 공공의 이익을 위해 일한다는 논리였다. 바꿔 말하면 귀족들은 전사로서 자신들의 이익만을 위하는 이기적인 존재라는 뜻이다.

 물론 근대와 중세를 이분법으로 나눌 수는 없다. 오늘날 이러한 주장을 있는 그대로 받아들이는 사람은 거의 없다. 회고록이란 한 사람이 '자신'의 일생을, 혹은 그때까지의 삶을 되돌아보며 기록할 만한 것들을 쓴 문헌이다. 그렇다면 르네상스 시대의 회고록을, 자신을 독립된 개인으로 바라본 최초의 근대인이 남긴 기록이라고 할 수 있을까? 하라리는 이런 통념에 반대하며, 이 책에서 르네상스 시대의 개인과 인간에 대한 생각들이 단순하지 않다는 점을 군인들의 회고록을 통해 보여준다.

회고록은 일어난 일을 그대로 기록했다는 점에서 역사에 가깝지만, 그 내용을 개인이 기억할 만하다고 판단한 개인의 행위가 채우고 있다는 점에서 개인사에 불과하다. 그러나 르네상스 전쟁 회고록에서 기억의 가치를 결정하는 것은 전사 집단의 가치다. 그러므로 선택되는 내용들은 대체로 영웅적 행위이며, 영웅적 행위라면 자신의 것이든 다른 사람의 것이든 상관없이 기록되어 있다. 이와 달리 역사적·사회적으로 중요한 사건이라고 하더라도 그것이 영웅적 행위가 아니라면, 즉 전사의 입장에서 기억되어야 할 만한 일이 아니라면 건너뛰기 일쑤다.

무엇보다 사건 전체를 설명해줄 수 있는 인과관계는 전혀 설명되어 있지 않다. 인과관계가 필요 없으므로 연대순으로 기록되어 있지도 않다. 오직 영웅적 행위만이 개인적인 감정의 개입 없이 자세히 기록되어 있다. 놀라운 사실은, 르네상스 시대의 전쟁 회고록들은 모두 같은 내용을 담고 있다는 점이다. 그리하여 모든 전쟁 회고록은 세세한 사실관계에서만 차이가 날 뿐 실상 동일한 행위를 담고 있다. 그렇다면 장소와 시간만 다른 영웅담을 당시의 군인들은 왜 썼을까? 하라리는 이를 오늘날의 스포츠에 비유한다. 즉, 축구경기에서 중요한 것은 경기의 상세한 내용이지 축구라는 경기의 탄생 배경이 아니다. 누가 어떻게 골을 넣었는지가 중요하듯이, 르네상스 전쟁 회고록에서도 누가 어떤 무훈을 세웠는지가 중요했던 것이다.

이 회고록의 수된 녹자층은 지휘관과 전사들이다. 그러므로 이 유형의 글은 개인의 회고록이라기보다는 전사 집단의 회고록이라고 할 수 있다. 전사 공동체의 가치를 구현하고 자신이 그 공동체에 속해 있음을 확인하려는 목적으로 쓰인 것이다. 이러한 점에서 르네상스 전쟁 회고록은 중세적 가치의 연장이라고 할 수 있으며, 근대적 개인의 출발점이라고 할 수는 없다.

르네상스 전쟁 회고록의 이러한 특징을 뚜렷이 보여주기 위해 하라리는 20세기의 전쟁 회고록과 비교 분석한다. 20세기의 전쟁 회고록은 개인의 감정을 중요하게 다룬다. 전장의 경험 또는 전쟁에 맞닥뜨린 자신에 대한 성찰이 주요 내용을 이루며, 이에 따라 전쟁 자체의 불필요함을 역설하는 경우도 있다. 주된 독자층 또한 특정 집단이 아니라 일반 대중이다. 따라서 20세기의 전쟁 회고록은 독립적이고 자율적인 개인이 자신만의 독특한 경험과 자아에 대한 성찰을 기록한 것으로서, 이때 개인은 근대인의 특징을 보여준다.

그렇지만 르네상스 전쟁 회고록이 사라진 것은 20세기에 들어서가 아니다. 17세기에 중앙집권 국가가 등장하면서 왕조의 우수성이나 민족 영웅의 빛나는 행위를 내세우는 이야기(민족 영웅담)에 자리를 내주었다. 르네상스 전쟁 회고록이나 민족 영웅담이나 모두 무훈과 무력을 이야기하고 있다는 점에서 동일하다. 그러나 르네상스 전쟁 회고록에 등장하는 전사 귀족이 무력을 사용한 목적은 자신의 명예를 위한 것인데 반해, 민족 영웅담은 민족 전체, 즉 '우리' 모두를 위한 것이라는 점에서 다르다. 한마디로 전사 귀족들은 사적인 목적을 위해 무력을 휘두르는 반면, 민족의 영웅은 공적인 목적을 위해 자신을 희생한다.

따라서 르네상스 회고록은 폭력을 휘두를 수 있는 권리가 전사 귀족에게 있음을 보여주는 것이다. 반면 민족 영웅담은 폭력을 근대 왕정국가가 독점해야 함을 보여준다. 말하자면 르네상스 전사 귀족의 회고록은 폭력을 독점하려는 왕정에 대한 저항의 일환이라고 할 수 있다. 그러나 전사 귀족의 이러한 노력은 실패했고, 왕정과 국가는 폭력을 독점했을 뿐만 아니라 민족 영웅담을 만들어냄으로써 '우리' 모두를 위한 역사를 만들어냈다. 역사에서 명예를 위한 '개인사'를 분리해내고, 마침내 역사를 독점했다.

근대의 역사는 개인의 무용담을 모아놓는 데 그치지 않았다. 그것은 영웅의 위대한 업적들이 인과관계를 가지고 있어서, 그 결과 오늘날 우리가 영광스러운 현재를 살 수 있게 되었다고 이야기한다. 즉, 공공의 이익과 민족 전체의 운명을 짊어진 영웅의 위대한 업적들의 결과로 왕조와 민족이 사라지지 않고 지금까지 이어져왔다는 것이다. 그리하여 역사는 인과관계의 총합이 된다.

그런데 20세기에 들어서 전사나 지휘관 집단이 아니라 대체로 하급 군인들이 주인공이 되어 자신만의 고유한 경험을 기록하기 시작했다. 경험을 지닌 사람이라면 누구든 기록자가 될 수 있었다. 국가가 독점하고 있는 폭력의 권리를 가져올 수는 없지만 폭력이 행사되는 방식에 대한 경험과 느낌을 기록으로 남김으로써 영웅의 이야기로 대표되는 공식적인, 혹은 '우리'의 역사 대신 개인의 역사, 혹은 '나'의 역사를 기록하게 된 것이다. 르네상스 이후 근대 국가 체제 아래에서 기억할 만한 것을 결정하는 기준을 국가가 독점하고 있었다면, 이제는 개인이 자율적이고 독립적으로 결정하게 된 것이다.

오늘날, 역사는 기억의 역사라고 한다. 무엇을 어떻게 기억할 것인가가 중요하다. 이 책에서 하라리가 구분하고 있는 역사와 개인사의 구분을 다음과 같이 바꿔 말해보면 좀 더 이해가 쉬울 듯하다. '역사history'는 '우리'가 기억할 만한 것들의 이야기인 반면, '개인사lifestory'는 '내'가 기억할 만한 것들의 이야기다. 하라리가 이미 《사피엔스》에서 밝히고 있듯이 "우리는 이 공백을 채워나가기 시작해야 할 것이다"(19장). 이 공백을 메우려는 노력의 첫걸음으로 《르네상스 전쟁 회고록》을 음미해볼 것을 여러분에게 권한다.

2019년 7월
박용진

차례

# 일러두기

* 약어(문헌들에 대한 상세한 정보는 '참고문헌' 참조)

| | |
|---|---|
| 벨레 | 뒤 벨레Du Bellay, 《회고록Mémoires》(1513~1547), 전 4권. |
| 베를리힝겐 | 베를리힝겐Berlichingen, 《괴츠 폰 베를리힝겐 자서전Autobiography of Götz von Berlichingen》. |
| 브랑톰 | 브랑톰Brantôme, 《브랑톰 영주 피에르 드 부르데유 전집Oeuvres complètes de Pierre de Bourdeille, seigneur de Brantôme》, 전 10권. |
| 뷔에유 | 뷔에유Bueil, 《주방셀Le Jouvencel》, 전 2권. |
| 카푸토 | 카푸토Caputo, 《전시戰時의 소문Rumor of War》. |
| 코레조 | 발비 데 코레조Balbi de Correggio, 《1565년 몰타 섬에서 성공한 모든 것들의 진정한 관계La Verdadera Relacion de todo lo que el anno de M.D.LXV. ha succedido en la isla de Malta》. |
| 디아스 | 디아스 델 카스티요Diaz del Castillo, 《신新에스파냐 정복의 진실한 역사Historia Verdadera de la Conquista de la Nueva España》. |
| 플로랑주 | 플로랑주Florange, 《플로랑주 장군의 회고록Mémoires du Maréchal de Florange》, 전 2권. |
| 가메스 | 디아스 데 가메스Díaz de Gámez, 《승리El Victorial》. |
| 귀용 | 귀용Guyon, 《회고록Mémoires》. |
| 구스만 | 엔리케스 데 구스만Enriquez de Guzmán, 《알론소 엔리케스 데 구스만의 삶과 생활에 대한 책Libro de la Vida y Costumbres de Don Alonso Enriquez de Guzman》. |
| 에냉 | 에냉Haynin, 《회고록Mémoires》, 전 2권. |
| 마르슈 | 라 마르슈La Marche, 《회고록Mémoires》, 전 4권. |
| 몽뤽 | 몽뤽Monluc, 《실록Commentaires》, 전 3권. |
| 파레데스 | 가르시아 데 파레데스García de Paredes, 《삶과 사실의 약사Breve Svma dela Vida y Hechos》. |
| 사예르 | 사예르Sajer, 《잊힌 군인Forgotten Soldier》. |
| 셰르틀린 | 셰르틀린Schertlin, 《삶과 행적Leben und Thaten》. |
| 슈워츠코프 | 슈워츠코프Schwarzkopf, 《영웅이 아니어도It Doesn't Take a Hero》. |

* 원서의 'military memoirs'는 경우에 따라 '전쟁 회고록' 또는 '군인회고록'으로 번역했다.
* 6장의 '실체'는 원서의 'tangible/tangibility'를 옮긴 것이다. '추상이나 허구가 아닌 실제'를 뜻하며, 서구 철학의 주요 개념인 'substance'와 구별된다.
* 군인회고록 원문에서 이탤릭체로 강조한 단어들은 고딕체로, 저자(유발 하라리)의 강조는 볼드체로 표시했다.

머리말

1523년 부르고뉴 백작령의 토박이인 열여섯 살의 페리 드 귀용은
당시 수습 기사로서 모시고 있던 레투알의 영주와 함께 브장송
시를 향해 길을 떠났다. 브장송은 현명하고 덕성 높은 기사이자
부르봉의 공작인 샤를이 프랑스 왕국에서 물러나 살고 있는 곳이
었다. 그 도시 사람들은 그[부르봉 공작]를 대단히 영예롭게 맞아
들였다. 특히 당시 그 도시를 다스리던 당시에Danssier 영주가 그를
맞이하는 데 앞장섰다. 그는 부르봉을 도와주고, 오랫동안 자신의
집에 머무르게 해주었다. 앞서 언급한 왕국[프랑스]의 많은 신사
들이 그를 찾아와서 합류할 수 있을 만큼 오랜 기간이었다. 푸앵
티외르 백작, 뢰르시 경, 뢸리에르 경, 퐁프랑 경 등 많은 사람들
이 훌륭한 주군을 따르기 위해 아내, 자식, 친척, 친구를 두고 떠
나왔다.[1]

오랜 세월이 흐른 뒤 페리 드 귀용이 직접 쓴 흥미로운 글은 이렇게 시작된다. 이 시점은 귀용의 인생에서 결정적인 순간이다. 그와 레스투알은 망명자가 된 부르봉 공작과 합류하기 위해 부르고뉴를 떠났다. 부르봉 공작은 바로 얼마 전 프랑스를 버리고 신성로마제국 황제 카를 5세의 휘하로 들어간 참이었다. 귀용은 이렇게 떠난 조국, 친척, 친구, 고향을 20년 뒤에야 다시 볼 수 있었다. 그는 합스부르크 왕가를 위해 오랫동안 군인으로 활약하며 보잘것없는 수습 기사의 위치에서 중간급 지휘관의 자리까지 올라가 상당한 명예와 부를 거머쥐었다.

귀용이 어린 시절을 보낸 고향을 등지고 위험한 모험이 기다리는 먼 땅으로 떠나면서 어떤 기분이었을지는 알 수 없다. 앞의 글은 첫 문장에서부터 귀용 본인과 그의 운명을 등한시하고, 대신 부르봉에게 초점을 맞추고 있기 때문이다. 그 뒤에 이어지는 글도 부르봉이 이탈리아로 가서 황제의 신하가 되는 과정을 그리고 있다. 우리는 5페이지에 이르러서야 비로소 귀용의 모습을 언뜻 다시 볼 수 있다. 부르봉이 레스투알을 가신으로 받아들인 뒤, 롬바르디에 도착한 귀용과 레스투알이 "공작님이 밀라노에서 포위되어 있음을 알게 되었다"[2]는 대목이 그것이다.

모두 163페이지 분량인 이 글 중 그다음 60페이지를 할애해서 귀용은 자신이 1524~1535년에 참전한 다양한 원정에 대해 설명하면서도 개인적인 경험에 대해서는 한마디도 하지 않는다. 그가 자신을 언급한 것은 특정한 장소나 사건과 관련해서 단순히 자신의 존재를 기록할 때뿐이다. 그나마 그것도 몇 번 되지 않는다. 대개 그는 자신이 묘사하는 사건의 현장에 자신이 있었는지를 분명히 밝히지 않는다. 실제로 프랑스 수비대가 밀라노에서 겪은 패배(1525년) 같은 몇몇 사건에서는 그가 현장에 있지 않았다.

66페이지부터 끝까지 전체 문헌의 60퍼센트에 해당하는 지면에서 귀용은 점점 더 두드러지게 존재를 드러내지만, 그래도 그의 삶이나 군인으로서의 활약을 지속적으로 묘사하는 이야기라고 할 수는 없다. 그보다는 다섯 가지 종류의 사건과 행동에 대한 설명이 섞여 있다.

1. 귀용이 현장에 있지 않았던 사건들. 대부분 카를 5세의 일생에 중요한 의미를 지닌 사건들이다(예를 들어, 1541년의 부다Buda 공성전[3]).

2. 귀용이 현장에 있었지만, 귀용 자신의 행동은 전혀 언급되지 않은 사건들(예를 들어, 1567년 스페인의 프랑스 원정[4]).

3. 원정 중에 귀용이 한 행동으로, 그 원정의 역사적 의미와 관련해서 어느 정도 중요성이 있는 것(예를 들어, 1558년에 귀용이 지휘한 정찰 임무[5]).

4. 원정 중에 귀용이 겪은 행동으로, 그 원정의 역사적 의미와는 상관없는 것(예를 들어, 1554년 원정을 끝낸 뒤 사부아 공작이 귀용에게 포도주 한 병을 하사한 일[6]).

5. 원정과는 상관없는 귀용의 행동으로, 전체적인 맥락과는 전혀 상관없어 보이는 것(예를 들어, 1539년 귀용의 스페인 여행[7]).

## 인과관계를 버린 이야기

귀용의 글은 뚜렷한 논리 없이 이런 사건들과 행동들 사이를 오간다. 두 주인공(귀용과 카를 5세)의 행동이 당황스럽게 뒤섞여 있어서, 귀용과 황제가 이 글에서 동등한 위치를 차지하고 있는 듯한 인상을 받을 때가 많다. 귀용이 황제의 행동과 자신의 행동을 비교하는 대목이 많은 것도 이런 인상을 더욱 강화한다. 예를 들어, 그는 황제가 나폴리로 가서 승리를 축하하며 겨울을 보냈다는 이야기를 하면서, 자신은 그해 겨울에 카사프리올 마을에서 비참하고 궁핍한 시간을 보냈다고 말한다.[8] 때로는 이런 비교가 한 문장으로 압축되어 있다. "나는 발랑시엔에 한동안 남아 있었고, 황제는 브뤼셀로 떠났다."[9] 마지막 예에 나타난 것처럼 귀용과 황제의 행동 사이에 뚜렷한 연관성이 없을 때가 많다는 점이 참으로 독특하다. 게다가 귀용은 경우에 따라 자신의 행동만 이야기하거나 황제의 행동만 이야기한다. 그리고 자신이 일시적으로 군대에서 물러났거나 아니면 평화가 지속되는 바람에 군인으로 활동하지 않던 시기에는 그때의 일반적인 사건이나 자신의 개인사에 대한 언급이 전혀 없이 몇 년을 훌쩍 건너뛰곤 한다. 1545~1548년, 1548~1552년, 1554~1556년, 1558~1566년이 그의 글 속에서 그렇게 훌쩍 지나가버렸다.[10] 따라서 그의 글만으로는 그의 개인사도, 카를 5세의 일생도 연속적으로 재구축하기가 불가능하다.

그렇다면 귀용의 문헌이 우리에게 들려주는 이야기는 무엇일까? 우선 귀용이 자신의 시대, 또는 카를 5세 시대의 역사를 들려주면서, 자신의 행동 중 어느 정도 역사적인 의미가 있는 것들을 언급했다고 볼 수 있을 것이다. 그러나 귀용의 뜻이 그런 것이었다면, 일반적인 역사나 카를 5세와는 전혀 상관없는, 귀용 본인의 순전히 개인적인 전환점에서부터 이야기를 시작한 이유가 무엇일까? 귀용이 참여했던 사건들에 초점을 맞춘 이유가 무엇일까? 비록 전쟁이 계속되고 있더라도 귀용이 별로 활약하지 않은 시기는 그냥 건너뛴 이유가 무엇일까? 문헌의 뒷부분에서 전체의 60퍼센트에 해당하는 분량 중 많은 지면이 귀용의 개인적인 행동에 할애된 이유가 무엇일까? 여기에는 심지어 역사적인 의미가 전혀 없어 보이는 행동들도 포함되어 있다. 귀용이 1542년에 말을 사려고 안달루시아에 다녀온 이야기를 네 페이지에 걸쳐 자세히 묘사한 부분을 예로 들어보자. 이 문헌에서 군사원정이나 전투에 대한 묘사도 이보다 길고 자세한 경우는 없다. 귀용은 자신의 여정을 자세히 밝혀놓았을 뿐만 아니라, 자신이 구입한 다양한 말의 목록, 말들을 구입한 장소와 각각의 구입 비용을 일일이 적어두었다. 자신의 이름을 따서 페리라고 명명한 말을 산 이야기를 할 때는 대단한 애정을 보이기도 한다. 이 말은 나중에 궁정에서 최고의 말이 되었다. 파크라고 명명한 또 다른 말은 그가 잉골슈타트 앞에서 잃어버린 것으로 적혀 있다. 이어서 그는 "그 다음에 나는 카뮈를 샀다. 내 평생 그렇게 훌륭하고 충성스러운 말은 본 적이 없다"고 말한다. 그리고 마지막으로 자신이 구입한 말들 중 한 마리가 죽었을 때 너무 슬픈 나머지 열병에 걸려 덩달아 목숨을 잃을 뻔했다는 이야기를 들려준다.[11] 이런 이야기가 전체적인 역사와 무슨 관련이 있는가?

비슷한 맥락에서, 생캉탱 전투를 묘사할 때 귀용이 전투의 전체적인 흐름은 겨우 몇 문장만으로 끝내버리고, 전투와는 별로 상관없는 자신의 행동을 지극히 자세히 묘사한 이유도 알 수 없다.[12] 1566년에 그가 마르시엔에서 소규모 개신교도 무리를 직접 물리친 이야기[13]에 네 페이지를 할애한 이유도 마찬가지다. 이 문헌에서 그 어떤 군사 행동도 이 소규모 교전만큼 중요하게 다뤄지지 않았다. 실제로 귀용은 1560년대에 현재의 베네룩스 지역에서 벌어진 종교적, 정치적 혼란에 단 한 문장만을 할애했다. "여러 분파와 이단 때문에 나라가 크게 분열되었다."[14]

그렇다면 귀용의 글은 귀용 자신이 목격자로 등장하는, 중요한 역사적 사건들의 목격담이라고 보아야 할까? 하지만 이렇게 보면, 귀용이 직접 목격하지 않은 일들에 대한 설명까지 포함되어 있는 점을 설명할 수 없다. 또한 귀용이 목격자에 불과하다면, 왜 귀용의 행동과 황제의 행동이 글 속에서 동등한 위치를 차지하고 있을까? 왜 역사적인 의미가 없어 보이는 개인사를 그토록 자세히 풀어놓았을까?

그렇다면 이 문헌은 귀용의 인생을 담은 글이고, 역사는 단순히 배경으로만 등장하는 걸까? 그러면 왜 귀용의 이전 인생에 대해서는 한마디도 없이, 그가 합스부르크 왕가의 휘하에 들어가는 장면부터 이야기가 시작되었을까? 왜 그의 가정생활에 대해서는 거의 한마디도 언급되지 않았을까?(말馬에 대해서는 많은 이야기가 적혀 있지만, 아내와 여덟 자녀에 대한 언급은 전혀 없다.) 왜 평화로운 시기에 귀용이 무엇을 했는지에 대해서는 거의 말해주지 않을까? 글의 앞부분

40퍼센트에 해당하는 분량에서 귀용이 등장하는 부분이 왜 그렇게 적을까? 귀용이 참여하지 않은 원정까지 수많은 군사원정의 역사가 왜 그토록 중요하게 다뤄져 있을까? 그런 원정에서 귀용이 수행한 역할에 대해서는 이렇다 할 언급이 없는 경우가 왜 그렇게 많을까?

그렇다면 이 글은 귀용이 군인으로서 활약한 이야기만을 담고 있다고 보아야 할까? 하지만 이번에도 역시 설명할 수 없는 부분들이 등장한다. 귀용이 때로 현장에서 목격하지 못한 사건들을 이야기하는 것, 앞부분 40퍼센트에서 귀용 본인이 거의 등장하지 않는 것, 후반부 60퍼센트에서도 그가 자신의 이야기는 전혀 언급하지 않고 다양한 군사원정이나 황제의 행동에 대해 서술할 때가 많은 것. 이런 부분들이 귀용 본인의 군사적 활약을 설명하는 데 필요한 배경으로만 존재한다고 할 수는 없을 것이다. 그가 자신의 행동을 설명하지 않고 원정에 대해서만 이야기하거나, 자신의 행동을 설명하더라도 그 행동의 맥락을 보여주지 않는 경우(예를 들어, 마르시엔에서 그가 승리한 이야기)가 많기 때문이다.

그렇다면 귀용의 글이 우리에게 이야기하고자 하는 것은 무엇일까? 귀용의 글은 일반적으로 '군인회고록military memoirs'으로 분류되는 종류다. 귀용이 글을 쓰던 무렵에 서유럽에서는 이런 종류의 글이 상당히 많이 작성되었으며, 저자들 또한 거의 모두 귀용과 같은 전사 귀족warrior noblemen이었다.[15] 이런 글의 몇 가지 공통점에 대해서는 앞으로 차차 이야기하겠다. 이런 글들은 귀용의 글과 마찬가지로 역사와 개인사 사이를 오갔다. 이 책에서 나는 1450년부터 1600년 사이에 프랑스어, 독일어, 스페인어, 영어로 작성된 군인회고록을 깊이 연구해서 이 글들의 정체를 확실히 밝혀보고자 한다.[16]

## 회고록이란 무엇인가

르네상스 시대 **군인회고록**을 독특한 문헌 집단으로 보고 연구한 사례는 거의 없지만, 르네상스 시대의 회고록 전반에 대해서는 상당히 많은 글이 나와 있다. 지금까지 근대 초기 회고록에 주로 관심을 보인 사람들은 프랑스 역사가들이었다. 그들은 서로 상당한 의견 차이를 보이면서도, 세 가지 점에 대해서는 동의하고 있다. 첫째, 그들은 카이사르의 《갈리아 원정기Commentarii de Bello Gallico》 등 소수의 고전시대 회고록을 제외하면, 회고록 집필이라는 행동은 1500년경 프랑스에서 탄생했다고 주장한다. 프랑스 역사가들은 보통 필립 드 코민이 이 새로운 장르를 만들어냈다고 본다.[17] 하지만 이보다 조심스러운 태도를 보이는 학자들도 있다. 따라서 뒤푸르네Dufournet 와 블랑샤르Blanchard는 때로 코민이 무無, ex nihilo에서 회고록 집필이라는 장르를 창조한 것이 아니라, 라 마르슈, 르페브르, 에냉 같은 저술가들이 활약한 15세기 중반에 점진적인 과정을 통해 회고록이 등장했다고 한발 물러선 주장을 하기도 한다.[18] 한편 스몰Small은 "회고록 집필이 부르고뉴 궁정에서 생겨난 현상이었고, 코민은 단순히 선대의 작가들보다 글을 세련되게 다듬었을 뿐"이라고 주장

한다.[19]

둘째, 대부분의 프랑스 역사가들은 적어도 르네상스 시대에는 회고록 집필이 전적으로 프랑스에서만 이루어졌으며, 그 뒤에도 프랑스가 지배적인 위치를 차지했다고 주장한다. 이런 주장을 아주 노골적으로 하는 사람도 있고,[20] 은근히 암시하는 사람도 있지만, 어쨌든 그들이 이렇게 주장하는 것은 회고록 장르를 전체적으로 살펴본다고 주장하면서도 실제로는 프랑스 회고록만 다루고 있기 때문이다. 그들은 이렇게 다른 회고록들을 배제하는 행동을 정당화하려는 시도도 하지 않는다. 그들은 르네상스 시대부터 줄곧 프랑스 역사 서술에 반복적으로 나타난 '기억의 장소'(일종의 집단 혹은 민족적 기억)에 알게 모르게 영향을 받았다. "프랑스는 그 이름에 걸맞은 역사도, 역사가도 갖고 있지 않지만, **회고록**이 있다. **회고록**이야말로 이 나라의 역사를 이어온 우리의 전통이다."[21]

이 두 가지 주장 모두 증명되지 못했다. 그 이유에 대해서는 부록 A에서 설명하겠다. 하지만 내가 가장 문제로 여기는 것은 세 번째 주장이다. 프랑스 역사가들은 르네상스 시대의 회고록들이 어떤 내용을 다루고 있든, 틀림없이 자아, 정체성, 개인사가 중심축을 이루고 있다고 주장한다. 르네상스 시대 프랑스의 문헌만 들여다보면서 그것을 새로운 '장르'로 규정하려고 애쓰던 그들은 이 장르를 어떻게 정의할 것이며, 관련 문헌들과 어떻게 구분할 것인가 하는 문제에 직면했다. 회고록의 정의에 대해 가장 광범위한 연구를 한 사람은 쿠페르티Kuperty인데, 그의 저서는 지금까지 나온 책 중에서 르네상스 시대 프랑스의 회고록들을 가장 탁월하게 분석한 책이다.

쿠페르티는 역사적 담론과 개인적인 담론의 조합, 역사와 개인사의 조합이 바로 회고록의 정의라고 주장한다.[22] 회고록은 역사의 화법을 이용하지만, 저자를 주인공으로 내세우는 데 초점을 맞춘다.[23] 연대기와는 반대로 회고록은 역사 연구보다는 개인적인 이유로 집필된 글이므로, 개인적인 설명이 회고록을 구성하는 요소로서 더 중요하다.[24] 쿠페르티가 지적한 회고록의 또 다른 특징은, 불명예를 당한 사람들이 자신의 과거 행동을 변호하기 위해 회고록을 쓰는 경우가 많았다는 점이다. 따라서 회고록은 중앙 당국의 부당함에 대한 개인적인 항의의 성격을 띠었으며, 왕이 주장하는 역사에 대한 도전으로서 저자 본인이 생각하는 역사를 내세우곤 했다.[25] 게다가 회고록은 저자가 과거에 수행한 일에 대한 보상을 요구하고, 그런 일과 업적을 기리기 위해 집필하는 경우가 많았다. 정치적 상황으로 인해 저자의 업적이 제대로 알려지지 않거나 망각 속에 묻혀버릴 위험이 있었기 때문이다.[26] 문체와 서술방식 면에서 회고록은 보통 일인칭 단수 시점으로 집필되었으며,[27] 개인적인 연대기 성격을 띨 때가 많았다. 즉, 전반적인 중요성이나 파급효과보다는 개인적인 관점에서 사건들이 서술되었다는 뜻이다. 또한 이로 인해 생겨나는 연대기적인 틈새를 지적하고 설명하기 위해 저자가 이야기의 중심을 차지했다.[28]

　다른 학자들도 쿠페르티의 주장에 대체로 동의하지만, 일부 학자들은 쿠페르티가 지적한 특징들 중 일부를 유독 강조하기도 한다. 특히 뒤푸르네는 회고록 저자들이 대개 출판을 염두에 두지 않고 소수의 독자만을 생각했다는 점, 구어와 흡사한 소박한 문체가 사용되었다는 점, 역사를 개인의 관점에서 바라보며 역사적으로 중요한 역할을 한 사람들의 개인적인 특징이 미친 영향을 강조한다는 점, 훌륭한 문체보다는 진실을 더 중요하게 여긴다는 점, 사건을 직접 목격했다는 사실을 중요하게 생각한다는 점을 강조한다.[29] 그러나 이렇게 서로 강조하는 부분이 다를지라도, 회고록의 최종적인 특징이 바로 역사와 개인사의 조합이라는 점에는 모든 학자들이 동의한다. 그들은 역사와 자서전을 양쪽 끝에 놓고 선으로 연결했을 때, 해당 문헌이 역사와 개인사를 어떻게 조합했는가에 따라 그 선 위에서 차지하는 위치가 달라진다고 가정한다. 그런데 회고록이 이 선 위에서 정확히 어디쯤 있는가에 대해서는 학자들의 의견이 서로 다르다. 소수의 학자들은 회고록에서 역사와 개인사가 서로 완전히 섞여 있으므로, 이 선의 중간 부분 어딘가에 회고록을 놓아야 한다고 간단히 주장한다.[30] 뒤푸르네는 쿠페르티와 마찬가지로 회고록과 역사를 구분하는 데 관심을 갖고, 회고록은 역사를 개인사에 종속시키는 문헌이므로 자서전에 더 가까운 위치에 놓아야 한다고 주장한다.[31] 반면 회고록과 자서전을 구분하는 데 관심이 있는 대부분의 다른 학자들은 회고록이 개인사를 역사에 종속시키는 문헌이므로 역사에 더 가까운 위치에 놓아야 한다고 주장한다.[32] 두 학파 모두 역사 또는 자서전을 기준으로 회고록을 판단하는 경향이 있으며, 한결같이 회고록에 부족한 점이 있다고 본다. 회고록을 심한 편견에 물든 편파적인 역사로 보거나, 아니면 미숙하고 원시적인 자서전으로 보기 때문이다.[33]

따라서 기존의 연구에서 나타난 회고록의 중요한 특징들은 다음과 같다.

　1. 회고록은 개인사와 역사를 조합한 글이지만, 전자가 후자에
종속된 글인지 아니면 그 반대의 경우인지에 대해서는 논쟁의 여
지가 있다.

　2. 진실과 사건의 목격담, 그리고 이 둘 사이의 연관성이 회고
록에서 핵심적인 위치를 차지한다.

　3. 회고록은 추상적이고 구조적인 힘이나 과정에 맞서 역사 속
에서 개인이 차지하는 중요성을 강조함으로써 역사를 개인화하
는 경향이 있다.

　4. 회고록은 보통 일인칭 단수 시점의 소박한 문체로 집필된다.

　5. 저자는 문헌 속에서 중요한 역할을 한다.

　6. 보통 불명예를 당한 사람들이 공식적인 역사에 맞서 자신이
당한 부당한 일에 항의하기 위해서, 장차 보상을 얻기 위해서, 또
는 공식적인 역사에서 지워질 것으로 짐작되는 자신의 이름과 행
동에 불멸의 생명을 주기 위해 회고록을 집필한다.

여기에 다섯 가지 특징을 덧붙일 수 있다. 앞에서 언급한 학자들
이 직접 언급하지는 않았지만, 당연한 것으로 받아들이고 있는 특
징들이다.

　7. 회고록은 보통 일상적인 언어로 집필된다.

　8. 회고록은 종합적인 이야기다(그러나 분석적인 내용이 일부 포함

될 수 있다).

9. 회고록은 회고적인 시점으로 집필된다(이것이 일기나 일지와 다른 점이다).

10. 회고록이 한 사람의 일생을 모두 담는 경우는 드물지만, 그 속에는 최소한 몇 달 정도의 기간이 담겨 있다(이렇게 정의하지 않는다면, 특정한 사건에 대한 수많은 목격담에도 모두 '회고록'이라는 이름을 붙일 수 있을 것이다).

11. 회고록은 주로 개인의 기억을 기반으로 삼는다(참전군인이 집필했으나 그의 기억에 의존하지 않고 문서만을 기반으로 삼은 글이라면 회고록으로 볼 수 없다).

이 특징들 중 첫 번째 것이 가장 중요하다. 이것만이 회고록의 독특한 특징이기 때문이다. 8~11번 특징들도 어떤 문헌을 회고록으로 규정하는 데 필수적이지만, 거의 모든 역사 문헌에도 적용될 수 있다. 2~7번은 회고록만의 독특한 특징도 아니고, 필수적인 것 같지도 않다. 이 특징들 중 한 가지 이상이 결여되어 있는데도 회고록으로 간주되는 문헌이 적지 않다. 특히, 군이 불명예를 당한 사람들이 쓴 글만을 회고록으로 규정할 이유가 없다. 다른 상황에서 집필된 회고록이 많기 때문이다. 예를 들어, 기욤 뒤 벨레는 사실상 공식적인 역사 편찬자로서 회고록을 썼다.[34]

## 개인주의 가설 vs. 진실한 목격담

역사와 개인사의 조합이 회고록을 정의하는 특징이라는 가정 아래, 학자들은 이 둘 사이의 관계를 연구하는 데 상당한 주의를 기울였다. 이 둘 사이의 관계는 현재 두 가지 방식으로 해석되고 있다.

그중 하나는 자전적인 글의 등장을 개인주의의 등장과 연결시키는 부르크하르트Burckhardt의 견해를 따른다. 중세 사람들은 자신을 다양한 집단의 일부로만 인식한 반면, 르네상스 시대 사람들은 개인주의의 등장을 목격하고 개인의 독특함을 새로이 인식하게 되었다는 것이 이들의 주장이다.[35] 역사 집필이라는 분야에서, 이런 변화는 개인주의에 대한 인식과 찬사가 한층 더 강화되어 역사에 맞선 개인주의의 반란이라는 형태로 나타나는 결과로 이어졌다. 역사에서 자유로워져서 자기만의 자율적인 영역을 구축하려는 개인들이 일기, 일지, 회고록, 자서전 집필로 주의를 돌린 것이다.[36]

따라서 쿠페르티는 회고록의 개인적 담론이 르네상스 시대의 새로운 현상이며, "르네상스 시대 특유의 개인주의가 처음으로 모습을 드러낸 사례 중 하나"라고 설명한다.[37] 회고록은 개인이 권력의 부당함에 맞설 수 있는 새로운 법정이었으며, 그런 법정에 호소한다는 생각이 "근대의 자생적causa sui(자기원인, 즉 '스스로가 존재의 원인'이라는 뜻—옮긴이) 개인주의로 이어지는 중요하고 필수불가결한 단계가 되었다".[38] 쿠페르티는 르네상스 시대의 회고록 안에서 "근대의 자율적이고 자생적인 개인의 형성"이 이루어졌으며, "이런 움직임은 (…) 자아의 가치에 대해 반복적으로 생각하게 함으로써 근대적

의미에서 개인의 개념에 기초를 놓은 듯 보인다"고 결론짓는다.[39]

그럼에도 귀용 같은 회고록 저자들은 개인사와 역사를 분리하는 데 어려움을 겪었다. 급증하던 개인주의 성향과 역사의 압력 사이에서 벌어진 투쟁이 아직 태아기에 머물러 있었기 때문이다. 쿠페르티의 설명처럼, 르네상스 시대의 회고록은 개인주의의 역사에서 개인이 회고록을 쓸 만큼 자신을 충분히 인식하면서도 이런 작업이 아직은 대체로 받아들여지지 않는다는 사실 또한 알고 있기 때문에 뜻을 제대로 펼치지 못했던 시기를 상징적으로 보여준다.[40] 회고록 저자들은 개인주의 성향에 이끌리고 있었지만, 이것이 혹시 허영이 아닐까 하는 두려움과 자신의 자율적인 내면을 표현하는 데 지침이 될 모범적인 사례와 개념의 부족으로 인해 압박을 받았다. 그 결과 방향을 알 수 없는 혼란스러운 글이 탄생한 것이다. 이런 고민은 개인주의의 승리 덕분에 해결되었다. 역사에서 해방되어 자서전으로 변신한 회고록이 나올 수 있게 된 것이다.[41]

이와는 다른 또 하나의 견해는, 저자가 글 속에 주인공으로 등장하는 것은 무엇보다도 진실을 생산하고 보장하기 위한 수단이라고 해석한다. 그들은 자전적인 글의 등장을 직접적인 목격의 중요성 및 진실과 자아 사이의 데카르트적 연결 강화와 연결시킨다. 르네상스 시대에 개인적인 경험을 가장 확실한 진실의 기반으로 보는 시각이 점점 널리 퍼졌기 때문에 일인칭으로 글을 쓰는 것이 문헌의 진실성을 보장하는 최선의 방법이 되었다는 것이다.[42] 따라서 이 시대에는 지식의 거의 모든 분야에서 일인칭 서술이 폭발적으로 증가했으며, 일인칭 시점은 글의 내용이 진실임을 확인해주는 역할을 했다.[43] 역사 분야에서도 마찬가지였다. 역사가들은 글을 쓸 때 목격담에 더 많은 중요성을 부여했으며, 1차 자료와 2차 자료를 구분하는 데 더욱 공을 들이면서 1차 자료를 선호하는 경향을 한층 더 강하게 드러냈다.[44] 목격자가 집필한 역사서의 지위가 높아졌고, 목격자를 겸한 이런 역사가들은 자신의 글이 진실임을 증명하기 위해 목격자로서 자신의 역할을 더욱더 강조했다. 목격자 겸 주인공으로서 역사가의 역할이 핵심을 차지하게 됨에 따라, 역사서는 점차 회고록으로 변모해갔다.[45] 이 견해에 따르면, 사건의 직접적인 목격이야말로 회고록의 '존재 이유raison d'être'였다.

이런 경향이 특히 분명하게 드러나는 곳은 교육을 받지 못해서 역사가로서 전문적인 소양을 쌓지 못한 사람들이 집필한 조악한 회고록이다. 이런 문헌들은 보통 유창하고 학문적인 역사서보다 훨씬 더 열등하게 평가되었으며, 학자들의 역사서와는 달리 개인적인 경험을 바탕으로 삼았으므로 진실에 더욱 가깝다는 주장만이 그들의 존재를 정당화해주었다.[46]

개인주의 가설은 회고록을 역사에 대한 반란으로 보는 반면, '목격담'을 중시하는 견해는 회고록을 역사의 자연스러운 진화로 본다. 개인주의 가설은 회고록에서 저자의 개인사가 역사에서 해방되기 위해 격렬하게 몸부림치는 장면을 개인사와 역사의 경계선으로 간주한다. 이 견해에 따르면, 회고록은 저자의 개인사를 역사와는 독립적으로 구분되는 개인주의적 '영역'으로 규정하고자 한다. 따라서 회고록은 자율적이고, 격렬하고, 반항적인 자아의 이야기가 되며, 이 '활동적인' 자아는 집단에 맞서는 투쟁을 통해 자신의 존재를 드러낸다. 반면, 목격담을 중시하는 견해는 역사와 개인사가 서로를 지탱해주는 관계라고 본다. 저자의 개인사가 역사의 진실성을 보장해주고, 역사는 개인사를 글로 쓰는 행위에 의미를 부여해준다는 것이다. 이 견해에 따르면, 회고록은 자아의 대안적인 이야기가 된다. 좀더 협조적이고 긍정적인 자아, 기본적으로 지식과의 관계 속에서 존재하며 집단의 정체성 및 진실과 서로를 지탱해주는 '인지적인' 자아의 이야기가 되는 것이다.

이처럼 중요한 부분에서 차이를 보이고 있지만, 두 견해 모두 기본적인 가정, 즉 회고록은 '자아'에 대한 이야기라는 점에서는 의견을 같이한다. 개인주의 가설은 회고록 저자가 역사에 맞서서 자신의 자리를 확보하려고 애쓰는 개인으로 등장한다는 점이 회고록을 이해하는 열쇠라고 주장한다. 반면 목격담을 통한 진실의 생산을 주장하는 이론은 회고록 저자가 목격자로서 자신의 개인사를 이용하여 역사적인 진실을 보장하려고 한다는 점이 회고록을 이해하는 열쇠라고 주장한다. 따라서 두 견해 모두 역사와 개인사의 이분법에 매혹되어 있다고 할 수 있으며, 이 이분법이 회고록을 이해하고 자아를 규정하는 데 필요한 열쇠를 쥐고 있는 듯하다. 학자들은 개인사와 역사의 경계선이 정확히 어디에 위치해 있고, 이 경계선 위에서 어떤 관계가 지배적인 위치를 차지하고 있는지 이해하는 것이 곧 회고록을 이해하는 것이며, 이를 통해 역사와 자서전을 이어주는 선 위에서 회고록의 정확한 위치를 알 수 있게 될 것이라고 본다. 그러나 이보다 훨씬 더 중요한 것은, 역사와 개인사 사이의 경계선을 알아냄으로써 도무지 손에 잡히지 않는 현대판 성배라고 할 수 있는 '자아'의 위치와 본질 또한 알 수 있을 것이라는 점이다. 따라서 두 견해 모두 이 경계선을 알아내서 그 선 위에 존재하는 관계를 탐사하는 데 초점을 맞추고 있다. 그곳에 갈등이 존재하는가? 아니면 평화로운 관계가 존재하는가? 경계선은 안정적인가, 아니면 유동적인가? 경계선에 파수꾼이 있는가? 만약 있다면, 어떤 파수꾼이 어떻게 지키고 있는가?

하지만 과연 이것이 귀용의 글 같은 문헌을 읽는 좋은 방법일까? 귀용의 글은 바로 개인사와 역사를 가르는 경계선이 없다는 점이 특징이다. '개인사'와 '역사'로 분류할 수 있는 요소들이 문헌 속에 존재하는 것은 사실이지만, 이 둘이 구분되어 있거나 둘 사이에 경계선이 존재하는 것 같지는 않다. 마치 이 둘이 하나인 것처럼 한데 뒤섞여 있다.

## 개인사와 역사의 모자이크

만약 귀용의 문헌이 유일무이한 사례라면, 머릿속이 특별히 혼란스러웠던 사람의 글로 치부해버릴 수 있었을 것이다. 그러나 르네상스 시대의 거의 모든 군인회고록에 똑같은 혼란이 드러나 있다. 플로랑주의 영주인 로베르 드 라 마르크의 회고록은 그가 포로로 잡힌 시점에서 시작된다. 재앙으로 끝난 파비아 전투(1525년)에서 포로가 된 플로랑주는 잡혀 있는 동안 할 일이 별로 없었기 때문에 "자신이 겪은 모험과 목격한 일, 여덟 살부터 서른세 살 때까지 있었던 일"을 글로 쓰기로 했다고 설명한다.[47] 그러고 나서 그는 25년 전으로 거슬러 올라가, 여덟 살 소년이던 자신이 기사도 소설의 영향으로 세상에 나아가 모험을 하기로 결심했다고 말한다. 그는 고향을 떠나 앙굴렘 백작(미래의 프랑수아 1세)의 휘하로 들어간다. 귀용과 달리 플로랑주는 자신이 세상으로 나아가게 된 경위는 물론 앙굴렘 백작과 젊은이 특유의 게임을 했던 이야기도 비교적 상세하게 들려준다. 하지만 그가 곧 자신을 버리고, 일반적인 사건들을 묘사하기 시작했다는 점에서는 귀용과 같다. 그는 이탈리아의 상황, 제노바의 반란, 프랑스의 군사적인 준비 상황, 루이 12세의 이탈리아 원정, 아냐델로 전투(1509년)에 대해 이야기한다.[48] 그동안 플로랑주 본인이 어디서 무엇을 하고 있었는지에 대해서는 이렇다 할 설명이 없다.

1510년의 원정에서 플로랑주는 주인공으로 다시 등장한다. 그리고 그때부터 글이 끝날 때까지 그는 역사와 개인사 사이를 계속 오간다. 우선 그는 1510년대와 1520년대의 합스부르크-발루아 전쟁사를 다룬다. 보통 그는 자신이 참가했던 사건들에 상당히 더 많은 주의를 기울이는 편이지만, 자신이 참가하지 않은 사건들에 대해 이야기할 때도 많다. 특히 여러 전선에서 동시에 전투가 벌어지는 경우가 많았기 때문에, 플로랑주는 여러 전선의 상황을 독자들에게 어느 정도 알려주는 데 주의를 기울인다.[49] 이런 이야기 속에 그는 자신을 반복적으로 끼워 넣는다. 특정한 장소나 사건 현장에 자신이 있었음을 밝히기만 할 때도 있고, 자신의 공적을 훨씬 더 상세하게 묘사할 때도 있다. 그러나 그가 자신에게 아무리 주의를 기울인다 해도, 그것이 한데 모여 연속적인 이야기를 이루는 경우는 드물다. 따라서 문헌 속에서 그의 위치는 문헌의 중심이라기보다는 역사적으로 중요한 주인공들 중 한 명에 더 가깝다. 플로랑주가 항상 자신을 '모험가l'Adventureulx'라는 3인칭으로 지칭한다는 사실이 이런 인상을 더욱 강화해준다.

플로랑주가 1510년의 이탈리아 원정을 묘사한 부분을 좋은 예로 꼽을 수 있다. 그는 먼저 자신의 아버지가 베로나에서 황제와 합류하라고 보낸 부대에 자신도 속해 있었음을 밝힌다. 그러고 나서 그는 베로나 인근에서 벌어진 여러 소소한 전투에 대해 이야기하지만, 자신이 그런 전투에서 어떤 역할을 했는지에 대해서는 한마디도 하지 않는다. 심지어 그가 그런 전투에 직접 참가했는지 여부에 대한 언급조차 없다. 그는 이어 당시 프랑스의 상황, 즉 느무르Nemours 공작의 누이가 아라곤의 왕과 결혼하고 프랑스와 아라곤 사이에 평화가 이루어진 것에 대해 이야기한다. 그 다음에는 다시 이탈리아로 돌아와, 먼저 전반적인 정치 상황과 전략적 상황을 이야기한 뒤, 자신의 공적에 대한 이야기를 조금 늘어놓는다. 모험가가 베로나 인근에서 전투가 거의 벌어지지 않는 것을 깨닫고, 10여 명의 동료들과 함께 삼촌이 주둔해 있는 파르마로 갔다는 내용이다. 여기서 병사들이 눈싸움을 하며 즐거운 시간을 보냈다는 이야기, 삼촌이 이 장난스러운 전투에서 실수로 돌에 맞아 한 달 뒤 세상을 떠났다는 이야기가 자세히 이어진다. 플로랑주는 병석에 누운 삼촌과 나눈 마지막 대화를 전한 뒤, 다시 당시 이탈리아 전역의 전반적인 사건들로 주의를 돌린다.[50] 마침내 원정이 끝났을 때, 플로

랑수는 베로나로 돌아가시만 그의 글은 그를 따라가시 않고, 볼로냐 공성전에 대해 이야기한다.[51]

전체적으로 봤을 때, 플로랑주의 글은 귀용의 글과 마찬가지로 그의 개인사도, 군인으로서의 무용담도, 일반적인 역사도 아닌 것처럼 보인다. 이 글에서 그의 가정생활은 거의 완벽하게 무시되었고, 공적인 생활 역시 우연처럼 언뜻언뜻 등장할 뿐이며, 그 사이사이에는 그가 직접 참여하지 않았던 사건들에 대한 이야기가 끼어든다. 그는 심지어 자신의 중요한 활약이나 공적조차 무시해버릴 때가 많다. 예를 들어, 그는 라벤나 전투를 몹시 길게 묘사하면서도 자신이 그 전투에 참가했다는 사실에 대해서는 한마디도 하지 않는다.[52]

하지만 다른 한편으로 보면, 그는 일반적인 역사에서 자신이 차지하는 의미 이상으로 자신에게 주의를 기울이고, 때로는 전혀 중요하지 않은 개인적인 일까지 털어놓는다.[53] 심지어 자신을 노골적으로 언급하지 않을 때에도 그는 여전히 글을 지배하고 있다. 각각의 전투나 사건의 객관적인 중요성과는 상관없이, 플로랑주가 직접 참여한 전투와 사건이 더 중점적으로 다뤄지는 경향이 있기 때문이다. 그가 자신이 참가하지 않은 중요한 사건들을 이야기할 때도 많지만, 직접 목격하지 않은 중요한 사건들을 무시해버리는 경우 또한 그만큼 많다는 사실 역시 의미심장하다.

게다가 플로랑주의 글에는 그 자신의 이야기가 특히 지나칠 정도로 중요하게 다뤄진 부분이 두 군데 있다. 첫 번째 부분은 1521년에 라 마르크의 가문과 카를 5세 사이에 벌어진 개인적인 전쟁을 시시콜콜 자세히 묘사한 곳이다. 사실 이 전쟁은 그리 중요하지 않은 일이었다. 그러나 이보다 더 중요한 것은 글의 마지막 부분이다. 플로랑주의 글은 파비아 전투 이후 먼저 프랑스, 스페인, 독일의 전반적인 상황을 간략히 설명한다.[54] 그러나 그 뒤로 글이 끝날 때까지 20페이지에 해당하는 분량에서는 거의 전적으로 플로랑주가 파비아에서 포로로 잡혔을 때부터 이 글을 쓰는 시점까지 개인적으로 겪은 일들에만 초점이 맞춰져 있다.[55]

이 글의 어느 부분보다도 이 마지막 부분에서 플로랑주는 자신에게 초점을 맞춘다. 자신의 행동을 그 어느 때보다 상세히 묘사할 뿐만 아니라, 자신의 가족과 건강은 물론 자신의 생각과 감정에도 어느 정도 주의를 기울인다. 다른 곳에서는 거의 하지 않던 일이다. 그는 또한 이 마지막 부분에서 거의 전적으로 자신에게만 초점을 맞출 뿐, 전체적인 상황에 대해서는 별로 언급하지 않는다. 당시 프랑수아 1세의 처지가 어땠는지, 프랑스가 얼마나 위태로운 상태였는지에 대해서도 거의 언급이 없다. 앞에서는 별로 중요하지 않은 수많은 사건들을 굳이 설명했던 플로랑주가 여기서는 프랑수아의 재위 중 최대의 위기 상황을 무시해버린 것이다.

특히 주목할 만한 것은, 플로랑주가 포로의 신분이라서 예전처럼 전반적인 상황에 영향을 미칠 수 없었다는 사실이다. 그런데도 바로 여기서 그는 마침내 이야기의 유일한 중심인물이 된다. 파비아 전투는 그의 개인적 위기이자 국가적인 위기였으나, 전반적인 역사와 플로랑주의 개인사가 완전히 갈라지는 시점이기도 했던 것 같다. 이 분기점에서 그는 프랑스의 운명과 전체적인 상황을 이야기하기보다 포로생활을 하는 자신에게 초점을 맞추는 편을 선택했다.

이렇게 해서 이 글의 가상 외곽(맨 앞의 몇 페이지와 맨 끝의 스무 페이지)은 이 글이 플로랑주의 개인사임을 암시한다. 그러나 그 사이의 수백 페이지에는 사실상 아주 다른 이야기가 담겨 있다. 플로랑주의 개인사와도, 합스부르크-발루아 전쟁사와도 거리가 먼 이야기다. 귀용과 마찬가지로 플로랑주 역시 글을 통해 무슨 이야기를 하고 싶었던 것인지 분명하지 않다.

이런 혼란은 더 짧은 기간을 다룬 아주 짧은 회고록에도 나타난다. 빌뇌브의 회고록이 좋은 예다. 플로랑주의 글과 마찬가지로, 이 회고록 역시 주로 빌뇌브가 포로로 잡혀 있던 기간에 집필되었다. 맨 처음 문단에서 빌뇌브는 프랑스 왕이 나폴리 왕국에 와서 어떤 행동을 했으며, 그가 떠난 뒤 어떤 일이 벌어졌는지를 글로 쓰는 것이 자신의 의도라고 천명한다.[56] 실제로 그의 글은 1494년에 프랑스가 이탈리아를 침공한 이야기부터 포르노보 전투까지를 다룬다. 그리고 이 전투에서 빌뇌브 본인은 주인공으로 전혀 등장하지 않는다.[57] 이 부분에서 빌뇌브는 포르노보 전투처럼 자신이 참가하지 않은 많은 사건들을 설명한다.[58] 나폴리의 반란 이후, 빌뇌브의 글은 그가 트라니를 방어한 일에 갑자기 초점을 맞춘다.[59] 트라니가 함락되고 빌뇌브가 포로가 된 뒤, 그의 글은 다시 나폴리의 전체적인 상황에 주의를 돌린다. 빌뇌브가 당시 직접 목격한 일들을 기록한 것이다. 그러고 나서 그는 다시 개인사로 넘어가, 포로생활 초기의 이야기를 상세하게 풀어놓는다. 하지만 그는 곧 이 흐름을 버리고, 순전히 목격자의 역할로 돌아간다. 감옥에서 자신이 겪은 일 대신, 갇혀 있는 동안 들려온 혼란스러운 소식들을 우리에게 들려주는 것이다. 이런 소식들은 확실히 믿을 만한 것이 못 되었으므로, 이것을 기반으로 한 이야기 또한 뒤죽박죽이 되어 역사라고 할 만한 형태를 갖추지 못한다.[60] 맨 마지막 부분에서 회고록은 개인사 쪽으로 한 번 더 방향을 바꿔, 빌뇌브가 석방되어 프랑스로 돌아와서 어떤 대접을 받았는지를 우리에게 들려준다.[61] 이쯤 되면 빌뇌브도 자신의 글이 처음에 천명한 의도에서 어느 정도 벗어났다는 사실을 분명히 깨달았을 법도 한데, 그는 맨 마지막에 "프랑스 국왕 (…) 샤를 8세의 (…) 나폴리 왕국 정복 이야기와 (…) 왕이 떠난 뒤의 여러 사건들에 대한 이야기는 여기서 끝난다"[62]고 재차 천명한다.

빌뇌브의 회고록은 전체적으로 봤을 때 개인사의 비중이 압도적으로 높아서, 트라니 공성전에서부터 그가 프랑스로 돌아올 때까지 겪은 일들을 상당히 상세하게 들려준다. 따라서 빌뇌브가 굳이 프랑스와 나폴리의 역사를 글에서 다뤘다고 고집하는 것, 트라니 공성전까지 이 글이 실제로 전체적인 역사를 다루고 있으며 빌뇌브는 주인공으로 등장하지 않는 것, 그 뒤에 이어지는 부분에서도 빌뇌브가 직접 겪은 일보다는 감옥에서 들은 소식이 중점적으로 다뤄지는 것이 한층 더 이상하게 보인다.

기욤 드 로슈슈아르의 회고록도 이 회고록 못지않게 흥미롭다. 원래 이 글은 로슈슈아르 가문 사람들만을 위한 것이었다. 미쇼Michaud 판본이 다섯 페이지도 채 되지 않을 정도로 몹시 짧은 이 글의 절반은 로슈슈아르 가문의 재정 상황에 대한 분석이 차지하고 있다. 나머지 절반은 다양한 사건들에 대한 연대기적 설명이다. 이 글은 첫 번째 문단에서 로슈슈아르의 탄생과 유년기를 다룬다. 여기에는 아버지의 사망과 어머니의 재혼 같은 사건들이 포함되어 있다. 그 다음에는 1515~1516년의 전반적인 상황이 짧게 묘사된다. 이 시기에 로슈슈아르가 무엇을 했는지는 나와 있지 않다. 심지어 이때 그가 어디에 있었는지도 알 수 없다. 그는 이어 주로 전체적인 상황에 초점을 맞추면서, 한두 문장으로 한 해를 설명하며 가장 중요한 사건들을 묘사한다. 여기에는 그가 직접 참여하지 않은 사건들도 포함되어 있다. 가정 내의 일들도 몇 가지 기록되어 있기는 하지만, 그가 자신을 언급한 부분은 대개 이런저런 사건이 벌어질 때 그가 그 자리에 있었다는 내용에 불과하다. 그는 또한 몇 년, 또는 수십 년을 훌쩍 건너뛰곤 한다. 그가 보기에 그 기간 중에는 중요한 일이 전혀 벌어지지 않았기 때문이다(예를 들어, 그는 평화로운 시기인 1526~1536년을 건너뛴다[63]). 그가 가장 주의를 기울인 사건은 1553년의 프랑스 북부 원정이지만, 이 원정에 대한 설명에 로슈슈아르 본인은 전혀 등장하지 않는다.[64]

르네상스 시대의 군인회고록 중에 개인사나 역사서로서 좀더 일관된 모습을 보이는 작품들이 있는 것은 사실이다. 그러나 그런 글에서도 언제나 개인사와 역사가 놀라울 정도로 뒤섞여 있다. 예를 들어, 엘리스 그리피드Elis Gruffydd는 천지창조부터 1552년까지의 세계 역사를 기록한 방대한 연대기에서 자신의 공적과 일상생활, 그리고 칼레 수비대 동료들의 일상에 다소 지나치다 싶을 만큼 주의를 기울인다. 제바스티안 셰르틀린의 회고록은 정반대의 사례다.

대부분의 회고록 저자에 비해 자신의 개인사에 비교적 일관되게 초점을 맞추고 있기 때문이다. 하지만 그의 글에도 역시 역사적인 사건에 대한 설명이 많이 등장한다. 심지어 그가 직접 참여하지 않은 사건들에 대한 설명도 있다. 특히 그는 개인적인 사건과 역사적인 사건 사이를 습관적으로 오간다. 마치 이 둘을 똑같은 것으로 생각하는 듯하다. 예를 들어, 셰르틀린은 1569년에 자신의 손자 한스 하인리히가 태어나고, 아내와 딸이 죽었다는 이야기를 한 직후, 볼프강 공작과 콩데 공이 프랑스에서 전투에 패해 목숨을 잃은 이야기로 건너뛴다. 당시 셰르틀린도, 그의 아들들도 이 프랑스 전쟁에 참전하지 않았다.[65]

그 이듬해에 대한 셰르틀린의 설명은 이보다 널뛰기가 훨씬 더 심하다. 먼저 그는 아우크스부르크에 있는 자신의 집을 새롭게 수리한 이야기를 한 뒤, 그해에 프랑스에서 벌어진 종교전쟁의 향방에 대해 상당히 많은 지면을 할애한다. 그러나 셰르틀린도, 그의 아들들도 당시 이 전쟁과는 아무런 상관이 없었다. 종교전쟁 이야기 다음에는 터키의 키프로스 정복 이야기, 페라라에서 일어난 지진 이야기가 나온다. 그러고 나서 셰르틀린은 그해에 식품 가격이 천정부지로 치솟았다고 한탄하며, 다양한 품목의 물가를 상세히 늘어놓는다. 마지막으로 그는 그해에 자신과 아들이 페르디난트 대공에게 말 12마리를 바치느라 500플로린이 들었으며, 막시밀리안 황제가 그에게 약속했던 재정적 보상을 해주지 않았다고 말한다.[66]

셰르틀린의 글이 일기나 일지가 아니었음을 명심할 필요가 있다. 아마도 과거에 기록한 메모를 참고했을 가능성은 있지만, 어쨌는 그는 과거의 기억을 되새겨가며 이 글을 썼다. 따라서 그가 이런 정보들을 알게 된 순서대로 늘어놓았다든가, 여러 사건들이 동시에 일어났기 때문에 이야기가 뒤섞였을 것이라는 주장은 설명이 되지 않는다. 셰르틀린은 과거의 기억을 되새기며 글을 썼으므로, 주의를 기울였다면 개인사와 역사적인 사건들을 쉽사리 구분할 수 있었을 것이다.

주로 자신이 참여한 사건들에 초점을 맞추거나 순전히 개인적인 일에만 초점을 맞춘 많은 회고록 저자들 역시 역사적인 사건들을 설명하면서 자신의 역할이나 행동을 무시해버렸다는 사실도 당황스럽기는 마찬가지다. 코르도바의 멕시코 발견을 다룬 디아스의 글이 좋은 예다. 코르도바의 원정대가 쿠바로 돌아와 해산한 뒤, 디아스는 자신과 병사 두 명이 페드로 데 아빌라와 함께 트리니다드로 항해하다가 난파하는 바람에 거의 죽을 뻔했다고 말한다. 그는 원정대와는 아무런 상관이 없는 이때의 상황을 한 장章에 걸쳐 설명한 뒤, "프란시스코 에르난데스와 베르날 디아스 델 카스티요의 발견은 여기서 끝난다"[67]고 적었다. 디아스는 '코르도바의' 발견이 곧 '디아스의' 발견이라고 생각했을 뿐만 아니라, 자신의 모험이라는 관점에서 원정대의 활동을 규정한다. 따라서 트리니다드로 향한 그의 개인적인 모험조차 이 원정대의 역사에서 빠져서는 안 되는 부분이라고 본 것이다.

그러나 그가 트리니다드로 향하는 길에 겪은 모험을 묘사하는 와중에도 글은 완전히 반대 방향으로 향한다. 이 조난자들은 스페인인 네 명과 인디오 몇 명으로 이루어진 작은 무리였고, 그들에게 집단적인 정체성은 존재하지 않았다. 그런데도 디아스는 이들의 모험을 줄곧 일인칭 복수 시점으로 서술한다. 자신과 다른 사람들을 따로 구분하지 않는다는 뜻이다. 디아스는 어디에서도 자신이 겪은 역경, 경험, 감정을 이 집단 전체의 것과 구분하지 않는다. 그들이 트리니다드에 도착해 서로 헤어진 뒤에야 디아스는 일인칭 단수 주어를 사용하기 시작한다. 한편 다른 시기를 다룬 글에서 디아스는 한때 산도발이 자신에게 임시 수비대의 병사 여덟 명에 대한 지휘권을 주었다는 사실에 자부심을 드러낸다. 그러고는 그들이 겪은 아주 사소한 전투를 몹시 상세히 묘사한다. 그러나 여기서 그는 그들의 행동을 항상 일인칭 복수 시점으로 서술하면서, 자신이 내린 명령이나 자신이 직접 한 행동에 대해서는 한마디도 하지 않는다. 지휘관으로서 자신의 경험에 대해서도 아무런 이야기가 없다. 그에게는 이 경험이 몹시 만족스럽고 독특한 경험이었을 텐데도 그렇다.[68]

우리는 플로랑주의 회고록과 귀용의 회고록에서 이미 비슷한 사례를 여러 번 보았다. 멘도사의 글에도 이런 사례가 많다. 멘도사는 대부분 자신이 직접 현장에 있었던 사건들을 묘사했지만, 주인공으로 등장하는 경우는 그중에서 소수에 불과하다. 심지어 그 경우에도 그의 이름은 그저 스치듯 언급될 때가 보통이다. 라 마르슈 역시 명예를 극도로 중시해서 전투에 관한 대부분의 설명에서 전투의 전체적인 향방을 무시하고 대신 기사들 각자의 용맹에 초점을 맞추면서도, 자신의 공적에 대해서는 거의 한마디도 하지 않는다. 그는 자신이 참가한 많은 전투와 소규모 교전을 설명할 때도 자신의 행동에 대해서는 전혀 언급하지 않는다.[69] 자신이 직접 지휘한 리엥 원정을 설명할 때조차 그는 그곳에서 벌어진 소규모 교전에서 자신이 어떤 행동을 했는지 전혀 밝히지 않는다.[70]

에냉은 대개 각 원정이 시작될 때 부대로 향한 여정과 원정이 끝난 뒤 부대에서 돌아온 여정을 상세히 설명하지만, 이런 원정들의 이유와 준비 과정, 그리고 결과는 무시해버린다. 그러나 정작 원정 중의 일들을 설명할 때에는 자신의 행동에 대해 거의 언급하지 않고 주로 전체적인 상황에 초점을 맞춘다. 때로는 소규모 교전이나 전투에 대해 상당히 길게 설명하면서 특정한 인물들의 공적을 강조하기도 한다. 하지만 이런 경우에도 자신의 공적에 대해서는 거의 언급하지 않는다. 이런 사례 중 가장 놀라운 것으로는 아마 몽레리 전투(1465년)에 대해 설명한 부분을 꼽을 수 있을 것이다. 그는 여기서 지극히 자세한 설명을 몹시 길게(14페이지) 늘어놓으면서도, 자신이 거기서 어떤 행동을 했는지에 대해서는 한마디도 하지 않는다.[71]

마르탱 뒤 벨레는 원정에 별로 영향을 끼치지 못한 사건이라 해도 자신이 직접 참여한 경우라면 특별히 주의를 기울이는 경우가 많다. 그런데도 자신의 행동에 대해서는 언급하지 않는다. 예를 들어, 생폴 공성전(1537년)은 그리 중요하지 않은 사건인데도 뒤 벨레는 거의 모든 중요 공성전과 전투에 비해 더 많은 주의를 기울인다. 아마도 그가 수비대의 중간 지휘관 중 한 명으로 참가해서 방어에 핵심적인 역할을 했다는 점이 가장 큰 영향을 미쳤을 것이다. 그런데도 공성전에 관한 설명에서 그는 자신의 행동을 몇 번만 언급할 뿐 대부분 무시해버린다.[72]

르네상스 시대 군인회고록 거의 모두에서 이런 사례들을 수십 개나 찾아낼 수 있다. 따라서 우리는 몰타 공성전에서 발비 데 코레조가, 드뢰와 자르낙에서 카스텔노가, 라벤나에서 가르시아 데 파레데스가, 리에주에서 디스바흐가, 그라나다 원정에서 에힝엔이, 비코카와 파비아에서 몽뤽이, 멕시코의 여러 전투에서 디아스가 무엇을 했는지 거의 알 수 없다.[73]


## 회고록을 쓴 이유


저자가 정작 자신의 행동을 무시해버린다면 회고록을 쓰는 의미가 무엇일까? 그럴 바에는 역사가들에게 일을 맡겨두는 편이 낫지 않을까? 당시 사람들, 그중에서도 특히 군인들은 개인적인 영광에 집착해서 자신의 공적을 불후의 것으로 만들고 싶다는 욕망에 불타고 있었다고 짐작된다는 점을 감안하면, 더욱더 이해하기 힘들다.

귀용의 회고록에 나타난 당혹스러운 특징들이 그 글만의 독특한 특징이 아니라 르네상스 시대 군인회고록 전체의 특징임을 이제 알게 되었다.[74] 이런 회고록에 나타난 역사와 개인사의 관계를 조사할 때마다 나타나는 그림은 한결같이 앞뒤가 맞지 않고 혼란스럽다. 역사와 개인사를 따로 분류한다는 생각이 아예 없는 듯하다. 더 꼼꼼히 조사해본다면, 사실은 이 둘 사이의 이분법이 문헌에서 핵심적인 위치를 차지하고 있음이 드러날지도 모른다. 그러나 미리 이런 결론을 가정하고 르네상스 시대 군인회고록에 접근했다가는 시대착오적인 결과를 낳을 위험이 있다. 우리에게는 역사와 개인사를 구분하는 것이 당연하게 보일지라도, 르네상스 시대 군인회고록의 저자들 역시 우리와 같은 생각이었을 것이라고 확신할 수 있을까? 게다가 르네상스 시대 군인회고록이 이처럼 역사와 개인사를 구분하려 들지 않는다는 사실은, 그들이 '자아' 또한 무시했을 가능성을 제기한다. 어쩌면 르네상스 시대 군인회고록은 자아에 대한 글도 아니고, 자기 인식을 실현하려는 글도 아닌 것 아닐까?[75] 이 가능성을 계속 열어두기 위해서 나는 회고록에 대한 현대 학자들의 정의와 접근법을 모두 버리기로 했다.

우선 회고록의 정의와 관련해서, 나는 르네상스 시대 군인회고록이 역사와 개인사의 이분법을 따른다고 미리 가정하지 않는다. 따라서 역사와 개인사를 조합한 글이 회고록이라는 앞의 정의 또한 받아들일 수 없다. 대신 나는 아멜랑의 사례[76]를 따라, 저자가 상당한 횟수에 걸쳐 주인공으로 등장하는 글을 회고록으로 정의하기로 했다. 그런 등장을 역사나 개인사의 일부로 미리 해석하거나, 회고록이 역사와 자서전을 잇는 연속선 위에서 어떤 자리를 차지하고 있다고 미리 단정하는 일은 없을 것이다.[77]

따라서 회고록에 대한 나의 정의는 다음과 같다.

1. 종합적인 이야기가 서술된 문헌.
2. 회고적인 글.
3. 개인의 기억에 상당한 기반을 둔 글.
4. 상당한 기간을 다루는 글.
5. 저자가 주인공으로 등장하는 글.

이 책은 이런 문헌들 중의 하위분류에 속하는 글, 즉 군인회고록에 초점을 맞췄다. 다음은 군인회고록만의 특징이다.

6. 저자가 전투원이나 지휘관으로 참가한 군사적 사건이 상당한 비중을 차지하는 글.

이런 문헌에 어떤 방식으로 접근할 것인가 하는 문제와 관련해서, 나는 르네상스 시대 군인회고록이 역사와 개인사의 이분법을 받아들인다든가 개인이나 진실을 보장하는 사람으로서 자아를 받아들인다는 식으로 미리부터 가정하지는 않기로 했다. 2부에서는 르네상스 시대 군인회고록의 저자들이 글 속에 진실을 보장하는 자 또는 개인으로서 등장한다는 가설을 비판적으로 조사해서, 이 회고록들이 이런 식의 해석을 제대로 감당하지 못한다는 점을 보여줄 것이다. 그리고 2부와 3부에서 이런 문헌들에 접근하는 대안적인 방법을 제시할 예정이다. 글 속에 등장하는 자아나 역사/개인사 이분법을 찾으려 하기보다는, 회고록 안의 현실을 출발점으로 삼는 것이 나의 접근 방법이다. 이 글들이 묘사하고 있는 현실은 어떤 것인가? 이 현실의 기초를 이루는 것은 무엇이며, 어떤 힘이 이 현실을 다스리고 있는가? 어떤 것이 언급되고, 어떤 것이 배제되었는가?

나는 르네상스 시대 군인회고록에 역사와 개인사 사이의 경계선이 존재하지 않으며, 어쩌면 그 경계선이 고의로 지워졌을지도 모른다는 점을 이런 방법을 통해 증명하고자 한다. 역사와 개인사 사이의 경계선 대신에 이 문헌들을 지배하는 것은 기억할 만한 일과 기억하지 않아도 되는 일 사이의 경계선이다. 따라서 이 글들이 묘사하는 현실은 개인과 집단의 집합이 아니라, '기억할 만한 일들'의 집합이다. 그럼에도 나는 이 '기억할 만한 일들'의 경계선이 전사 귀족의 어떤 정체성을 만들어내고 반영하는지 조사하고, 이 경계선이 전달하는 정치적 메시지를 탐구함으로써 정체성의 문제 또한 다루고 있다.

## 20세기 군인회고록과 다른 점

르네상스 시대 군인회고록에 등장하는 현실을 조사할 때 내가 사용한 중요한 도구 중 하나는, 이 문헌들을 20세기 군인회고록과 비교하는 방법이다. 어찌 보면 위험할 정도로 시대착오적인 방법이라고 할 수도 있겠지만, 나는 이것이 사실은 시대착오의 위험을 막는 최선의 방법이라고 믿는다. 우리가 종류를 막론하고 르네상스 시대의 문헌을 읽을 때 현재의 독서 습관과 기대를 하나도 버리지 못하는 것은 불가피한 일이다. 앞에서 보았듯이, 이런 문헌들이 자아의 문제를 다루고 있을 것이라는 기대가 특히 강력한 힘을 발휘한다. 우리가 이런 현대적인 기대를 르네상스 시대의 문헌에 투영하는 일을 막고 싶다면, 이런 기대의 정체를 분명히 밝히는 편이 낫다. 나는 르네상스 시대의 문헌에 이런 기대를 투영하지 않도록 가늠하는 데에 20세기 군인회고록을 이용했다.

르네상스 시대와 20세기의 문헌을 모두 아우를 수 있는 군인회고록이라는 단 하나의 장르가 존재한다고 주장할 생각은 없다. 그래도 20세기 군인회고록을 분석하는 것은, 현대의 독자들이 르네상스 시대 군인회고록을 읽을 때 투영하기 쉬운 기대들을 콕 집어내는 좋은 방법이다. 독자들의 기대가 형성되는 데에 20세기 회고록이 직간접적으로 어느 정도 영향을 미쳤을 가능성이 있다는 점이 하나의 이유지만, 그보다 더 중요한 이유는 20세기 회고록이 현대 독자들의 기대에 크게 영향을 받아 그 기대에 부응하고 있다는 점이다. 20세기 회고록은 현대 독자들의 기대에 부응하거나 아니면 하다못해 그 기대를 정면으로 인정하는 문헌이 어떤 모습을 띠는지에 대한 단서를 우리에게 제공해줄 수 있다. 이런 것들을 분명히 드러냄으로써, 르네상스 시대 군인회고록을 근대적 자아를 향해 머뭇거리며 첫걸음을 내디딘 기록으로 보는, 시대착오적인 해석을 막는 데 도움이 되기를 바라는 것이 내 마음이다.

　내가 20세기 회고록을 들여다본 또 하나의 중요한 이유는, 우리가 르네상스 시대 회고록에만 초점을 맞추다보면 심각하게 근시안적인 결과가 도출될 것이라는 점이다. 르네상스 시대 회고록만의 독특한 특징을 밝혀내고 싶다면, 그들을 다른 시대의 문헌과 비교하는 것이 필수적이다. 르네상스 시대 회고록의 중요한 특징 중 하나(적어도 현대의 독자들 눈에는 그렇게 보이는 것)는 현대 독자들이 중요하게 생각할 법한 일을 이 문헌들이 무시하고 있다는 점이다. 이것은 르네상스 시대의 문헌과 20세기 문헌을 비교하지 않는 한 제대로 알아채기 어려운 사실이다.

　전쟁의 경험적인 측면을 다루는 방식이 대표적인 예다. 우리가 오로지 르네상스 시대 회고록만 읽으면서 그들이 전쟁의 경험적인 측면을 어떻게 다뤘는지 조사한다고 가정해보자. 애당초 우리가 찾으려고 하는 것이 바로 그 점이기 때문에, 조금만 노력을 기울이면 경험적인 설명들을 몇 가지 찾아내서 연구할 수 있을 것이다. 그리고 르네상스 시대 회고록에 나타난 전쟁 경험에 대해 다양한 결론을 내릴 것이다. 이 글들을 20세기의 회고록과 비교해보지 않는다면, 우리는 가장 중요한 점, 즉 몇 가지 경험적인 설명들이 분명히 존재함에도 사실 르네상스 시대 회고록은 전쟁의 경험적인 측면을 가뿐히 무시해버린다는 점을 알아차리지 못할 것이다. 르네상스 시대의 군인회고록을 수십 편이나 읽는다 해도 결과는 마찬가지다. 그러나 르네상스 시대 회고록을 읽은 뒤에 20세기의 회고록을 단 한 페이지만이라도 읽어본다면, 르네상스 시대 회고록의 이런 특징을 도저히 놓칠 수 없을 것이다.

내가 20세기 회고록 중에서도 주로 제2차 세계대전 이후에 하급 전투원들이 쓴 회고록을 살펴보았다는 점을 여기서 밝혀야 할 것 같다.[78] 내가 이런 문헌들에 초점을 맞춘 것은, 상급 전투원들의 회고록이나 전쟁사를 다룬 글에 비해 전쟁에 대한 당대의 견해가 훨씬 더 분명하게 반영되어 있기 때문이다. 이 글들은 또한 이런 견해를 형성하는 데에도 한몫을 했다. 하급 전투원들이 쓴 20세기 회고록은 지금까지 집필된 역사적인 문헌 중 가장 영향력이 큰 집단에 속한다. 오늘날 서구 대중들의 인식 속에서 지배적인 위치를 차지하는 전쟁 이미지가 형성되는 데에도 십중팔구 이 자료들(책과 영화 모두 포함)이 다른 무엇보다 큰 영향을 미쳤을 것이다. 지난 100년 동안 전쟁과 군인의 이미지는 유례없이 혁명적인 변화를 겪었다. 용감하고 영광스러운 군인의 이미지가 수천 년 동안 사람들의 의식을 지배했던 만큼 지금도 이런 이미지가 강력한 힘을 발휘하고 있지만, 전쟁은 지옥이고 군인은 희생자라는 이미지가 이런 이미지에 도전장을 내밀고 있다. 어쩌면 이 새로운 이미지 때문에 과거의 이미지가 지워져버렸다고까지 말할 수 있을지도 모른다. 전쟁을 다룬 다양한 자료 중에서, 이런 혁명적인 이미지 변화에 가장 의미심장한 영향력을 발휘한 것이 바로 하급 전투원들의 회고록이다.[79] 또한 오늘날 사람들이 극장에서 보는 것도 바로 이 회고록들이 만들어낸 이미지다. 사실 가장 성공을 거둔 전쟁영화 중 몇 편은 하급 전투원들의 회고록을 각색한 것이기도 하다. 하급 전투원들은 대개 "전쟁은 영화 속 모습과 다르다"는 점을 보여주기 위해 회고록을 썼다. 그런데 이런 회고록들이 워낙 커다란 성공을 거뒀기 때문에 요즘은 영화조차 전쟁은 영화 속 모습과 다르다는 것을 보여준다.

내가 하급 전투원들의 회고록에 초점을 맞춘 또 다른 이유는, 르네상스 시대의 상급 지휘관들이 전투원으로서 부하들과 똑같은 상황에서 똑같은 위험과 맞닥뜨렸으며, 수백 킬로미터 떨어진 본부에 앉아 있기보다 난전 속에서 함께 싸우는 경우가 많았다는 점이다. 그들은 또한 자신을 '장군'이라기보다 기사나 전투원으로 생각했다. 예를 들어, 플로랑주는 글에서 내내 자신을 '모험가'(단순한 전투원을 뜻하는 단어)라고 지칭한다. 그가 상급 지휘관이 되었을 때도 마찬가지다. 따라서 르네상스 시대에는 설사 상급 지휘관이라 해도 여러 중요한 측면에서 20세기의 상급 지휘관보다는 일반 병사나 하급 지휘관과 비견될 만한 전쟁 경험을 했다.

 20세기 군인회고록과의 비교에 평형을 맞추기 위해, 나는 르네상스 시대 당시의 정치적, 정신적, 군사적 맥락에서 르네상스 시대 군인회고록을 바라보았다. 나의 주요 관심 대상은 회고록이 역사적 현실을 어떻게 묘사했는가 하는 점이지만, 역사적 현실을 바라보는 회고록의 시각에 영향을 미친 외적인 상황에도 상당한 주의를 기울였다. 우선 나는 회고록 저자들 각자가 어떤 외적인 상황 속에서 회고록 속의 시각을 갖게 되었는지 살펴보았다. 또한 회고록 저자들이 현실을 묘사한 방식 속에 담긴 정치적 메시지도 살펴보았다. 그러나 이 문헌들이 당시 사람들에게 실제로 어떻게 받아들여졌는지에 대해서는 그만큼 주의를 기울이지 않았다. 20세기에 하급 전투원들이 쓴 회고록과는 대조적으로, 르네상스 시대 군인회고록은 정치적으로 직접적인 영향을 미치지 못했고, 스스로 새로운 견해를 만들어내기보다는 기존의 견해를 반영하는 쪽이었기 때문이다 (16세기 말까지도 전사 귀족들의 문화에서 구전이 여전히 지배적인 위치를 차지하고 있었다는 점이 여기에 어느 정도 영향을 미쳤다). 따라서 이런 문헌들에서 내가 주로 살펴본 것은, 르네상스 시대 전사 귀족들의 실질적인 정치적 힘보다는 글에 나타난 그들의 견해였다.
 따라서 이 책은 르네상스 시대 전사 귀족계급의 세계와 그들의 세계관에 대한 연구라고도 할 수 있다. 하지만 르네상스 시대 귀족계급 전반에 대한 연구는 아니다. 당시 전사 귀족은 이미 전체 귀족계급을 대표하는 존재가 아니었기 때문이다. 르네상스 시대에 전사 귀족은 두 세계(귀족 세계와 군인 세계)에 속해 있었으며, 두 세계에서 모두 소수집단이었다. 대부분의 르네상스 시대 군인들은 평민이었고, 대부분의 귀족들은 평생 군복무를 하지 않았다. 따라서 전사 귀족은 귀족 세계와 군인 세계 사이의 가교였으나, 군인 세계와의 연결고리 쪽이 더 중요했다. 적어도 장기적인 관점에서는 그랬다. 중세 귀족들의 호전적인 기풍은 르네상스 시대에 민간인과 궁정 귀족에게 새로 나타난 기풍으로 바뀌었다. 중세에 비해 군사적인 면이 줄어든 기풍이었으므로, 전사 귀족은 귀족 세계에서 점차 핵심적인 자리를 잃어가고 있었다. 특히, 귀족계급의 행동과 지위를 결정하는 역동적인 세력이라는 지위를 잃은 것이 두드러졌다. 이와는 대조적으로 군인 세계에서 전사 귀족은 핵심적이고 역동적인 위치를 유지했으며, 적어도 르네상스 시대에는 중세 귀족들의 호전적인 기풍을 상당 부분 보존하는 데에도 성공했다. 나중에는 군대에서도 이런 기풍이 결국 쇠퇴하고 말았지만, 전사 귀족은 그때 급격히 성장하던 장교 집단에 이런 기풍 중 적어도 중요한 일부만이라도 전달해줄 수 있었다. 그리고 이 장교 집단 덕분에 호전적인 기풍은 그 뒤로 수백 년 동안 더 생명을 유지했다. 따라서 르네상스 시대 군인 회고록에 나타난 견해들이 비록 중세 '귀족'의 견해에서 유래한 것이라 해도, 르네상스 시대에는 귀족보다 군인 쪽에 특히 더 가까운 성격을 띠게 되었으므로 귀족 세계의 전반적인 견해를 대변한다고 볼 수는 없다.

르네상스 시대 군인회고록을 문학적인 맥락에서 바라볼 때는, 중세 말기 귀족들의 글, 특히 군인회고록과 프루아사르Froissart의 글과 같은 귀족들의 연대기에 많은 주의를 기울였다. 반면 르네상스 시대에 민간인이 쓴 자전적인 글에는 저자가 귀족이든 평민이든 상관없이 그만큼 관심을 쏟지 않았다. 대부분의 학자들과 달리 나는 르네상스 시대 군인회고록을 르네상스 시대의 새로운 현상이 아니라, 중세 관습이 보수적으로 지속된 현상이라고 보기 때문이다. 나는 또한 르네상스 시대 군인회고록이 당대의 자전적인 글보다는 중세 말기의 글과 문화에서 더 많은 영향을 받았다고 믿는다. 아주 중요한 몇 가지 측면에서 르네상스 시대 군인회고록과 흡사한 문헌들은 13세기와 14세기에 집필된 것이다. 따라서 르네상스 시대의 새로운 글쓰기 관습이 어떤 영향력을 발휘했든, 결국은 오래된 포도주를 새 가죽부대에 담은 것에 가깝다.[80]

르네상스 시대에 민간인이 쓴 글에 내가 별로 주의를 기울이지 않은 또 다른 이유는, 중세 말기와 르네상스 시대의 전사 귀족 문화에서 구전이 압도적인 비중을 차지했다는 점이다. 군인회고록은 대개의 경우 글이 아니라 구전 전승, 특히 전쟁 이야기에서 가장 중요한 영향을 받았다. 이런 이야기들은 다른 군대 문화와 마찬가지로 전사 귀족 문화에서도 필수적인 부분이었으므로, 모든 전사 귀족들이 사는 동안 헤아릴 수 없이 많은 전쟁 이야기를 듣기도 하고 직접 옮기기도 했을 것이다. 블레즈 드 몽뤽은 "스물다섯 살 때 나는 그때까지 사랑했던 가장 아름다운 아가씨를 즐겁게 해줄 때보다 노병들의 이야기에서 더 커다란 즐거움을 얻었다"[81]고 썼다. 브랑톰은 스페인의 어떤 일반 병사가 몸에 난 흉터 여섯 개를 보여주며, 각각 어떤 전투에서 얻은 것인지 설명해주었다는 이야기를 한다. 다시 말해서, 그 흉터들은 병사에게 몸에 남은 회고록 그 자체, 또는 몸에 남은 '기억의 전당'이었으며, 언제라도 즉시 구전으로 전해지는 개인사로 변형될 수 있었다.[82] 엘리스 그리피드는 젊은 동료들이 더 이상 듣기 싫다고 할 만큼 수도 없이 자신의 과거 전쟁 이야기를 늘어놓았다. 그가 1510년대와 1520년대에 참전했던 원정 이야기를 시작하려고 하면,

　　건방지고, 허영심이 강하고, 무모하고 무지한 수습 기사 녀석들이 그를 놀리곤 했다. "아하, 기사님! 또 왕의 늙은 기사 이야기를 들어야 하는 거죠? 코가 빨간 기사? 기사님이 앉으실 의자를 가져와라. 목을 가다듬으셔야 하니까 맥주도 한 잔 데워오고, 검게 탄 빵도 한 조각 가져와. 그래야 기사님이 테루안과 투르네에서부터 오늘에 이르기까지 세운 공적들에 대해 이야기하실 수 있을 것 아니냐."[83]

셰익스피어의 헨리 5세는 아쟁쿠르 전투에 참전했던 군인들이 매년 성 크리스피누스 축일(성 크리스피누스는 로마의 순교자이며 제화공의 수호신이다. 아쟁쿠르 전투가 벌어진 1415년 10월 25일이 성 크리스피누스 축일이었다—옮긴이)에 이웃들에게 전쟁 이야기를 들려주기를 기대한다.

　　많은 군인회고록은 예전에 이미 이런 식으로 몇 번이나 남들에게 들려주었던 전쟁 이야기를 글로 적은 것에 불과했다.[84] 르네상스 시

대의 몇몇 군인회고록이 만들어진 속도를 보면, 이런 생각이 더욱 굳어진다. 그리피드가 1510년대부터 1540년대까지 자신이 참가했던 모든 군사원정 이야기를 맥주 한 잔을 마시면서 들려주었다면, 가르시아 데 파레데스는 죽음을 앞둔 병상에서 자신의 회고록을 지었다. 카를 5세는 라인 강을 따라 닷새 동안 여행하면서 자신의 회고록 대부분을 구술하기도 했다. 또한 콘트레라스는 어떤 메모도 참고하지 않고 11일 만에 회고록을 썼다.[85] 1388년에 바스코 드 몰레옹이 어떤 주점에서 프루아사르와 포도주 한 병을 마시며 자신의 군대생활 이야기를 모두 들려준 장면을 앞으로 보게 될 것이다. 프루아사르가 이 이야기를 성실하게 글로 정리한 회고록은 1, 2세기 뒤에 집필된 군인회고록과 가장 중요한 특징들이 똑같다. 따라서 나는 중세 말기와 르네상스 시대의 전사 귀족 문화를 조사하는 것이 르네상스 시대 군인회고록을 이해하는 데 르네상스 시대에 민간인이 쓴 자전적인 글을 조사하는 것보다 더 의미 있는 방법이라고 믿는다. 민간인의 자전적인 글은 군인회고록의 저자들이 대체로 쉽게 접하지도 못했을 뿐만 아니라, 그들에게 그리 중요하지도 않았기 때문이다.

이제 예외적인 부분들에 대해 마지막으로 한마디 해야 할 것 같다. 이 책은 많은 수의 회고록을 다루고 있고 개중에는 아주 긴 문헌도 있으므로, 앞에서 내가 규범적인 특징이라고 강조한 것과는 다른 특징을 드러내는 부분을 이런저런 문헌에서 언제나 쉽게 찾을 수 있다. 나는 이 책에서 처음부터 끝까지 이런 예외적인 부분에 일부러 주의를 기울였다. 이런 부분 중 일부가 21세기 독자들의 기대에 더 잘 부응하는 측면이 있다는 점이 이유 중 하나다. 따라서 그것들이 전체 문헌 중 예외적인 부분이었음을 여기서 반드시 분명히 해둘 필요가 있다. 그러지 않았다가는 우연히 그런 구절을 발견한 독자들이 거기에 지나친 의미를 부여할 우려가 있기 때문이다(예를 들어, 21세기의 독자는 르네상스 시대 회고록에 드물게 나타나는 감정적인 토로나 경험적인 이야기를 당연히 더 쉽게 기억하는 반면, 문헌 전체를 구성하는 건조한 사실적 서술 내용은 잊어버리고 말 것이다).

하지만 이보다 더 중요한 것은, 이 예외적인 부분들이 내가 내린 결론을 뒷받침해줄 때가 많다는 점이다. 다시 말해서, 회고록 저자가 규범에서 일탈한 이 소수의 사례들은 곧 저자가 다른 방식으로 글을 쓸 수 있는 사람이며, 그들이 일반적으로 정해진 규범을 따른 것은 스스로 그 방법을 선택했기 때문이지 다른 방식으로 글을 쓸 수 있는 문학적 실력이나 모델이 부족했기 때문이 아니라는 점을 증명한다는 뜻이다. 회고록 저자들이 감정과 경험을 쏟아놓은 예외적인 부분은, 그들에게 그런 방식의 글쓰기가 가능했음을 증명해준다. 그럼에도 그들의 글이 대체로 건조하고 사실적인 것은 그들이 그런 방식을 스스로 선택했기 때문이다.

목격자의 증언 혹은
개인의 기록

모든 가능성을 열어두기 위해서 나는 회고록이 자아를 다룬 글이라거나 역사와 개인사를 구분한다는 식의 가정을 **미리** 세우는 것을 삼갔다. 그러나 실제로 회고록이 이런 성격을 띤 글일 가능성도 배제하지는 않았다. 2부에서는 두 가지 주류 이론, 즉 르네상스 시대 군인회고록이 실제로 역사와 개인사를 구분하고 있다는 이론과 자아가 글의 초점이라고 주장하는 이론을 살펴볼 것이다. 그중 첫 번째 이론은 회고록이 진실을 생산하는 수단이었으며 회고록 저자는 진실을 보장하는 사람이었다고 본다. 두 번째 이론은 회고록이 개체성을 창조하거나 표현하는 수단이었으며 회고록 저자는 개인이었다고 본다. 두 이론 모두 르네상스 시대 회고록 전체에 해당되지만, 여기 1부에서 나의 목적은 이 두 이론 중에 르네상스 시대 **군인**회고록에 적용될 수 있는 것이 있는지 살펴보는 것뿐이다.

# 1

## 회고록 주인공의 유형

회고록에 나타나는 역사와 개인사의 관계를 정립하기 위해서는 회고록 저자가 문헌 속에 어떤 유형의 주인공으로 등장하는지 확실히 밝히는 것이 중요할 때가 많다. 회고록 저자가 문헌 속에 주인공으로 등장하는 유형으로는 다음의 네 가지가 있다.

1. 목격자 주인공. 이런 주인공은 글이 어떻게 집필된 것이며 어떤 증거를 근거로 삼았는지를 분명히 밝히기 위해 등장할 뿐이다. 보통 저자가 목격자 주인공으로 언급되는 것은 문헌의 진실성을 확립하는 데 일조하기 위해서다.

2. 본보기 주인공. 이런 주인공은 일반적인 현상을 본보기로 보여주기 위해 등장한다. 그만의 독특한 중요성은 존재하지 않으며, 주인공이 아니더라도 일반적인 현상들을 주인공만큼 잘 보여줄

수 있는 다른 인물이 항상 존재한다.

   3. 간헐적인 주인공. 이런 주인공은 그의 존재가 언급되지 않으면 문헌 속의 이야기나 주장을 제대로 이해할 수 없을 때 등장한다. 목격자 주인공이나 본보기 주인공과 달리, 간헐적인 주인공은 다른 존재로 대체할 수 없다. 역사 속의 대표적인 주인공들, 즉 역사 이야기 여기저기에 등장하는 군주, 귀족, 지휘관 등은 거의 모두 간헐적인 주인공으로 간주된다.

   4. 핵심적인 주인공. 이런 주인공의 등장에 대해서는 달리 설명이 필요 없다. 오히려 이 주인공의 존재가 문헌 전체를 설명해준다. 간헐적인 주인공은 자신이 아닌 다른 것에서 의미와 중요성을 끌어오지만, 핵심적인 주인공은 당연히 중요한 존재로 간주되며 문헌 전체에 의미를 부여한다. 따라서 이 주인공에게 미치는 영향을 기준으로, 다른 모든 것의 중요도가 평가된다.[1]

주인공의 유형을 구분하는 일이 항상 쉽지만은 않다. 저자가 경우에 따라 다른 유형의 주인공으로 등장할 수도 있고, 저자가 등장한 똑같은 장면을 여러 의미로 해석하는 것도 가능하다.

  문헌 안에서 역사와 개인사의 관계를 정립하기 위해 고려해야 하는 문제가 몇 가지 더 있다. 그중에 중요한 것은 다음과 같다.

   1. 저자가 주인공으로 등장한 여러 장면이 하나로 합쳐져서 지속적인 이야기를 이루는가, 아니면 주인공의 이야기가 분명히 드러나지 않거나 온통 빈틈투성이인가? 저자가 주인공으로 자주 등

장하더라도, 이 장면들을 하나로 묶어서 지속적인 이야기를 엮어 내려는 시도가 없을 수도 있다. 또는 저자가 주인공으로 등장하는 장면이 드물어도, 그 장면들 사이의 기간에 저자에게 어떤 일이 있었는지 설명되어 있어서 독자가 그의 삶을 지속적으로 파악할 가능성도 있다.

2. 이야기가 주인공을 따라가는가? 예를 들어, 저자가 목격자 주인공으로 등장해서 어떤 전쟁 기간 중에 자신이 목격한 일들을 각각의 중요성과 상관없이 모두 설명하면서, 자신이 목격하지 않은 일은 아무리 중요한 일이라도 설명하지 않는 경우가 있다. 이런 이야기를 가리켜 주인공을 따라간다고 말한다. 이와는 대조적으로, 저자가 자신이 직접 목격했는지 여부와 상관없이, 어떤 전쟁 기간 중에 일어난 중요한 일들을 설명하는 경우도 있다. 이때 저자는 자신이 직접 목격한 사건을 설명할 때만 본인을 목격자 주인공으로 언급한다. 이런 것은 주인공을 따라가는 이야기가 아니다.

3. 이야기가 어떤 관점에서 서술되고 평가되는가? 저자가 설사 핵심적인 주인공으로 등장하더라도 사건들을 자신의 관점에서 서술하거나 평가하지 않는 경우가 있다. 예를 들어, 장군이 직접 지휘했던 전투를 설명하면서 공중에서 새가 전장을 내려다보는 듯한 관점을 선택해, 당시 자신은 알 수 없었던 적의 생각과 행동까지 서술하는 경우를 꼽을 수 있다.

문헌 안에서 역사와 개인사의 관계를 파악하는 데 이런 요인들이 중요하기는 하지만, 이 요인들이 역사와 개인사의 관계에 영향을 미치는 방식은 딱 한 가지로 정해져 있지 않다. 나는 이들이 어떤 영향을 미칠 수 있는지 앞으로 자세히 분석할 것이다.

# 2

# 진실한 목격담

르네상스 시대 군인회고록이 무엇보다 관심을 보인 부분은 바로 진실의 생산이며, 목격자 겸 진실을 보장하는 자로서 회고록 저자가 글의 기반을 이루고 있고, 따라서 르네상스 시대 군인회고록은 목격담 역사서eyewitness-histories가 자연스레 진화한 형태라는 주장을 뒷받침해주는 증거가 몇 가지 있다. 첫째, 부르고뉴 궁정에서 회고록 집필이 유행한 데에는 장 르 벨Jean le Bel과 프루아사르로부터 시작된 일련의 목격담 역사서가 커다란 영향을 미쳤다. 특히 프루아사르의 경우에서 우리는 일반적인 연대기가 먼저 목격담 역사서로 발전했다가, 궁극적으로 거의 회고록과 비슷한 형태로 변화하는 과정을 명확하게 볼 수 있다. 글 속에서 주인공 프루아사르가 진실을 보장하는 자로서 점점 더 중요해진 끝에, 나중에는 연대기가 그를 따라가기 시작한다.

둘째, 르네상스 시대의 많은 군인회고록에서 진실과 목격담은 정말로 중요한 위치를 차지하고 있다. 따라서 많은 회고록 저자들이 자신의 교양 없는 문체와 글 솜씨 부족에 대해 사과하면서, 자신의 진실한 목격담이 이런 결점을 보상해준다고 주장한다.[1] 또 다른 저자들은 이보다 한 걸음 더 나아가서, 자신의 글이 유창하지 못하다는 사실에 오히려 자부심을 느끼는 것처럼 보인다. 마치 유창하지 않다는 사실이 곧 진실을 보장한다고 생각하는 듯하다. 그들은 유창한 문장은 거짓을 교묘히 포장하는 데 필요하다고 독자를 설득하려 한다. 따라서 소박하다 못해 형편없기까지 한 문장이 오히려 진실을 보장해준다는 것이다.[2]

비슷한 맥락에서 일부 회고록 저자들은 자신의 목격자 역할을 강조한다.[3] 자신이 직접 목격했다는 사실을 곧 진실과 연결지어, 그것이 글의 진실성을 보장해주고 교양 없는 문체 또한 보상해준다고 주장하는 저자가 여럿 있다.[4] 어떤 저자들은 심지어 극단까지 나아가서, 진실이 문체보다 더 중요하기 때문에, 사건을 직접 목격한 사람만 역사를 집필해야 한다고 주장한다. 예를 들어, 발비 데 코레조Balbi de Correggio의 글 맨 앞에 나오는 '독자를 위한 소네트'의 내용은 다음과 같다.

> 검을 휘두르는 사람이 펜을 들었을 때
> 최고의 진실한 전쟁사가 나온다.[5]

그러나 이 이론에는 몇 가지 심각한 문제가 있다.

(1) 적어도 1600년까지는 목격담 역사에서 회고록과 자서전으로 '진화'한 흔적이 명확하게 나타나지 않는다. 또한 초창기 문헌 중에 최고로 '진화'한 것도 있다. 예를 들어, 프루아사르는 코민에 이르기까지 후대의 작가들에 비해 목격자 주인공으로서 훨씬 더 두드러진 존재감을 보여준다. 특히 《베아른 여행Voyage en Béarn》에서 프루아사르는 목격자 주인공으로서 아마도 1600년 이전에 나온 모든 회고록에 비해 더 두드러지게 등장한다. (저자가 이보다 훨씬 더 두드러지는 르네상스 시대 회고록은 많이 있지만, 이 저자들은 대개 목격자 주인공이라기보다는 간헐적인 주인공이나 핵심적인 주인공으로 등장한다.)

후대의 문헌보다 더 '진화'한 초창기 문헌의 다른 사례로는 주앵빌, 문타네르, 하우메 1세, 페레 3세의 회고록을 꼽을 수 있다. 특히 주앵빌의 글은 1600년 이전의 거의 모든 군인회고록에 비해 더 '자전적인' 성격을 띤다. 전체적으로 봤을 때, 초창기 '역사' 문헌들이 점점 더 '자전적인' 글로 변해가는 진화 **과정**을 명확하게 추적하는 것은 불가능하다. 그보다는 13세기부터 16세기 사이에 나온 군인회고록을 조사해보면, 모든 세기에서 '자전적인' 문헌과 '역사' 문헌이 어깨를 나란히 하고 있음을 알 수 있다.

이 이론에서 가정한 진화 과정이 회고록 저자들 각자의 머릿속에서 일어나는 내적인 변화라고 추측해볼 수도 있을 것이다. 프루아사르 같은 소수의 저자들에게서 이런 내적인 발전의 증거가 나타나기는 하지만, 르네상스 시대 회고록 중에는 이런 증거를 찾아볼 수 없는 문헌이 절대다수를 차지한다. 따라서 이 가설은 반드시 순수한 추측으로만 보아야 한다.

(2) 르네상스 시대의 역사서 저술가들은 이 이론이 가정한 것만큼 진실을 중요시하지 않았다. 르네상스 시대에 가장 인기를 끈 역사가들을 포함해서 당시의 많은 역사가들과 독자들은 여전히 역사를 무엇보다 문학으로 보고, 문체나 글의 재미가 진실보다 더 중요하다고 생각했다. 문헌이 역사로 간주되려면, 특정한 수사학적 관습을 따라야 했다. 예를 들어, '고급스러운' 문체, 저자가 상상으로 꾸며낸 연설, 정형화된 묘사가 등장해야 하고, 고전적인 사례들을 언급해야 하고, 고전적이고 권위 있는 문헌을 인용해야 했다.[6] 이런 관습을 따르는 문헌은 설사 허구적인 내용이 일부 또는 대부분을 차지한다 해도 역사서로 간주될 가능성이 높았다. 반면, 진실을 담았지만 문체가 조악한 글은 그렇게 간주될 가능성이 훨씬 낮았다.[7] 르네상스 시대 내내 저자와 독자가 모두 소설과 서사시를 역사와 구분하는 데 어려움을 겪은 것도 무리가 아니다.[8] 설사 이 둘을 구분할 수 있는 경우라 해도, 최소한 교육적인 목적을 위해서는 허구적인 내용이 진실 못지않게 유용할 수 있다고 주장하는 사람이 흔했다.[9]

문체의 중요성은 많은 회고록 저자들이 인정했다. 디아스(그는 자신의 글에 《역사》라는 제목을 붙였다) 같은 일부 저자들이 역사는 오로지 진실만 다뤄야 하며 문체는 아무 상관이 없다고 열렬히 주장한 것은 사실이다. 개중에는 역사가들의 유창한 거짓말보다 자신의 조악한 문체가 더 낫다며 자부심을 느낀 저자들도 소수 있었다고 앞에서 이미 이야기했다. 그러나 교양 없는 문체에 대해 사과한 대다수의 회고록 저자들은 자신의 문체를 순전히 결점으로 본 것 같은 인상을 준다.[10] 심지어 자신의 조악한 문체에 자부심을 느낀 사람들도 문체 때문에 역사가로서 자격이 없고, 자신의 글 또한 역사가 되지 못한다고 생각한 듯하다.[11]

회고록 저자가 스스로 역사가가 아니라고 주장한 이런 사례들이 현대 독자에게는 혼란을 줄지도 모르겠다. 앞으로 보게 될 20세기 회고록 저자들의 주장에 익숙한 우리는 르네상스 시대 회고록 저자들의 말을 그들의 **주제**가 역사가들의 주제와 다르다는 뜻으로 예단할 가능성이 있다. 그러나 르네상스 시대 회고록 저자들의 말은 그저 **문체**가 다르다는 뜻일 뿐이다. 일부 회고록 저자들이 스스로 역사가가 아니므로 자신의 글에 역사라는 제목을 붙이면 안 된다고 주장해놓고, 자신의 주제가 역사라고 말한 이유가 바로 이것이다.

예를 들어, 부아뱅Boyvin은 자신이 글에 **연보**나 **역사**라는 제목 대신 **회고록**이라는 제목을 붙인 것은, 고대의 사례나 문학적인 장식으로 글을 풍요롭게 만들지 않았으며 **연보**나 **역사**라는 제목과 달리 **회고록**이라는 제목은 자신의 글에 혹시 소재의 웅장함과 장점을 퇴화시키는 부분이 있더라도 변명이 되어주기 때문이라고 설명한다.[12]

르네 뒤 벨레René du Bellay는 이 점을 부아뱅보다도 더 명확히 한다. 자신이 기욤 뒤 벨레의 회고록을 어떻게 발견했는지 왕에게 알리는 글에서 그는 어느 날 자신의 서재에서 다음의 것을 발견했다고 썼다.

전하의 왕국과 이웃 나라들에서 [기욤의] 시대에 벌어진 일들을 다룬 훌륭한 **역사서**였습니다. (제 생각에) [기욤은] **역사**라는 제목을 쓰려면 자신보다 더 훌륭하고 유창한 다양한 장식이 필요하다고 생각했기 때문에 겸손하게 **회고록**이라는 이름만 붙이고자 한 것 같습니다.[13]

전문적인 역사가들을 위해 단순히 원재료가 될 글을 쓰는 척 행세한 많은 회고록 저자들이 비슷한 태도를 보였다.[14] 이번에도 이런 주장을 액면 그대로 받아들이면 안 된다. 이런 주장은 유구한 전통을 지닌 문학적 관습이며, 이런 주장을 펼친 모든 회고록 저자들은 자신의 글이 역사로 읽히기를 원했다.[15] 게다가 앞으로 보겠지만, 그들은 자신이 집필한 '원재료'의 문체에 보기보다 훨씬 더 신경을 쓰고 있었다. 그들이 겉으로 내세운 주장이 암시하는 것은, 자신의 문체가 역사라는 장르의 요건에 미치지 못할까봐 이 저자들이 두려워했다는 사실뿐이다.

이 점은 회고록 저자들이 문체의 결점을 보상하기 위해 자신의 역할이 목격자였음을 강조할 이유가 있었다는 주장을 확실히 뒷받침해준다. 그러나 회고록이 애당초 진실에 대한 진정한 관심 때문에 역사에서 발전해 나온 것이라는 주장에는 의문을 던진다.

(3) 특정한 가치관의 중요도와 인기가 높아지면, 사람들이 처음에는 사회의 기대에 부응하기 위해 그 가치관을 겉으로만 받아들여 주의를 기울이는 것이 일반적이다. 그러다 사람들은 점차 그 가치관을 소화해서 흡수하게 된다. 르네상스 시대에 목격담과 진실에 관련된 가치관도 마찬가지였다. 르네상스 시대 문헌에 자주 나타나

는 특징은, 진실한 목격담이라는 이상을 실제로 잘 흡수한 것처럼 입에 발린 말을 한다는 점이다. 저자들은 진실이 중요하며, 개인적인 경험을 바탕으로 삼는 것이 아마도 진실하게 보이는 최선의 방법이라는 사실을 잘 알고 있었다. 따라서 그들은 개인적인 경험을 바탕으로 삼은 것처럼 보이려고 애썼다. 개인적인 경험이 중요하다는 생각을 그들이 진심으로 받아들였는지 여부는 별개의 문제다. 많은 저자들이 조악한 문체에 대한 사과와 함께 오로지 진실만을 말하겠다는 약속을 늘어놓았지만, 이것은 대개 알맹이 없는 문학적인 장치에 불과했다. 심지어 훌륭한 문체로 허구적인 내용을 쓰는 사람들조차 이런 말을 늘어놓을 정도였다. 지어낸 이야기 또는 허구적인 글을 쓰는 사람들은 자신의 이야기를 정당화하기 위해 목격담처럼 포장하는 경우가 많았다. 이런 일이 워낙 흔해졌기 때문에, 독자를 속일 의도가 전혀 없는데도 허구적인 내용을 목격담처럼 포장한 이야기들이 나왔다.[16] 토머스 모어의 《유토피아》가 좋은 예다.

탈렌스Talens는 "근대 초기 스페인에서 이른바 자서전의 저자들은 진실 그 자체보다는 자신의 이야기를 독자에게 진실로 납득시키는 데 더 관심이 있었다"고 주장한다.[17] 아멜랑은 근대 초기에 나온 장인匠人 자서전의 저자들이 자신을 목격자로 내세우면서도 실제로는 자신이 목격하지 않은 사건들을 글에서 묘사하는 경우가 많았으며, 심지어 다른 문헌의 내용을 베끼는 경우도 있었다고 지적한다. 자신이 목격한 일을 전달한다는 말이 그들에게는 눈으로 직접 목격하지는 못했더라도 글로 읽거나 말로 들은 내용을 전달한다는 의미였을 가능성이 있다.[18]

르네상스 시대 군인회고록도 마찬가지다. 회고록 저자들은 허장성세처럼 보일 가능성에 대해 우리가 생각하는 것만큼 걱정하지 않았지만, 개중에는 그래도 걱정한 사람들이 있었다.[19] 또한 자신의 문체와 학식이 일반적인 역사 편찬 기준에 미치지 못할까봐 걱정한 사람이 많았음을 앞에서 이미 보았다. 진실한 목격담이라는 이상은 이런 문제들과 맞서는 데에 유용했다. 허황된 이야기라는 비난에 맞서 회고록 저자들을 옹호해주고, 학식 높은 역사가들과의 싸움에서 무기가 되어주었기 때문이다. 그러나 이 이상을 실제로 받아들여 자기 것으로 만든 회고록 저자는 설사 있다 해도 그 수가 많지 않았다. 대부분의 회고록 저자들은 머리말 등에서는 이런 이상에 경의를 표했지만, 본문에서는 이 이상을 부분적으로 또는 전부 무시해버렸다. 따라서 회고록이 때로 목격담과 진실을 **존재 이유로 표방**하더라도, 더 중요한 목표를 위한 구실이나 가면 역할만 하는 경우가 보통이었다.

목격담과 진실의 연관성을 염두에 두고 르네상스 시대 군인회고록을 읽다보면, 진실의 생산을 최고의 목표로 설정한 글이 거의 없음을 알 수 있다. 목격담과 진실의 연관성이라는 측면에서 르네상스 시대 군인회고록은 다음의 세 가지 범주에 속한다.

1. 목격담과 진실에 어느 정도 주의를 기울이지만, 단순히 진실을 생산하는 것보다 더 중요한 목표가 있는 문헌. 이들은 진실한 목격담이라는 테마를 주로 신뢰성과 권위를 확보하는 수단으로 이용해, 더 중요한 목표에 도달하는 데 사용한다.

2. 목격담과 진실을 존중하는 척 입에 발린 말을 하지만, 실제로는 무시하는 문헌.

3. 목격담과 진실의 연관성을 완전히 무시하는 문헌.

## 권위 확보

목 격 자 의
증 언 혹 은
개 인 의 기 록

첫 번째 범주에 속하는 회고록의 좋은 사례는 몽뤽의 《실록 Commentaries》이다. 이 글은 서로 관련되어 있는 두 가지 이야기로 구성되어 있다. 몽뤽은 우선 자신이 역사가가 아니며, 자신의 목적은 개인적인 경험을 바탕으로[20] 지휘관들을 위한 지침서를 쓰는 것[21]이라고 천명한다. 그는 자신을 경험 많은 지휘관이지만, 교양이 없고 간신히 글자를 깨친 가스코뉴 사람으로 묘사한다. 전장에서는 지극히 약삭빠르지만, 전장이 아닌 곳에서는 너무 단순해서 거짓말을 하거나 시치미 떼는 법을 모른다는 것이다.[22] 그는 군대 경험이 전혀 없지만 말을 유창하게 잘하고 기만에 능한 궁정 신하나 역사가와 자신을 대비시킨다.[23] 그러고는 자신의 실록을 읽는 독자들에게 "이 글을 역사가의 손이 아니라 노병의 손, 그것도 가스코뉴 출신 노병의 손에서 나온 것으로 받아들여"달라고 청한다.[24]

하지만 글이 진행되면서 지침서보다는 몽뤽 본인의 일생을 옹호하는 글에 점점 더 가까워진다. 다양한 비난에 맞서 몽뤽 본인을 변호하고, 발루아 왕조에게서 보상을 확보하고, 자신의 이름을 영원히 남기고자 하는 목적이 드러나는 것이다. 미래의 지휘관들에게

▲ 몽뤽의 초상화. 앙리 4세는 몽뤽이 쓴 《실록》을 '군인의 성서'라고 불렀다고 한다. 왕과 지배계층을 위해 펜을 드는 역사가가 아니라 본인이 직접 군인을 위한 책을 써내려갔다.

지침이 되겠다는 목적은 기껏해야 2순위를 차지할 뿐이다.[25]

몽뤽의《실록》은 원래 몽뤽이 당빌Damville 원수의 비난에 맞서서 자신을 옹호하기 위해 자신의 활약상을 적어 1570년 11월에 왕에게 보낸 글에서 파생된 것이다. 몽뤽이 이 글을 지침서로 만들겠다고 결심한 것은 나중의 일이다.[26] 최종본에서 이 글의 첫머리가 실제로 지침서의 성격을 띠기는 한다. 하지만 몽뤽 본인의 활약상이 점차 핵심적인 위치를 차지하게 되고, 이야기가 프랑스 종교전쟁에 이르렀을 무렵에는 지휘관들을 위한 지침서라는 가장이 아예 거의 전부 사라져버린다. 결국 몽뤽은《실록》의 원형이 된 글, 즉 자신이 1570년에 쓴 글 전문을 이 책에 포함시키는 지경까지 나아간다.[27]

개인적인 경험을 바탕으로 지침서를 쓰겠다는 몽뤽의 주장에 일말의 진실이 들어 있기는 하다. 그러나 이 주장은 권위를 확보하기 위한 수단의 역할도 한다. 전문적인 내용을 다룬 부분 덕분에 독자들은 몽뤽을 결코 틀리는 법이 없는 권위자로 신뢰하는 데 익숙해지고, 경험 없는 궁정 신하와 궁정 역사가를 불신하게 된다. 따라서 독자들은 몽뤽이 군사 문제에 대한 전문적인 이야기에서 자신의 행동을 옹호하는 이야기로 넘어갈 때에도 계속해서 몽뤽을 믿게 될 가능성이 높다. 특히 몽뤽이 궁정 신하와 궁정 역사가의 음모로 부당하게 불명예를 당했다고 한탄하는 대목[28]에서 독자들은 몽뤽의 들쭉날쭉한 재정 상태와 그의 월등한 군사 경험이 아무런 상관이 없는데도 그냥 그의 이야기를 믿어버리기 쉽다. 따라서 몽뤽의《실록》을 개인적인 경험을 바탕으로 전쟁에 관한 진실을 생산하는 것을 **존재 이유**로 삼은 글로 해석하는 것은 잘못이다. 진실의 생산은 기껏해야 2순위에 불과하며, 최악의 경우에는 단순히 권위를 확보하기 위한 교묘한 수단일 수 있다.

비슷한 방식으로 권위를 확보하는 것이 르네상스 시대 회고록 저자들 대부분의 특징이다. 그들에게는 목격담과 진실의 연관성이 중요했다. 그들은 권위를 확보하기 위해 특정한 사건을 직접 목격했다는 사실을 자주 강조하면서, 그것을 이용해 완전히 다른 문제에 대해 권위적인 목소리를 낸다. 예를 들어, 디아스는 자신의 이미지를 몽룍과 거의 흡사하게 구축했다. 달변과 교묘한 술수에는 전혀 재주가 없는 소박한 군인, 자신이 직접 본 사실을 독자에게 전달하는 사람. 또한 실제 사건이 벌어진 현장에는 가까이 가본 적도 없고 진실보다는 부자와 권력자의 비위를 맞추는 데 더 관심이 많은 달변의 학자들을 자신의 적으로 묘사한 것도 몽룍과 비슷한 점이다. 그리고 디아스는 역시 몽룍과 마찬가지로 소박한 목격자로서 얻은 권위를 이용해 자신이 목격하지 않은 일까지 글로 쓰고, 세련되지 못한 군인의 깜냥을 넘어설 뿐만 아니라 그의 개인적인 경험과 비교해보아도 권위를 인정해주기 힘든 일에 대해 논평한다.[29]

## 입에 발린 말

몽룍은 개인적인 경험이 진실의 중요한 기반이라는 생각을 어느 정도 받아들였는지, 실제로 회고록의 많은 부분에서 이 점을 고려하고 있다. 그러나 많은 회고록 저자들은 자신이 이 이상에 헌신한다고 말로 천명하는 것만으로 충분하다고 생각하고는, 글에서 이 이상을 무시해버렸다. 라뷔탱이 1550년대의 전쟁에 대해 쓴 글이 좋은 예다. 그는 자신의 후원자인 느베르 공작에게 보낸 편지에서 오로지 진실만 쓰겠다고 맹세하면서, 자신은 "**역사 저술가** 집단에 이름을 올릴"[30] 생각이 없다고 천명한다. 서문에서 그는 자신이 직접 목격한 일만 글로 쓸 것이라고 설명한다.[31] 많은 회고록 저자들과 마찬가지로, 라뷔탱은 자신의 조악한 문체와 진실에 대한 헌신을 대비시킴으로써 진실을 지키겠다는 맹세를 더욱 확고히 한다.

> 저의 **역사**를 쓰면서 교묘한 술수를 쓰지도 않고 문체를 윤택하게 다듬지도 않았다면, 저의 무지를 용서하실 수 있을 것입니다. (…) 역사의 목적이자 영혼인 진실을 추구하는 데 있어서, 저는 사건들을 실제 일어난 그대로 솔직하게 쓸 수밖에 없었습니다.[32]

글 속에서 진실한 목격담을 쓰겠다는 라뷔탱의 맹세는 주로 문단이나 문장 첫머리에 "~는 사실이다"라고 쓰는 버릇으로만 나타날 뿐이다.[33] 자신의 말을 뒷받침해줄 다른 목격자들을 크게 부르는 부분도 몇 군데 있다.[34] 그러나 독자들은 그가 실제로 목격담을 쓸 생각이 없음을 곧 알 수 있다. 그가 쓰고 싶은 것은 일반적인 전쟁사다. 그는 가끔 자신의 글을 역사라고 지칭하며,[35] 목격담만 쓰겠다고 약속했으면서도 실제로 목격하지 않은 사건들의 이야기를 아주 자주 늘어놓는다. 먼 전선에서 벌어진 일, 적의 진영 내에서 벌어진 일, 프랑스 왕과 황제의 신하들 사이에 벌어진 토론은 물론 심지어

저 멀리 콘스탄티노플에서 벌어진 일까지도 그의 글에 포함되어 있다.[36] 한번은 그가 어쩌다보니 이탈리아에서 일어난 사건들까지 설명하게 된 것을 변명하려고 다음과 같이 말하기도 했다.

> 이제 나는 처음에 말한 의도, 즉 유럽의 다른 지역보다는 우리의 갈리아 벨지카에서 내가 직접 보고 확실히 아는 일들을 더 많이 쓰겠다는 의도를 따라 내 **역사**의 올바른 길로 돌아간다. 그러나 역사를 분명히 하는 데 필요한 경우와 적절히 범주에 속하는 경우는 예외다.[37]

그러나 이 '목격담'의 절반 이상이 라뷔탱이 직접 목격하지 않은 일들을 다루고 있는 마당에, 이런 말은 변명이 되지 못한다.

게다가 라뷔탱은 일반적인 전쟁사를 쓰고 싶다는 생각 때문에 처음 천명한 목표에서 더욱더 확실히 멀어져, 이미 출간된 역사서의 일부를 통째로 베끼기까지 한다. 예를 들어, 라뷔탱의 책에서 7권 마지막 부분은 이탈리아에서 일어난 일들을 다루고 있는데, 기욤 파라댕Guillaume Paradin의 《우리 시대 역사의 연장Continuation de l'histoire de notre temps》에서 그대로 가져온 것이다. 라뷔탱은 이런 부분들을 되돌아보면서 자신이 처음에 내세웠던 약속과 정면으로 모순되는 태도를 보인다. 예를 들어, 칼레 함락(1558년)을 묘사한 기즈Guise의 글을 베낀 것에 대해 라뷔탱은 "내가 그 자리에 없었기 때문에 이미 출간된 글을 거의 그대로 되풀이할 수밖에 없었다"고 말한다.[38] 그라블린 전투(1558년)에 대해 이야기할 때도 그는 "이 일의 자초지

종을 확신을 갖고 이야기하는 것이 내게는 몹시 어려운 일이다. 내가 그 자리에 없었을 뿐만 아니라, 그 사건에 대한 보고들이 워낙 다양하고 단편적이라서 진실을 찾아냈다 싶으면 곧 가면과 위선으로 가려져버리기 때문이다"라고 설명한다.[39]

비록 처음에 "**역사 저술가** 집단에 이름을 올릴" 생각이 없다고 단언하기는 했지만, 라뷔탱은 목격자 역할보다 역사가 역할에 훨씬 더 마음이 기울었음이 분명하다. 그는 자주 화자로 등장해서 논평과 설명을 내놓고, 교훈을 이야기한다.[40] 반면 그가 글 속에서 종류를 막론하고 주인공으로 등장하는 경우는 드물다. 아마 목격자 주인공으로 한두 번 등장하는 것이 전부일 것이다. 그는 자신이 글로 쓴 사건을 직접 목격했는지 여부를 결코 분명히 밝히지 않는다. 따라서 특정한 사건에 대한 그의 이야기가 개인적인 경험을 바탕으로 한 것인지 아니면 남에게 전해 들은 이야기를 바탕으로 한 것인지 확실히 파악하기 불가능할 때가 많다. 심지어 그가 자신이 속한 부대의 공적을 이야기할 때도, 그가 그 현장에 있었는지 여부를 알 수 없는 경우가 보통이다.

라뷔탱이 아주 일찍부터 자신을 목격자라기보다 역사가로 보기 시작한다는 사실은 문체에 대한 그의 태도에 분명히 드러나 있다. 앞에서 보았듯이, 그는 서문에서 훌륭한 문체보다 진실의 가치를 훨씬 높게 본다고 천명하면서 자신의 글은 소박하지만 진실을 담고 있다고 말했다. 그러나 그는 자신의 조악한 문체가 너무나 마음에 들지 않아서 여러 학식 있는 사람들에게 도움을 청했다고 느베르 공작에게 은밀히 털어놓았다. 심지어 왕의 공식 역사편찬자인 피에르 드 파스칼Pierre de Paschal에게도 문장을 다듬는 것을 도와달라고 부탁했다는 것이다. 그는 이 사람들 중 일부에게서 도움을 받았지만, 궁극적으로 그의 청을 들어준 사람은 그의 친구인 베르나르 뒤 포에Bernard du Poey였다. 그는 라뷔탱의 책 중 6권까지는 그를 도와주는 위치였고, 7권에서 11권까지는 원고를 완전히 고쳐 썼다.[41] 따라서 라뷔탱은 독자들에게 말한 것과 반대로, 문체를 위해 진실을 희생하는 일에 반감을 품지 않았다.

그렇다면 라뷔탱이 역사가 역할을 하기 위해 목격자라는 가면을 썼다는 결론을 내릴 수 있다. 처음 집필을 시작했을 때만 해도 그는 십중팔구 자신의 글을 목격담으로 생각했을 것이다. 처음에는 자신이 원정 중에 작성한 메모에 많이 의존하고 있기 때문이다. 그래서 1555년에 출간된 1~6권은 목격담의 이상을 어느 정도 따르고 있다. 그러나 엄격한 의미의 목격담과는 역시 거리가 멀다.[42] 처음 출간한 부분이 성공을 거두자 라뷔탱은 아마 자신을 진정한 역사가로 보기 시작했을 것이다. 그래서 7권부터는 목격담만 쓰겠다는 이상에서 더욱더 멀어지게 된다. 그럼에도 그는 여전히 주로 목격담을 쓰는 것처럼 행세했다. 먼저 출간된 1~6권이 성공을 거뒀는데도, 교육을 별로 받지 못한 평범한 군인이 **역사**를 썼다고 하면 사람들이 진지하게 받아들이지 않을 것 같다는 걱정이 아직 남아 있었기 때문일 것이다. 반면 목격담이라면 훨씬 더 잘 받아들여질 것이라고 보았을 것이다.[43]

회고록 저자가 천명한 의도와 본문 내용의 차이가 가장 뚜렷하게 드러난 사례는 뒤 벨레 형제의 회고록이다. 기욤 뒤 벨레는 회고록 집필이라는 관념을 상세히 설명한다. 다른 회고록 저자의 글에서는 전혀 볼 수 없는 부분이다. 그는 역사가들이 글에 거짓을 쓰는 경향이 있는 반면, 목격자들은 자신이 묘사하는 사건에 대한 지식이 제한적이고 문체가 나쁘다고 설명한다. 따라서 그는 둘 사이의 조화가 필요하다고 말한다. 전장에서 직접 활약하는 사람이 직접 본 것과 행동한 것에 대한 '회고록'을 쓰면, 역사가가 이것을 이용해서 세련된 역사서를 만드는 방법을 제안한 것이다.[44]

기욤은 자신이 내세운 이 이상을 실천해서 다른 사람들에게 모범이 되려고 나섰다. 그는 자신의 조악한 문체에 대해 사과한 뒤, 장차 학식 있는 역사가들이 자신의 글을 이용해 좀더 세련되고 우아한 작품을 만들어내기를 바라는 마음에서 그들에게 진실한 원료를 제공해주는 것이 자신의 가장 중요한 의도라고 천명한다.[45] 기욤의 친척이자 그의 글(기욤이 중간에 사망하는 바람에 실제로는 그의 동생인 마르탱이 대부분의 내용을 집필했다)을 출간한 르네는 기욤이 주로 목격담을 바탕으로 진실한 이야기를 썼으므로 이 목적을 달성했다고 주장한다.[46]

회고록 저자들이 이상을 천명했으면서도 실제로 글을 쓸 때는 이 이상에서 너무나 벗어났다는 사실이 놀랍다. 라뷔탱처럼 뒤 벨레 형제도 미래의 역사가들을 위해 자신의 글을 목격담으로만 한정할 생각은 없었다. 그들도 역사가의 역할에 욕심을 냈기 때문이다. 따라서 그들은 자신이 직접 한 행동이나 직접 본 것에 초점을 맞추면서도 자신이 목격하지 않은 사건들 역시 자주 설명했다. 목격자보다 화자의 역할이 훨씬 더 두드러진 점, 그들이 글로 쓴 내용이 개인적인 경험에서 나온 것인지 다른 사람에게서 전해 들은 것인지 알 수 없다는 점도 라뷔탱과 같다. 또한 그들이 플로랑주의 회고록 등 이미 출간된 문헌들을 참조했다는 사실도 분명히 드러난다.[47]

이런 사실들에 대한 책임 중 일부는 마르탱에게 돌릴 수 있을 것이다. 그가 대부분의 내용을 집필했을 뿐만 아니라, 기욤이 쓴 부분도 편집했기 때문이다. 마르탱도 목격담을 사실대로 쓴다는 이상을 높이 떠받들지만, 그가 이 이상을 바라보는 시각이 다소 독특하다는 사실이 서문에서부터 분명히 드러난다. 그는 역사가들이 목격담을 바탕으로 사실대로 글을 써야 한다고 설명한 뒤, 프랑수아 1세 시절까지 벌어진 전쟁들을 글로 쓴 역사가들을 칭찬하면서 특히 파올로 에밀리오와 파올로 조비오가 찬사를 받을 만하다고 지적한다.[48] 놀라운 말이다. 에밀리오와 조비오는 진실보다는 훌륭한 문체로 글을 써서 부유한 후원자들을 기쁘게 하는 데 더 관심이 많은 '거짓말쟁이' 역사가의 가장 분명한 사례로 16세기에 이미 유명한 존재였기 때문이다.[49] 적어도 에밀리오의 경우에는 이런 평가의 근거가 충분했다. 예를 들어 샤를마뉴의 팜플로나 공성전을 묘사한 부분에서 에밀리오는 이것을 로마식 공성전으로 설명하면서 세세한 부분에서 없는 이야기를 지어내거나 로마 역사서를 베꼈다.[50]

그러나 마르탱에게만 전적으로 책임을 물을 수는 없다. 사실 기욤이 쓴 부분들이 목격담과 훨씬 더 동떨어져 있기 때문이다. 기욤은 자신이 목격하지 않은 일들을 쓸 때 마음껏 자유로이 펜을 놀렸다. 자신이 목격한 것과 그렇지 않은 것을 명확히 구분하려는 시도는 하지도 않았다. 또한 그는 화자로는 자주 모습을 드러내면서, 복격자로 등장한 적은 거의 없었다.

저자가 천명한 의도와 실제 글 사이에 나타나는 이러한 차이는 르네상스 시대 다른 군인회고록에서도 많이 볼 수 있다. 발비 데 코레조, 멘도사, 에냉, 라 마르슈, 르페브르 등의 회고록도 여기에 속한다. 이들은 모두 자신의 글이 목격담이라고 주장한다. 맨 뒤의 두 명은 샤틀랭 일파가 사용할 수 있도록 원료가 될 글을 쓸 뿐이라고 천명하기까지 한다.[51] 그러나 이들 모두 자신이 목격하지 않은 사건들을 자주 서술하며, 특히 맨 뒤의 두 명이 쓴 글은 결국 자기 시대의 일반적인 연대기 성격을 띠게 된다. 목격담을 쓰겠다는 약속이 그저 권위를 확보하려는 빠른 방법으로만 이용되는 이런 이중성은 회고록 집필의 아버지로 일컬어지는 인물들에게까지 거슬러 올라갈 수 있다. 카이사르와 코민도 장차 역사가들이 사용할 수 있는 원료가 될 글을 쓰겠다고 천명했으면서 이 말과는 상당히 다른 결과물을 내놓았다.

목격담을 바탕으로 진실만을 쓰겠다는 저자의 약속이 허황되다 못해 그냥 관용적인 표현으로 전락해서 하다못해 입에 발린 말도 되지 못하는 사례도 몇 건 있다. 뷔에유의 《주방셀Jouvencel》이 그런 예다. 저자가 주방셀이라는 군인을 상상으로 지어내서 쓴 이 글은 원래 젊은 귀족들을 위한 지침서가 될 예정이었다.[52] 뷔에유는 자신의 경험을 바탕으로 주방셀의 이력을 지어냈으며, 관련자들의 이름과 세부 사항만 살짝 바꿔서 실제 사건을 자주 언급한다. 그러나 전

체적으로 봤을 때 이 글은 사람들의 이름만 바꾼 뷔에유의 경험담
이라고 할 수 없다. 화자, 주인공, 일부 주요 인물과 사건, 많은 세부
사항들이 허구로 지어낸 것이기 때문이다. 그런데도 당시의 다른
문헌들과 마찬가지로 《주방셸》의 화자도 오로지 사실만 글로 쓸 것
이라고 맹세한다. 본인이 상상 속의 인물인데도 말이다. 글의 앞부
분에서 (허구적인 인물인) 화자는 심지어 목격자 주인공으로 등장해
서, 프루아사르의 베아른 항해를 흉내내듯 자신이 어떻게 주방셸을
만나 이야기를 듣게 되었는지 장황하게 설명한다.[53] 당시의 문학적
인 관습을 보여주는 이 기괴한 부분은 저자가 말하는 진실한 목격
담이라는 이상과 실제 글의 차이가 얼마나 커질 수 있는지를 보여
준다. 이런 문학적 속임수를 쓰면서도 뷔에유는 교훈을 가르친다는
목적에 진실이 반드시 필요하지는 않다고 생각했음을 분명히 알 수
있다(비슷한 맥락에서 핀투도 동아시아에서 자신이 겪은 모험에 대해 반쯤은
허구로 지어낸 이야기를 썼으면서도, 단어 하나에 이르기까지 모든 것이 사실
에 입각한 진실이라고 주장한다).

　엔리케스 데 구스만은 이보다 정직한 태도를 보인다. 그는
《삶Vida》의 서문에서 "내가 쓴 것은 내가 본 것이고, 내가 본 것은
내가 쓴 것"이라면서, 믿을 만한 가치가 없는 내용은 쓰지 않으려고
했다고 말한다.[54] 그러나 본문에서는 목격담은 물론 진실에 대해서
도 별로 신경을 쓰지 않으며, 이 점을 본인도 여러 번 인정한다. 따
라서 그는 독자들에게 다음과 같이 알린다.


　나는 내가 행복을 빌어주고 싶은 사람들에게는 항상 좋은 말

을, 불행을 빌어주고 싶은 사람들에게는 항상 나쁜 말을 했다. 성우에 따라 상대에게 감사의 마음이나 복수를 돌려주지 않은 채, 모든 사람을 좋게 말하거나 나쁘게 말하는 것은 지독한 짓이라는 생각이 들었기 때문이다. 우리의 거룩한 가톨릭 신앙에서 복수는 금지되어 있지만, 나는 성자가 아니라 죄인이므로 내 행동의 잘잘못보다는 하느님의 자비를 더욱 믿고 있다.[55]

그는 1533년 사순절 때의 고해에서도 역시 솔직한 태도를 보인다.

당시 내가 한 일들 중에서 지금 이렇게 천명하듯이 천명해야 할 것은, 이 책의 많은 것들이 좋은 말과 좋은 의도와 깔끔한 문체를 만들기 위해서, 그리고 독자에게 호감을 얻기 위해서 [바꾸었다는] 점이다. 그러나 그 알맹이는 대부분 진실하다. 따라서 독자들이 마땅히 믿어야 하는 만큼 이 글을 믿더라도 그들의 양심이나 나의 양심이 상하지는 않을 것이다.[56]

엔리케스 데 구스만이 문체를 다듬기 위해 진실에 손을 댔다는 사실을 인정한 것이 흥미롭다. 앞에서 우리는 많은 회고록 저자들이 자신의 조악한 문체에 대해 사과하고, 비록 문체는 형편없을지라도 글의 내용은 진실이라고 주장하며 진실이라는 이상에 고개를 조아리는 것을 보았다. 그러나 이런 주장은 흠 잡을 데 없는 문체를 구사하거나 아니면 사람이 생각해낼 수 있는 온갖 문학적 미사여구로 글을 치장하는 저자들이 쓴 관용적인 표현에 불과한 경우가 적지 않았다. 그러나 이런 표현을 통해 우리는 적어도 이 저자들이 문체보다는 진실을 더 높게 치는 듯한 인상을 주려고 애쓴다는 사실을 알 수 있다. 반면 실제로 사과가 필요할 만큼 조악한 문체를 구사한(적어도 르네상스 시대의 인문학적 기준에 따르면 그렇다) 엔리케스 데구스만은 자신이 문체를 향상시키기 위해 진실을 비틀었음을 거리낌없이 인정했다.


## 진실, 목격담, 명예

르네상스 시대의 군인회고록 대부분은 목격담이라는 주제를 간단히 무시해버린다. 서문이나 본문 어디에도 목격담을 중시하는 태도는 드러나지 않는다. 회고록 저자들이 목격자로 등장하지도 않고, 자신이 직접 목격하지 않은 일을 이야기할 때도 많다. 자신이 목격한 일과 그렇지 않은 일을 애써 구분하는 사람도 드물다.

르네상스 시대 전사 귀족들의 머릿속에서 진실과 가장 깊게 연관된 것은 목격담이 아니라 명예였다. 목격담의 중요성을 아는 회고록 저자들조차 대개 오로지 자신이 직접 목격한 것만 글로 썼다고 말하지 않았다. 그들의 문장을 주의깊게 꼼꼼히 읽어보면, 그들이 단순히 눈으로 본 것을 쓰겠다고 하기보다는 자신이 '본 것과 아는 것'을 쓰겠다고 약속한 경우가 일반적임을 알 수 있다. 라뷔탱도 "내가 **확실히 아는 것**과 직접 본 것"을 쓰겠다고 약속했다.[57] '확실히 아는 것'이라는 말에 직접 목격한 것이라는 뜻 외에 또 무엇이 있을까?

적잖은 회고록 저자들이 이 점을 상세히 설명했다. 라뷔탱은 자신이 "제 눈이 증거하는 일들뿐만 아니라, 신실하고 진실한 사람들gens fideles et veritables에게서 들은 것도" 쓰겠다고 느베르 공작에게 설명한다.[58] 마르탱 뒤 벨레는 개인적인 경험 또는 "진실한 판단을 할 줄 아는 믿을 만한 사람들gens de foy et de sincere jugement"이 제공해준 정보를 바탕으로 글을 썼다.[59] 코민은 "내가 믿을 만한 가치가 있는dignes de croire 훌륭한 사람들을 통해 알게 되거나 직접 본 것이 아니라면" 결코 쓰지 않겠다고 약속한다.[60] 르페브르는 "내가 직접 본 많은 것들, 그리고 믿을 만한 가치가 있는dignes de foy 많은 뛰어난 사람들이 들려주거나 기록한 일들"에 대해 썼다.[61] 에냉은 다음과 같이 말한다.

목 격 자 의
증 언  혹 은
개 인 의  기 록

내가 직접 보거나 아는 모든 사건을 기록하고 쓸 것이다. (…) 대체로 내가 직접 보지 않았거나 앞에서 말한 수단과 조사를 통해 알아내지 않은 것들, 내가 믿을 만한 가치가 있는[dine de foi] 많은 영주, 기사, 신사, 장교 등에게서 알아내지 않은 것들은 결코 글로 쓸 생각이 없다.[62]

그렇다면 명예롭고 믿을 만한 정보원에게 기대는 것이 목격담의 대안이었던 셈이다. 명예롭고 믿을 만한 사람이란 정확히 누구였을까? 이 점이 무엇보다 중요하다. 오늘날에는 모든 사람에게 명예가 있고, 모든 사람이 적어도 잠재적으로는 믿을 만하다고 간주된다.

따라서 우리가 '믿을 만한 가치가 있는' 사람이라고 말할 때는, 우리가 그 사람을 상대하며 직접 경험한 일과 그 사람이 관련 정보에 얼마나 접근할 수 있는지 여부를 토대로 믿을 만하다고 판단된 모든 사람을 뜻한다. 예전에 우리에게 거짓말을 한 적이 있는 사람이나 해당 정보를 직접 목격했을 가능성이 희박한 사람은 믿을 만하지 않다고 간주될 것이다.

그러나 르네상스 시대의 귀족에게 이 말의 의미는 상당히 달랐다. '믿을 만하다'는 말이 현대보다 훨씬 더 공식적이고 객관적인 지위를 의미했다는 얘기다. '믿을 만한 사람'이란 보통 귀족과 동의어였다. 에냉의 설명처럼, 믿을 만한 사람은 영주, 기사, 신사, 장교 등이었다.[63] 따라서 몽뤽이 자신의 이야기에 진실성을 부여하기 위해 자주 인용하는 목격담의 주인공은 언제나 귀족이다. 예를 들어, 그는 베르트에서 자신이 한 행동에 대해 쓰면서 "만약 내 말이 거짓이라면 수많은 **신사들**이 증명할 수 있을 것"이라고 말했다.[64]

귀족을 믿을 만한 사람으로 만들어준 것은 목격담이 아니라 명예였다. 믿을 만하다는 말은 명예와 동의어였으며, 모든 귀족은 설사 생면부지의 낯선 사람이라 해도, 또한 문제의 그 사건을 실제로 목격하지 않았다 해도, 귀족이라는 이유로 곧 믿을 만한 사람이었다.[65] 따라서 회고록 저자가 믿을 만한 사람의 이야기를 토대로 했다고 쓴다면, 그것은 보통 '명예로운 사람'에게서 그 이야기를 들었다는 뜻이지 그 사람이 믿을 만한 목격자라고 확신한다는 뜻은 아니었다.

명예와 진실의 밀접한 관계를 잘 보여주는 것은 엔리케스 데 구스만의 사례다. 그는 어떤 기사에 대한 치명적이고 악의적인 소문을 궁정 귀부인들에게 퍼뜨렸으나, 나중에 그 소문이 거짓임이 드러난다. 결투가 벌어진 것은 필연이다. 결투 이후 엔리케스 데 구스만은 분노한 황제에게 불려간다. 황제가 해명을 요구하자 엔리케스 데 구스만은 자신이 결투한 이유로 두 가지를 꼽는다. "첫 번째 이유는 제 말이 진실이라는 것이고, [두 번째 이유는] 설사 제 말이 거짓이라 해도 제 입으로 한 말을 제 손으로 진실로 만들 수 있다는 것입니다."[66] 결국 진실이란 그 사람의 눈이 아니라 무기와 명예를 통해 확립되는 것이며, 심지어 무기가 거짓을 진실로 바꿔놓는 것까지 가능했다는 뜻이다.[67] 이와는 반대로, 누구든 귀족의 말에 의심을 제기하는 것은 곧 그의 명예에 대한 도전이었으므로, 귀족은 손에 검을 들고 자신을 지켜야 했다. 이름의 가치를 아는 귀족이 거짓말을 한다는 비난을 받았을 때 "내가 직접 눈으로 보았다"고 대답해봤자 아무 소용이 없었다. 그런 것은 중요하지 않았기 때문이다. 거짓말을 했다는 비난에 맞서 반박하려면 반드시 손에 무기를 들고 피를 흘려야 했다. 따라서 르네상스 시대에 '거짓말'은 가장 흔한 결투 사유였다.[68]

아무리 귀족이라 해도 목격담에 어느 정도 가치가 있다는 사실은 분명히 알고 있었다. 풍문보다는 목격담이라는 말이 더 호감을 얻은 사례도 있다. 그러나 명예로운 신분의 사람이 실제로 어떤 사건을 목격했든 하지 않았든 상관없이, 무조건 그의 말을 믿으려는 성향 또한 적어도 이에 못지않게 강했다. 특히 평민은 문제의 사건을 직접 목격하고 귀족은 목격하지 못했다 해도, 평민보다 귀족의 말

목 격 자 의
증 언 혹 은
개 인 의 기 록

이 훨씬 더 높은 가치를 인정받는 것이 보통이었다.

　이런 태도를 반드시 비합리적이라고만 볼 수는 없다. 진실을 이야기하는 데에는 진실을 아는 것만으로 충분하지 않기 때문이다. 정직성도 진실을 아는 것만큼 중요하다. 르네상스 시대 귀족의 눈에는, 사람들이 일부러 거짓말을 할 가능성이 정직한 자가 실수를 저지를 가능성보다 훨씬 더 크게 보였다. 그들도 정직한 자의 실수 가능성이나 한쪽으로 치우친 견해의 함정을 모르지 않았으나, 일반적으로 이런 문제에 크게 주의를 기울이지는 않았다. 따라서 진실을 말하는 데 있어서 중요한 것은 직접 목격했다는 사실보다 정직성이라고 생각했고, 정직성은 곧 명예의 문제였다. 명예를 아는 사람이라면 자신이 아는 한 최고의 진실을 말할 것이라고 믿을 수 있었다. 하지만 상대가 명예를 모르는 사람이라면 그의 말을 어떻게 믿을 수 있을까? 그가 문제의 사건을 직접 목격했는지 여부는 중요하지 않았다. 그는 명예가 없는 사람이므로, 그의 말을 믿을 수 없었다. 만약 그의 말이 거짓이라면, 그가 실제로 진실을 알든 말든 무슨 차이가 있겠는가?[69]

　따라서 르네상스 시대의 회고록 저자들과 역사가들이 진실만을 말한다고 맹세한 것은 대개 거짓말을 자제하겠다는 뜻이다. 정직하게 말하려다 실수하는 일이 전혀 없을 것이라는 뜻은 아니다. 예를 들어, 카를 5세는 자신의 회고록과 관련해서 아들 필립에게 쓴 글에서, 만약 이 글에 기분에 거슬리는 내용이 있다면 "그것은 악의 때문이라기보다 무지 때문"이라고 말했다.[70] 그들은 독자 앞에 모습을 드러내서 자신의 자격을 일일이 열거할 때도 대개 문제의 사건을 직접 목격했다는 점보다는 자신이 명예를 아는 사람이라는 점에 훨씬 더 커다란 중요성을 부여한다. 자신을 소개하면서 이름, 작위, 혈통, 그리고 자신이 갖고 있는 명예로운 직위를 열거하는 식이다. "나 올리비에, 라 마르슈의 영주이자 기사이자 자문위원이자 저택 주인이며, 누구보다 고귀하고 덕성이 넘치는 승리의 군주이신 샤를의 호위대장."[71] 목격담보다는 이런 것들이 진실성을 보장해주었다. 이렇게 자신이 명예를 아는 사람임을 증명하고 나면, 그들은 자신이 문제의 사건을 실제로 목격했든 하지 않았든 독자가 자신의 글을 믿어줄 것이라고 기대했다. 명예를 아는 사람이 이러이러한 일이 이러이러하게 일어났다고 맹세한다면, 상대는 그의 말에 대해 의문을 표하지 않고 무조건 믿어야 했다.

진실은 또 다른 방식으로도 명예와 관련되어 있었다. 진실을 보장하는 데에 명예가 필요했다면, 바로 그 진실이 명예를 만들어내거나 파괴해버릴 수도 있었다. 르네상스 시대 군인회고록에서 진실이란 바로 군사적인 일에 대한 진실이고, 전장 역시 명예의 장이었기 때문이다. 어떤 사람의 용감한 행동을 묘사하면 그의 명예가 확립되었고, 비겁한 행동을 묘사하면 그의 평판과 경력과 인생이 파괴될 수 있었다. 회고록 저자들은 어떤 사건이나 관련자의 이름에 대해 입을 다물고 그냥 넘어가겠다고 말할 때가 아주 많았다. 그들의 명예를 보호하기 위해서였다.[72] 반면 이런 경우에 굳이 이름을 밝힐 때는 정보의 출처를 분명히 하는 데에 크게 공을 들였다. 사실 이런 경우에만 정보의 출처를 공들여 밝힌 회고록 저자들이 많다.

따라서 특히 군사적인 일에 대한 글을 쓸 때 대부분의 회고록 저자들이 실제로 사건을 목격했는지 여부보다 명예를 진실과 더욱 연관시켰을 가능성이 높다. 그러므로 회고록이란 목격담을 토대로 진실을 만들어내는 수단이라는 주장에 두 가지 반박을 제기할 수 있다. 첫째, 많은 회고록 저자들은 적어도 진실만큼이나 명예를 만들어내고 보장하는 데에 관심이 있었다. 둘째, 설사 진실에 관심이 있는 회고록 저자라 해도, 개인적인 경험 못지않게 개인의 명예 또한 진실의 원천이라고 보았으므로 그들이 진실의 근거로서 목격담에 보이는 진정한 관심은 다소 제한되어 있었다.

## 알리바이로서의 목격담

　　르네상스 시대 군인회고록에서 진실을 생산하고 보장하는 목격자로서 저자의 역할은 중요성 면에서 기껏해야 2순위에 불과했다. 회고록 저자의 개인사가 글의 진실성을 보장하는 토대로서 콕 집어 제시된 경우도 드물다. 대부분의 회고록 저자들은 사건을 실제로 목격했는지 여부보다는 명예에 더 관심을 보였다. 자신이 그 사건을 실제로 목격했음을 굳이 언급하지 않은 저자들도 많다. 심지어 그 사실을 언급하면서 목격담에 중요성을 부여한 저자들도 이 문제에 대해 일관된 태도를 보이는 경우가 거의 없다. 자신이 목격한 일과 목격하지 않은 일을 구분하거나, 오로지 자신이 목격한 일만 글로 옮기는 태도를 처음부터 끝까지 유지한 회고록 저자는 거의 한 명도 없다. 대부분의 저자들은 자신의 이야기를 글로 옮긴 것을 정당화하고 글의 권위를 확보하기 위해 목격담의 중요성에 대한 관심을 드러냈다. 그리고 이렇게 권위를 확보한 뒤에는 이 권위를 다양한 목적에 남용했다. 프루아사르나 시에사 데 레온Cieza de Leon과는 대조적으로, 르네상스 시대 군인회고록 저자들 중에는 목격자 역할이 자신의 가장 중요한 역할이라고 인정한 사람이 전혀 없다.[73] 따라서 회고록이 진실을 생산하는 수단이었다는 가설이 르네상스 시대 군인회고록의 일부 측면에 빛을 던져주기는 해도, 르네상스 시대 군인회고록이 자아에 대한 글이라거나 역사와 개인사의 이분법을 인정한다는 주장을 믿을 근거는 전혀 제시하지 못한다.

목 격 자 의
증 언   혹은
개 인 의   기 록

# 3

# 개인주의 가설

개인주의 가설은 개인이 회고록을 수단으로 삼아, 역사를 배경으로 자신과 개인사를 규정하고 분명히 드러내려 한다고 주장한다. 이 이론을 조사할 때는, 먼저 어떤 문헌이 어떻게 개인주의를 드러낼 수 있는지 살펴보아야 한다. 자서전이든, 시든, 장보기 목록이든 모든 문헌에는 그 문헌을 작성한 사람의 개체성individuality이 드러날 수 있다. 그러나 학자들이 자전적인 글과 개체성을 연결시킬 때는 대개 저자가 저자로서 드러내는 개체성을 염두에 두지 않는다. 이런 측면에서는 르네상스 시대의 자전적인 글보다는 르네상스 시대의 시가 더 유망한 연구 분야라고 해도 될 것이다. 학자들은 또한 비슷한 이유로, 저자가 화자로서 드러내는 개체성도 염두에 두지 않는다. 대신 그들은 주인공의 개체성, 특히 저자가 주인공으로서 드러내는 개체성을 염두에 둔다(나도 이 점을 염두에 두고 앞으로 이야기를 풀어갈 것이다).

글에 모습을 드러낸 주인공을 '개인'으로 규정하려면 무엇이 필요할까? 문헌 속의 개인과 핵심적인 주인공이 필연적으로 연결되어 있다고 가정하는 것은 잘못이다. 간헐적인 주인공, 본보기 주인공은 물론 심지어 목격자 주인공도 개인이 될 수 있다. 20세기에 나온 자서전의 많은 저자들은 자신을 핵심적인 주인공이라기보다 본보기 주인공으로 노골적으로 묘사하는데도 개인으로 간주된다. 반면 중세의 성인전聖人傳, 전기, 소설, 역사서 등 여러 글에는 수많은 핵심적인 주인공이 등장하는데도, 개인주의 가설은 개인주의가 르네상스 시대에 새로 나타난 현상이라고 주장한다.[1]

중세에는 개인이 존재하지 않았고, 사람들이 자신을 집단의 일부로만 생각했다는 주장의 정확한 의미가 무엇일까? 롤런드가 배가 고프다는 것을 느끼고 자신이 아닌 올리버에게 먹을 것을 주었다는 뜻은 확실히 아닐 것이다. 적어도 이런 의미에서는 현실 속의 사람들과 글 속의 주인공들이 모두 개개인을 구분할 수 있었다.

그렇다면 개체성이라는 말의 의미가 따로 있음이 분명하다. 일종의 법칙이 되어버린 부르크하르트식 이론에 따르면, 예를 들어 어떤 사람이 느끼는 배고픔을 다른 부족원 모두의 배고픔과 동일한 사람의 배고픔에서 개인의 배고픔으로 변화시키는 요인으로 두 가지를 더 꼽을 수 있다. 독특함과 자율성이 그것이다.

(1) 독특함: 회고록 저자가 자신을 개인으로 묘사하려면, 그가 자신을 적어도 독특한 존재로 인식하고 있다는 점이 글에 드러나

야 한다. 저자가 이런 독특함을 강조할 뿐만 아니라 심지어 찬양하기까지 한다면 더욱 이상적이다. 예를 들어, 회고록 저자가 자신의 배고픔을 개인의 배고픔으로 묘사하려면, 적어도 회고록 저자의 배고픔과 다른 주인공들의 배고픔이 글 속에서 명확히 구분되어야 한다. 둘째, 저자의 배고픔을 다른 사람들의 배고픔과 구분하는 데 도움이 되는 점들을 지적함으로써, 저자의 이러한 독특함을 과장하거나 아니면 하다못해 최대한 강조하려는 시도가 있어야 한다. 예를 들어, 회고록 저자가 다른 음식을 먹고 싶다고 말하거나, 자신의 식사방식이 다르다고 말하거나, 남들과는 다른 상황에서 배고픔을 느낀다고 말하는 식이다. 마지막으로, 저자의 독특함을 찬양하고 거기에 자부심을 느끼는 내용이 글 속에 포함되어야 한다. 극단적인 경우에는 저자 또는 주인공이 모든 사람들과 다른 존재가 되고 싶다는 욕망을 노골적으로 천명할 수도 있다.[2]

(2) 자율성: 어떤 사람의 배고픔을 독특한 것으로 만드는 최고의 방법은 세상 모든 배고픔의 원인이 똑같지 않고, 각자 조금씩 다른 형태를 띠며, 사람에 따라 배고픔의 원천이 완전히 다르다는 인상을 주는 것이다. 이를 위해서는 배고픔을 모두에게 공통된 외적인 현실이 아니라 그 사람 내부의 현실에서 솟아난 것으로 묘사하고, 이 내부의 현실을 외적인 현실로부터 자율적인 것으로 묘사해야 한다. 비록 내부의 현실이 대개 사회적 지위나 역사의 흐름 같은 외적인 요인들로부터 영향을 받지만, 어떤 사람이 개인으로 인정받으려면 그를 움직이는 요인들 중 최소한 일부만이라도 이런 외적인 요

인들로부터 독립적이어야 한다. 그리고 이 독립적인 일부만이 '진짜'로 간주될 것이다.[3] 문헌 속의 개인이 되려면, 주인공으로 등장한 회고록 저자가 자신을 최대한 역사로부터 자율적인 존재로 묘사하면서, 외부의 역사적인 현실보다는 내면에서 자신의 정체성, 의미, 동기를 끌어와야 한다는 뜻이다.

이런 개체성의 이상理想은 현재 여러 방향에서 점점 큰 압박을 받고 있다. 우선 많은 중세학자들은 르네상스 시대가 아니라 중세에 개인이 등장했다고 주장한다. 또한 사람들 각자가 타인과 그를 구분해주고 역사로부터 적어도 잠재적인 독립성을 부여해주는 자율적인 내면을 갖추고 있다는 생각 자체가 점점 더 허구로 간주되고 있다. 적어도 이론가들과 학자들은 이 주장이 이런저런 이익집단의 이익을 위해 이용되는 허구라고 보고 있다.

그러나 설사 개인주의가 공허한 이상이라 해도, 역사적으로는 여전히 강력한 힘을 휘두를 수 있다. 부르크하르트의 이야기처럼, 어쩌면 이 이상이 르네상스 시대 회고록 저자들에게 영감을 주었는지도 모른다. 회고록 집필이 유행하고, 당시의 회고록이 개인사와 역사 사이를 오간 것은 회고록 저자들이 외부의 압력 앞에서 이 이상을 고수했기 때문일까? 따라서 이론적인 문제들은 우선 옆으로 제쳐두고, 문헌을 더 자세히 조사해서 상태를 파악해보는 편이 나을 것이다.

# 회고록 저자는 자신을 개인으로 묘사하지 않는다

## 회고록 저자는 자신을 다른 주인공들과 구분하지 않는다

르네상스 시대 군인회고록을 조사하다보면, 그들이 개인주의 이상에 별로 관심이 없다는 점을 분명히 알 수 있다. 또한 앞에서 말한 의미의 개인으로 자신을 묘사하려고 시도한 회고록 저자도 거의 없다. 사실 어떤 의미에서 르네상스 시대 군인회고록은 지독히 반反개인주의적인 문헌이다.

회고록 저자들에게도 분명히 자기만의 독특한 욕망, 감정, 관심사가 있었을 것이다. 그러나 그들은 보통 이것을 뭉뚱그려서 표현했다. 20세기 회고록 저자들 사이에서는 개인적인 고생에 대한 한탄이 가장 인기가 높아서 그런 묘사가 길게 이어지곤 하지만,[4] 르네상스 시대 군인회고록의 저자들이 자기만의 독특한 고생담을 언급한 횟수는 놀라울 정도로 적다. 그들이 공성전, 패배, 강요된 행군, 나쁜 날씨로 인해 겪은 힘든 상황들은 보통 일반적인 맥락에서 묘사되며, 저자 자신이 어떤 상황이었는지는 전혀 설명되어 있지 않다. 예를 들어, 셰르틀린은 1524~1525년 공성전 때 줄곧 파비아 수비대에 있었다. 다른 자료들을 통해서 우리는 당시 성내 상황이 경악할 수준이었음을 알고 있지만, 셰르틀린은 고작해야 수비대가 말, 당나귀, 개를 잡아먹는 지경에 이르렀다고만 말할 뿐이다. 당시 셰르틀린 본인이 어떤 상황이었는지, 그도 당나귀와 개를 잡아먹었는지는 분명히 나와 있지 않다.[5]

회고록 저자가 감정을 언급하는 희귀한 경우에도, 개인의 감정보다는 집단의 감정을 묘사할 때가 더 많다. 예를 들어, 디아스는 몬 테수마가 자기들을 죽일 계획이라는 말을 들은 스페인 정복자들이 **모두** 죽음의 공포에 사로잡혔지만 그리스도와 자신들의 거룩한 임무를 생각하고 **모두** 위안을 얻었다고 썼다.[6] 디아스는 멕시코의 신전에 스페인 사람 세 명의 머리가 걸린 것을 자신이 직접 본 장면을 일인칭 단수 시점으로 묘사하면서도, 그 광경을 보고 '우리'가 슬퍼졌다는 식으로 곧장 일인칭 복수로 넘어간다.[7]

이런 사례 중 가장 또렷한 것은, 친숙한 사람의 죽음에 대해 회고록 저자들이 보여주는 반응이다. 친구, 지인, 지휘관의 죽음에 대해서도 그들은 대개 개인적인 반응보다는 집단적인 반응을 묘사한다. 라 마르슈가 낭시에서 온 다른 포로들과 함께 샤를 공작이 죽었다는 소식을 들었을 때 모두 슬퍼했다고 서술한 부분이 좋은 예다. 그는 자신이 오랫동안 주군으로 섬기던 사람의 죽음에 개인적으로 어떤 감정을 느꼈는지 설명하지 않는다.[8]

20세기 회고록과 비교해보면, 이런 부분들이 개인주의의 이상과 얼마나 동떨어져 있는지 분명히 드러난다. 사예르(제2차 세계대전에 참전했던 독일군 병사 — 옮긴이)의 회고록을 예로 들어보자.

세상 사람들에게 독일군 병사는 다 똑같은 독일군 병사로 보이겠지만, 우리에게는 'Kamerad(동료를 뜻하는 독일어 — 옮긴이)'라는 단어, 즉 다 똑같아 보이는 병사를 뜻하는 이 단어가 과장되게 느껴졌다. 군복과 규정을 빼면 우리는 각자 개인이었다. 저기 보이는 저 병사의 등, 수천 명의 다른 병사들과 똑같은 색의 옷을 입고 있는 그 등은 그냥 아무 의미 없는 등이 아니다. 슐레서의 등이다. 그리고 저기 오른쪽에 있는 것은 졸마의 등이다. 그보다 조금 가까이에 있는 것은 렌젠이다. 그리고 그의 군모도. 그의 군모는 수십만 개나 만들어진 똑같은 군모들과 같지 않다. (…) 우리의 똑같은 모습 속에서 개성이 드러났다. 태초부터 누구라도 가장 기본적인 것만 남기고 모든 것을 벗어던졌을 때의 모습이 바로 이랬을 것이다.[9]

사예르에게는 심지어 병사들의 군모조차 개인의 상징이 된다. 반면 르네상스 시대의 회고록 저자들은 자신이 가장 강렬하게 느낀 감정조차도 굳이 개인의 것으로 규정하려 하지 않았다.

20세기 회고록 저자들이 자신의 '개체성'에 주의를 끌기 위해 가장 흔하게 사용한 방법은 아마도 자신이 군대라는 조직과 갈등을 빚었던 사건에 초점을 맞추는 방법일 것이다. 잔인한 부사관, 야망이 넘치는 장군, 소외된 참모, 또는 이보다 훨씬 더 소외된 정치 지도자 등이 갈등의 대상이 된다. 이런 사건들은 회고록 저자 본인과 집단의 차이를 두드러지게 보여주고, 회고록 저자의 개인적 관심사가 동료, 상관, 부대, 군대, 국가의 관심사와 다르다는 점을 강조해준다. 회고록 저자들은 이렇게 차이점을 부각시킨 뒤 거의 언제나 부대나 군대나 국가의 이해관계보다는 자신의 개인적인 이해관계를 기준으로 각각의 사건들을 해석하고 평가한다.[10]

회고록 저자가 지휘관들이나 군대 전체와 이런 식으로 갈등을 빚는 얘기는 르네상스 시대 군인회고록에서 거의 찾아볼 수 없다. 아예 이런 이야기가 없는 작품이 아주 많다. 설사 이런 이야기가 등장한다 하더라도, 그것이 저자와 집단을 구분하는 수단으로 사용된 경우는 거의 없다. 20세기 회고록에서 잔인한 부사관이나 야망이 넘치는 장군은 군대라는 조직을 상징하고, 그들과의 갈등은 주인공이 이런 집단과 얼마나 거리를 두고 있는지를 보여주는 역할을 한다. 그러나 르네상스 시대에는 이런 갈등이 대개 순전히 개인적인 일로 묘사되었다. 가르시아 데 파레데스는 상관들과 심각한 갈등을 빚다가 그중 한 명을 죽이고 다른 한 명의 오른팔을 잘라버렸다. 그러나 그는 이것을 자신과 '군대' 사이의 갈등이 아니라 명예를 둘러싼 사람들 사이의 갈등으로 묘사했다.[11] 디아스와 그리피드는 르네상스 시대의 회고록 저자 중에서 유독 상관들에 대해 불평을 늘어놓은 편이다. 그들은 상관들이 일반 병사를 얼마나 함부로 대하는지 묘사한다. 그리피드는 일부 지휘관들의 무능에 대해서도 불평을 늘어놓는다.[12] 그러나 두 사람 모두 이 지휘관들을 군대라는 조직의 상징으로 묘사하지는 않는다. 지휘관과 병사 사이의 갈등은 단순히 특정한 사람들이나 특정한 이익집단 사이의 갈등일 뿐이다. 또한 디아스와 그리피드가 모든 군인의 공통적인 불만을 거의 언제나 늘어놓으면서도, 정작 자기만의 불만에 대해서는 아주 드물게 언급할 뿐이라는 점도 주목할 만하다. 갈등을 개인과 집단의 이해관계 충돌로 묘사한 드문 사례에서는, 갈등의 상대방보다 회고록 저자 본인이 집단 이익의 대변자로 묘사되는 경우가 대부분이다.[13]

**죽음의 위협에 무심한 자**

개인과 집단의 이해관계가 빚어내는 갈등 중에서 가장 중요한 것은 생존이라는 문제를 둘러싼 갈등이다. 20세기 회고록에는 살아남고 자 하는 개인의 의지가 모든 페이지에 스며들어 글 전체를 지배한 다. 회고록 저자가 부상을 당하거나 목숨이 걸린 위험에 처했을 때 는 이 의지가 특히 선명하게 드러난다. 따라서 목숨을 위협하는 위 험한 상황이나 부상은 이런 글에서 가장 중요한 절정이자 전환점 이 된다. 또한 여기에 엄청나게 많은 관심이 쏟아지는 경우가 대부 분이다. 이런 사건들은 회고록 저자의 개체성을 뚜렷이 보여줄 뿐 만 아니라, 개체성을 정의하는 역할도 한다. 이런 사건으로 인해 존 재와 정체성이 모두 위험에 빠진 저자가 자신이 누구인지 다시 생 각해보고 새로운 정의를 내리게 되기 때문이다. 20세기 회고록에 서 죽음은 적어도 개인의 근원적인 독특함을 일깨우는 역할을 한 다. 그의 죽음으로 국가나 군대나 부대가 함께 죽는 것이 아니기 때 문이다. 심지어 그의 동료도 그와 함께 죽지 않는다. 20세기의 많은 회고록 저자들은 여기서 한 걸음 더 나아가, 개인의 생존을 위협하 는 것은 대개 적이 아니라 국가, 군대, 부대의 이해관계라고 주장한 다. 심지어 동료의 이해관계가 여기에 포함될 때도 있다. 회고록 저 자가 전쟁에 대해 느끼는 환멸, 애국심, 용기, 동료애는 이런 상황에 대한 저자 본인의 반응에 따라 생겨난다.

20세기의 회고록 저자들 중에서 이 점을 누구보다 노골적으로 드러낸 사람이 코빅이다. 그의 회고록은 그의 몸을 마비시킨 부상 을 중심에 두고 있다. 부상이 야기한 변화가 이 글의 중심 테마이며, 그가 정확히 어떤 부상을 입었는지에 대한 상세하고 무시무시한 묘사가 글의 시작이자 끝이다. 코빅은 부상으로 인해 진정한 자신이 누구인지 탐구하게 되며, 결국 자신의 개체성을 발견해서 '그들'(그를 전쟁터로 보내고, 자기들의 목적을 위해 이용한 사람들)과 맞선다. 그는 이런 이야기를 삼인칭으로 풀어놓는다.

> 그들은 그의 머리와 정신, 무감각해진 다리와 휠체어를 원했다. 그들은 모든 것을 원했다. (…) 그는 그들에게 처음부터 언제나 물건이었다. 제복을 입히고 죽이는 방법을 훈련시킬 대상, 고기 가는 기계를 통과하게 될 젊은 물건, 그렇게 해서 다진 고기 반죽이 될 하찮고 의미 없는 싸구려 물건.[14]

지바티도 자신의 부상을 중심으로 회고록을 집필했다. 그가 부상을 당해 쓰러져서 구조를 기다리는 동안 머릿속에 떠오르는 회상으로 그의 일생이 서술된다. 《9월에 있었던 세 번의 탄생Three Births in September》이라는 제목 자체가 군대생활 중에 그가 겪은 두 번의 엄중한 부상을 암시한다. 그는 이 두 번의 부상을 두 번의 '탄생'으로 생각하기 때문이다. 지바티는 부상이 어떻게 해서 정체성의 위기로 변해가는지 상세히 설명한다. 다음은 그가 두 번째 부상을 입고 2주일 뒤 병원 침대에 누워 있을 때의 심정이다.

> 골라니 여단 훈련기지의 전능한 지휘관이라는 높은 위치에 있던 내가 타인의 자비에 의존해야 하는 부상자가 되었다. 몸을 움

직일 때마다 찌르는 듯한 통증이 따랐고, 소변을 보고 싶을 때마다 간호사를 불러야 했다. 식사도 남이 먹여주고, 몸도 남이 씻겨주었다. 굴욕감은 무심함과 조소로 변했지만, 이런 감정들이 차곡차곡 분노로 쌓이다가 결국 폭발했다. 주위 사람들에게 전적으로 의존하면서 사생활이라고는 눈곱만큼도 보장받지 못하는 생활을 하다보니 그들의 흔적이 내게 남아 (…) 악몽이 나를 괴롭혔다. 문병객이 오면 나는 무너지지 않는 강한 영웅을 연기했다. 그러다 밤이 되면 의기소침해져서 머리 위까지 담요를 덮고 쓰라린 울음을 터뜨렸다. 나는 소리 없이 울었다. 몇 시간 동안이나.[15]

신체적인 부상 없이 죽음의 위험과 직면한 경우에도 개인의 존재를 지극히 선명하게 절감할 수 있기 때문에 회고록 저자들은 중요한 깨달음을 얻거나 정신적인 변화를 경험하곤 한다. 폭스는 포클랜드에서 벌어진 어떤 전투에서 낙하산병이 자신에게 외친 말을 회고록에 적었다. "지금까지 평생 나 자신에 대해 알게 된 것보다 지난 10분 동안 깨달은 것이 더 많습니다."[16]

반면 르네상스 시대 군인회고록에서 개인의 생존이라는 주제는 잘 언급되지 않으며, 개체성에 주목하게 만드는 역할을 할 때도 거의 없다(어느 시대에나 전쟁은 개인의 생존을 위협하고, 르네상스 시대의 민간인 자서전들이 질병과 죽음에 상당한 주의를 기울였다는 점을 감안하면 놀라운 현상이다).[17] 대부분의 회고록 저자들은 목숨이 위험한 상황에서도 죽음을 두려워하거나 죽음에 대해 생각하지 않는다. 전쟁이 생존을 위한 끊임없는 투쟁의 장이라는 생각을 한 것 같지도 않다. 그들이 부상을 당하거나 위험에 처한 순간이 글 속에서 절정의 위치를 차지할 때가 거의 없다. 그들은 이런 순간을 다른 사건들과 마찬가지로 건조하고 냉정하게 남의 일처럼 묘사할 뿐이다. 회고록 저자의 개체성은 전혀 드러나지 않는다. 저자들이 자신이 누구인지 새로이 정의하는 경우도 없고, 이런 경험에서 교훈을 얻었다는 언급도 없다. 그들은 이런 경험을 하기 전의 상태를 그대로 유지할 뿐이다(경우에 따라 팔이나 다리 한 짝이 사라졌을 수는 있다).

## 한 번 '철권'은 영원한 '철권'

베를리힝겐은 스물세 살 때 전투에서 한 손을 잃고 대신 쇠로 만든 의수를 사용해야 했다. 그 이후로 그는 줄곧 '철권Iron-hand'이라고 불렸다. 회고록에서 그는 손을 잃게 된 상황을 아주 상세히 설명하지만, 그 내용은 그가 아닌 누구라도 말할 수 있는 수준이다. 부상을 당한 순간 그의 감정이나 생각이 거의 드러나 있지 않기 때문이다. 그는 전투 이후 자신이 무슨 생각을 했는지에 더 많은 지면을 할애한다. 완전히 절망에 빠져서 하느님에게 자신의 목숨을 거둬가달라고 기도했다는 내용이다. "군인으로서 나는 끝난 사람"[18]이기 때문이었다. 이쯤 되면 그가 부상 때문에 자신의 개체성을 어쩔 수 없이 인정하고 정체성에 의문을 품게 될 것처럼 보인다. 군인이라는 과거의 정체성이 확실히 위험에 처해 있기 때문이다.

그러나 베를리힝겐은 정체성과 소명을 다시 생각해볼 수 있는 이 기회를 살리지 못한다. 오히려 과거의 정체성이 즉시 결정적으로

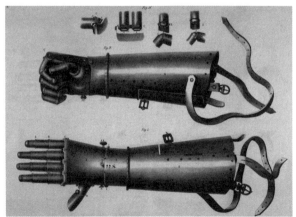

베를리힝겐의 부조와 의수. 그는 어려서부터 전쟁터를 누비며 용병 생활을 했는데, 괴테가 청년 시절 발표한 희곡인 《괴츠 폰 베를리힝겐》에 등장하는 용맹한 주인공의 실제 인물이다.

다시 자리를 차지한다. 그는 한쪽 팔을 잃었지만 원정에 참가해서 적과 싸웠던 콜레라는 수습 기사를 떠올린다. 그리고 여기서 위안을 얻어 콜레를 따라 하기로 결심한다. 그는 잃어버린 손 대신 쇠로 만든 의수를 끼우고, 아무 일도 없었다는 듯이 군인으로서 다소 악명 높은 활약을 이어간다. 여기서 베를리힝겐은 자신이 한쪽 팔만으로 살아온 지 이제 60년 가까이 세월이 흘렀으며 그동안 아무 어려움 없이 많은 전쟁과 모험에 참가했다고 말한다.[19]

베를리힝겐이 부상을 당했어도 자신의 정체성에 의문을 품지 않은 것이 어쩌면 놀랄 일이 아닌지도 모른다. 이보다 훨씬 더 주목할 만한 사실은, 베를리힝겐이 그 사건을 이용해서 자신의 정체성을 강조하고 강화하거나 자신의 독특함에 초점을 맞추려 하지 않는다는 점이다. 콜레의 사례가 있었다 해도, 한쪽 팔이 없는 기사가 흔하지는 않았다. 또한 젊은 전사 귀족들의 남성적인 사회에서 틀림없이 상당한 어려움을 겪었을 것이다. 그들은 주로 신체적인 능력을 기준으로 상대를 평가하기 때문이다. 몽뤽이 묘사한 사건을 보면, 베를리힝겐의 상황이 얼마나 힘들었을지 짐작할 수 있다. 몽뤽은 군인이 된 지 얼마 안 되었을 때 포르차 디 펜네를 습격하다가 총에 맞았다. 의사는 그의 목숨을 구하기 위해 다친 팔을 잘라야 한다고 말했다. 그러나 포로로 잡혀 있던 적군 쪽 의사가 죽음의 위험을 무릅쓰는 한이 있어도 팔을 절단하는 것을 막아야 한다고 몽뤽에게 조언해주었다. 몽뤽이 아직 젊은 나이라서, 한쪽 팔 없이 수십 년을 사느니 지금 죽는 편이 나을 것이라는 논리였다. 몽뤽은 그때를 되돌아보며 자신이 그 의사의 조언을 받아들여 팔을 절단하지

않은 것에 대해 하느님에게 감사한다고 말했다.[20]

베를리힝겐은 모든 어려움을 극복하고, 군인으로서 활발하게 활약했을 뿐만 아니라 당대의 가장 유명한, 아니 가장 악명 높은 기사가 되었다. 만약 그가 20세기의 회고록 저자였다면, 자신의 부상과 그에 대해 자신이 느낀 심정을 글의 중심 기둥으로 삼았을 것이다. 그리고 그랬다면 대략 "내가 손을 잃게 된 상황, 그리고 그럼에도 기사로서 성공해 명성을 얻은 이야기"가 그의 글을 관통하는 중심 스토리가 되었을 것이다. 그러나 베를리힝겐은 이런 이야기를 쓰지 않았다. 그는 자신의 부상을 이용해서 자기만의 독특한 결의와 무용담을 부각시키는 대신, 부상 사실을 무시해버렸다. 글 속에서 그는 자신의 손이 하나뿐이라는 사실을 딱 두 번 언급할 뿐이다. 그중 한 번은, 쇠로 만든 의수를 수리했다고 지나가듯이 말한 부분이다.[21] 그리고 다른 한 번은, 황제 막시밀리안 1세가 베를리힝겐과 장 드 셀비즈에 맞선 뉘른베르크 병사들이 승리를 거두지 못한 사실을 언급하면서 외친 말을 인용했을 때다. "거룩하신 하느님, 거룩하신 하느님, 이것이 무엇입니까? 한 사람[베를리힝겐]은 손이 하나뿐이고 다른 한 사람[셀비즈]은 다리가 하나뿐입니다. 그 둘이 두 손과 두 다리를 모두 갖고 있었다면, 주님께서는 어떻게 하셨겠습니까?"[22]

베를리힝겐의 상태에 대한 언급은 더이상 없다. 막시밀리안 1세와 달리 베를리힝겐 본인은 "손이 하나뿐인데도 이런저런 공적을 세웠다"고 과시하는 법이 없다. 또한 당대 사람들이 베를리힝겐을 '철권'이라고 불렀고, '철권'은 힘과 결의를 암시하는 아주 좋은 말인데도 베를리힝겐은 회고록에서 자신을 '철권'으로 지칭하지 않는다.

부상이 그의 정체성을 새로이 정의해주지 못했으므로, 그의 인생에서 전환점이 되지도 않았다. 그의 자아 발견으로 이어지지도 않았다. 부상은 그에게 여러 사건 중 하나였을 뿐이다. 회고록에 따르면, 베를리힝겐은 부상을 당한 뒤에도 전혀 변하지 않았다. 신념도, 포부도, 행동도 정확히 그대로였다. 만약 그의 부상을 묘사한 몇 페이지가 유신되었다면, 독자들은 그 사라진 페이지 속에 특별히 중요한 내용이 있었다거나 그 뒤에 묘사된 공적들이 한쪽 손으로만 해낸 일이라는 사실을 결코 짐작하지 못했을 것이다.

부상 당시의 상황을 생생하게 묘사한 회고록들이 있기는 하다. 몽뤽이 라바스탕에서 부상을 입은 사실을 묘사한 부분이 가장 두드러지는 예다.[23] 그러나 대부분의 회고록 저자들은 자신의 부상 사실에 대해 베를리힝겐만큼도 주의를 기울이지 않았다. 그것이 평생 동안 그들을 따라다닌 특징이 되었어도 마찬가지였다. 예를 들어, 플로랑주는 노바라 전투에서 "젊은 모험가는 시체들 틈에서 발견되었다. 상당한 크기의 부상을 마흔여섯 군데나 입어서 이미 얼굴을 알아볼 수 없을 지경이었다. 마흔여섯 군데 중 가장 가벼운 부상도 낫는 데 6주가 걸렸다"고 썼다.[24] 프랑스 군대가 이탈리아에서 철수할 때에도 플로랑주는 아직 기운을 차리지 못해서 들것에 실려갈 정도였다.[25] 스물한 살의 나이에 병사 5,000명을 지휘하던 용감한 기사가 갑자기 무능하고 무력한 인간으로 변해서 끊임없이 죽음의 문턱을 넘나들며 평생 장애를 안고 살아야 할지도 모르는 상황에 직면한 것이다.

그런데도 플로랑주의 부상은 글 속에서 별로 중요하게 다뤄지지 않는다. 플로랑주는 심지어 자신이 어떻게 부상당했는지, 그것이 자신에게 어떤 영향을 미쳤는지도 전혀 설명하지 않는다. 그는 목숨을 걸고 싸우면서 마흔여섯 군데나 되는 부상을 입은 사실을 분명히 자랑스러워했다. 하지만 그 일의 의미는 이것뿐이었다. 그는 이 일로 자아를 새로이 발견하지도 않았고, 이 일을 이용해서 자신의 개체성을 뚜렷이 부각시키지도 않았다.[26]

회고록 저자들이 중대한 부상 사실을 완전히 무시해버릴 때도 있다. 디아스는 이스타팔라파 전투에서 목에 창이 꽂히는 부상을 당해 하마터면 죽을 뻔했다. 그도 잊을 수 없는 부상이었는지, "지금도 흉터가 남아 있다"고 썼다. 그런데도 이스타팔라파 전투를 설명할 때는 자신이 부상을 당했다는 단순한 사실조차 언급하지 않았다. 나중에야 이스타팔라파에서 입은 부상 때문에 그다음 원정에 참가하지 못했다고 지나가듯이 말할 뿐이다.[27]

회고록 저자들은 자신의 부상 사실뿐만 아니라, 죽음의 위험과 맞닥뜨린 경험에도 이렇다 할 중요성을 부여하지 않는다. 예를 들어, 생토방은 성 바르톨로메오 축일의 대학살(프랑스 종교전쟁 중 신교도들이 대규모로 학살당한 사건 — 옮긴이)을 설명하면서, 자신이 그날 밤 가톨릭 측 사람들에게 포로로 붙잡혀 라 마르데유의 집으로 끌려갔다고 말한다.

거기서 나는 많은 사람들이 단검에 맞아 죽는 것을 가까이에서 보았다. 그러던 중 갑자기 피 묻은 단검이 내 옷깃을 찔렀다. 나는

▲   성 바르톨로메오 축일의 대학살. 로마 가톨릭교회 추종자들이 개신교 신도들을 학살한
이 사건은 1572년 8월 24일에 시작되어 그해 10월까지 계속되었다.

그렇게 세 번이나 찔렸으나 세 번 모두 살아남았다. 그리고 그 뒤
로 15주 동안 계속 내 목숨을 장담할 수 없었다.

이 일이 생토방에게 감정적으로 어떤 영향을 미쳤는지 우리로서
는 추측할 수밖에 없다. 그가 더이상 아무 말도 하지 않았기 때문이
다.[28] 마르탱 뒤 벨레도 신성로마제국 군대가 승리를 거둔 뒤 생폴
의 수비대를 학살할 때, 죽은 사람들 틈에 쓰러져 있다가 보제라는
제국군 장교에게 발견되어 목숨을 건졌다는 이야기를 지나가는 말
로 살짝 언급할 뿐이다. 나중에 제국군이 포로들을 학살한 사건에
대해서도 다음과 같이 묘사했다.

마르탱 뒤 벨레는 자신을 구해준 자의 손에 이끌려 틈새로 빠

져나간 덕분에 클레베 사람들의 손에 죽임을 당할 위기를 두세 번 무사히 넘겼다. 디스탱 경이 그의 아버지인 뷔랑 백작의 막사까지 그와 동행하지 않았다면 [죽임을 당했을 것이다].[29]

회고록 저자들은 정신적으로 커다란 충격이 될 수 있는, 포로가 된 경험도 무시해버렸다. 포로생활 중에 회고록을 쓴 플로랑주는 자신이 자유를 잃은 순간을 다음과 같이 가볍게 언급하고 지나간다. "모험가가 나폴리 신사에게 붙잡혔다."[30] 라 마르슈도 자신이 낭시에서 포로가 되었던 경험을 간단히 묘사했다. "나는 붙잡혔다. (…) 우리는 툴Toul 시로 호송되었다."[31] 몽뤽은 자신의 첫 번째 원정(1521~1522년)을 간략하게 요약하면서, 자신이 많은 친구를 사귀었다고 설명한다. 그리고 그들이 얼마나 좋은 친구인지 보여주기 위해, 자신이 말 다섯 마리를 잃어버린 뒤에도 새 말을 구할 수 있게 그들이 몇 번이나 도와주었으며 "나 역시 전투 중에 포로로 잡혔으나 나중에 친구들 덕분에 해방되었다"고 썼다.[32] 그가 이런 사실을 언급한 것은 단순히 친구들이 좋은 사람임을 보여주기 위해서였다. 몽뤽은 자신이 첫 번째 원정에서 어쩌다가 말을 다섯 마리나 잃어버렸으며, 어떻게 포로가 되었는지에 대해서는 한마디도 하지 않는다. 포로가 된 일이 풋내기에게는 틀림없이 상당한 시련이었을 텐데 말이다. 그는 심지어 자신이 어떤 전투에서 포로가 되었는지도 밝히지 않았다.[33]

개인적인 위험에 이토록 무심한 회고록 저자들은 개인의 생존과 자신이 속한 집단의 이해관계가 충돌하는 상황에 대해서는 이보다도 훨씬 더 무심했다. 이런 갈등이 글 속에 어떻게든 반영되어 있는 경우에도, 자신의 생존이 자신의 군대나 왕의 이해관계보다 더 중요하다고 주장한 회고록 저자는 단 한 명도 없다.[34]

르네상스 시대 회고록 저자들이 죽음에 대한 두려움을 인정하고 어느 정도 상세히 묘사한 사례가 소수나마 있다는 사실을 반드시 밝혀두어야 할 것 같다.[35] 그러나 죽음의 위험과 맞닥뜨렸던 경험이 회고록 저자에게 어떤 식으로든 흔적을 남긴 경우는 드물었다. 이런 드문 사례 중 하나를 디아스의 글에서 볼 수 있다. 그는 멕시코인들이 자신의 동료들을 희생제물로 바치고 나서 그 살을 먹는 것을 본 뒤, 그리고 자신 역시 하마터면 멕시코인들의 손에 떨어질 뻔했던 전투가 끝난 뒤, 그 어느 때보다 죽음이 두려워졌다고 인정한다. 그때부터 그는 전투에 나설 때마다 두려움과 슬픔을 느꼈기 때문에 한두 번 소변을 보며 자신을 하느님에게 맡겨야 했다. 그러나 디아스는 일단 전투가 벌어지면 곧바로 모든 두려움이 사라졌다고 단언한다.[36] 그러나 이 고백조차 지나가는 말처럼 언급된 것이라서, 이야기 속에서 전환점 역할을 하지 못한다. 전쟁과 군대를 바라보는 디아스의 태도, 그의 행동과 그가 여러 사건들을 묘사하는 방식이 변하지도 않는다. 테노치티틀란이 함락된 뒤 이어진 전투에서 그는 처음 멕시코에 도착했을 때와 한 치도 다르지 않은, 용감무쌍한 전사로 등장한다. 르네상스 시대 군인회고록에서 이런 일반적인 원칙에 진정으로 어긋난 유일한 사례는, 몽뤽이 라바스탕에서 부상당한 일뿐이다. 이때의 부상으로 인해 외모가 일그러지고 신체적인 능력을 잃은 그는 더이상 군인으로 활약하지 못하고, 대신 저술가의 길에 발을 들여놓았다.

죽음의 위험을 개인적인 변화나 자아 탐구의 계기로 묘사한 모범사례를 르네상스 시대 군인회고록의 저자들이 접할 수 없었다고 말할 수는 없다. 성경을 비롯해서 수많은 종교적인 글들이 그런 사례를 제공해주기 때문이다. 특히 군인이 신체적 부상이나 정신적인 상처 때문에 수행자로 변신하는 테마는 인기가 높아서,《광란의 오를란도Orlando Furioso》같은 르네상스 시대의 문학작품뿐만 아니라 폰티스와 콘트레라스의 글 같은 17세기 군인회고록이나 허구의 이야기를 다룬《짐플리치시무스Simplicissimus》등에도 광범위하게 사용되었다.[37]

## 독립적이었지만 개인은 아니었던 르네상스 군인들

그렇다면 르네상스 시대 군인회고록 저자들은 왜 자신의 독특함을 강조하고 탐구하는 데 죽음과 부상이라는 주제를 이용하지 못했을까? 아니, 아예 전체적으로 자신의 독특함을 무시해버린 이유가 무엇일까? 르네상스 시대의 군대가 특히 조화롭게 통합된 집단이었다든가 르네상스 시대의 군인들이 특히 충성스럽고 규칙을 준수했다는 주장을 섣불리 이유로 내세울 수는 없다.[38] 현실은 정반대였기 때문이다. 르네상스 시대의 군대는 역사상 가장 통합되지 못한 군대였으며, 르네상스 시대의 군인들은 아마 역사상 가장 독립적인 사람들이었을 것이다. 르네상스 시대에는 현대의 '이스라엘 방어군I.D.F.'에 해당하는 개념, 즉 특정한 나라의 군대를 모두 하나로 통합해서 일종의 소속감을 배양할 수 있는 추상적인 개념이 없었나. 회고록 저자가 예를 들어 '프랑스 군대'라는 말을 사용했다면, 그것은 언제나 특정한 시기에 특정한 장소에 모인 군대만을 의미한다. 추상적인 개념인 I.D.F.와 달리, 일회성 집단이라는 뜻이다. 비슷한 맥락에서, 오늘날 군대를 구성하는 각각의 부대는 이스라엘의 '골라니 여단'처럼 오랫동안 지속되는 추상적인 정체성을 지니고 다른 부대와 뚜렷이 구분되는 집단이지만, 르네상스 시대의 부대는 스페인의 테르시오 같은 일부 중요한 부대들만 빼면 대부분 개인들이 임시로 모인 집단이었다. 느베르 부대나 코르테스의 스페인 정복자들은 한 사람의 지휘 아래 개인들이 일시적으로 모인 형태였으며, 그 지휘자가 죽거나 원정이 끝나면 그대로 해산해버렸다. 심지어 구성원들이 그냥 전쟁이 지긋지긋해졌다는 이유만으로 뿔뿔이 흩어지기도 했다.

따라서 프랑스 군대에 소속감을 느끼는 사람은 없었다. 원정이 있을 때마다 여러 나라에서 끌어온 다양한 용병부대로 이루어진 일시적인 군대가 있었을 뿐이다. 군대의 구성원들은 서로 다른 언어를 사용했으며, 서로 다른 지휘관에게 충성했다. 예를 들어, 이탈리아로 출정한 프랑스 군대에 프랑스, 독일, 스위스 부대뿐만 아니라 다양한 이탈리아 부대도 속해 있는 식이었다. 이 부대들은 같은 사람에게서 급료를 받는다는 사실을 제외하면 공통점이 거의 없었다. 심지어 그들을 하나로 묶어주는 대의명분도 존재하지 않았다. 각각의 부대뿐만 아니라 각각의 군인과 지휘관도 명예, 돈, 주군에 대한 충성 등 저마다 다른 자기만의 목적을 위해 싸운다는 사실이 낭연한 일로 받아들여졌기 때문이다. 가장 낮은 병사나 공장의 직공에서부터 최고 사령관과 국가수반에 이르기까지 군대 전체와 나라 전체가 단 하나의 국가적 목표를 위해 싸운다는 20세기의 허구를 그들은 알지 못했다.

각자가 자기만의 목적을 위해 싸우고, 군대 전체를 묶어주는 공통의 정체성이 없다는 사실을 무엇보다 분명하게 보여주는 것은 바로 르네상스 시대 군대에 만연했던 파업과 반란이다. 신성로마제국 군대는 파비아에서 압도적인 승리를 거둔 뒤 이를 이용해서 프랑스를 침공하는 대신, 급료 지불을 요구하며 지휘관들을 상대로 반란을 일으켰다.[39] 몽뤽은 이탈리아 원정을 위해 가스코뉴에서 두 부대를 모집한 적이 있는데, 이탈리아로 향하는 동안 몽뤽이 잠시 자리를 비운 틈을 이용해서 이 두 부대가 프랑스의 어느 마을을 습격해 약탈하는 사건을 일으켰다. 그렇게 실컷 노략질한 물건을 챙긴 그들은 그대로 흩어져 고향으로 돌아가버리고 말았다. 이미 전리품을 챙긴 군인들이 굳이 이탈리아까지 갈 이유가 없지 않은가?[40] 사실 군인들이 전리품을 챙긴 뒤 탈영해서 고향으로 돌아가는 일이 워낙 보편적으로 퍼져 있었기 때문에, 전투나 공성전에서 승리를 거둔 군대도 패배한 군대만큼이나 많은 병사를 잃곤 했다.[41]

이런 관점에서 지금의 베네룩스 지역으로 출정했던 스페인 군대에 특히 주의를 기울일 만하다. 당시 가장 전문적인 군대이자, 동시에 가장 반란이 잦은 군대였다고 할 수 있기 때문이다. 1572년부터 1607년 사이에 이 군대 내에서 일어난 반란 사건은 46건이나 된다. 개중에는 반란이 꼬박 1년이나 지속된 경우도 몇 번 있었다.[42] 윌리엄스는 하를렘이 함락된 뒤, 알바가 알크마르를 공격하고 싶어 했으나, "스페인 테르시오가 반란을 일으켰다. 급료에 대한 불만이 어느 정도 이유가 되었으나, 가장 커다란 이유는 하를렘 이전보다 더 형편없는 숙소 때문에 고생할 것이라는 걱정이었다"고 썼다. 윌리엄스는 스페인 군대에서 이런 반란이 흔한 일이었다면서, "군대의 반란에 어떤 식으로든 질서가 존재할 수 있다면, 스페인 군대의 반란이야말로 질서정연했다"고 설명한다. 그들은 반란을 일으킬 때 먼저 지도자를 선택한 뒤 그의 명령에 복종했다. 이 지도자를 따르는 그들의 군기는 다른 정당한 지휘관을 따를 때에 못지않았다.[43] 이때의 반란으로 스페인 군대는 몇 달 동안 마비되었다. 반란을 일으킨 자들이 도중에 다른 스페인 부대가 주둔한 도시를 습격하기까지 했다. 급료 대신 그 도시를 약탈하기 위해서였다.[44]

윌리엄스의 군대 경력은 르네상스 시대 군인들의 독립성 중 또 다른 측면을 보여준다. 처음에 그는 오라녜 공의 군대에서 어느 잉글랜드 연대 소속으로 스페인 군대에 맞서 싸웠다. 그러나 연대가 아일랜드로 이동하라는 명령을 받았을 때, 윌리엄스는 그냥 남아 있고 싶었다. 그때 콩데 공이 프랑스에서 독일로 도망쳐서 프랑스를 침공하기 위해 군대를 모으느라 바쁘다는 소식이 들려왔다. "다른 나라의 전쟁을 보고 싶다는 탐욕스러운 욕망으로 나는 아일랜드로 가는 것을 그만두고 그가 있는 곳을 향해 전속력으로 움직였다." 그러나 독일에서 그는 군대를 찾아볼 수 없었다. 결국 돈이 부족해진 그는 다시 잉글랜드로 돌아갈 수밖에 없었다. 그런데 브라반트를 지나던 중 스페인 군대의 현장 사령관인 훌리안 로메로 앞으로 끌려갔다. 로메로는 그에게 스페인 군대에 들어오라고 권유했다.

> 돈을 모두 써버린 데다가 아무것도 보지 못하고 잉글랜드로 돌
> 아가는 것이 싫었기 때문에 나는 이곳에 남겠다고 약속했다. 당시
> 에는 내가 아는 한 여왕 폐하와 스페인 왕 사이에 분쟁이 없기도
> 했다. 나는 이렇게 해서 처음으로 스페인 군대에 들어갔다.[45]

병사와 지휘관은 물론 부대 전체가 전쟁 도중에 한쪽 진영에서
다른 진영으로 넘어가는 일도 흔했다. 물론 다소 가증스러운 일로
여겨지기는 했다. 이에 비해 병사나 지휘관, 또는 부대 전체가 한
원정에서는 이쪽 진영에서 싸우다가 다음 원정에서는 상대편 진영
으로 넘어가는 일은 군인들의 세계에서 무엇보다 자연스러운 일
이었다. 실제로 때로는 군대 전체가 의자에 먼저 앉기 놀이를 하는
것처럼 보이기도 했다. 스위스, 이탈리아, 독일 부대들이 끊임없이
소속을 바꿨기 때문에, 프랑스 군대를 구성하는 여러 부대들이 다
음 전투에서는 독일군 소속이 되는 식이었다(스페인과 프랑스 부대들
은 대개 충성을 지켰지만, 일부 병사들과 상급 지휘관들의 탈영은 여전했다. 부
르봉 공작과 페드로 나바로[나바로는 스페인 군대에서 큰 공적을 세운 스페
인의 군인 겸 군사기술자였으나 나중에 프랑스로 넘어가 프랑스 군인이 되었
다—옮긴이]의 경우가 좋은 예다).
　가르시아 데 파레데스의 회고록에는 이탈리아식 의자 앉기 놀이
의 재미있는 사례가 나온다. 파레데스는 처음에 페라라 공작의 군
대와 싸우는 교황의 군대에 속해 있었다. 그리고 페라라 공작은 당

시 스페인의 동맹이었다. 적군과 소규모 교전이 일어났을 때, 파레데스는 스페인 출신답게 "에스파냐! 에스파냐!"라고 전투 함성을 질렀다. 그는 이 소규모 교전에서 대단히 용맹하게 활약하며 적의 대장을 죽였으나, 교전이 끝난 뒤 아군 지휘관인 체자로 로마노가 그를 가리켜 반역자라고 비난했다. 가르시아 데 파레데스는 거짓말이라고 반박하며 로마노와 결투를 벌여 그를 죽였다. 그러고는 분노한 교황의 명령으로 감옥에 갇혔으나, 간수 두 명을 죽이고 페라라 진영으로 도망쳤다. 페라라는 그를 반갑게 맞아들여, 그가 직전의 소규모 교전에서 지휘관을 죽인 바로 그 부대의 지휘를 그에게 맡겼다.[46]

그러나 르네상스 시대 군인들의 독립성을 가장 잘 보여주는 사례는 '스페인'의 멕시코 정복이다. 코르테스와 그의 부하들에게 멕시코를 정복할 권한을 쥐여준 사람은 아무도 없었다. 그들에게 지시한 사람이 없었음은 말할 필요도 없다. 그들은 언제나 카를 5세의 이름으로 행동한다고 주장했지만, 코르테스 일행이 멕시코에 상륙했을 때 카를 5세는 그들의 존재도 알지 못했다. 반면 그들을 후원해준 쿠바 총독 벨라스케스는 그들의 일에 격렬히 반대했으며, 나중에는 그들을 저지하기 위해 나르바에스가 지휘하는 다른 부대를 보내기까지 했다. 코르테스를 포함한 550명의 스페인인들이 멕시코 제국을 정복하기로 한 것은 순전히 그들 자신의 결정이었다. 그렇다면 그들의 목적은? 코르테스는 몬테수마에게 금을 요구하면서, "나와 내 동료들은 오로지 황금으로만 치유할 수 있는 마음의 병을 앓고 있다"는 엉터리 설명을 내세웠다.[47] 아마 이 말이 그의 속내에 가장 가까웠을 것이다. 하지만 이 소수의 모험가 집단조차 내분을 겪고 있었다. 앞에서 지적했듯이, 원정 내내 일반 병사들과 장교들이 노획품과 포로의 분배를 놓고 갈등을 빚었기 때문이다. 게다가 페루에서는 상황이 한층 더 악화되었다. 한 문명 전체를 무너뜨리고 얻은 노획품에 만족하지 못한 이 정복자 집단이 자기들끼리 전쟁을 일으켜 수없이 목숨을 잃은 것이다.

따라서 르네상스 시대 군인회고록의 저자들이 개인의 욕망과 감정을 집단 속에 묻어버리고 집단 속에 존재했을지도 모르는 갈등을 얼렁뚱땅 넘겨버린 것은, 특별히 강력한 집단 정체성 때문이 아니었다.

그들이 이런 모습을 보인 이유 중 하나는, 그들에게 갈등을 빚을 '집단'이 아예 존재하지 않았다는 것이다. 그들은 억압적인 군대 조직에 맞서서 자신의 개체성을 주장할 필요를 느끼지 못했다. 군대 조직이라는 것이 존재하지 않았기 때문이다. 아예 군대가 존재하지 않았다. 앞에서 우리는 사예르가 자신과 동료들의 개체성을 확보하려고 애쓰면서, 똑같이 생긴 군모조차 각각 독특하다고 강조한 것을 보았다. 사예르가 개체성을 확보하기 위해 이처럼 거의 필사적인 노력을 기울이게 된 것은 당시 그가 처한 상황 때문이었다. 회색 바다처럼 펼쳐져 있는 수많은 독일군 병사들 속에서 사예르 자신 역시 존재를 찾아보기 어려운 회색 병사 한 명에 불과하다는 것. 무자비한 군대 조직은 이 병사들을 똑같은 톱니로 변화시키려고 끊임없이 애쓰면서, 심지어 군모조차 똑같은 것으로 나눠주었다. 하지만 귀용의 상황은 완전히 달랐다. 제2차 세계대전 때의 독일군이 단조로운 회색의 바다 같았다면, 카를 5세의 군대는 유쾌하고 다채로운 카니발 같았다. 몇 가지 특별한 경우를 제외하면, 귀용의 동료들 수천 명에게 똑같이 생긴 투구가 지급되는 일은 없었다. 모두들 각자 자기가 원하는 대로, 또는 형편이 닿는 대로 장비를 마련했다. 투구든 모자든 마음대로 쓸 수 있었으며, 깃털이나 리본으로 투구니 모자를 장식하는 것도 자유였다. 한 스페인 군인은 노란색 새틴으로 만든 꼭 끼는 상의와 브리치즈를 입었다. 온통 은색 레이스로 장식된 옷이었다. 머리에 쓴 화려한 검은 모자에는 노란색 깃털 장식이 꽂혀 있었다.[48] 심지어 기사들은 투구와 갑옷에 문장紋章이라는 국제적인 언어를 잔뜩 그려 넣어서 문자 그대로 자기만의 독특한 정체성을 구축하기도 했다.

그러나 이것으로 전체를 설명할 수는 없다. 회고록 저자들이 자기만의 탐욕, 배고픔, 위험에 처했던 경험 등을 무시해버린 이유를 온전히 설명할 수 없다는 뜻이다. 진정한 집단이 존재하지 않았으니, 회고록 저자들이 오히려 개인적인 경험에만 전적으로 초점을 맞추는 편이 더 자연스러웠을 것이다. 답은 그들이 독특함에 대해 전혀 관심이 없었다는 점에서 찾을 수 있다. 그들은 자신의 독특함을 증명하거나 강조하는 것이 중요한 일이라고 생각하지 않았다. 회고록을 쓴 목적이 무엇이든, 루소처럼 "나는 지금껏 보았던 그 누구와도 다른 사람"이라고 주장하는 것은 그들의 목적이 아니었다. 그들이 '개인'이 아니었다는 뜻은 아니다. 다만 그들은 개체성을 중요하게 생각하지 않았을 뿐이다. 그들에게도 자기만의 독특한 목표와 이해관계가 있었음은 분명하지만, 그것은 결코 특별히 언급할 일이 아니었다.

## 자율적인 내면의 부재

주인공이 역사와의 관계에서 자율성을 지닌다는 것은 외부의 역사
적 현실과는 별개의 존재인 개인적인 내면을 바탕으로 그의 정체성
과 개인사가 존재한다는 뜻이다. 20세기 회고록 저자들은 이것의
의미를 분명히 보여준다. 개인주의 가설의 기대처럼, 바로 이런 자
율적인 내면을 바탕으로 개인사를 엮어내고 있기 때문이다. 그들은
자신을 역사와 관계없는 존재로 보며, 이 존재가 역사에 휩쓸려 영
향을 받고 있지만 궁극적으로 따져보면 역사와는 별개의 존재라고
생각한다. 그들이 특정한 전술적, 전략적 기능을 수행하는 '지휘관'
이나 '군인'이라는 역사적인 존재인 동안에는, 개인이라기보다 거
대한 체스판 위의 말에 불과하다. 색색의 화살표를 꽂아둔 전쟁지
도로 대표되는 역사에는 개인이 들어설 자리가 없다. 진정한 개체
성은 이러한 역사가 끝나는 지점에서 비로소 시작되며, 반드시 역
사로부터 독립된 자율성을 갖고 있어야 한다. 따라서 회고록 저자
들은 자신의 개인적인 정체성을 찾아서 증명하기 위해, 역사를 벗
어나 개인사와 역사를 분리시킨다.

　이는 '그들의' 전쟁 또한 전체적인 역사의 맥락에서 분리된다는
것을 뜻한다. '그들의' 전쟁이 역사적인 사건에서 개인적이고 심적
인 현상으로 바뀌는 것이다. 그들의 회고록은 제1차 세계대전이나
베트남 전쟁의 역사가 아니라 '그들의' 전쟁 이야기이다. 그리고 이
전쟁은 그들의 내면에서 벌어진다. 그들은 전략이나 정치보다 자신

의 콤플렉스와 갈등에 더 초점을 맞춘다. 하인즈의 설명처럼, 그들의 이야기는 "딱히 역사가 아니다". 오히려 이 회고록 저자들은 "역사와 별로 관계가 없을 뿐만 아니라, 심지어 반反역사적이기까지 한, 다른 이야기를 한다".[49] 자신의 글은 역사가 아니라는 말로 회고록을 시작한 사람도 여러 명이다. 르네상스 시대의 회고록 저자들과 달리, 그들은 문장이 아니라 글의 주제를 기준으로 자신과 역사가를 구분한다.[50]

카푸토의 맨 첫 번째 문장은 "이것은 역사책인 척 가장하는 책이 아니다. 정치, 권력, 전략, 영향력, 국익, 외교정책과는 아무런 상관이 없다"이다.[51] 그는 이 책이 베트남에서 자신이 직접 겪은 일들, 그 어떤 역사책에도 등장할 가능성이 결코 없으며 오로지 개인적인 의미에서만 중요성을 지니는 경험들을 다루고 있다고 설명한다.[52] 그 다음에 이어지는 이야기는 그가 전쟁으로 인해 모범적인 미국 청년에서 전쟁 범죄자로 변하는 과정을 보여준다. 그가 주로 관심을 쏟는 것은 그의 성격, 견해, 행동의 변화다. 외적인 현실은 그의 내면에 영향을 미칠 때만 중요하다. 몇 가지 가장 중요한 전환점을 포함한 많은 일들이 꿈과 백일몽, 즉 전적으로 카푸토의 내면에 속하는 곳에서 벌어진다.[53]

로이드의 《나의 지나간 전쟁My War Gone By》 역시 겉으로는 보스니아 전쟁의 이야기지만, 실제로는 유년 시절부터 헤로인에 중독되었던 시절과 현재 아버지와의 관계에 이르기까지 로이드의 심리적인 변천사에 훨씬 더 주의를 기울인다. 피터스의 《릴리 마를렌, 당신을 위해: 제2차 세계대전 회고록For You Lili Marlene: A Memoir of World War II》

도 제2차 세계대전과는 별로 상관없는 내용이다. 사실 이 책은 피터스가 전쟁 중에 동성애자임을 자각하고 실험에 나선 이야기를 다루고 있다. 전쟁은 그저 막연한 배경일 뿐이다. 어찌나 막연한지, 얼마쯤 노력을 기울여야 비로소 이것이 누가 누구와 싸우는 전쟁이고 궁극적인 승리자는 누구인지 알 수 있을 정도다.[54]

심지어 최고위 장교들의 글에서도 같은 경향이 감지된다. 예를 들어, 슈워츠코프는 자신이 "전쟁 이야기라기보다는 온전한 자서전"[55]을 썼다고 독자들에게 알린다. 그리고 실제로 걸프전의 정치적 배경보다는 그의 심리적인 변천사가 훨씬 더 중요하게 다뤄진다. 슈워츠코프는 걸프전에서 자신이 펼친 전략보다 유년 시절의 경험과 성격적인 특징으로 자신을 규정한다. 따라서 그의 정체성과 개인사 모두 역사와는 관계가 없다.

르네상스 시대 군인회고록에서는 이런 것을 전혀 찾아볼 수 없다. 자율적인 내면을 언급한 회고록 저자는 거의 없으며, 내면에서 벌어진 일을 묘사한 저자는 아예 한 명도 없다. 모든 일은 누구나 볼 수 있는 외적인 현실 속에서 벌어진다.[56]

회고록 저자의 개인주의를 알아보는 가장 간단한 시험은 아마도 그의 회고록이 다른 사람도 쓸 수 있는 내용으로 이루어져 있는지 여부를 살피는 방법일 것이다. 20세기 군인회고록이 얼마나 개인주의적인지는, 오로지 해당 저자(또는 그에게서 전적으로 협조를 얻을 수 있는 사람)만이 쓸 수 있는 내용으로 이루어져 있다는 사실에서 분명히 드러난다. 세상의 그 누구도 카푸토의 꿈이나 슈워츠코프의 감정을 묘사할 수 없었을 것이다.

그러나 르네상스 시대의 문헌은 그렇지 않다. 대부분의 회고록에서 노골적으로 감정을 묘사한다고 해봐야 '기쁨'과 '슬픔'이라는 두 가지 포괄적인 감정만 등장할 뿐이다. 외교적인 실패에서부터 아들의 죽음에 이르기까지 다양한 일들이 야기한 부정적인 감정은 '슬픔'이라는 말로 뭉뚱그려지고, 재물이 생긴 일에서부터 죽음의 위기에서 구출된 일에 이르기까지 다양한 상황에서 느낀 긍정적 감정 역시 '기쁨'이라는 말로 뭉뚱그려진다. 이 두 가지 포괄적인 감정 외에 뚜렷이 드러나는 감정이라고는 아마 두려움과 용기뿐일 것이다. 수치심, 시기심, 온화함, 외로움처럼 좀더 섬세한 감정은 아주 드물게만 언급된다. 하긴 기쁨/슬픔, 두려움/용기가 언급되는 경우 자체가 예외적이라고 할 만큼 얼마 되지 않는다. 대부분의 회고록 저자들은 자신의 감정이든 다른 주인공들의 감정이든 노골적인 감정 표현을 거의 하지 않는다.

생각과 기분에 대해서도 마찬가지다. 회고록 저자의 사고 과정을 살짝 엿볼 수 있는 경우가 간혹 있기는 하지만(예를 들어, 그들이 지휘관으로서 내린 결정에 대해 이야기할 때), 대개는 회고록 저자나 다른 주인공들의 생각과 기분에 대한 이야기가 없다. 독자는 그들의 행동을 바탕으로 그들의 감정, 생각, 기분을 유추할 수 있을 뿐이다.

근대 초기 장인들의 자서전에는 저자들의 꿈이 상당히 자주 언급되는 반면,[57] 르네상스 시대 군인회고록에서는 이런 언급이 전무하다는 사실 또한 주목할 만하다. 자신의 꿈에 대해 몇 번 상세하게 설명한 사람은 몽뤽뿐인데, 그조차도 자신의 꿈에 개인적 의미보다는 역사적인 의미를 부여한다. 예를 들어, 앙리 2세의 사망 소식을 듣기 나흘 전에 그의 죽음을 상징하는 꿈을 꿨다고 말하는 식이다. 또 다른 꿈에서 그는 프랑스에 닥쳐올 불행에 대한 예언적인 환영을 본다.[58]

회고록 저자들은 개인적인 일을 묘사할 때조차 확연히 눈으로 볼 수 있는 행동 속에 드러난 자신의 모습에만 초점을 맞추고 내면은 무시하는 경향이 있다. 앞에서 지적했듯이, 지휘관과 동료의 죽음에 대해 회고록 저자들은 개인적인 감정보다 집단의 감정을 묘사했다. 그리고 집단의 감정과는 상관없는 가족의 죽음에 대해서는 아예 자신의 감정을 무시해버렸다. 예를 들어, 마르탱 뒤 벨레는 형인 기욤이 죽었을 때 "토리노의 총독인 마르탱 뒤 벨레 경은 랑제의 영주인 형이 세상을 떠났다는 소식을 듣고 프랑스로 돌아가 형의 일을 처리하기 위해 왕에게 휴가를 요청했다"고만 적었다.[59]

살아 있는 가족들과의 관계도 비슷하다. 플로랑주와 그의 아버지 영주의 관계가 좋은 예다. 플로랑주는 회고록에서 내내 아버지와의 관계에 상당한 지면을 할애하지만, 항상 두 역사적인 주인공 사이의 관계로만 묘사할 뿐이다. 지휘관과 부하의 관계일 때도 있고, 동등한 위치에 있는 두 지휘관의 관계일 때도 있고, 두 라이벌의 관계일 때도 있다. 그러나 두 사람 사이의 감정적인 측면에 대해서는 일언반구도 없다. 1519년에 일어난 일들에 대한 플로랑주의 묘사에 이런 점이 특히 두드러지게 드러난다. 이 시기에 플로랑주의 아버지는 충성의 대상을 합스부르크 왕가로 바꾼 반면, 플로랑주는 계속 프랑수아 1세에게 충성했다. 또한 이 해는 신성로마제국의 선거를 놓고 카를과 프랑수아가 격렬한 힘겨루기를 벌인 때이기도 했다. 플로랑주는 당시 독일에서 프랑수아의 가장 중요한 신하 중 한 명으로 활약했지만, 그의 아버지는 카를의 가장 중요한 신하 중 한 명이었다. 설상가상으로, 카를 황제와 스당 사이의 조약에는 플로랑주와 완전히 의절한다는 조항이 포함되어 있었다. 플로랑주도, 그의 다른 형제자매들도 "황제에게 봉사"하지 않는 한 스당의 집에 발을 들일 수 없다는 내용이었다. 실제로 플로랑주는 이 시기에 자신이 아버지의 여러 집 중 어느 곳에도 들어가지 않았다고 썼다.[60] 그러나 플로랑주의 아버지는 나중에 카를에게 실망해서 프랑수아는 물론 아들들과도 화해했다. 플로랑주의 글에는 이 일에 대한 그의 감정이 전혀 언급되어 있지 않다. 생면부지의 남이라면 결코 쓸수 없었을 내용이 그의 글에 전혀 없다는 뜻이다.

르네상스 시대 회고록 저자들의 태도를 가장 잘 보여주는 사람은 아마도 이보다 조금 뒤에 등장한 콘트레라스일 것이다. 17세기 초의 회고록 저자인 그는 자신의 새 신부와 절친한 친구가 불륜을 저지른 이야기를 독자에게 들려준다. 그는 소문을 듣고도 가만히 있다가 "어느 날 아침 그들이 침대에 함께 있는 것을 발견했다. 그들에게는 불행한 일이었다. 그들은 죽었다." 콘트레라스의 기분, 느낌, 감정, 행동은 단 하나의 스페인어 단어 'murieron(그들은 죽었다)'으로 표현된다. 그는 심지어 자신이 그들을 죽였다는 말조차 하지 않는다. 자신의 행동이 낳은 결과를 말하는 것만으로 충분하다고 본 것이다.[61]

아멜랑이 강조하듯이, 저자가 감정에 대해 침묵한다고 해서 그에게 감정이 없거나 그가 감정을 인식하지 못했다는 뜻은 아니다.[62] 저자가 감정을 표현하지 못하는 사람이라는 뜻도 아니다. 이 점을 훌륭하게 보여주는 사례는, 몽뤽이 둘째 아들인 피에르베르트랑을 대하는 태도다. 몽뤽이 회고록에서 피에르베르트랑과의 관계에 대해 조금이라도 밝히는 것은 마데이라에서 피에르베르트랑이 죽었을 때다.

> 나는 꽃다운 나이의 그 아이를 잃었다. 내가 나이를 먹은 뒤 그 아이가 나의 요새이자 나라의 기둥이 될 것이라고 막 생각했을 때였다. 그 아이는 바로 그런 역할로 필요한 존재였다. 나는 오스티아 항구에서 용감한 장남 마르크앙투안을 잃었다. 그러나 마데이라에서 죽은 아이가 워낙 뛰어나서, 귀엔의 신사들은 모두 그가 제 아비를 능가할 것이라고 평가했다. 그 아이의 용맹함과 신중함을 묘사하는 일은 그 아이를 잘 아는 사람들에게 맡기겠다.[63]

몽뤽은 아들을 자랑스러워하는 마음과 아들의 죽음에 대해 느끼는 슬픔을 분명히 드러내면서도, 그보다 더 많은 것들을 독자들에게 감춘다. 몽테뉴는 이보다는 조금 더 많은 것을 드러낸다.

> 고故 드 몽뤽 원수는 아들(장래가 지극히 기대되는 진정 용감한 신사였으나 마데이라 섬에서 세상을 떠났다)을 잃은 뒤 내게 여러 아쉬운 감정과 더불어, [아들에게] 자신의 마음을 한 번도 드러내지 않은 것, 그리고 진중한 성격과 아버지로서 지켜야 하는 엄격함 때문에

아들의 참모습을 알고 기뻐하며 자신이 느끼는 큰 사랑과 아들에 대한 높은 평가를 표현할 기회를 잃어버린 것에 대한 슬픔과 애통함을 표현했다. 그는 이렇게 말했다. "그 가엾은 녀석은 내게서 경멸로 가득찬 찡그린 표정밖에 보지 못했소. [그러니] 내가 그 녀석을 사랑할 줄도, 녀석을 제대로 평가할 줄도 모른다는 믿음을 [무덤까지] 가져갔겠지요. 내가 오로지 그 녀석에게만 품고 있던 그 애정을 누구에게 드러내겠소? 그 애정에서 기쁨을 느끼고 감사한 마음으로 유대감을 느끼는 것은 마땅히 그 녀석의 몫이어야 하는 것을. 나는 그 허황된 가면을 유지하느라 나 자신을 억제하고 괴롭혔소. 그로써 녀석과 함께하는 기쁨을 잃어버렸지. 녀석의 선의를 접하는 기쁨 또한. 녀석은 내게서 거친 대접밖에 받지 못했으니 내게 차갑게 대하는 방법밖에 몰랐을 것이오. 폭군 같은 겉모습밖에 몰랐겠지요."[64]

그렇다면 몽뤽은 자신의 감정을 인식했을 뿐만 아니라, 감정을 표현하는 능력 또한 온전했음이 분명하다. 그런데도 그는 회고록에서 내내 피에르베르트랑에게 느끼는 감정들을 무시해버린다. 위의 인용문에 표현된, 아들에 대한 칭찬도 마찬가지다. 이런 것들은 그가 회고록을 쓴 목적과 별로 상관이 없을 뿐만 아니라, 심지어 부적절하다고까지 생각한 듯하다. 그의 목적이 무엇인지는 몰라도, 자신의 내면을 묘사함으로써 자신을 개인으로 부각시키는 것은 그의 목적이 아니었다.

따라서 대부분의 르네상스 시대 군인회고록은 굳이 그 저자가 아닌 다른 사람도 얼마든지 쓸 수 있는 내용으로 채워져 있다. 저자 본인의 협조 여부도 중요하지 않다. 예를 들어, 마르탱 뒤 벨레는 노바라 전투를 묘사한 부분에서 플로랑주가 부상을 입은 사실을 언급하는데, 어찌된 영문인지 그의 묘사가 플로랑주 본인의 것보다 더 길고 생생하다![65] 한편 브랑톰은 같은 장면을 다룬 부분에서 뒤 벨레와 플로랑주를 모두 뛰어넘어, 플로랑주의 아버지가 무기력한 반죽음 상태이던 자식들을 구하기 위해 스페인 창병 6, 7열을 휩쓸어버리는 장면을 생생히 묘사한다.[66] 귀용이 말을 사기 위해 다녀온 여행을 묘사한 부분 역시 역사로부터 벗어난 자율성의 선언이라거나 자기만의 독특한 정체성을 확립하기 위한 수단이라고 볼수 없다. 귀용이 아니라 그의 말구종이라도 얼마든지 쓸 수 있는 이야기만이 묘사되어 있기 때문이다. 따라서 르네상스 시대 군인회고록 중 일부가 실제로 저자로 알려진 사람이 아닌 다른 사람의 손에 집필되었다는 사실도 그리 놀랍지 않다. 예를 들어 비에유빌 원수의 '회고록'은 그의 비서가 쓴 것이고, 마티외 메를의 '회고록'은 그의 동료인 고댕이 쓴 것이다.[67]

## 닫힌 내면세계

르네상스 시대 사람들의 내면세계는 대부분 종교에 초점이 맞춰져 있었다. 실제로 이 시기에 나온 종교적 자서전에는 저자의 내면에 대한 세심한 분석과 묘사가 나와 있다. 군인이 아닌 사람의 세속적인 자서전에서도 종교는 상당한 비중을 차지한다.[68] 그러나 르네상스 시대 군인회고록의 저자들은 자신의 삶에서 이 부분을 완전히 무시해버린다. 종교는 그들의 이야기에서 놀라울 정도로 작은 역할을 할 뿐이며, 대부분의 회고록 저자들은 종교적 위기를 경험하거나 개종을 할 때조차 자신의 종교적 감정에 대해 한마디도 하지 않는다. 베를리힝겐도 회고록에서 자신이 루터교로 개종한 것에 대해 전혀 언급하지 않았다. 그가 루터교 신자라는 사실이 유일하게 언급된 것은, 일부 성직자들이 "나와 믿음이 같지 않아서" 그에게 적대적인 태도를 보였다고 말한 부분뿐이다.[69] 위그노(16~17세기 프랑스의 신교도—옮긴이) 회고록 저자들 역시 자신이 개종하게 된 경위에 대해 온전히 침묵한다. 세르틀린 역시 자신의 개종과 관련해서, 1546년의 어느 일요일에 부르텐바흐에 있는 자기 집의 가톨릭 사제를 신교 성직자로 바꿨다고 살짝 암시할 뿐이다.[70] 독일의 개신교도들을 상대로 한 싸움의 정치적 측면에 많은 지면을 할애한 카를 5세조차도 자신의 종교적인 감정에 대해서는 한마디도 하지 않았다.

대부분의 회고록 저자들이 자신의 성격을 전혀 묘사하지 않는다는 점도 이에 못지않게 의미심장하다. 물론 눈에 띄는 예외가 조금 있기는 하다. 엔리케스 데 구스만, 베를리힝겐, 몽뤽의 성격이 그들의 모든 행동에 여실히 드러나 있는 것이 좋은 예다. 이 세 사람은 또한 자신의 성격에 대해 상당히 많은 지면을 할애했다. 특히 중요한 것은, 그들이 묘사한 사건들에서 그들의 성격이 한몫을 한다는 점이다. 엔리케스 데 구스만과 베를리힝겐은 성격 때문에 몇 번이나 곤경에 빠지고, 몽뤽은 시에나의 총독이 되기에는 성격이 잘 맞지 않는다는 이유로 그 자리에 임명되지 못할 뻔했다.[71] 그러나 이세 사람조차 자신을 독특한 개인이라기보다는 하나의 유형으로 묘사했음을 주목해야 한다. 예를 들어 몽뤽은 자신을 **전형적인** 가스코뉴의 허풍선이로 거듭 묘사하고 있어서, 그의 성격이 그만의 독특한 특징이라기보다는 가스코뉴 사람의 특징이라는 인상을 준다.[72]

대부분의 회고록 저자들은 노골적으로든 암시적으로든 자신의 성격을 묘사하려는 시도를 하지 않는다. 자신의 이야기 속에 등장하는 다른 주인공들의 성격을 묘사하려는 노력도 하지 않는다. 모든 귀족, 모든 지휘관, 모든 왕이 하나같이 서로 구분하기 어려운 존재처럼 보일 때가 아주 많다. 비슷한 맥락에서, 자신의 외모에 대해 조금이라도 언급한 회고록 저자 역시 극소수에 불과하다(에힝엔은 여행 중에 만난 모든 왕의 모습을 자신이 직접 스케치해서 회고록에 실었다. 그러나 자신의 외모에 대해서는 한마디도 하지 않았다).

회고록 저자의 행동과 글을 쓰는 방식을 통해 그의 성격을 유추할 수 있는 경우가 있기는 하다. 가르시아 데 파레데스, 디아스, 셰르틀린이 아주 훌륭한 예다. 그러나 첫째, 설사 우리가 이야기 내용을 바탕으로 회고록 저자의 성격을 유추할 수 있다 해도 그것이 곧 그의 성격이 이야기의 바탕이 되었다는 뜻은 아니다. 카푸토의 글은 오로지 자신의 성격이 어떻게 변했는지를 독자에게 보여주는 것만을 목적으로 삼았으므로, 글을 읽으면서 그의 성격 변화를 놓친다면 이야기의 중심 테마를 모두 놓치는 꼴이 된다. 그러나 셰르틀린의 경우 독자들이 그를 탐욕스럽고 현학적인 튜턴 사람으로 규정한다 해도, 그의 이런 성격은 이야기 속에서 아무런 역할을 하지 않는다. 이야기의 의미가 그의 성격에 달려 있지 않기 때문이다. 이야기 속의 사건들 또한 그의 성격에 영향을 미치지도 않고, 받지도 않는다. 따라서 독자들은 그의 성격을 전혀 유추해내지 못하더라도, 그의 이야기를 온전히 이해할 수 있다.

둘째, 우리가 일부러 회고록 저자의 성격을 밝혀내려고 애쓰더라도 저자의 성격이 여전히 미지의(그리고 중요하지 않은) 요소로 남아 있는 경우가 많다. 대부분의 회고록 저자들은 자기만의 독특한 특징, 성향, 습관, 벼덕을 조금도 드러내지 않는다. 플로랑주의 회고록 두 권을 모두 읽은 뒤에도, 그가 어떤 사람인지 설명하기 힘들 정도다. 귀용, 발비 데 코레조, 뒤 벨레, 에냉, 윌리엄스, 카스텔노, 라뷔탱의 경우도 마찬가지다.

르네상스 시대 군인회고록의 저자들이 자신의 성격이나 내면세계의 존재를 몰라서, 또는 그것들을 어떻게 표현해야 할지 몰라서 아예 무시해버렸다고 말할 수는 없다. 몽뤽이 몽테뉴에게 털어놓은 말을 보면, 그가 분명히 감정을 표현할 수 있는 사람이었음을 알 수 있다. 게다가 몽뤽은 몽테뉴와 친구 사이였으므로, 당대 최고의 내면 성찰 방법에 대해 틀림없이 아주 잘 알고 있었을 것이다. 또한 르네상스 시대 군인회고록의 저자들 중에 실제로 자신의 내면세계를 곰곰이 살펴본 예외적인 사람이 몇 명 있기도 하다. 디스바흐는 자신의 내면세계뿐만 아니라, 글에 등장하는 여러 주인공들의 성격에 대해서도 상당히 자주 언급한다. 특히 주목할 만한 것은, 그가 첫 번째 아내의 죽음과 장례식을 묘사한 부분이다.[73] 그는 이때의 일을 장면마다 일일이 묘사하면서, 자신의 감정과 생각을 상세히 서술한다. 슬픔에 압도되어 자신이 미치거나 자살할 것 같은 생각이 들었으

133

며, 아내가 살아날 수만 있다면 자신의 영혼이 저주를 받거나 손이나 발 한 짝을 잃어도 좋다는 심정이었다는 것이다.[74] 엔리케스 데 구스만의 글에도 그의 생각과 감정이 적잖이 묘사되어 있다.[75] 코민은 간혹 자신의 생각과 감정을 언급하고, 다른 주인공들의 생각과 감정에 대해서는 그보다 훨씬 더 자주 상세하게 묘사한다. 심지어 중요한 인물들에 대해서는 본격적인 심리 분석을 시도하기까지 한다.[76] 중세의 군인회고록, 특히 주앵빌, 하우메 1세, 페레 3세의 회고록에도 저자의 내면세계에 대한 묘사가 포함되어 있다.[77]

심지어 디스바흐의 경우에도 이야기의 중심이 되는 사건들이 저자의 내면세계와 상관없는 곳에서 일어나는 것은 사실이다. 내면세계 묘사의 모델이 없어서는 아니다. 당시 군인이 아니었던 회고록 저자들 중 일부, 예를 들어 마르그리트 드 발루아 같은 사람들은 이야기 속에서 자신의 내면세계에 훨씬 더 핵심적인 역할을 부여했다. 발루아는 심지어 겉으로 드러나는 행동과 말이 내면의 생각이나 감정과 몹시 다른 경우가 많고, 이 둘 중에서 후자의 것이 더 중요하다는 점을 유독 강조하기까지 했다.[78] 마지막으로, 앞에서 지적했듯이, 르네상스 시대에는 종교적이고 자전적인 글들이 많이 나왔다. 구전으로 전해진 이야기들은 말할 것도 없다. 이런 이야기(예를 들어, 성 테레사의 자서전) 속에서 내면세계는 사건의 중요한 장場이었다.[79]

따라서 회고록 저자들이 글에서 내면세계를 중심에 놓지 않은 것은 내면세계를 묘사하는 법을 몰라서가 아니라, 그것이 중요하다고 생각하지 않아서였다. 그들은 자신에게 내면세계가 있음을 당연히 인식하고 있었고, 감정에 상당한 시간과 에너지를 쏟았으나, 그것을 글로 적어야 할 대상으로는 생각하지 않았다(현대의 자서전에서 저자들이 수면과 호흡에 거의 주의를 기울이지 않는 것과 마찬가지다).

따라서 르네상스 시대 군인회고록의 저자들을 문헌 속의 개인으로 보는 것은 불가능하다. 그들은 역사적 현실과 자신의 정체성을 분리하려는 시도를 전혀 하지 않았다. 당연히 이를 위해 자율적인 내면세계를 정체성의 바탕으로 삼지도 않았다. 대부분의 회고록 저자들은 아예 자신을 독특한 개인으로 구분하려 하지도 않았다. 만약 '자아'라는 말을 우리가 '개인'이라는 뜻으로 사용한다면, 르네상스 시대 군인회고록은 자아에 대한 글이었다고 할 수 없다. 또한 역사와 개인사의 구분이 곧 역사에서 독립된 내면세계를 개인사의 바탕으로 삼는 것을 뜻한다면, 르네상스 시대 군인회고록이 이런 식의 구분을 시도했다는 증거는 존재하지 않는다.

르네상스 시대
군인회고록 속의 현실

1부에서 우리는 르네상스 시대 군인회고록이 자아에 대한 글이라거나, 역사와 개인사를 구분했다고 생각할 근거가 없음을 알 수 있었다. 2부에서는 르네상스 시대 군인회고록을 새로운 시각으로 다시 살펴볼 것이다. 이 글들이 묘사하거나 창조해낸 역사적 현실이 무엇이고, 이 현실이 무엇으로 이루어져 있으며, 이 현실에서 무엇이 배제되어 있는지 알아보겠다.

르네상스 시대 군인회고록의 역사적 현실을 조사하면서 나는 이 문헌들과 20세기 군인회고록, 특히 계급이 낮은 군인들의 회고록을 서로 비교하는 방법에 많이 의존했다. 앞에서 언급했듯이, 이런 비교의 목적은 첫째, 현대 독자들의 기대치를 가늠하는 것, 둘째, 르네상스 시대 문헌의 독특한 특징을 강조하는 것이다. 르네상스 시대 문헌이 만들어내는 현실이 언뜻 보기에는 자명하고 자연스러워 보이기 때문이다. 20세기 회고록의 또 다른 현실과 비교해본 뒤에야 우리는 르네상스 시대 회고록 속의 역사적 현실이 한쪽으로 심하게 치우쳐 있으며, 문화적으로나 정치적으로나 광범위한 의미를 지녔음을 알 수 있다.

르네상스 시대 군인회고록에 나타난 현실을 탐구하면서 내가 간혹 전후관계를 언급하기는 하지만, 가장 중점적으로 살핀 것은 문헌 속에 드러난 현실이다. 곤란한 의문, 즉 회고록 저자가 실제로 현실을 바라본 시각을 그 문헌이 '투명하게' 대변하고 있는지, 아니면 회고록 저자가 보고 싶은 현실을 문헌 속에 의도적으로 창조해놓은 것인지는 옆으로 제쳐두었다. 이 두 가지 중 어느 쪽이 옳은지 파악하려고 애써봤자 허망하기 때문이다. 사람들은 항상 자신의 '진실'이 투명하다고 생각하는 경향이 있지만, 그런 '진실'은 언제나 인위적으로 재구축될 수 있다.

# 4

# 전쟁 경험

르네상스 시대 군인회고록에서 가장 눈에 띄는 특징은 경험이 아니라 사실이 글의 바탕이라는 점이다. 회고록에 기록된 많은 일화들이 하나의 사실을 바탕으로 하고 있으며, 많은 사실이 포함된 일화라 하더라도, 그 사실들이 하나로 합쳐져서 저자의 경험이 되는 경우는 거의 없다. 드물게 경험에 대한 묘사가 나오는 경우는 많은 사실들이 축적된 끝에 생겨난 우연일 때가 대부분이다.

르네상스 시대와 20세기의 회고록을 비교해보면 이 말이 무슨 뜻인지 잘 이해할 수 있다. 20세기 회고록은 사실보다 경험을 우선하기 때문이다. 20세기의 회고록 저자들, 특히 계급이 낮은 군인들에게 전쟁의 진실이란 곧 경험적인 진실을 의미한다. 참전군인인 저자가 베트남전의 어떤 전투를 묘사하면서 날짜, 장소, 아군과 적군의 병력, 사상자 수, 인물들의 이름은 물론 심지어 전술적인 움식

임과 작전계획에 대해서까지 착오를 일으켜 잘못된 정보를 제시하더라도, 자신의 경험을 제대로 서술한다면 그의 글이 진실로 간주된다는 뜻이다. 반면 역사학자가 똑같은 전투를 다룬 글에서 관련 사실들을 모두 정확히 기록하더라도 군인들의 경험을 잘못 서술하거나 아예 언급하지 않는다면 그 글은 거짓으로 간주된다. 전쟁의 진실은 다른 모든 현상의 진실과 마찬가지로 사실보다 경험으로 규정된다고 보기 때문이다.[1]

우리 시대의 100만 달러짜리 질문은 "무슨 일이 있었는가?"가 아니라, "그것이 어떻게 느껴졌는가?"이다. 전쟁, 테러 공격, 자연재해, 스포츠 경기, 선거, 기타 수많은 새로운 이야깃거리와 관련해서 그 일에 직접 참여했던 사람들을 인터뷰할 때 언제나 등장하는 질문이 바로 "그것이 어떻게 느껴졌는가?"이다. 또한 사실을 보도하기 위해 파견된 관찰자로 행세하는 기자들조차 결국은 **자신의** 경험을 보도하게 되는 경우가 허다하다. 포클랜드 전쟁 때 종군기자였던 폭스도 책에서 전쟁보다는 자신의 경험을 다뤘다. 그는 전쟁 중에도 자신이 BBC 방송에 출연했을 때 "상대는 배가 타격 목표가 된 것에 대해 어떤 기분이었느냐고 내게 네다섯 번이나 물어보았다. (…) 런던에서 날아오는 '당신은 어떻게 느꼈나요?'라는 그 질문은 전쟁 내내 일종의 역병이나 저주 같았다"고 회상한다.[2]

따라서 20세기 회고록의 권위는 사실이 아니라 경험에서 나오는 것이며, 중요한 사건을 목격했다는 사실보다는 그것을 전달하는 '목소리'에 좌우된다. 현장에 없었던 사람이라도 사실은 얼마든지 알아낼 수 있다고 보기 때문이다. 사실 목격자들이 언제나 사실을 알려주는 최고의 정보원이 되지는 않는다. 그러나 그때 그 일이 어떻게 느껴졌는지를 아는 사람은 그 일을 직접 경험한 사람뿐이므로, 오로지 그들만이 권위를 갖고 목소리를 낼 수 있다. 이것이 참전 군인뿐만 아니라 현재는 힘이 없는 수많은 집단의 대표자들에게서도 들을 수 있는, 보편적인 주장이다. 이 주장은 어떤 사건을 직접 경험한 사람에게 발언할 수 있는 힘을 실어줄 뿐만 아니라, 비평가들에게서 그들의 말에 의문을 제기할 수 있는 권위를 빼앗아버린다.[3]

군인회고록의 저자들 중에서 이 점을 사예르만큼 훌륭하게 설명한 사람은 없다.

어쩌면 내 이야기를 여기서 끝내야 할지도 모르겠다. 내 힘이 모자라기 때문이다. 그 일을 직접 경험하지 않은 사람들은 소설이나 연극의 주인공에게 공감할 때처럼 이 글에 공감할지 몰라도, 확실히 이 글을 이해하지는 못할 것이다.[4]

그는 다른 곳에서도 다음과 같이 썼다.

아무런 불편도 겪지 않은 채 전쟁에 대해 알게 되는 사람들이 너무 많다. 그들은 편안한 안락의자에 앉아 벽난로 불가에 발을 내려놓고, 내일이면 평소처럼 일상을 다시 시작할 준비를 하면서 베르됭이나 스탈린그라드에서 벌어진 일들을 글로 읽지만 이해하지는 못한다. 그런 글은 불편한 상황에서 강압을 느끼며 읽어야 한다. (…) 베르됭이나 스탈린그라드에서 벌어진 일들을 글로 읽은 뒤 나중에 친구들과 커피를 마시며 이런저런 가설을 늘어놓는 사람은 아무것도 이해하지 못한 사람이다.[5]

사예르는 이 주장을 극단적으로 밀어붙인다. 즉, 현장에 없었던 사람들은 결코 당시 상황을 이해할 수 없다는 것이다. 회고록 집필이라는 행위 자체를 무익한 일로 만들어버리는 결론이다. 사예르는 또한, 독자들이 글을 이해하지 못하는 것과 회고록 저자가 상황을 제대로 설명하지 못하는 것이 거울에 비친 모습처럼 서로 닮아 있다고 주장한다. 사예르를 비롯한 많은 회고록 저자들은 자신의 묘사 능력이 부족하다고 독자들에게 사과할 때가 많다.[6] 그들은, 어떻게든 이 걸림돌을 뛰어넘어 자신의 경험을 적어도 일부나마 당시 현장에 없던 사람들에게 전달하는 것이 회고록 저자의 임무라고 본다.

## 경험을 배척한 사실로서의 역사

르네상스 시대의 회고록 저자들에게서는 완전히 다른 태도를 볼 수 있다. 그들에게 중요한 것은 사실뿐이다. 간혹 경험을 서술하는 경우가 있기는 해도, 경험 자체는 별로 중요하지 않기 때문에 사실을 바탕으로 경험을 구축하려고 의도적으로 애쓴 사람은 전혀 없다.[7]

르네상스 시대 회고록 저자들은 목격과 경험을 통해 획득한 **사실적인 지식**에서 권위가 나온다고 자주 주장하면서도, 경험 그 자체에 권위가 달려 있다는 주장은 거의 하지 않는다. 만약 현장을 경험하지 않았는데도 사실을 아는 사람이 있다면, 현장을 경험했으나 사실적인 지식을 획득하지 못한 사람보다 그의 권위가 훨씬 높다는 것이 그들의 생각이다. 회고록 저자들을 비롯한 당대 사람들은 과학적인 문제에서는 직접 실험을 한 과학자가 고대의 원고를 읽기만 한 과학자보다 더 권위가 있다는 말에 대체로 고개를 끄덕였을 것이다. 그러나 사회적인 문제나 군사적인 문제에서는 파괴된 마을의 농민 여성이 프랑스 왕보다 더 권위 있는 목소리를 낼 수 있다는 현대적 사고방식을 잘 받아들이지 못했을 것이다.

비슷한 맥락에서, 회고록 저자들은 경험하지 못한 사람은 이해하지도 못한다고 주장하지 않는다. 경험이 없으면 망상이 생긴다고 주장하는 듯한 개스코인,[8] 전장에서 느끼는 동료애의 기쁨에 대해 쓰면서 그것을 직접 경험하지 못한 사람은 거기서 느끼는 만족감을 묘사할 줄도 모른다고 말한 뷔에유,[9] "그토록 극심한 고난을 직접 겪은 사람이 아니라면 누구도 그것을 제대로 이해할 수 없다"고 여러 번 주장한 디아스[10]만이 예외다. 카베사 데 바카는 이보다 훨씬 더 전형적인 태도를 보여준다. 그는 배가 난파한 사실을 설명한 뒤, 바닷물 외에는 마실 물이 전혀 없는 상태로 엿새 동안 바다를 표류한 생존자들의 고통을 지극히 짧게 묘사한다.

내가 이것을 이토록 짧게 말하는 것은, 우리가 겪은 고통과 고난을 자세히 이야기할 필요가 전혀 없다고 생각하기 때문이다. 우리가 있던 곳이 어디인지, 그리고 우리에게 희망이 얼마나 없었는지 생각해보면 누구라도 그곳에서 있었던 일을 쉽사리 상상할 수

있을 것이다.[11]

베를리힝겐도 전투에서 손을 잃은 뒤 어떤 고생을 했는지 전혀 설명하지 않는다. "당시 내가 겪은 고통을 누구라도 잘 상상할 수 있기" 때문에 그런 설명이 필요하지 않다는 것이다.[12] 디아스와 윌리엄스는 군대 경험이 있는 사람만이 지휘관과 병사의 능력을 평가할 수 있다고 주장하지만,[13] 이 말은 전쟁 경험이 없는 사람은 대개 이런 판단을 내리는 데 필요한 **지식**이 부족하다는 뜻일 뿐이다.

회고록 저자들은 자신의 조악한 문체와 실제로 일어난 일들을 하나도 빠짐없이 서술하지 못하는 것에 대해 자주 사과하면서도, 자신의 경험을 제대로 전달하지 못하는 글솜씨의 부족에 대해서는 거의 사과하지 않는다. 샤르니가 전형적인 예다. 그는 기사들이 전투에서 "커다란 고뇌와 강렬한 감정으로 가슴을 가득 채우는" 경험을 많이 하지만, 그들의 삶을 이야기로 전달하려 한다면 그들의 모험담이 **너무 길어서** 기록하기 힘들 것이라고 말한다.[14] 강렬한 경험담보다는 지나치게 많은 사실들이 저자와 독자 사이의 소통을 방해한다는 얘기다.

유일한 예외는 이번에도 역시 디아스다. 그는 자신의 글이 전투의 흉포함을 제대로 표현하지 못한다고 간혹 말한다. 한번은 어떤 전투를 이야기하면서, "여기서 그것을 어떻게 묘사해야 할지 모르겠다. 그 자리에 있었던 사람이 아니라면 누구라도 그 상황을 이해하지 못할 것"이라고 주장한다.[15] 그러나 이런 디아스도 경험을 전달하는 것을 목표로 삼지는 않는다. 다른 회고록 저자들과 마찬가

제 2 부

지로, 사실을 전달하는 것이 자신의 가장 중요한 임무이며, 직접 경험한 사람과 그렇지 않은 사람 사이의 차이는 기껏해야 사실을 전달하는 데 걸림돌이 될 뿐이라는 것이다. 역사가 고마라Gómara가 쓴 멕시코 정복 역사서를 바라보는 그의 태도에 이 점이 분명히 드러난다. 그는 사실에 대해 착오가 있다고 고마라를 끊임없이 비판하면서도,[16] 고마라가 경험을 잘못 서술한 부분에 대해서는 별로 신경을 쓰지 않는다.[17]

특히 디아스가 자신의 **개인적인** 경험을 이야기하는 데 전혀 관심이 없었음을 밝혀두어야겠다. 디아스는 자신이 직접 역사서를 쓰기 시작한 뒤에야 고마라의 역사서를 처음 접했다. 그가 가장 먼저 보인 반응은 자신의 글을 포기하는 것이었다. 고마라의 글이 이미 있으니, 자신이 또 글을 쓸 필요는 없다고 본 것이다. 이는 디아스가 자신의 전쟁 경험을 이야기하는 데 관심이 없었음을 확실하게 증명해준다. 고마라가 책에서 디아스의 개인적인 경험을 서술했을 리가 없다는 사실은 디아스도 분명히 알고 있었을 테니 말이다(고마라는 아예 디아스의 이름을 언급하지 않았다). 디아스는 고마라의 책에 사실이 틀린 부분이 많다는 것을 알게 된 뒤에야 자신의 글을 다시 쓰기 시작했다.[18]

몽뤽도 "이 전투 이야기가 이미 많은 곳에서 출간되었으므로 내가 그런 목적으로 펜을 잡는 것은 시간 낭비가 될 것"[19]이라면서 파비아 전투에서 자신이 겪은 일을 글로 쓰지 않겠다고 밝혔다. 몽뤽에게는 파비아에서 자신이 개인적으로 겪은 일이나 그의 개인사에 미친 파비아 전투의 영향에 대해서는 아무도 글을 쓴 적이 없다는 사실이 중요하지 않았음이 분명하다. 비에유빌도 1536년에 있었던 신성로마제국의 프로방스 침공을 글로 쓰지 않겠다고 밝히면서 "그 역사는 뛰어난 형제인 기욤 뒤 벨레 경과 마르탱 뒤 벨레 경의 진실한 회고록에 잘 서술되어 있기 때문"[20]이라고 말했다. 슈베르니와 생토방 역시 성 바르톨로메오 축일의 대학살 밤에 겪은 일에 대해 거의 한마디도 하지 않는다. 슈베르니는 "당시를 다룬 역사서에 더 잘 나와 있다"[21]는 이유를 댔고, 생토방은 "그날 거기서 있었던 일에 대한 이야기는 역사가의 손에 맡긴다"[22]고 말했다. 엔리케스 데 구스만은 쿠스코 공성전 때의 경험을 무시해버리고, "그 이후 많은 일들이 일어났으나, 장차 이 주제에 대해 글을 쓸 연대기 작가에게 맡기겠다"[23]고만 썼다.

이런 발언들은 회고록 저자들이 자신의 경험에 전혀 관심을 주지 않았음을 분명히 암시한다. 중요한 것은 사실뿐이었다. 따라서 만약 일반적인 역사서에 사실이 이미 기록되어 있다면, 개인의 경험을 글로 옮기는 것은 쓸모없는 일이 되었다.[24] 20세기 회고록 저자들의 태도와는 뚜렷한 대조를 이루는 부분이다. 20세기 회고록 저자들은 이미 널리 알려진 사건에서 자신이 어떤 역할을 했는지를 특히 열심히 이야기하려고 한다. 대개 자신의 눈에는 그 사건이 역사서에 나와 있는 것과 다르게 보였음을 증명하기 위해서다. 베트남전 참전군인이 회고록을 쓴다면, 20세기판 고마라 같은 인물이 이미 베트남전 역사서를 썼다는 이유로 자신의 글을 포기하지는 않을 것이다.

르네상스 시대의 회고록 저자들은 저자와 독자 사이의 경험 차이

▲  잉카 문명을 붕괴시킨 쿠스코 공성전. 스페인인들끼리의 세력 다툼에 끼어들었던 구스만 은 5년여 동안 그곳에서 전쟁에 참여했다.

를 인식하는 드문 경우에도, 이런 경험 차이로 인해 자신의 목소리가 더욱 권위를 얻는다거나 이 경험의 차이를 메우는 것이 자신의 가장 중요한 목표가 되어야 한다는 결론을 내리지 않는다. 오히려 그들은 이 경험 차이를 단순히 사실을 전달하는 데 방해가 되는 달갑지 않은 장벽으로 본다. 어쩌면 독자들이 저자의 말을 거짓말로 생각할 수도 있기 때문에, 이 경험 차이가 저자의 권위를 **손상시키는** 장벽이 될 가능성이 있다는 것이다. 샤르니는 머나먼 곳까지 가서 낯선 일들을 목격한 사람이 고향에 계속 머물러 있던 사람에게서 거짓말쟁이라는 비난을 받는 경우가 많다고 썼다. 사람들은 자신의 경험과 어긋나는 이야기를 잘 믿으려고 하지 않기 때문이다.[25] 핀투는 허구에 가까운 회고록에서 이런 위험에 몹시 신경을 쓰면서, 현장을 목격하지 못한 사람들이 자신의 말을 믿지 못해서 자신을 거짓말쟁이로 생각할 우려가 있기 때문에 이러저러한 놀라운 일에 대해 설명하기가 꺼려진다는 말을 자주 한다.[26] 라 마르슈는 룩셈부르크 성이 포위되었을 때의 비참한 상황을 묘사하면서, "직접 보지 않은 사람은 믿지 못할 것"[27]이라고 썼다. 구티에레 디아스 데 가메스는 어떤 전투에서 페로 니뇨가 어찌나 열심히 싸웠는지 "그를 직접 본 사람이 아니면 믿기 어려운 일"[28]이라고 말했다. 발비 데 코레조는 7월 23일 튀르크의 포격을 묘사한 글에서 공격이 어찌나 강력했는지 "직접 본 사람이 아니면 누구도 믿지 못할 것"[29]이라고 썼다.

따라서 20세기의 하급 군인들이 쓴 회고록에서는 경험을 이야기하는 것이 기본 형태인 반면, 르네상스 시대의 회고록에서는 사실 묘사가 기본이다. 20세기의 회고록은 사실을 경험의 관점으로 해석하는 데 공을 들이지만, 르네상스 시대의 회고록은 대개 사실을 그냥 사실로 남겨둔다. 사실을 경험의 관점으로 해석한다는 말은, 즉 사실을 감각, 감정, 생각 등 경험을 이루는 구성 요소들로 묘사한다는 뜻이다. 20세기의 회고록에는 감각, 감정, 생각의 묘사가 자주 나온다. 예를 들어, 누군가의 부상을 이야기할 때 그 부상의 의미를

설명하는 식이냐. 부상당한 사람이 어떻게 보였는가? 그의 목소리
는 어땠는가? 부상당한 사람을 보고 무엇을 느꼈는가? 무슨 생각을
했는가? 그 결과 감각, 감정, 생각이 한데 섞여서 '느낌'을 묘사하
는, 의식의 흐름 식의 서술이 자주 나타난다.

경험을 중시하는 이런 묘사가 반드시 내향적이지만은 않다는 점
을 염두에 두어야 한다. 민간인이 집에서 혼자 차분하게 명상을 할
때라면 내향적인 접근법이 적절하겠지만, 전투의 흥분 상태를 묘사
하는 데는 적절하다고 말하기 힘들다. 사예르는 자신의 전투 경험
에 대해 다음과 같이 썼다.

그 무시무시한 순간의 일들을 나는 하나도 기억 속에 남겨두지
않았다. 무슨 환영처럼 내 머릿속에 폭력적으로 퍼뜩 나타나는 불
분명한 기억들, 상상으로는 만들어내기 힘든 장면들만 남았을 뿐
이다. 생각도 예측도 이해도 없던 순간, 강철 군모 속에 놀라울 정
도로 텅 빈 머리 외에는 아무것도 없던 순간을 기억해내려고 애
쓰는 것조차 힘들다. (…) 있는 것이라고는 그럭저럭 먼 곳에서 그
럭저럭 격렬하게 박자를 맞춰 들려오던 폭음, 미친 인간들의 비
명뿐이다. (…) 부상당한 사람, 고통 속에 죽어가는 사람이 곤죽이
되어버린 자신의 신체 일부를 바라보며 내지르는 비명, 누구보다
먼저 전투의 충격에 무너져서 사방을 뛰어다니며 공습경보처럼
울부짖는 사람들의 외침이 있다.[30]

이런 경험을 현상에 없었던 사람들에게 전달하는 과제 앞에서

회고록 저자들은 하인즈가 '전장의 괴담battlefield gothic'이라고 명명한, 경험적인 묘사 방법을 사용한다. 그들이 감각과 감정을 무자비하게 묘사한 부분은 잔혹의 경계를 넘나든다. 이것은 전쟁 회고록뿐만 아니라 현대의 전쟁 영화에서도 널리 사용되는 방법이다. 회고록 저자들은 이런 방법을 통해 본인의 내면세계뿐만 아니라 전쟁의 현실도 독자들에게 전달한다. 즉, 저자 본인이 아닌 다른 사람(이를테면 부상자)은 물론 집단의 경험(이를테면 폭격)까지도 이 방법으로 묘사된다는 뜻이다.

회고록 저자들은 또한 과거 자신이 경험한 일들을 글 속에 최대한 사실적으로 그려내기 위해서, 의식의 흐름 묘사에 '사실적인 언어'를 사용하는 경향이 있다. 예를 들어, 속어, 욕설, 문법적으로 잘못된 문장 등을 많이 사용하는 식이다.[31] 그 밖에 회고록 저자들이 전쟁 경험을 전달하기 위해 즐겨 사용하는 두 가지 장치를 꼽는다면, 독자에게 직접 현장에 있다고 상상해보라는 듯이 독자를 이인칭으로 지칭하는 방법[32]과 현재 진행 중인 사건을 묘사하듯이 현재 시제를 사용하는 방법[33]이 있다.

반면 르네상스 시대 회고록 저자들은 어떤 행동이나 사건을 언급할 때, 자신의 경험을 바탕으로 그것을 해석하려는 시도를 거의 하지 않는다. 감각, 감정, 생각에 대한 묘사도 드물고, 전장의 괴담도 거의 찾아볼 수 없다. 가장 끔찍한 장면들은 그냥 침묵으로 넘겨버리거나, 건조하게 사실만을 이야기하는 방식으로 묘사된다.[34]

회고록 저자들이 경험적인 현실에 대해 무심했다는 사실은 그들의 언어에도 분명히 드러난다. 애당초 회고록의 문체가 소박하고,

일부 저자들은 이런 소박한 문제가 신실을 보상해준다고 우겨하는 데도, 회고록 저자들은 글에서 구어체를 흉내내려는 시도를 거의 하지 않는다.[35] 예를 들어, 브랑톰과 엔리케스 데 구스만만 빼고 모든 회고록 저자들은 욕설을 몹시 제한적으로만 사용한다. 그러나 현실 속에서 르네상스 시대 군인들은 적어도 20세기 군인들만큼 욕설을 사용했던 것으로 보인다.[36]

## 경험의 회고록 vs. 사실의 회고록

앞에서 우리는 경험에 무심한 태도를 보인 회고록 저자들의 사례를 여럿 보았다. 그들이 자신의 부상, 포로생활, 목숨이 위험한 상황 등을 어떻게 묘사했는지, 또는 어떻게 무시해버렸는지를 보여준 사례들이다. 이제 이 점을 더욱 분명히 하기 위해, 전형적인 사례를 몇 가지 더 살펴보겠다.

다음은 20세기의 회고록에서 갈증을 묘사한 부분이다.

너에게는 수통이 두 개 있다. 너는 필요하다면 독물 같은 저 강물도 마실 것이다. 너는 고개를 뒤로 젖히고, 젖을 빠는 아기처럼 수통을 빤다. 물을 뱉어야 한다고 배웠지만, 지금은 뱉지 않는다. 그냥 꿀꺽 삼키고 나니 창자가 부푸는 것이 느껴진다. 텅 빈 수통을 다시 케이스에 넣고 5분 뒤 너는 조금 전과 똑같이 타는 듯한 갈증을 느낀다.[37]

다음은 르네상스 시대의 회고록이다.

우리는 대단한 더위 속에서 산에서 산으로 하루 종일 걸었다. 도중에 물이 있는 곳을 전혀 찾지 못했기 때문에 우리 모두 갈증으로 죽을 뻔했다.[38]

카푸토는 갈증이 어떤 경험인지 독자에게 이해시키는 데 확실히 관심을 갖고 있었지만, 몽뤽에게 갈증은 그저 군인이 겪어야 하는 현실에 불과했다. 르네상스 시대 군인회고록은 대부분 갈증, 허기, 피로, 추위, 질병 등을 모두 무시해버린다. 이런 것들이 언급되는 것은 군사적으로 의미가 있을 때뿐이며, 그나마도 경험이 아니라 단순한 사실로만 언급된다.[39]

다음은 20세기 회고록에서 설사병을 묘사한 부분이다.

나는 필사적으로 옷을 벗으려고 했지만, 공간이 비좁고 몸에 장비까지 잔뜩 메고 있어서 하반신을 해방시킬 수 없었다. 결국 나는 아무 방법이 없음을 깨달았다. 장이 비워지면서 더러운 액체가 내 다리를 타고 콸콸 쏟아졌다. (…) 뱃속이 뒤틀리는 것 같더니, 감각이 사라지고 멍해졌다. 그 덕분에 나는 지금 내 꼴이 얼마나 우스꽝스러운지 제대로 알아차리지 못했다.[40]

다음은 르네상스 시대의 회고록이다.

나는 생디지에 앞에서 크게 고생했다. 내가 이런 말을 해도 될지 모르겠지만, 그곳에서 나를 엄습한 설사병이 집에 올 때까지 9주 동안 끈질기게 남아 있었다. 그러나 적과 싸울 때 나는 갑옷을 벗지 않았다. 마침내 평화가 선언될 때까지(나는 병 때문에 최대한 편안한 곳을 찾아야 했기 때문에 주력부대와 함께 있지 않았다). 그래서 많은 동료들은 나를 가리켜 "노련한 군인이라 도망치지 않는다"고 말하곤 했다.[41]

다음은 전투에서 부상당한 사람들을 묘사한 20세기 회고록의 전형적인 사례다.

르네상스 시대
군인 회고록
속 의   현 실

사방에서 비명이 들린다. (…) "어머니!" 얼굴이 없는 남자가 소리친다. "아, 죽고 싶지 않아!" 어린 청년이 자신의 창자를 양손으로 모아 쥐고 소리친다. (…) 양다리가 없는 남자가 고통 속에서 비명을 지르며 아기처럼 신음한다. 한때 다리가 있던 자리에서 피를 철철 흘리며 그는 반쯤 의식을 잃어 멍한 표정으로 가슴께에서 양팔을 마구 휘두르고 있다.[42]

르네상스 시대의 회고록 저자들은 대개 부상당한 자들을 아예 언급하지 않았다. 디아스는 소수의 예외 중 한 명이다. 다음은 그의 전형적인 묘사다.

내가 이미 다른 곳에서 말했듯이, 우리는 [죽은] 인디오의 몸에서 떼어낸 기름으로 [부상당한] 병사 열다섯 명의 상처를 치료했다. 그리고 그들 중 한 명이 죽었다.[43]

한번은 디아스가 평소와 달리 경험이 좀더 가미된 묘사를 하기도 했으나, 이것도 코빅의 글과는 거리가 한참 멀었다.

우리가 부상당한 병사들을 치료할 때 몇 명은 추위와 바닷물 때문에 한층 더 심해진 고통으로 울부짖었고, 어떤 병사들은 항해 중에 그 섬을 발견한 키잡이 안톤 데 알라미노스를 저주했다.[44]

다음은 폭격을 묘사한 20세기 회고록의 전형적인 사례다.

우리들 중 많은 사람이 하느님을 믿었지만, 우리는 그 하느님에게 버림받아 반쯤 무덤처럼 변해버린 곳에 멍하니 널브러져 있었다. (…) 인간이 만들어진 목적은 이것이 아니라 뭔가 다른 것이라거나, 세상에는 고통 외에 시간과 희망과 감정 같은 것들이 존재한다거나 하는 생각을 모조리 잊어버리고 길 잃은 영혼이 된 것 같았다. (…) 우리는 생각도 희망도 없이 이리저리 움직이는 광인들이었다. 비좁은 곳에서 산 자와 죽은 자를 막론하고 옆 사람들을 몇 시간 동안이나 밀어대느라 팔다리에 감각이 없었다. 옆 사람들이 너무 많은 자리를 차지하고 있었다. 부사관은 우리가 맡은 자리에서 이탈하면 안 된다고 기계적으로 반복했지만, 새로 폭음이 일 때마다 우리는 구덩이 맨 밑바닥에 처박혔다. (…)

수많은 메아리들이 지긋지긋하게 땅속을 울렸다. 금방 기절할 것 같았다. 나는 멍하니 일어서서 하늘을 향해 저주와 욕설을 퍼부었다. (…) 나의 분노가 불붙은 밀짚처럼 타오르면서 내게 마지막으로 남아 있던 힘을 전부 가져갔다. 머리가 빙빙 돌기 시작했다. 나는 참호 가장자리를 향해 앞으로 쓰러졌다. (…) 나는 토하기 시작했다. 내 몸이 완전히 텅 빌 때까지 구토를 멈출 수 없을 것임을 깨달았다.[45]

다음은 발비 데 코레조가 몰타에서 겪은 튀르크의 포격을 묘사한 부분이다.

모든 포대가 그것도 동시에 불을 뿜기 시작하자, 그 소리와 충격이 대단해서 마치 세상의 종말이 다가온 것 같았다. 소리가 워낙 컸기 때문에 몰타에서 120마일이나 떨어진 두 도시 시라쿠사와 카타니아 사람들이 그 소리를 똑똑히 들었다 해도 얼마든지 믿을 수 있을 정도다.[46]

발비 데 코레조는 이 포격에 대한 느낌을 묘사하지 않고, 대신 당시 자신과 동료들은 알지 못했던 건조한 사실을 통해 그 포격의 흉험함을 독자에게 전달한다.

이런 비교는 르네상스 시대의 상급 지휘관들이 쓴 회고록에도 마찬가지로 적용된다. 상급 지휘관이라 해도 르네상스 시대의 전쟁 경험은 여러 면에서 20세기 상급 지휘관보다 하급 장교들의 경험과 더 흡사했기 때문이다. 게다가 르네상스 시대에 회고록을 쓴 상급 지휘관들은 대개 지휘관으로서의 경험이라는 측면을 무시해버렸다. 반면 아이젠하워, 슈워츠코프, 라 빌리에르, 에이탄Eytan 같은 20세기 지휘관들에게는 이런 경험이 대단히 중요했다. 20세기 지휘관들은 사령부 내의 인간관계와 갈등에 상당한 관심을 쏟을 뿐만 아니라, 전쟁 중에 고위 지휘관만이 경험할 수 있는 두려움, 압박, 책임감에도 비슷하게 초점을 맞춘다. 즉, 지휘관이 되는 것이 어떤 의미이며, 어떻게 느껴지는지를 독자에게 설명하는 것이다. 의사결정 과정은 그들에게 단순히 머리를 써야 하는 일이 아니라 인간적인 경험 중 하나로 다가온다. 예를 들어, 라 빌리에르는 다음과 같이 썼다.

나는 주로 군사적인 경험이 없으나 국제적인 대규모 작전이 어떻게 수행되는지를 알고 싶어 하는 독자들을 위해 이 원정 이야기를 썼다. 대규모 분쟁 중에 상급 지휘권을 행사하는 데에 어떤 인간적인 문제들이 관련되어 있는지, 그리고 상급 지휘관에게 군사적, 외교적, 정치적으로 어떤 압박이 가해지는지를 여기서 설명하고자 한다.[47]

반면 르네상스 시대 회고록 저자들은 지휘관의 기분이나 느낌을 설명하는 데 아무 관심이 없다. 예를 들어, 카를 5세는 1546-1547년 독일 원정에 책의 절반을 할애해 상세히 설명하면서도, 지휘관으로서 자신이 겪은 일들은 대부분 무시해버렸다. 특히 주목할 만한 것은, 회고록 저자들이 르네상스 시대 지휘관들의 무자비한 정치적 행보를 두루뭉술하게 넘겨버린다는 점이다. 앞에서 지적했듯이, 플로랑주는 아버지와의 직업적인 관계를 설명할 때조차 사실만을 묘사했고, 카를 5세 역시 1546-1547년의 원정 중 부하들과의 관계에 대해 말을 아꼈다.[48]

지휘관으로서 겪은 일 중, 회고록 저자들이 비교적 많은 관심을 보인 것은 지휘관의 실질적인 의사결정 과정뿐이다. 카를 5세도 1546-1547년 원정에 대한 글에서 이 부분에 상당한 관심을 쏟았다.[49] 베르두고, 몽뤽, 비어도 원정에 대한 자신의 평가, 여러 가지 생각, 계획 등을 가끔 자세히 묘사했다.[50] 그러나 이런 묘사는 어디까지나 예외적인 사례다. 일반적으로는 지휘관으로서 겪은 일들이 다른 군사적 경험에 비해 아주 조금 더 관심을 받았을 뿐이다. 다음은 20세기 회고록과 르네상스 회고록에서 지휘관으로서 겪은 일을 묘사한 전형적인 부분들을 뽑아 비교한 것이다. 나는 소대장에 불과했던 카푸토의 글을 르네상스 시대의 글과 비교하기로 했다. 르네상스 시대의 **전투에서** 지휘관이 겪은 일들은 전장에서 멀리 떨어진 본부에서 군대를 지휘하는 현대의 사령관보다 전장에 직접 나선 소대장의 경험과 훨씬 더 흡사하기 때문이다.

카푸토는 자신의 소대가 베트콩 부대를 기습하려고 나섰을 때를 다음과 같이 묘사했다.

자라다 만 풀밭을 기어가면서 내가 내는 소리가 마른 낙엽 더미를 휘청휘청 걸어갈 때의 소리만큼이나 큰 것 같았다. 제발 놈들이 이 소리를 듣거나 저를 보지 않게 해주세요. 나는 소리 없이 기도했다. 제발 모든 일이 잘 풀리게 해주세요. 제가 놈들을 모두 잡을 수 있게 해주세요. 순간 죄책감이 몰려왔다. 하느님에게 살인을 도와달라고 부탁하는 꼴이었으니까. 하지만 나는 죄책감을 느끼면서도 계속 기도했다.

그들이 베트콩을 기습하자, 베트콩은 그들에게 맹렬한 총격을 퍼붓는다.

맹렬한 총격의 대상이 되는 경험은 숨이 막혀 질식할 때와 같았다. 공기가 갑자기 독가스처럼 치명적인 것으로 변하고, 공기 분자 자체가 시속 2000마일의 속도로 날아오는 납 조각으로 구성되어 있는 것 같았다. 총탄이 쉭쉭 내 머리 위를 지나갔다. 나는 고함을, 아니 비명을 질렀다. "앨런! 내가 움직일 수 없으니 놈들에게 쏟아부어, 젠장. 네 오른쪽, 강굽이 뒤에. **놈들에게 쏟아부어, 젠장.**" (…) <u>으스스</u>할 정도로 차분한 느낌이 나를 엄습했다. 내 머리는 아주 빠르고 또렷하게 돌아갔다. 그럴 여유만 있었다면, 나는 참으로 놀라운 일이라고 감탄했을 것이다. 이제 내가 무엇을 해야 하는지 나는 알고 있었다. 우리 소대가 물살이 빠르고 수심이 깊은 강을 건너 공격하는 것은 불가능했지만, 베트콩에게 압도적인 화력을 퍼붓는 것은 가능했다. (…) 하지만 먼저 나는 강굽이 뒤에서 날아오는 총격을 억누르기 위해 기관총을 들어야 했다. 시멘트 담장의 사원 뒤편에 배치된 적의 자동화기를 로켓 발사기로 쓰러뜨릴 필요도 있었다. 그렇게 해야 소대를 안전하게 배치할 수 있었다. (…) 공격 계획 전체가 몇 초 만에 내 머릿속을 번쩍 스치고 지나갔다. 그와 동시에 내 몸은 언제라도 튀어나갈 수 있게 긴장했다. 내 몸은 내 생각이나 의지와는 별개로, 저쪽 나무가 늘어선 곳을 향해 돌진하려고 집중하고 있었다. 그 강렬한 육체적 집중은 두려움의 산물이었다.

카푸토는 이런 식으로 계속 글을 이어나간다. 자신이 경험한 거의 모든 감각, 생각, 감정, 그리고 이것들 사이의 상호관계를 꼼꼼히 설명하던 글은 마침내 절정에 이른다.

술에 취한 사람처럼 기분이 들떴다. 갑자기 위험에서 벗어났을 뿐만 아니라, 맹렬한 총격 앞에서 소대원들이 내 지휘로 완벽하게 작전을 수행하는 모습에서 전율을 느꼈기 때문이다. 이런 기분은 생전 처음이었다. 소대원들이 방향을 선회해서 빈터를 가로질러 돌진할 때, 적의 총탄이 횡횡 그들 옆을 지나갔다. 그런데도 그들은 거의 훈련 때처럼 정확하게 방향을 돌려 돌격했다. 오르가슴의 짜릿함만큼이나 크고 깊은 동통이 나를 훑고 지나갔다.[51]

이제 다음은 스위스 창병밀집대와 플로랑주의 용병대가 충돌한 노바라 전투가 절정에 이르렀을 때를 묘사한 플로랑주의 글이다.

스위스 병사들은 용기를 내서 다시 한 번 강력하게 돌격해 앞에서 말한 용병대와 백병전을 벌였다. 그러나 스위스 병사들의 상대는 확실히 놀라울 정도로 훌륭한 부대였다. 나는 스위스 군대가 전투에서 패배할 것이라고 오래전부터 생각하고 있었다. 그러나 용병대의 병력이 그리 많지 않아서, 전투 당시 기껏해야 5000명을 넘지 못했다. 가장 먼저 나타난 스위스 부대는 격퇴되었다. 분명히 말하지만, 나는 그때 그 용병대와 화승총 부대만큼 놀라울 정도로 임무를 수행하는 군대는 지금껏 본 적이 없다. 스위스 부대는 도끼창병 400명을 따로 떼어서 화승총병 800명을 공격할 수밖에 없었다. 화승총병들을 도망치게 만든 뒤에야 도끼창병들은 측면에서 용병대를 공격했다.

이러니저러니 해도 우리는 전투에서 패배했다. 프랑스 보병대가 도무지 싸우려고 하지 않았기 때문에 용병대는 거의 지원을 받지 못했다. 그들은 스위스 부대의 두 번째 병력을 보고 죄다 도망쳐버렸다. 그리고 스당의 영주는 자식들을 찾아다녔다. 그들은 상태가 좋지 못했다. 가벼운 부상만 입은 자메Jamais(오늘날 Jametz 프랑스 동부 지방—옮긴이)의 영주(플로랑주의 동생—옮긴이)는 도망치는 용병대를 불러모으려고 말에 올랐다. 젊은 모험가는 시체들 틈에서 발견되었다. 상당한 크기의 부상을 마흔여섯 군데나 입어서 이미 얼굴을 알아볼 수 없을 지경이었다. 마흔여섯 군데 중 가장 가벼운 부상도 낫는 데 6주가 걸렸다.

그의 아버지가 그를 발견하고, 함께 발견된 젊은 용병의 말에 태워 다른 병사들과 함께 피신시켰다. 그러고 나서 그들은 용병들을 다시 불러모으려고 두세 번 시도했으나, 스위스 부대가 포획한 프랑스 대포들이 강력하게 불을 뿜기 시작하자 모두 의욕을 잃었다. 거기서 훌륭한 용병들이 많이 목숨을 잃었다. 제1열에 있던 용병 300 또는 400명 중 모험가와 그의 형제, 퐁텐과 기욤 드 랭펠이라는 신사, 모험가의 호위였던 도끼창병 두 명만이 살아남았다. 지휘관들도 두 명만 빼고 모두 [전장에] 쓰러져 있었다. 스위스 부대의 정수도 그곳에 쓰러져 있었다. 용병들보다 더 많은 스위스 병사들이 [죽었다].[52]

르네상스 시대의 회고록치고는 유난히 상세한 이 설명에 경험적인 측면은 거의 포함되어 있지 않다. 앞의 2부 2장에서 우리는 플로랑주가 자신의 부상에 대해서도 별다른 말이 없었음을 살펴보았다. 여기서는 당시 플로랑주가 느낀 감정이나 감각이 전혀 언급되어 있지 않다는 점이 중요하다. 생각에 대해서는 딱 한 번 언급되었을 뿐이다. 그러나 이보다 더 놀라운 것은, 플로랑주가 자신의 행동이나 결정을 단 한 번도 묘사하지 않았다는 점이다. 그가 어떻게 싸웠는지, 어떻게 부대를 지휘했는지, 어떻게 부상을 입었는지 우리는 알 길이 없다. 그는 지휘관이었는데도, 용병대의 행동을 제3자 같은 시선으로 묘사하고 있다.

게다가 플로랑주는 자신의 개인적인 경험뿐만 아니라 전반적인 전투의 경험조차 무시해버린다. 플로랑주가 노바라에서 벌어진 이 전투를 자신이 본 것 중에 가장 격렬한 싸움으로 생각했다는 사실은 그 자신의 말 속에 분명히 드러나 있다. 이 전투를 목격한 다른 사람들도 그의 견해에 동의한다.[53] 그러나 그는 전술과 관련된 사실들과 피해에 대해서는 비교적 자세히 설명하면서도, 전장에서 겪은 실제 경험에 대해서는 용병대가 "놀라울 정도로" 훌륭하게 임무를 수행했으나 "이러니저러니 해도 우리는 전투에서 패배했다"고 말할 뿐이다.


## 건조한 무채색의 사건 나열

전투는 실제로 어떤 모습이었는가? 1만 명이 넘는 병력이 두 진영에서 빽빽이 대형을 짜고서, 죽음을 무릅쓰고 충돌하는 광경은 어떤 느낌인가? 플로랑주는 제1열의 용병 300~400명 중에서 여섯 명만 살아남았고, 지휘관 중에서는 고작 두 명만 살아남았다고 말한다. 다른 열의 피해도 이보다 덜하지는 않다. 스위스 부대 또한 이에 못지않게 심한 피해를 입었다. 플로랑주가 겨우 몇 분 만에 죽음을 목격한 병사들의 수는, 카푸토가 베트남에서 1년 동안 목격한 수보다 십중팔구 더 많았을 것이다. 그 몇 분 동안 플로랑주는 처참한 장면도 많이 보았음이 분명하다. 두개골이 쪼개져서 벌어진 사람, 사지가 잘린 사람, 창자가 흘러나온 사람, 곤죽이 되도록 짓이겨진 사람, 화승총이나 포탄에 맞아 산산조각이 난 사람, 도망칠 길이 없는 궁지에 몰려 정신이 나간 사람. 그가 겨우 마흔여섯 군데의 부상만 입고 살아난 것은 행운이었다. 21세기의 전장에는 사람이 이렇게 많지 않다. 사망자와 부상자도 비교적 적은 편이고, 적의 사망자와 부상자는 아예 눈에 보이지 않는 곳에 있는 경우가 많다.[54] 노바라에서는 몇 백 미터 안에 수천 명의 사망자와 부상자가 쓰러져 있었다. 아군과 적군의 시체가 한데 쌓여 있고, 피가 개울이 되었다는 말은 단순한 문학적 표현이 아니었다. 플로랑주가 "시체들 틈에"서 발견되었다는 말은 은유가 아니다. 틀림없이 그의 몸이 시체들 속에 묻혀 있었을 것이다. 20세기 전쟁에서 전투와 살생은 비교적 추상적인 일이다. 몇 킬로미터나 떨어진 곳에서 수행되는 경우가 많기 때문이다. 겨우 수십 미터 거리에서 전투와 살생이 이루어지는 경우는 몹시 드물다. 노바라에서는 적을 손으로 만질 수 있었다. 누군가를 죽인다는 것은 곧 자신의 창이나 도끼창을 적의 배나 머리에 쑤셔박은 뒤 적이 비명을 지르며 고통 속에 죽어가는 모습을 지켜봐야 한다는 뜻이었다. 전투의 소음과 냄새도 이에 못지 않게 강렬했다. 1만 명의 군인들이 충돌하면서 나는 소리는 현대의 포격 소음만큼이나 충격적이고 낯설다.[55] 마지막으로, 플로랑주가 그 몇 분 동안 자신의 개인 군대가 무너지는 모습을 보았다는 점을 유념할 필요가 있다. 그가 지휘한 것은 프랑스 군대의 한 부대가 아니었다. 죽은 용병들은 그가 직접 양성하고 지휘한 부하들이었으며, 죽은 지휘관들 또한 그의 부하이자 친구였다.

그런데도 플로랑주는 전투를 다룬 당시의 많은 글과 마찬가지로, 건조한 무채색 글을 썼다. 그가 보기에 이 전투에서 두드러지는 점은, 그들이 "놀라울 정도로" 잘 싸웠다는 사실이다. 플로랑주의 글은 르네상스 시대의 기준보다 더 상세하고 경험이 포함되어 있다는 점에서 예외적이기는 하다. 전투를 묘사한 르네상스 시대의 글은 대부분 전투가 벌어진 장소와 날짜, 적군과 아군의 구성 및 배치, 주요 작전을 간략히 서술하는 공식을 따랐다. 여기에 눈에 띄는 공적에 대한 이야기가 가끔 덧붙여지기도 했다. 의무적으로 밝혀야 하는 중요한 사망자와 포로의 명단이 전투에 대한 설명보다 더 길 때가 많았다. 어떤 귀족이 죽었는지를 밝히는 것이 전투에서 경험한 일들에 대한 이야기보다 훨씬 더 중요했기 때문이다. 따라서 플로랑주가 노바라 전투에서 마흔여섯 군데나 부상을 입은 사실은 그에게 명예를 안겨줄 수 있는 중요한 사실이었으나, 그 부상에 대한 그의 감상은 중요하지 않았다. 감상을 기준으로 그에게 명예를 수여해줄 사람은 하나도 없기 때문이었다.

이처럼 건조하게 사실만 나열한 글이 어떻게 사람의 정체성을 구성하는 중요한 요소가 될 수 있는지를 이해하고 싶다면, 현대의 비슷한 글을 생각해보면 된다. 오늘날에도 전투기 조종사들은 비행기에 십자가나 V자 모양의 표시를 그리는 방식으로 자신의 '살생'을 기록하는 습관이 있다. 저격수들도 라이플에 표식을 그리고, 사냥꾼들은 자신이 죽인 동물의 머리를 박제해서 벽에 걸어놓는다. 스포츠 선수들도 트로피와 메달을 잘 보이는 곳에 전시해놓고, 학자들 역시 졸업장과 상장을 전시해둔다. 이 모든 것이 지극히 건조한 사실의 나열이자, 한 사람의 일생을 아주 간략하게 보여주는 기록이지만, 그 주인에게 이들이 지니는 정서적 의미는 엄청날 것이다.

언제나 그렇듯이, 이번에도 예외가 있다. 먼저 엔리케스 데 구스만의 글에는 군사적인 일과 그렇지 않은 일 모두에 대해 경험을 묘사한 부분이 많이 포함되어 있다. 적어도 그가 아메리카로 항해를 떠나는 시점까지를 담은 전반부는 르네상스 시대 군인회고록 중에서 일관되게 경험을 묘사한 유일한 사례다. 다른 회고록들, 특히 디아스, 몽뤽, 뷔에유, 그리피드의 회고록에도 경험을 어느 정도 묘사한 부분이 상당히 포함되어 있다. 르네상스 시대 군인회고록의 저자들이 그런 묘사를 할 수 있는 사람들이었음을 보여주기 위해, 두 가지 사례를 길게 인용하겠다. 첫 번째 사례는 디아스 데 가메스가 한밤중에 경보가 울렸을 때를 의식의 흐름 기법처럼 묘사한 부분이다. 그는 여기서 전장의 목소리들을 그대로 기록하는 방식을 택했다.

　　– 경계태세!

　　– 거기 누구냐?

　　– 전투 준비! 전투 준비!

　　처음 꾸벅꾸벅 졸고 있을 때 경보가 울림. 동틀 무렵에는 나팔.

　　– 승마! 승마!

　　– 집합! 병력 집합!

　　너는 둘러보고, 너는 보초를 서고, 너는 감시를 하고, 너는 공

　　격하고, 너는 경비를 서고, 너는 두 번째 경비를 서라.

　　– 저기 온다! 저기 온다!

　　– 많지 않은걸.

　　– 아냐, 아주 많아.

　　– 이쪽!

　　– 저쪽으로 돌아!

　　– 너 저쪽으로 돌아!

- 너는 이쪽!

- 새 소식! 새 소식!

- 그들이 부상을 입고 돌아왔다.

- [포로는] 없어.

- 아냐, [포로는] 있어.

- 자, 어서 가자!

- 우리는 여기에!

- 가자![56]


두 번째 사례는 몽뤽이 라바스탕 기습 때 부상당한 것을 묘사한 부분이다.

사다리 두 개를 앞으로 가지고 가라고 지시하기 위해 후미 쪽으로 돌아가던 중, 망루 바로 옆의 바리케이드 한쪽 귀퉁이에서 발사된 화승총 총탄이 내 얼굴을 때렸다. (…) 갑자기 나는 온통 피투성이가 되었다. 입에서, 귀에서, 눈에서 피가 콸콸 쏟아졌다. 고아Gohas 경이 내가 쓰러지는 줄 알고 나를 붙잡으려 하기에 내가 말했다. "괜찮습니다. 저는 쓰러지지 않습니다. 계속 나아가세요." 그런데 곧 거의 모든 병사들과 거의 모든 신사들도 머뭇거리면서 퇴각하려는 기색을 보였다. 나는 입과 코에서 피가 콸콸 쏟아져 말하기가 거의 불가능한 상황이었는데도 그들에게 소리쳤다. "어디로 가려는 건가? 어디로 가려는 거야? (…) 전장을 버리고 떠나지 마라. 난 아무렇지도 않아. 모두 자기 자리로 돌아가."

(…) 나는 점점 힘이 빠져서 더이상 그 자리에 있을 수가 없었다.
(…) 나는 어떤 신사의 손을 잡았다. 얼굴을 제대로 볼 수 없는 상황이었으므로 그의 이름은 알 수 없다. 나는 그곳으로 갈 때와 같은 방법으로 돌아왔다.[57]

그러나 이처럼 경험이 들어간 장면들은 단순히 규칙을 증명해줄 뿐이다. 20세기의 서사에서는 이런 장면이 일상적이며, 전투뿐만이 아니라 그 밖의 모든 것을 설명할 때도 이런 방식이 사용된다. 회고록 저자들은 소설의 영향을 받아 수면, 식사, 화장실 사용, 섹스, 동료와의 언쟁 등 자신의 일상생활도 경험적인 방식으로 묘사한다. 사실만을 나열한 경우는 드물고, 대부분 긴 시간 동안의 일을 짧게 요약하거나 의도적으로 소외된 분위기를 만들려고 할 때 이용된다.

반면 르네상스 시대 회고록에서는 엔리케스 데 구스만의 글을 제외하면, 언제나 사실만 나열하는 방식이 일상적이다. 어쩌면 디스바흐도 예외로 꼽을 수 있을지 모르겠다. 르네상스 시대의 회고록에서는 경험이 들어간 묘사가 단 한 번도 발견되지 않는 경우가 많다. 그런 장면이 있는 작품이라 해도, 고작 한두 번에 불과하다. 다른 저자들에 비해 경험이 들어간 묘사를 상당히 여러 번 사용한 디아스와 몽뤽도 평소에는 사실만 나열하는 방식을 사용한다. 경험이 포함된 묘사는 특히 전투 장면에만 사용되는 경우가 대부분이다. 때로는 여러 예식과 마상 창경기 묘사에 이런 방식이 사용되기도 하지만, 그보다 일상적인 일들을 묘사할 때는 거의 사용되지 않는다. 게다가 회고록 저자들이 묘사에 경험을 포함시킨다 해도, 대개는 우연의 소산에 불과하다. 엔리케스 데 구스만과 디스바흐도 예외가 아니다. 독자들에게 자신의 경험을 이해시키려는 의도로 저자가 의식적으로 그 방법을 사용하는 경우는 드물다(앞에서 인용한 디아스 데 가메스의 글은 이런 면에서 예외적이다). 사실 글에 언급되는 대부분의 행동들은 간략한 기록의 형태로만 남아 있을 뿐, 경험과 사실을 막론하고 상세한 설명이 전혀 없다.

20세기 회고록 저자들이 모범으로 삼을 수 있는 문헌이 더 많은 것은 사실이다. 특히 소설이 대표적이다. 그러나 르네상스 시대 회고록 저자들에게도 다양한 기사도 소설의 유혈 장면처럼 모범으로 삼을 수 있는 사례들이 있었다.[58] 또한 앞에서 언급한 예외적인 사례들은 모범이 되는 글이 있든 없든, 당시 저자들이 묘사에 경험을 포함시킬 수 있는 능력이 확실히 있었음을 증명해준다. 따라서 그들이 경험을 글에 잘 포함시키지 않은 것은 방법을 몰라서가 아니라, 경험을 전달할 생각이 없었기 때문이다.

마지막으로, 회고록 저자들은 겉으로 드러난 자신의 행동이 내면의 감정과 다를 수 있다는 사실을 알고 있었다. 두려운 마음을 감추려고 겉으로 용감한 말을 하는 경우가 좋은 예다.[59] 그러나 그들이 감정보다 행동을 더 우위에 놓은 것은, 궁극적으로 중요한 의미를 지니는 것이 바로 행동이었기 때문이다. 어떤 사람이 용감한 말을 내뱉은 뒤에 전장에서 도망친다면, 말보다 행동이 확실히 중요하다. 두려움을 느끼면서도 전장에 남아 용감히 싸운 사람 역시 그 행동으로 평가받아야 마땅하다. 그의 감정은 중요하지 않다. 사람에게 생명과도 같은 명예는 감정이 아니라 행동에서 나오는 것이었다.[60]

제 2 부

168

## 전지적 역사가 시점

전쟁 경험을 전달하는 또 다른 중요한 방법은 회고록 저자가 주인공이 되어 자신의 관점에서 사건을 서술하는 것이다. 실제로 20세기 회고록에서는 이것이 일반적인 서술 방법이다. 독자들은 언제나 단 한 사람, 즉 회고록 저자의 머릿속에만 접근할 수 있다. 당시 그가 알던 것만 알고, 그가 본 것만 볼 수 있다는 뜻이다. 독자들은 회고록 저자가 경험한 순서 그대로 그의 시각을 통해 사건들에 대해 알게 된다. 저자가 놀라면 독자도 함께 놀란다. 저자가 모르는 일에 대해서는 독자도 알 수 없다. 객관적으로 상황을 조망하려는 시도는 어디서도 보이지 않는다. 다른 사람들의 시각도 잘 언급되지 않는다. 설사 다른 사람의 생각이 언급되더라도, 대개는 회고록 저자의 관점을 통해 한 번 걸러진 내용이다. 특히 중요한 것은 회고록 저자들이 대개 적의 생각과 관점을 무시해버린다는 점이다. 적이 그 상황을 어떻게 바라보았는지는 거의 언급되지 않는다. 심지어 적의 행동조차 대부분 침묵 속에 묻혀버린다. 회고록 저자가 적과 직접 맞닥뜨렸을 때만 예외다. 그러나 이때조차 적은 단순히 모호하고 추상적인 개념으로만 남아 있다. 적군의 병사 개개인이 주인공이 되는 경우는 드물다. 카푸토가 소규모 교전을 묘사한 부분이 좋은 예다. 사소한 매복 공격이나 소규모 교전뿐만 아니라 주요 전투와 전쟁 전체에 대한 묘사에서도 마찬가지다. 심지어 슈워츠코프도 걸프전을 묘사하면서 이라크 쪽의 관점이나 행동을 묘사하는 데에는 별로 주의를 기울이지 않았다. 아주 드물게 이라크의 관점

르네상스 시대
군인 회고록
속 의   현 실

을 언급한 부분에서도, 그는 현재의 자신이 확실히 아는 사실보다는 당시의 자신이 이라크의 의도와 행동에 대해 추측한 내용을 적었다.

따라서 독자들은 사건에 대해 일부만 혼란스럽게 이해하게 된다. 그러나 그때 현장에 직접 있었던 사람이 무엇을 느꼈는지에 대해서는 아주 잘 알 수 있다. 무지와 혼란은 전쟁 경험에서 빠질 수 없는 부분이므로, 독자들이 사건에 대해 일부만 혼란스럽게 이해한다는 사실은 경험적인 측면에서 회고록의 정확도를 오히려 높여주는 역할을 한다. 실제로 20세기의 몇몇 참전군인들은 바로 이런 이유 때문에 높은 곳에서 전쟁을 조망하듯 내려다보는 역사서가 반드시 거짓이라고까지 주장한다. 특히 그런 서술에 사실이 올바르게 적혀 있다면 더욱 의심해야 한다는 것이다.[61]

전쟁을 직접 목격한 사람들이 전쟁의 일부만 혼란스럽게 경험한다는 사실은 르네상스 시대에도 널리 받아들여졌다. 몽테뉴는 아무리 카이사르라도 "자기 군대를 구석구석 모두 볼 수"는 없었기 때문에 가끔 실수를 저질렀다고 썼다.[62] 이 사례를 바탕으로 그는 목격자 한 사람의 이야기만으로는 전쟁의 진실을 알 수 없다는 일반적인 결론을 이끌어낸다.[63] 기욤 크레탱은 환영 속에서 샤반 원수에게서 들은 이야기라면서, 파비아 전투의 이야기를 시처럼 구성했다. 환영 속에서 크레탱은 샤반에게 파비아 전투를 기리고 싶으니 그곳에서 벌어진 일들을 이야기해달라고 부탁한다. 그러자 샤반은 다음과 같이 대답한다.

전장의 군인들,

전투가 한창인 전장의 군인들이,

서로 강력한 타격으로 서로를 완전히 조각내려 하는 그곳에서,

자신을 방어하는 것 외에 다른 일을 생각할 수 있을까?

그런 순간에는 훌륭한 군인도

여기저기 살피지 않고,

오로지 앞만 바라보며,

다른 군인의 실력이 어떤지 생각하지 않는다네.

이어서 그는 설사 눈이 1,000개나 달린 스라소니나 아르고스(그리스 신화에서 눈이 100개 달린 거인 — 옮긴이)라도 전장에서 벌어지는 일을 모두 볼 수는 없을 것이라면서, 사람은 아르고스처럼 눈이 많지도 않은데 그 입에서 나오는 이야기가 어찌 모두 진실일 수 있겠느냐고 말한다. 그리고 전투에 대한 글을 쓴 사람들을 다음과 같이 비판한다.

종이에 쓴 글은,

가장 먼저 전투에서 돌아온 자들의 이야기일 뿐

네게는 물론

그들이 모든 사실을 모은 것처럼 보이겠지.

그들의 눈이 사방으로 뻗어갈 수 없음을 생각하면,

그것은 불가능한 일이다.[64]

부셰도 자신이 그때 그곳에 있지 않았기 때문에 파비아 전투에 대해 이야기하지 않겠다고 말한다. 그는 전투에 참전한 많은 사람들에게 물어보았으나, 그가 물어본 사람들 15, 16명의 이야기가 제각각이었다.[65]

군인회고록의 저자들도 때로 비슷한 생각을 털어놓는다. 예를 들어, 에냉은 다음과 같이 설명한다.

나의 보잘것없는 머리와 기억에 따라, 내가 직접 본 것과 확실히 아는 것. 그러나 나보다 더 확실하게 이것을 보고 더 잘 아는 사람들이 잘못을 지적할 수도 있을 것이다. 특정한 장소에 있었던 사람이라고 해서 모든 것을 보고, 모든 것을 알고, 모든 것을 기억할 수는 없기 때문이다.[66]

그는 나중에 샤를 공작의 리에주 입성을 묘사하면서, 독자들에게 용서를 구한다. "다른 사람들과 팔짱을 끼고 있던 내가 창문에서 내려다보는 사람만큼 모든 것을 보거나 기억할 수 없었으므로, 모든 것을 진실 그대로" 쓰지 못했다는 것이다.[67]

그러나 이런 인식에도 불구하고(또는 아마도 이런 인식 때문에) 르네상스 군인회고록의 저자들은 20세기 회고록 저자들이 일반적으로 채택하는 것과는 몹시 다른 관점을 선택했다. 르네상스 시대의 거의 모든 군인회고록에는 다음의 네 가지 특징이 공통적으로 나타난다. 첫째, 회고록 저자가 사건 당시 경험한 것들을 그대로 묘사하는 경우가 드물거나 아예 없다. 르네상스 시대 군인회고록 저자들 중

▲ 멕시코 중앙고원에 위치한 고대 아스텍 왕국의 수도 테노치티틀란. 코르테스를 앞세운 스페인의 정복전쟁으로 1521년 무너졌다.

에 자신을 주인공으로 내세워서 자신의 관점으로 일관되게 사건을 서술한 사람은 단 한 명도 없다. 둘째, 그들은 보통 위에서 현장을 조망하며 모든 것을 내려다보는 '객관적인' 역사가의 관점을 선호한다. 셋째, 모든 것을 균형 있게 아우른 객관적인 설명을 위해 그들은 여러 관점을 오갈 때가 많다. 넷째, 적의 행동과 관점에 비교적 많은 주의를 기울인다.

디아스가 코르테스와 나르바에스의 갈등을 묘사한 부분이 좋은 예다. 주인공인 디아스는 코르테스가 무엇을 꾸미고 있는지 잘 모르지만, 화자인 디아스는 두 진영의 이야기를 번갈아 풀어놓는다. 그의 이야기는 먼저 쿠바에서 시작한다. 당시 (테노치티틀란에 있던) 디아스와 그의 동료들은 알지 못했지만, 쿠바의 벨라스케스 총독은

173

나르바에스에게 원정군을 이끌고 코르테스와 맞서는 임무를 맡겼다. 디아스는 이 준비 과정을 서술하다가, 이보다 더 먼 곳으로 훌쩍 날아가 산토도밍고와 스페인에서 벌어진 일들을 이야기한다.[68] 그리고 스페인에서 다시 돌아와 나르바에스를 따라서 멕시코 해안으로 갔다가, 테노치티틀란으로 훌쩍 넘어간다. 그곳에서는 몬테수마가 이 뜻밖의 상황 변화에 대한 소식을 듣고 있다. 그러나 코르테스와 그의 부하들은 아직 상황을 모른다. 몬테수마가 나르바에스의 상륙 사실을 마침내 코르테스에게 알릴 때, 코르테스는 놀라지만 독자들은 놀라지 않는다.[69] 이때부터 디아스는 코르테스, 나르바에스, 몬테수마의 관점을 오간다. 따라서 독자는 이 세 사람이 각자 아는 것보다 더 많은 사실을 항상 알 수 있다.[70] 결정적인 전투가 가까워질 무렵, 디아스는 먼저 나르바에스의 진영으로 독자를 데려가서 그가 어떤 준비를 하고 있는지 보여준다. 디아스는 또한 코르테스의 사람들이 나르바에스 몰래 그의 진영에 들어와 있다는 사실도 독자에게 알려준다. 그러고는 비로소 코르테스의 진영으로 넘어가 그곳에서 벌어지는 일들을 설명한다. 그는 부하들이 해이해질까봐 코르테스가 나르바에스의 진영에 자기 사람을 심어두었다는 사실을 자기 부하들에게도 숨겼음을 지적한다.[71]

이렇게 해서 독자는 양편에서 벌어지는 일뿐만 아니라, 여러 주인공들이 아직 모르는 사실까지도 항상 알게 된다. 디아스는 코르테스, 나르바에스, 몬테수마, 벨라스케스, 인도제도 위원회(스페인 제국에서 아메리카 대륙과 필리핀 문제를 담당한 행정기관 — 옮긴이), 코르테스의 병사들, 나르바에스의 병사들이 상황을 어떻게 바라보고 있는지 설명한다. 따라서 독자는 언제나 그들보다 더 많은 것을 알 수 있다. 그러나 독자는 그들의 등 뒤에서 벌어지는 일을 엿보기만 할 뿐, 그들의 눈을 통해 현실을 볼 수는 없다. 디아스는 주인공으로서 자신의 관점을 완전히 무시해버린다. 당시 자신이 바라보던 시각을 독자와 공유하지 않는 것이다. 사실 그는 당시 상황에 대한 자신의 생각조차 독자에게 알려주지 않는다.

이 글을 같은 상황에 대한 고마라의 글과 비교해보면 흥미롭다. 디아스와 달리 고마라는 코르테스의 관점을 채택해서 거의 한 번도 벗어나지 않는다.[72] 독자는 언제나 당시 코르테스가 알던 사실만 알 수 있으며, 나르바에스나 몬테수마의 시각이 어땠는지는 알지 못한다.

다른 일화들도 마찬가지다. 다음의 이야기를 예로 들어보자. 먼저 고마라의 글에서, 코수말 섬에 진영을 차린 코르테스의 부하들은 어느 날 육지에서 대형 카누가 다가오고 있다는 소식을 듣는다. 매복한 채 적을 기다리던 그들은 카누에 인디오 네 명이 타고 있음을 알아차린다. 카누가 가까이 다가왔을 때, 인디오들 중 세 명은 갑자기 나타난 스페인인들을 보고 겁에 질려 도망치려 하지만 나머지 한 명은 전혀 두려운 기색을 보이지 않는다. 오히려 그가 스페인어로 말을 하기 시작한다! 독자들은 이 사람이 이전 원정 때 실종되어 인디오들과 몇 년을 함께 지낸 스페인인 헤로니모 데 아길라르라는 사실을 알고 코르테스의 부하들과 함께 깜짝 놀란다. 그리고 아길라르가 코르테스의 부하들에게 들려주는 이야기를 통해 그가 어떻게 살아왔는지 알게 된다.[73]

반면 디아스는 위에서 전체를 조망하는 관점을 채택해서 아길라르와 코르테스 부하들의 시각을 오가는 방식으로 이야기의 재미를 망가뜨린다. 아길라르가 코수말에서 스페인인들과 만나는 장면에서 독자들은 이미 양편의 사정을 자세히 알고 있기 때문에 코수말에서 스페인인들을 발견한 아길라르의 기쁨도, 그를 보고 놀란 스페인인들의 심정도 함께 나눌 수 없다.[74]

사건에 직접 참여했던 디아스는 주인공으로서 자신의 관점을 무시해버리고 전지적인 역사가의 관점을 채택한 반면, 현장 근처에는 가본 적도 없는 역사가인 고마라는 주인공의 관점 쪽으로 더 기울어져서 주인공이 인식한 현실을 독자들에게 보여주려고 한 것이 신기하다.[75]

회고록 저자들은 군대와는 상관없는 사건들도 비슷한 방식으로 묘사한다. 생미셸 훈장을 받은 플로랑주가 훈장 수여식을 묘사한 부분이 좋은 예다. 이 훈장 수여식은 그에게 대단히 명예로운 순간이었으나, 바로 그 이유 때문에 그는 자신의 개인적인 감상보다는 수여식을 있는 그대로 기록하는 편이 더 중요하다고 생각했다. 따라서 그는 위에서 전체를 조망하는 관점을 채택해, 자신이 안으로 불려 들어가기 전에 식장에서 일어난 일까지 묘사한다.[76]

## 제한된 개인의 경험

일부 회고록 저자들은 다른 주인공의 관점을 채택해서, 자신의 행동조차 그 관점에서 서술한다. 예를 들어 디아스는 어떤 장면에서 자신의 상관인 산도발의 관점을 채택해, 디아스를 포함한 일곱 명의 군인이 멕시코인들에게 공격당하는 스페인 배를 구하려고 용감하게 싸우는 모습을 서술한다. 그는 전투 중에 자신이 무엇을 느꼈는지 묘사하는 대신, 산도발이 바라본 전체적인 장면을 몹시 생생히 묘사하기로 한 것이다.[77] 몽뤽도 라바스탕에서 부상당한 경위를 실명한 뒤, 근처 산 위에 서 있던 앙투안 드 그라몽의 관점에서 그 장면을 다시 묘사한다.[78]

회고록 저자가 주인공으로서 자신의 관점을 내세우는 경우에도, 당시 자신이 경험한 것을 온전히 말하는 일은 드물다. 오히려 전체를 조망하는 관점에서 자신의 관점을 그 구성 요소 중 하나로 통합시키곤 한다. 몽뤽이 혼란스러웠던 체레졸레 전투를 묘사한 부분이 전형적인 사례다. 몽뤽은 먼저 적 지휘관인 델 바스토의 관점에서 글을 시작한다.[79] 그 다음에는 전투 전반부에 몽뤽이 한 행동에 대한 긴 설명이 나온다. 비교적 경험이 많이 담겨 있고, 몽뤽이 주인공의 관점에서 서술한 내용이 대부분이라는 점에서 예외적인 글이지만, 여기에도 저자가 서로 다른 관점들을 오가는 부분이 상당히 포함되어 있다.[80] 이어서 몽뤽은 델 바스토의 관점으로 돌아가, 그당시 델 바스토의 생각과 계획을 상세히 설명한다. 특히 그가 부대를 어떻게 지휘해서 프랑스 군대의 그리종 부대를 공격하게 했는지에 대한 설명이 자세하다. 몽뤽은 심지어 델 바스토가 스페인어로 내린 명령을 그대로 인용하기까지 한다.[81]

그리종 부대는 패배해서 물러나고, 프랑스 군대의 사령관인 앙갱 Enghien 공작은 틀림없이 전투에 패배했다는 생각에 절망에 빠져 자살 직전까지 간다. 그러나 전장에서 도망치던 그에게 승리 소식이 날아온다.[82] 앙갱이 맡은 프랑스 군대의 측면이 무너지는 동안, 몽뤽이 있던 다른 측면이 적을 물리친 것이다. 몽뤽 쪽 측면과 마주한 델 바스토는 자신의 부하들이 그리종 부대에 승리를 거뒀다는 사실을 알지 못한 채, 앙갱과 마찬가지로 자신이 전투에서 졌다고 확신한다.[83] 이렇게 양측 군대의 두 사령관은 모두 진정한 전황을 알지 못하고 있지만, 독자들은 모든 상황을 완벽히 알 수 있다.

이제 몽뤽은 자신의 이야기로 돌아가, 반대쪽 측면의 패배를 알지 못한 채 바삐 적을 추격하는 자신의 모습을 묘사한다. 그는 추격을 마치고 돌아온 뒤에야 한 신사에게서 다음과 같은 이야기를 듣는다.

전투가 어떻게 되었는지 들었다. 하느님을 나의 목격자로 삼아 말하건대, 그 순간 누가 단검으로 나를 두 번 찔렀다 해도 나는 피를 흘리지 않았을 것이다. 그 소식을 듣고 내 심장이 아프게 조여 들었기 때문이다. 나는 패배하는 꿈을 꾸다가 화들짝 놀라 깨어나곤 하며 사흘 밤을 더 두려움에 시달렸다.[84]

이 이야기 속에서 장면에 따라 관점의 주인으로 등장하는 주인공들은 누구도 전황을 온전히 파악하지 못했지만, 독자들은 언제나 모든 것을 알고 있다. 독자들은 전장의 구석구석에서 벌어지는 일뿐만 아니라, 몽뤽을 포함한 여러 주인공들의 제한된 인식과 착각에 대해서도 잘 알 수 있다. 즉, 몽뤽이 들려주는 이야기는 전쟁 중

에 개인 한 사람이 결코 직접 경험할 수 없는 이야기다.[85]

특히 중요한 것은 르네상스 시대의 회고록 저자들이 적의 관점에 아주 많은 주의를 기울였다는 점이다. 많은 회고록에서 화자와 독자 모두 아군 진영뿐만 아니라 적군 진영에서 벌어지는 작전 회의도 편안히 들여다본다. 예를 들어, 디아스는 틀락스칼란Tlaxcalan에서 열린 멕시코인들의 작전회의를 우리에게 보여주고, 발비 데 코레조는 튀르크의 작전회의를 보여준다. 또한 베르두고는 네덜란드의 작전회의, 몽뤽과 플로랑주와 라뷔탱은 신성로마제국의 작전회의를 각각 보여준다.[86] 특히 베르두고는 스페인 군대 못지않게 네덜란드 군의 계획과 움직임에도 주의를 기울인다. 회고록 저자들이 적의 진영에서 벌어진 일과 적의 계획을 어떻게 알았는지, 심지어 적의 회의 내용을 어떻게 직접 인용할 수 있었는지에 대해서는 아무런 설명이 없을 때가 많다.

따라서 비록 일부 예외가 있기는 해도,[87] 르네상스 시대 군인회고록의 일반적인 서술 방법은 전체를 조망하는 관점에서 사실을 설명하는 것이라고 할 수 있다. 이것은 사실을 파악하고, 객관적이며 전체적인 시각에서 상황을 파악하는 데는 가장 좋은 방법이지만, 개인의 경험을 전달하는 데는 적합하지 않다. 위에서 전체를 조망하듯 전쟁을 경험할 수 있는 사람은 아무도 없기 때문이다. 또한 이런 관점은 개인이 전쟁에서 경험하는 것들 중 가장 중요한 몇 가지 특징, 즉 혼돈, 불확실성, 자신에게 벌어지고 있는 일에 대한 무지, 타인에게 벌어지는 일에 대한 무관심 등을 포착하지 못한다. 그럼에도 르네상스 시대 군인회고록 저자들이 이 관점을 선호했다는 사실은, 그들이 개인의 전쟁 경험보다는 전쟁을 사실 그대로 전달하는 것을 가장 중시했음을 다시 보여준다.[88]


## 친숙한 전쟁과 낯선 전쟁

20세기와 르네상스 시대의 회고록 저자들이 이렇게 다른 태도를 보이는 이유 중 하나로는, 기술 발달 정도나 이념 등 여러 가지 조건으로 인해 르네상스 시대에는 전쟁이 친숙한 일이었던 반면 20세기에는 낯선 일이었다는 점을 꼽을 수 있다.

20세기의 서구인들에게 전쟁은 실제로 직접 경험한 사람에게조차 낯선 일이었다. 전쟁은 평화와 완전히 달랐으며, 전쟁이 사악한 일로 간주된 만큼 전쟁 경험 또한 낯설고 부자연스러운 일로 인식되었다. 게다가 회고록의 독자들 또한 전쟁과 친숙하지 않았으므로, 전쟁을 경험하지 않은 그들에게 전쟁의 실상을 이해시키는 것이 회고록 저자들의 임무였다.

반면 르네상스 시대의 회고록 저자들과 독자들은 전쟁을 낯선 일로 보지 않았다. 전시와 평화 시의 차이도 20세기에 비해 훨씬 적었다. 르네상스 시대의 군사기술과 군대조직이 20세기에 비해 뒤처져 있었으므로, 전쟁의 현실 또한 현대의 전쟁 때만큼 낯선 환상처럼 느껴지지 않았다. 또한 평화 시의 생활이 오히려 더 힘들었기 때문에 전시의 가혹한 현실이 그리 낯설지도, 충격적이지도 않았다.

전쟁을 직접 경험하지 않은 민간인이라 해도, 최소한 죽음, 잔혹함, 결핍에는 아주 익숙했다. 사람이 죽어가는 모습이나 굶주림과 추위로 고생하는 모습을 직접 보고, 극단적인 만행을 목격하거나 자신이 직접 그런 일을 당하는 것이 르네상스 시대의 민간인들에게는 어렸을 때부터 흔한 일이었다. 전쟁 중에 사람들이 고생하거나 목숨을 잃는 가장 흔한 원인은 전투 그 자체가 아니라 굶주림과 질병이었는데, 이는 민간인들에게도 익숙한 일이었다. 따라서 1916년에 영국 사람들은 참호의 실상을 그린 보고서를 읽고 충격을 받았을지 몰라도, 르네상스 시대에 그리피드가 프랑스에서 동료들과 함께 추위를 겪으며 고생한 일을 적은 글은 고국에 남아 있던 대부분의 사람들에게 몹시 친숙하게 보였을 것이다.[89]

게다가 르네상스 시대의 군인회고록 저자들은 대개 일반 대중이 아니라 전쟁에 이제 갓 입문한 사람들, 즉 동료 귀족이나 병사들을 염두에 두고 글을 썼다. 이런 독자들은 회고록 저자가 무슨 이야기를 하려는 건지 잘 알고 있었으며, 그들의 이야기를 대체로 자연스럽게 받아들였다. 이런 독자들에게는 전쟁에 대한 느낌을 굳이 이야기할 필요가 없다. 오늘날 신문의 스포츠 면 독자들에게 축구경기의 느낌을 굳이 이야기해줄 필요가 없는 것과 마찬가지다. 따라서 전시의 경험은 사람들에게 흔하고 친숙한 일인 반면, 특정한 전쟁의 특정한 사실들은 언제나 금방 잊힐 위험이 있다는 점이 경험보다 사실에 초점을 맞추게 하는 촉매가 되었다.

그러나 이것으로 모든 차이를 설명하려 해서는 안 된다. 전쟁의 친숙함은 회고록 저자들이 경험을 무시한 여러 이유들 중 하나에 불과하다. 사람들은 자신에게 친숙한 경험을 대개 완벽하게 묘사할 수 있다. 오늘날 신문 스포츠 면의 기사들은 친숙한 경험을 굳이 묘사하지 않지만, 이보다 훨씬 더 영향력이 큰 현대 소설들은 친숙한 경험을 지겨울 정도로 자주 묘사한다. 현대에 자서전을 쓴 민간인들도 자신의 경험에 초점을 맞춘다. 민간인의 경험담이 사실 공장에서 찍어낸 듯 똑같은데도 그들은 개의치 않는다.

'느낌'에 대한 현대인들의 집착이 순전히 낯섦에서 기인한 것이 아니듯이, 르네상스 시대 군인회고록의 저자들이 경험에 무심했던 것 또한 전쟁의 친숙함에서 기인한 것은 아니다. 게다가 많은 회고록 저자들은 주로 소수의 가족이나 친구들을 위해 글을 썼지만, 그보다 더 많은 독자를 염두에 두고 글을 쓴 저자들도 있었다. 르네상스 시대 사람들이 대체로 기본적인 전시 환경에 어느 정도 익숙했다 하더라도, 전쟁에 대해 현실과는 지극히 거리가 먼 환상이 전혀 없었던 것은 아니다. 게다가 소수의 독자만을 위한 회고록도 대부분 앞으로 전쟁에 나가게 될 아들이나 손자, 즉 아직 실제로 전쟁을 경험하지는 않은 사람들을 위한 지침서였다.

# 5

# 현상과 이미지로 나타난 전쟁

**르네상스 시대
군 인 회 고 록
속 의    현 실**

20세기에 계급이 낮은 군인들이 쓴 회고록은 일반적인 전쟁을 다룬다. 제1차 세계대전이나 베트남전 같은 특정한 전쟁이 아니라, 인류가 겪는 현상으로서 '전쟁'을 다룬다는 뜻이다. 그들은 자신이 겪은 특정한 전쟁과 관련된 사실에는 별로 주의를 기울이지 않는다. 일부 회고록 저자들은 고의로 몇 가지 사실을 변형하거나, 자신의 경험을 바탕으로 완전히 허구의 이야기를 지어내기도 한다. 그러면서도 자신이 독자에게 전쟁의 '진정한' 이미지를 보여준다고 주장한다. 그들의 회고록을 완전히 지배하는 것은 '전쟁'이라는 존재다. 때로는 회고록 저자가 아니라 전쟁 그 자체가 가장 중요한 주인공의 자리를 차지할 정도다. 많은 회고록 저자들은 자신의 이야기가 '전쟁에 관한 것'이라고 말하거나, 전쟁과 자신의 관계를 다룬 것이라고 말한다.[1] 아마도 라르트기Larteguy의 회고록이 가장 좋은 예일

것이다. 이 책은 제목부터 《전쟁의 얼굴》일 뿐만 아니라, 라르트기
는 시종일관 전쟁을 '그것'이 아니라 '그녀'로 지칭한다.


## 전쟁의 얼굴

라르트기의 회고록 제목에서 짐작할 수 있듯이, 회고록 저자들이
무엇보다 관심을 갖는 것은 바로 전쟁의 이미지다. 그들은 이러저
러한 사실을 바로잡으려 하지도 않고, 특정한 전쟁의 역사를 새로
쓰려고 하지도 않는다. 그보다는 전쟁의 이미지를 바꾸려고 시도한
다. 그들이 바꾸고자 하는 전쟁의 이미지는 민간인인 대중의 인식
을 지배하고 있는 허구적인 이미지다. 이 허구적인 이미지는 역사
책보다는 소설에서 유래했으며, 소설보다는 영화가 더 커다란 영향
을 미쳤다. 따라서 회고록 저자들은 역사책에 별로 신경을 쓰지 않
고, 무엇보다 영화를 적으로 간주한다.[2]

제 2 부

　회고록 저자들은 영화가 허구로 만들어낸 전쟁의 이미지가 평범
한 병사에서부터 고위급 정치가에 이르기까지 모든 사람에게 영향
을 미쳐, 전쟁을 바라보는 시각을 형성한다고 주장한다. 따라서 하인
즈는 적어도 일부 병사에게는 "할리우드식 현실이 진짜 현실이었다.
(⋯) 대중매체가 차고 넘치는 문화 속에서 살다보니, 그들은 자신의
행동조차 영화가 아닌 다른 시각으로는 바라볼 수 없게 되었다"고 설
명한다.[3] 슈워츠코프는 걸프전 때 연합군 사령부가 전쟁을 〈람보〉
로 이해한 워싱턴 매파들의 심한 압박에 시달렸다고 투덜거린다.[4]

회고록 저자들 본인도 영화 속 이미지를 어디서나 기준점으로 이용한다. 예를 들어 "제2차 세계대전 영화 속 존 웨인이 된 기분이었다"[5]든가, "그들은 영화 속에 들어온 것 같은 기분이었다"[6]처럼 아무렇지도 않게 영화를 언급하는 구절들이 20세기 회고록에는 수두룩하다.[7] 그럼에도 회고록 저자들은 대개 이런 허구적인 이미지에 대해 몹시 적대적이다. 전쟁의 허구적인 이미지에 대해 환멸을 느끼는 과정은 그들의 글에서 가장 전형적으로 묘사되는 변화 중 하나다. 크루는 다음과 같이 썼다.

르네상스 시대
군인 회고록
속 의   현 실

처음 총알이 날아오기 시작하자마자 우리는 전쟁에 관한 일화, 역사, 문학작품, 예술작품, 참전군인들의 이야기, 대중연설이 모두 허구임을 알아차렸다. 우리가 보고 느낀 것은 그때까지 읽은 이야기와 남에게서 들은 이야기를 바탕으로 기대했던 것과는 닮은 점이 하나도 없었다.[8]

꾸며낸 이야기 속의 이미지가 거짓임을 폭로하는 것은 회고록 저자들의 중요한 목표 중 하나이며, 저자들은 다음과 같은 무심한 말로 그 이미지에 구멍을 뻥뻥 뚫어버리는 일에 결코 지치는 법이 없다.

당하는 입장에서 그 소리[포격 소리]는 전쟁 영화 속의 소리와 몹시 달랐다. (…) 하지만 진짜 포탄을 썼다가는 배우들이 전부 죽어버렸을 거야! 대형 스타들이 나오는 영화에서 주인공이 부대를 이끌고 우박처럼 쏟아지는 포탄 속을 뛰어가는 장면이 얼마나 허

황된 것인지 알 수 있었다. 그 포탄만으로도 그들을 곤두박질치게
만들 수 있었을 것이다!⁹

계급이 낮은 회고록 저자들은 대개 전쟁의 허구적 이미지에 대해
몹시 신랄한 태도를 취한다. 그들은 전쟁이 평범한 생활을 부자연스
럽고 부정적으로 방해한다고 생각하며, 전쟁의 허구적 이미지가 전
쟁을 가능하게 만든다고 비난한다. 크루는 다음과 같이 설명한다.

> 사람이 전쟁을 하게 되는 것은, 평화 시에 거짓 문학, 거짓 역
> 사, 거짓 전쟁심리학이 미래의 전투원들을 설득하고 기만하는 기
> 적 같은 일이 시행되고 있기 때문이다. (…) 병사들이 포화의 세례
> 속에서 무엇을 깨닫는지 사람들이 안다면, 무력을 통한 해결에 결
> 코 동의하지 않을 것이다.¹⁰

한 베트남전 참전군인은 전쟁 경험을 말로 설명하면서 이 점을
훨씬 더 간결하게 표현한다. "우리 모두 그랬듯이, 나도 낭만적으로
전쟁을 바라보는 무지한 시각의 희생자였다."¹¹
따라서 계급이 낮은 회고록 저자들은 대부분 전쟁의 허구적 이미
지를 사실적인 이미지로 대체함으로써 미래의 전쟁을 예방하려는
유토피아적인 임무를 스스로 설정한다.¹² 머리말에서 지적했듯이,
그들은 비록 전쟁을 예방하는 데는 성공하지 못했지만 전쟁의 이미
지를 급격히 바꾸는 데에는 대단히 성공적으로 일조했다.
르네상스 시대 군인회고록의 주제는 전쟁이 아니다. 20세기의 회

고복늘이 전쟁에 대해 강박적인 관심을 갖고 있는 것과는 대조적으로, 르네상스 시대의 군인회고록 저자들은 계급을 막론하고 모두 하나의 현상으로서 전쟁에 전혀 관심이 없었다. 소수의 예외를 빼면, 그들은 언제나 특정한 전쟁만을 다뤘고, 그나마도 그 전쟁 전체가 아니라 그 전쟁의 특정한 사실에만 주로 관심을 쏟았다. '전쟁'이라는 현상이나 '이탈리아 전쟁'의 정체를 이해하려고 시도한 사람은 하나도 없었다. 이런 면에서 이들의 글을 오늘날 신문에 실린 축구경기 기사와 다시 비교해도 될 것 같다. 신문들은 매주 수십 개의 축구경기에 대해 수십 개의 기사를 쏟아낸다. 그러나 이 기사들은 특정한 축구경기만을 상세히 다룰 뿐이다. 축구라는 현상을 이해하려고 시도하는 기사는 전혀 없다.

글 속에 전쟁이 하나의 실체로서 모습을 드러내는 일이 거의 없다는 사실은 회고록들이 '전쟁'에 관심이 없음을 분명히 보여준다. 중세 후기와 르네상스 시대의 저자들은 명성이나 사랑 같은 추상적인 개념들을 즐겨 의인화했다(《장미 이야기Roman de la Rose》[13세기 프랑스의 시 ─ 옮긴이]만 생각해봐도 알 수 있다). 그러나 라르트기가 그런 것처럼 전쟁을 의인화한 르네상스 시대 회고록 저자는 한 명도 없다.

뷔에유의 《주방셀》은 이런 점에서 다소 예외적이다. 전쟁 안내서로서 허구적인 사건들을 이야기로 꾸며서 들려주는 이 책은 전쟁이라는 현상에 상당한 관심을 보인다. 따라서 특정한 전쟁의 사실들에 대해서는 그리 자세히 묘사하지 않는다. 이 책은 추상적인 개념으로서 '전쟁'을 자주 언급하며, 이 전쟁의 여러 현상들을 이해하려고 시도한다.[13] 그러나 이 책은 드문 예외일 뿐이다. 몽뤽의 회고록처럼 안내서 역할을 겸하는 다른 작품들이 전쟁이라는 현상에 보여 주는 관심은 이 책에 훨씬 미치지 못한다.

그러나 전쟁이라는 현상에 대한 관심 부족을 당연한 일로 받아들일 수는 없다. 르네상스 시대 사람들이 실제로 전쟁이라는 현상에 상당한 관심을 기울였기 때문이다. 당시의 많은 전쟁 관련 논문과 안내서는 전쟁이라는 현상에 대한 관심을 어느 정도 드러냈으며,[14] 평화주의를 지향하는 인문주의 운동은 전쟁에 이보다 훨씬 더 관심이 많았다. 인문주의 역사가들은 사건을 단순히 기록하기보다는 다양한 현상을 연구하는 것이 역사의 가장 중요한 목적이라는 주장을 내놓고 있었다.[15] 그러나 전쟁 이론가와 평화주의자 모두 주로 정치적인 현상으로서 전쟁에 관심을 보였을 뿐이며, 인간적인 현상으로서 전쟁에 대한 관심은 이보다 훨씬 적었음을 밝혀두어야겠다. 회고록 저자이자 정치 이론가였던 코민을 빼면, 대다수의 회고록 저자들은 스스로 전쟁 전문가라고 생각하면서도 전쟁을 정치적인 현상으로 보는 담론에 참여하려 하지 않았으며, 인간적인 현상으로서의 전쟁에도 똑같이 관심이 별로 없었다.[16] 가장 중요한 예외는 조지 개스코인의 회고록 시詩인데, 이 작품에 대해서는 다시 이야기하겠다.

## 낭만적인 기사도의 이미지

르네상스 시대의 회고록 저자들은 전쟁의 이미지에도 역시 별로 관심이 없었다. 물론 그들이 전쟁에 대해 특정한 이미지를 전달하기는 했지만, 그것은 의도하지 않은 부산물에 불과하다. 그들은 오로지 사실에만 관심이 있었으며, 때로 사실을 자신과는 다르게 묘사한 다른 글에 대해 신랄하게 비판할 뿐 전쟁의 이미지에 대해서는 거의 왈가왈부하지 않았다. 전문적인 역사가의 실수나 속임수를 비판할 때도, 사실과 어긋난 부분만을 문제삼았을 뿐이다. 역사가들이 전쟁의 거짓 이미지를 만들어냈다고 비난한 사람은 없었다.[17]

그러나 이보다 훨씬 더 놀라운 것은, 회고록 저자들이 전쟁에 대해 대중이 갖고 있는 허구적인 이미지를 거의 이야기하지 않는다는 점이다. 20세기의 영화산업과 마찬가지로, 르네상스 시대의 기사도 소설은 전쟁에 대해 낭만적이고 유혹적인 이미지를 퍼뜨렸다. 할리우드 영화의 영향력이 아무리 크다 해도, 르네상스 시대 전쟁소설의 영향력은 그보다 훨씬 더 컸다. 르네상스 이전 수백 년 동안 기사도 소설은 가장 많은 독자들이 읽는 세속적인 문학작품이었다. 1508년에 《갈리아의 아마디스Amadis de Gaula》가 출판된 뒤로는 이 장르의 작품들이 역사상 유례를 찾아보기 힘들 만큼 열광적인 사랑을 받았다. 이그나티우스 로욜라, 성녀 테레사 데헤수스(또는 아빌라의 성녀 데레사), 펠리페 2세처럼 전혀 뜻밖의 인물들조차 기사도 소설에 중독된 적이 있을 정도였다.[18]

기사도 이미지의 영향력은 막강했다. 20세기 사람들이 존 웨인이나 람보를 닮고 싶은 마음에 전쟁터로 나갔다면, 르네상스 시대에는 오를란도나 아마디스를 닮고 싶어서 전쟁터에 나간 사람이 많았을 것이라고 확신해도 좋다. 르네상스 시대 사람들도 20세기 사람들 못지않게 귀가 얇았다는 얘기다. 게다가 르네상스 시대의 많

기사도 문학을 이르던 '로맨스romance'에서 이름이 유래했을 정도로 낭만
주의Romanticism는 기사도 양식과 연관이 크다. 용맹과 충성 외에 기사에
게는 사랑도 중요한 덕목으로 요구되었다.

은 전쟁소설들은 '역사'라거나 '연대기'라는 제목을 달고서 진짜 역사서 행세를 했다.[19] 그리고 돈키호테뿐만 아니라 많은 사람들이 이런 전쟁소설을 진짜 역사서로 받아들였다. 인쇄술이 도입된 초기, 즉 글이 권위를 일부 잃어버리기 전에 이런 현상이 특히 심했다. 유명한 신학자인 멜초르 카노Melchor Cano는 자기가 아는 사제 중에 기사도 소설을 아주 좋아하는 사람이 있는데, 그는 소설이 활자로 인쇄되었다는 이유만으로 소설 내용을 모두 사실로 믿는다고 말했다.[20] 레너드의 이야기는 이보다 더 흥미롭다. 그는 17세기 초에 인도에서 공성전을 벌이던 포르투갈 병사들이 함께 모여 기사도 소설을 읽으며 시간을 보냈다는 이야기를 들려준다. 그 병사들 중 한 명은 글의 내용이 모두 사실이라고 확신하고서, 그다음 공격 때 글을 흉내내려다가 동료들에게 구출되었다. 그에게 남은 것은 영광과 상처였다. 그날부터 그 병사는 지극히 용맹해졌다고 한다.[21] 이 포르투갈 병사가 군사적인 문제에 대해 무지한 사제가 아니라 이미 전쟁을 경험한 군인인데도 소설에 속아 넘어갔다는 점이 의미심장하다. 또한 이야기 말미에 이 병사가 전쟁에 환멸을 느끼고 신랄해진 것이 아니라 지극히 용맹해졌다는 점도 우리에게 많은 것을 알려준다. 따라서 플로랑주가 "모험에 나선 옛 기사들에 관한 책"[22]에서 어느 정도 영향을 받아 여덟 살인가 아홉 살 때 모험을 찾아 집을 떠난 것도 놀라운 일이 아니다.

기사도라는 이상은 사람들의 상상력뿐만 아니라 르네상스 시대 전쟁에도 엄청난 영향을 미쳤다. 바야르와 소토마요르의 결투처럼 기사도를 내세운 사건들이 여전히 예외라기보다는 일상에 가까울 정도였다. 사실 기사도 이미지는 르네상스 시대 이후에도 오랫동안 지속되었다. 예를 들어, 라르트기는 인도차이나 전쟁 때, 프랑스에서 훌륭한 교육을 받은 베트민 지휘관 한 명이 유명한 30명 전투(1351년. 브르타뉴 계승전쟁의 일화 중 하나. 양측에서 각각 30명의 전사를 뽑아 그들의 싸움으로 승패를 가렸다는 내용이다 — 옮긴이)에 대한 글에서 영감을 얻어, 양측에서 소총수를 30명씩 뽑아 결투를 벌이자는 제안을 적군인 프랑스 진영에 보냈다는 이야기를 들려준다.[23] 사실 20세기 회고록 저자들을 그토록 격앙시킨 람보와 존 웨인 영화들은 기사도 소설을 그대로 번안한 것이나 마찬가지라고 할 수 있다. 불가능한 상황에서 무훈을 세운다거나, 단 한 번의 전투가 이야기의 절정을 이룬다거나, 사랑과 전쟁이 거의 언제나 연관되어 있다는 점 등 많은 부분이 흡사하기 때문이다.

또한 기사도 소설의 엄청난 인기와 영향력 때문에, 르네상스 시대의 가장 뜨거운 문학논쟁이 벌어졌다는 점도 주목할 만하다. 세르반테스 덕분에 후세에 널리 알려진 이 논쟁에서 많은 도덕주의자들과 학자들은 젊은이들이 그런 헛소리를 읽으며 스스로를 망치고 있다고 한탄했다. 그러나 다른 사람들은 그 소설들이 비록 사실이 아닌 허구를 담고 있다 해도 가치 있는 진정한 교훈이 많이 들어 있으며, 사람들의 마음에 훌륭한 이상을 불어넣는다고 주장했다. 회고록 저자들도 어쩌면 이 논쟁에 많은 기여를 했는지 모른다. 그들은 직접 전쟁을 경험한 만큼, 전쟁이 소설 내용과 같은지 다른지 파악하는 데 도움이 될 수도 있었을 것이다.

회고록 저자들이 전쟁을 묘사하는 방식을 보면, 앞에서 언급한 포르투갈 병사와 달리 전쟁의 낭만적인 이미지에 속지 않았음을 분명히 알 수 있다. 비록 전쟁터의 실제 경험에는 별로 관심이 없었어도, 그들이 기록한 사실들은 낭만적인 이미지와 정면으로 어긋났다. 르네상스 시대 군인 자서전은 기사도 모델을 흉내낸 경우가 많지만,[24] 회고록 중에는 그런 경우가 극소수에 불과하다. 그중 중요한 사례로는 라 마르슈와 에힝엔의 회고록이 있다.


## 낭만을 거부한 회고록 저자들

르네상스 시대
군인 회고록
속 의  현 실

기사도 소설에는 초자연적이고 기적적인 일들이 수두룩하지만, 회고록 속의 현실은 지극히 평범하다. 거인이나 괴물도 없고, 마법사나 초능력자도 없다. 기적도 거의 없다. 디아스의 글이 가장 좋은 사례다. 디아스의 글은 전대미문의 놀라운 일이 가득한 낯선 땅에서 벌어진 일들을 담았다. 그리고 그가 가장 먼저 독자로 염두에 둔 사람들은 아메리카에 발 한 번 디뎌본 적이 없는 유럽인들이었다. 게다가 그 전에 나온 아메리카에 관한 글은 대부분 황당한 이야기들 천지였다. 따라서 디아스는 유럽에서 벌어진 전쟁을 다룬 회고록 저자들보다 훨씬 수월하게 독자들을 속일 수 있었다. 그러나 그의 글은 지극히 사실적이었다. 그가 아마디스를 언급하며, 아마디스가 살던 동화 나라와 멕시코 계곡의 **풍경**을 비교한 적이 한 번 있기는 하지만, 그때도 그는 닮은 것은 풍경뿐이라고 선을 그었다. 하얗게 칠해진 건물들이 은으로 만들어졌다고 생각한 동료를 놀리기도 했다.[25] 디아스는 기적이 일어났다는 여러 보고에 대해서도 회의적인 태도를 보이며, 신틀라 전투에서 성 야고보와 성 베드로가 말을 타고 나타나 스페인 진영을 도왔다는 고마라의 주장을 비웃었다.[26]

기사도에 입각한 무훈을 많이 이야기한 다른 회고록 저자들도 불가능한 일을 해낸 사례는 거의 언급하지 않았다. 그들이 기록한 무훈 중 대다수는 지극히 정상적이다. 에힝엔의 글에서 무슬림 전사와 일대일 대결이 벌어지는 클라이맥스 장면조차 영웅적이기는 해도 정상의 범위를 벗어나지 않는다.[27] 에힝엔의 글은 다른 회고록에 비해 기사도 소설과 더 흡사하지만, 초자연적이거나 현실적으로 불가능한 사건은 단 하나도 나오지 않는다. 디아스 역시 자신을 카이사르와 비교하고 동료들에게도 한없는 찬사를 보내면서도, 고마라의 글이 일관되게 과장되어 있다고 투덜거린다. 고마라가 인디오 병력을 크게 부풀렸다고 비난하면서, 고마라가 책에서 언급한 인디오 사상자 수를 모두 합하면 온 세상의 인구보다도 훨씬 많은 수가 나올 것이라고 말한다.[28] 따라서 디아스는 적의 병력에 대해 대단히 온건한 추정치를 내놓는다. 예를 들어, 어느 대규모 전투에서 전사한 인디오는 기껏해야 열다섯 명이고, 포로는 세 명이었다.[29]

회고록 저자들은 때로 군사행동을 단순히 사실적인 수준이 아니라, 노골적으로 낭만과는 거리가 먼 방식으로 묘사했다. 몽뤽이 1558년 6월에 티옹빌 습격을 직접 이끌었을 때를 묘사한 부분을 예로 들어보자. 중요한 순간에 한 병사가 적이 핵심적인 지점에서 방금 후퇴했다고 그에게 보고했다. 몽뤽은 그대로 펄쩍 뛰듯이 일어나 병사 한 명을 붙잡고 다음과 같이 소리친다.

"네가 저 안으로 뛰어들면 내가 20에퀴를 주마." 병사는 하지 않겠다고 말했다. 저 안으로 뛰어들면 죽은 목숨이기 때문이었다. 그는 온 힘을 다해 내게 저항했다. 내 아들 몽뤽을 비롯해서, 내가 나중에 이름을 열거할 다른 지휘관들, 나를 따라온 그들이 내 뒤에 있었다. 나는 그들에게 소리쳤다. 이 용감한 녀석을 안으로 들여보내려는 나를 왜 돕지 않느냐고. 그렇게 우리 모두가 힘을 합쳐 그 병사를 머리부터 먼저 안으로 던져 넣어, 그의 의지와 상관없이 용감한 행동을 하게 만들었다. 그가 총에 맞지 않은 것을 보고, 우리는 화승총 사수 두 명을 자의 반, 타의 반으로 또 던져 넣었다.

그제야 몽뤽의 아들이 스스로 뛰어 들어가고, 다른 지휘관들과 병사들이 그 뒤를 따른다. 몽뤽도 결국 그들을 따라 나선다.[30]

존 웨인이나 아마디스라면 여기서 뭔가 영웅적인 연설을 하거나 아니면 앞장서서 직접 안으로 뛰어들었을 것이다. 그러나 몽뤽은 먼저 뇌물을 제시하고, 그 다음에는 순전히 힘으로 싫다는 병사를 던져 넣는다. 그는 전쟁터의 현실에 대해 어떤 환상도 없으며, 후세를 위해 자신의 행동을 서술하는 데에도 망설임이 없다.

회고록 저자들은 군인들 사이에 흔한 다른 악덕을 서술하는 데에도 별로 망설임이 없었다. 발비 데 코레조는 1555년 6월에 몰타 수비대의 사기가 곤두박질쳤을 때의 이야기를 들려준다. 수비대 지휘관은 몽뤽과 마찬가지로, 영웅적인 연설에 의지하지 않았다. 그는 병사들에게 돈을 조금 주고, 도박장과 술집을 마련해주었다. 병사들에게 돈만큼 반가운 것은 없는 법이므로, 그의 병사들도 크게 기뻐했다.[31] 브랑톰은 프랑스 보병대가 "순전히 살인자와 전쟁광으로 구성되어 있었으며, 무장도 안색도 형편없고 아무짝에도 쓸모없는 약탈자들이었다"[32]고 썼다. 이는 프랑스 군대에 대해 널리 퍼져 있는 견해였다.[33]

그러나 앞에서 지적했듯이, 이보다 더 중요한 것은 일부 회고록 저자들이 전장에서 두려움을 느꼈을 뿐만 아니라 심지어 수치스러운 행동을 한 적도 있다는 점을 기꺼이 인정했다는 사실이다.[34] 디아스는 전투에 나서기 전에 너무 무서워서 한두 번 오줌을 쌌다고 적었다.[35] 몽뤽도 너무 두려운 나머지 "심장과 팔다리에 힘이 빠져 덜덜 떨렸다"고 썼다.[36] 디아스와 몽뤽 모두 전투가 시작된 뒤 두려움이 사라졌으며, 그런 두려움은 전혀 부끄러운 것이 아니라고 말한다. 르네상스 시대의 군인들 중 일부는 이런 견해를 받아들였을지도 모르지만, 르네상스 시대의 소설은 그렇지 않았다. 아마디스가 전투에 나서기 전에 무서워서 오줌을 싸는 장면은 어디에도 나오지 않는다.[37]

마지막으로, 회고록 저자들이 사랑에 무심하다는 점은 그들이 전쟁에 대한 낭만적인 이미지를 거부한다는 사실을 가장 뚜렷하게 보여준다. 낭만적인 전쟁 이미지의 기반이 되는 것은 사랑과 전쟁의 조합이다. 아마디스 이야기에서 전쟁은 사랑과 불가분의 관계이며, 사랑이 없는 전쟁은 무의미하다. 이러한 낭만적인 이미지의 영향력이 워낙 막강했기 때문에, 전쟁 경험이 풍부한 샤르니조차 이 이미지에 따라 기사들에게 사랑이 용맹의 기반이라고 가르친다.[38] 로맨스는 페로 니뇨와 샤움부르크 같은 군인들의 자서전에서도 눈에 띄는 역할을 한다.

그러나 르네상스 시대 군인회고록에는 사랑과 로맨스가 거의 없다시피 하고, 여자들도 거의 등장하지 않는다.[39] 심지어 르네상스 시대 다른 군인회고록 저자들보다 기사도 소설에 더 가까운 회고록을 쓰고, 모험을 찾아 유럽 전역은 물론 성지와 모로코에 이르기까지 많은 곳을 돌아다닌 에힝엔조차 어려움에 처한 아가씨를 만났다는 이야기는 한마디도 하지 않는다. 아니, 아예 여성을 만났다는 이야기가 없다.

몽뤽은 사랑과 용맹함이 어느 정도 연관되어 있음을 인정한다. 여성들이 용감한 남자를 사랑하고, 비겁한 자를 싫어한다는 뜻이다.[40] 그러나 전체적으로 봤을 때는 "여자의 사랑"을 위험한 악덕으로 본다. 사랑 때문에 지휘관이 경력을 망칠 수도 있다는 것이다.[41] 그는 귀족들에게 "하느님이 당신들을 세상에 내어놓으신 것은 무기를 들고 주군에게 봉사하라는 뜻이지, 토끼사냥이나 하고 사랑이나 나누라는 뜻은 아니다"[42]라고 훈계한다. 그는 20대 때 자신이 "그때까지 사랑했던 가장 아름다운 아가씨를 즐겁게 해줄 때보다 노병들의 이야기에서 더 커다란 즐거움을 얻었다"고 자랑스레 말한다.[43]

사랑 때문에 용맹을 발휘하게 되었다고 말하는 회고록 저자는 한 명도 없다. 애당초 사랑을 언급하는 경우가 드물고, 그 드문 경우에도 사랑을 낭만적으로 그린 사람은 거의 없다. 엔리케스 데 구스만은 어떤 포르투갈 여성과의 연애담을 간략히 요약해서 설명하면서, 그녀가 무엇을 원하는지 깨닫고 "나는 그녀를 돕기로 했다. 만약 그녀가 원했다면, 다른 일들도 해주었을 것이다. 비록 그녀가 추녀였지만"이라고 말한다.[44] 디아스의 글에 등장하는 여성들은 대부분 노예고,

르네상스 시대
군인회고록
속의 현실

그리피드의 글에 나오는 여성들은 대부분 매춘부다.[45] 이런 글에서 여성이 긍정적인 역할을 하는 것은 직접 싸움에 나설 때뿐이다.[46]

회고록 저자들이 전쟁에 대한 낭만적인 이미지를 어떻게 생각했는지는 그들이 이 이미지를 언급한 드문 사례들을 통해서 알 수 있다. 멘도사는 젊은 귀족들에게 "허구를 담은 책"[47]이 아닌 읽을거리를 제공해주는 것이 자신의 목표 중 하나라고 말한다. 17세기 초에 타반은 "롤랑 이야기나 아마디스 이야기" 같은 소설들이 젊은이에게 독이 된다고 비난했다.[48] 몽뤽은 포부가 있는 지휘관들에게 "아마디스나 랜슬롯의 이야기 대신"[49] 자신의 책을 읽으라고 권유했다. 그리고 "매일 두 시간 동안 방에 틀어박혀 중요한 전달문을 쓰는 척했지만, 사실은 이탈리아어로 된 《광란의 오를란도》를 읽었던"[50] 어느 지휘관을 조롱했다.

대다수의 노련한 군인들이 전쟁의 낭만적인 이미지를 어떻게 생각했는지를 보여주는 이런 구절들에 한층 더 힘을 실어준 것은 라 누의 담론이다. 라 누는 아마디스 이야기를 날카롭게 공격하면서, 그 책이 독자들, 특히 젊은 귀족들을 타락시키고 해친다고 주장했다.[51] 그는 이런 소설이 특히 사랑과 초자연적인 현상에 대해 기독교 교리에 어긋나는 습관과 가치관을 부추긴다고 비난했다.[52] 그는 또한 이런 소설이 젊은 귀족들에게 전쟁에 대한 우스꽝스러운 생각을 심어주기 때문에, 젊은이들이 현실에서 그런 생각을 실천하려다가 낭패를 본다고 비난했다. 이런 소설에는 한 사람이 200명을 죽인다거나, 일대일 대결이 두 시간 동안 지속된다는 식의 불가능한 일들이 묘사되어 있기 때문이었다.[53] 그러나 라 누가 이런 소설이 귀족들을 부추겨 전쟁에 나서게 한다는 비난을 한 적은 없다는 점이 중요하다. 오히려 그는 이 점을 이런 소설의 유일한 장점으로 보았다. 다만 이런 소설에 묘사된 전투가 "거짓과 비현실적인 이야기로 가득해서 이런 것을 지침으로 따르다가는 실수를 저지를 것"[54]이며, 따라서 "평생 아마디스의 이야기만 읽은 신사는 훌륭한 군인도, 훌륭한 병사도 될 수 없을 것"[55]이라고 걱정했을 뿐이다.

그럼에도 앞에서 언급한 소수의 예외적인 사례를 빼면, 회고록 저자들은 기사도 소설을 자신의 글과 직접적으로 연관짓지도 않고, 그 소설들이 얼마나 거짓투성이인지 증명하려 하지도 않는다. "전쟁은 아마디스 이야기에 나오는 것과 다르다"는 점을 증명하려고 회고록을 쓴 사람은 확실히 한 명도 없었다. 젊었을 때 전쟁에 대해 갖고 있던 이미지가 현실을 본 뒤 와장창 무너졌다고 주장한 사람도 없었다. 예를 들어, 기사도 소설에 감명을 받아 여덟 살 때 집을 떠난 플로랑주는 어린 시절의 환상이 현실과 거리가 멀다는 사실을 분명히 깨달았을 텐데도, 전투 경험을 통해 그런 소설이 거짓임을 알게 되었다는 말은 한 번도 하지 않는다. 오히려 회고록에서 시종일관 자신을 '모험가'라는 낭만적인 이름으로 지칭한다. 이 이름에는 "모험에 나섰던 과거의 기사들"[56]의 본을 따르겠다는 어린 시절의 꿈이 반영되어 있다.

몽뤽을 비롯한 다른 회고록 저자들도 전장 근처에는 오지도 않고 궁정의 안락의자에 편히 앉아 전쟁을 좌우하는 전략가들을 신랄하게 비판하면서도, 그들의 지식이라는 것이 전쟁소설에서 얻은 것이라는 식의 비난은 하지 않았다. 십중팔구 부서 행정부의 강경파보다 샤를 9세의 신하들에게 더 잘 어울리는 비난이었을 텐데도 말이다.

어쨌든 회고록 저자들은 기사도 문화 속에 살고 있었고, 카이사르 같은 역사적인 인물들을 자주 언급했는데도 헥토르나 롤랑이나 아서 같은 낭만적인 영웅은 거의 언급하지 않을 만큼 로맨스를 철저히 무시해버렸다.[57] 기사도 문화가 중세와 르네상스 시대의 역사 서술에 엄청난 영향을 미쳤음을 감안하면, 그들이 기사도 문화를 이토록 무심하게 대한 것이 놀랍다.[58]

## 전쟁과 환멸

앞에서 지적했듯이, 전쟁 이미지를 놓고 전쟁 소설과 언쟁을 벌이기 위해 집필되었음이 한눈에 드러나는 글이 하나 있다. 개스코인의 회고록 시 《전쟁은 체험하지 않은 자에게 달콤하다Dulce Bellum inexpertis》이다. 개스코인은 전쟁을 직접 경험해보지도 않았으면서 전쟁을 찬양하는 사람들을 비판하고, "전쟁이란 무엇인가"를 보여주는 것이 자신의 가장 중요한 목적이라고 주장한다. 이를 위해 그는 시인, 화가, 점성술사, 평민 등의 의견을 살펴보지만, 이들 모두 전쟁에 참전한 적이 없으므로 수상쩍다고 주장한다.[59] 그러고는 자신의 전쟁 경험을 바탕으로, 명예와 부를 얻기 위해 전쟁에 나가는 사람들에게 전쟁터에는 비참함밖에 없을 것이라고 경고한다. 짧은 방백에서, 그는 이 **"도도한 자들"**이 전쟁에서 명예 대신 "불안한 전투, 난도질당한 시체, 불구가 된 팔다리, 짧아진 수명, 불안한 잠, 소름 끼치는 꿈, 근심"을 만나게 될 것이며, "젖먹이를 냄비에 집어넣는" 끔찍한 광경을 보게 될 것이라고 말한다.[60]

여기까지만 보면 개스코인은 20세기 회고록 저자들과 비슷한 주장을 펼치는 것처럼 보인다. 그러나 이제부터 그는 자신의 속내를 드러내기 시작한다. 전쟁의 비참함을 약 열 줄 분량의 방백으로 간단히 처리해버린 뒤, 그는 자신이 보기에 전쟁의 훨씬 더 심각한 문제라고 할 수 있는 것, 즉 명예와 부를 찾아 전쟁에 나간 사람이 그 두 가지 모두를 부당하게 빼앗기는 사례에 대해 약 150줄을 할애한다.[61] 그리고 마지막으로, 사실 가장 마음에 걸리는 것은 전쟁의 전반적인 문제점이 아니라 자신이 네덜란드 전쟁 때 겪은 개인적인 불명예임을 솔직히 밝힌다. 그는 군인으로서 자신이 훌륭한 경력을 쌓았음을 자세히 설명한 뒤,[62] 팔켄부르크 요새의 보병대 지휘관으로 임명되었다고 말한다. 그러나 그의 주장에 따르면, 그곳의 상황이 도저히 손을 쓸 수 없을 정도여서 그는 요새를 버리고 도망쳤다가 하루 만에 스페인 군대에 순순히 투항했다.[63] 그는 다른 지휘관들과 함께 스페인군에 요새를 팔아넘긴 반역자로 고발되어 재산과 명예를 모두 잃었다. 그에게는 특히 명예를 잃은 것이 훨씬 더 뼈아픈 일이었다.[64] 몽뤽은 지휘관을 꿈꾸는 사람들을 위해 쓴 글에서, 요새에서 너무 일찍 투항하는 것은 대단히 불명예스러운 일이기 때문에 그런 짓을 한 사람은 같은 침대에 누운 아내에게조차 경멸당할 것이라고 경고한 바 있다.[65] 그런데 개스코인은 전투 한 번 없이 요새를 적에게 넘겼을 뿐만 아니라, 심지어 돈 때문에 그런 짓을 했다는 혐의도 받고 있었다.

따라서 개스코인은 다음과 같이 글을 끝맺는다.

> 못된 전쟁에서 내가 겪은 이 결과,
>
> 그 무엇보다 더 내게 글을 쓰게 만든 그것,
>
> 목숨을 잃어도, 치명적인 부상이 두려워도,
>
> 나는 결코 탓하지 않을 것이다,
>
> 죽음은 모든 곳에 존재하는 법이니.
>
> 전쟁에서 치명적인 일격을 당한 사람은
>
> 고향에서도 행운을 기대할 수 없으리.
>
> 그러니 재산을 잃은 것은 내게 결코 문제가 되지 않을 것이다.
>
> 하느님이 주신 것을 하느님이 가져가셨음이니.
>
> 그러나 명성을 잃거나 비방을 당하는 것,
>
> 나의 머리를 어지럽히고,
>
> 심장을 안달하게 만들고, 나를 불구로 만드는 그것,
>
> **고귀한 정신은 세속적인 존재보다, 재산보다, 목숨보다**
>
> **명예를 더 귀하게 여기기 때문에.**

이어서 그는 군인이 되려는 사람들에게 전쟁은 "가장 고귀한 이름조차 의심받게 할 때가 많다"면서 그래서 자신이 전쟁은 직접 경험하지 않은 사람에게만 호의적이라고 주장하는 것이라고 설명한다.[66]

따라서 우리가 처음에 짐작했던 것과는 반대로, 개스코인은 전쟁의 일반적인 이미지보다 자신이 겪은 특정한 전쟁에서 불명예를 당한 특정한 사실에 더 관심을 보인다. 그는 또한 전쟁이 비참하고 위

험하다는 이유로 전쟁을 비난하지도 않는다. 그는 죽음과 부상은 전쟁을 반대할 이유가 되지 못한다고 지적한다. 집에 남아 있어도 얼마든지 목숨을 잃을 가능성이 있기 때문이다. 그래서 그는 전쟁의 비참함을 묘사하는 데 고작 열 줄 가량을 할애할 뿐이다. 그러고는 자신이 가장 분개하는 문제, 즉 자신이 전장에서 이름과 명예를 잃은 일에 거의 30페이지를 할애한다.

게다가 개스코인은 20세기의 회고록 저자들(이나 셰익스피어의 폴스태프)과 달리 독자들에게 명예는 위험한 망상이니 없애버리는 편이 좋을 것이라고 경고하지 않는다. 다만 부당하게 불명예를 당할 가능성이 있다고 말할 뿐이다. 그는 여전히 명예를 소중하게 생각한다. 시의 첫머리에서 그는 전쟁의 이미지와 전쟁이라는 현상에 대한 일반적인 불만을 이야기했지만, 이것은 순전히 개인적인 양심을 가리기 위한 가면일 뿐이다. 그는 시의 내용이 진행되면서 점차 이 가면을 벗어버린다. 시의 가장 중요한 부분은 군인으로서 그의 경력을 이야기한 부분이고, 그 뒤에는 그가 지휘관으로서 실패한 일에 대한 해명이 이어진다. 개스코인이 이 시를 쓴 목적은 명예가 환상임을 폭로하는 것이 아니라, 자신의 명예를 옹호하는 것이다.

이 점을 분명히 하기 위해서 개스코인은 시에 에필로그를 덧붙였다. 여기서 그는 자신이 혹시 전쟁에 대해 너무 심한 말을 했다면 미안하다고 동료 군인들에게 사과한 뒤, 전쟁을 통해 큰 명예를 얻는 것은 분명히 가능한 일이라고 독자에게 단언한다. 그리고 전쟁에서 숭고한 행동을 하여 명예를 얻은 동료들의 이름을 증거로 제시한다. 이어서 그는 "훌륭한 명성을 위해 전쟁에 나가는/자들을 존경한다"고 말한 뒤, 다음과 같이 말을 잇는다.

> 북이 울려 힘찬 행군이 시작되거든,
> 책에는 안녕을 고하라. 빠르게 걷게 될 터이니.[67]

개스코인은 그런 일을 겪었으면서도 명예와 전쟁에 절망하지 않았다. 전쟁이라는 현상이 망상이라는 첫머리의 경고는 불명예를 당한 뒤 자신의 불행을 한탄하는 회고록 저자가 그냥 대충 늘어놓은 우는소리에 지나지 않는다. 그럼에도 개스코인의 시는 주목할 만하다. 그가 전쟁이라는 현상과 전쟁의 이미지에 어느 정도 주의를 기울이며, 군대 경험이 없는 시인과 화가가 전쟁의 거짓 이미지를 퍼뜨릴 우려가 있다고 주장하기 때문이다. 그는 또한 비록 나중에 자신의 말을 철회할지라도, 일단 전쟁이라는 현상에 대해서도 어느 정도 비판하고 있다.

이런 면에서 개스코인은 예외적인 존재다. 많은 회고록 저자들이 부당하게 불명예를 당하고 보상을 빼앗겼다고 불만을 늘어놓지만, 자신이 기만적인 전쟁 이미지에 속았다고 주장하는 사람은 없다. 전쟁이라는 현상을 비난하려는 사람도 없다. 심지어 전쟁에서 커다란 고난을 겪은 사람도 전쟁에 대해 불만을 늘어놓지 않는다. 빌뇌브는 나폴리에서 동료들과 함께 샤를 8세에게 버림받아, 프랑스의 도움을 전혀 받지 못한 채로 나폴리 반란에 맞서야 했다. 빌뇌브는 이때 나폴리 감옥에 갇혀 가혹한 환경에서 몇 달을 버텼다. 그런데도 그는 전쟁에 환멸을 느꼈다고 말한 적이 없다. 전쟁이라는 현상

또는 나폴리 전쟁을 비난한 적도 없으며, 심지어 왕을 비난할 때도 목소리를 죽였다.[68]


## 전쟁은 좋은 것

회고록 저자들이 전쟁이라는 현상을 이해하려 하지 않고, 전쟁에 대한 허구적인 이미지를 다루지 않은 이유 중 하나는 그들이 전쟁을 자연스럽다 못해 심지어 긍정적이기까지 한 일로 받아들였다는 점이다. 따라서 그들은 전쟁을 반드시 없애야 한다고 생각하지 않았다. 귀족이든 평민이든 직업군인들에게 전쟁은 직업이자 소명이었다. 그들은 전쟁을 통해 빵을 벌고, 특권과 지위를 얻었다. 심지어 삶의 의미도 전장에 있었다. 르네상스 시대의 민간인들이 자주 내놓았던 비난, 즉 군인들이 고의로 전쟁을 영속화하고 있다는 비난은 십중팔구 정확했다.[69] 당시 스페인의 군가 중 하나는 다음과 같이 선언했다.

> 전쟁은 나의 조국,
> 갑주甲冑는 나의 집,
> 어느 계절이든
> 전투는 나의 삶.[70]

브랑톰은 피치게토네 공성전 때의 한 장면을 묘사했다. 스페인

수비대의 저격수가 적장인 페스카라 후작을 겨냥하고 막 화승총에
불을 붙이려는데, 그의 상관이 불붙은 성냥을 낚아채며 이렇게 말
한다.

우리의 잔혹함으로 인해 현존하는 지휘관들 중 가장 용감한 자
가 죽는 일은 없어야 한다. 그는 군인들의 아버지이며, 비록 우리의
적이긴 해도 우리를 지탱해주는 존재다. 그러니 우리가 그의 목숨
을 보존해주는 편이 훨씬 낫다. 우리가 살아서 봉급을 받을 것이니,
게으르고 나태한 평화 속에서 굶주려 죽는 일은 없을 것이다.

브랑톰은 자기가 보기에 이 지휘관의 말이 옳다고 논평한다. 후
작은 평화의 적이자 전쟁과 야망의 친구라서 언제나 적에게 빵을
벌 수 있는 일감을 마련해주기 때문이다.[71] 후작은 평화를 어찌나
싫어했는지, 한 번은 어떤 수도사들이 그에게 "하느님이 그대에게
평화를 주시기를"이라는 인사말을 건네자 "그럼 하느님이 당신들
에게서 연옥을 빼앗으시길"이라고 대답할 정도였다. 즉, 그들이 그
를 축복한답시고 하느님에게 그의 생계를 빼앗아달라 청했으니, 자
신도 그들을 축복하기 위해 하느님에게 그들의 생계를 빼앗아달라
청한다는 뜻이었다.[72]

기즈 공작이 오를레앙 공성전에서 전사했을 때도, 양편 군인들
은 모두 그를 자기들의 아버지라 칭하며 탄식했다. "솔직히 말해서,
군인들은 전쟁의 바람이 어느 쪽으로 불든, 그것이 옳든 그르든 상
관하지 않는다. [오로지] 어디에 얻을 것이 있는지가 중요할 뿐이다.

누구든 그들에게 빵을 벌 수 있는 수단을 마련해준다면, 그가 곧 그들의 아버지다."[73] 비슷한 맥락에서, 몽뤽이 1544년에 프랑스 궁정에서 전투 허가를 받아 돌아왔을 때 앙갱은 기쁜 나머지 몽뤽을 끌어안고 이렇게 말했다. "네가 우리에게 평화를 가져다주지 않을 줄 이미 알고 있었지."[74]

에힝엔은 어쩌면 전쟁에 매혹된 극단적인 사례인지도 모른다. 그는 티롤의 지기스문트 공작 아내의 시종으로 일을 시작했다. 그러나 그곳의 평화로운 삶이 싫어서 전쟁 같은 모험을 찾아 떠났다. 중부 유럽에서는 원하는 전쟁을 찾을 수 없으므로, 그는 로도스 섬으로 갔다. 튀르크의 침공이 임박했다는 소식을 들었기 때문이다. 그러나 안타깝게도 튀르크가 공격 계획을 물렸기 때문에, 에힝엔은 예루살렘과 이집트로 순례를 떠났다. 순례를 마친 뒤에는 무엇이든 가장 먼저 저절로 모습을 드러내는 귀중한 원정에 합류하겠다고 결심을 다졌으나, 당혹스럽게도 "모든 그리스도교 왕국이 평화로웠다".[75] 이렇게 유감스러운 세상에서 가엾은 에힝엔은 마상 창경기, 경주, 무도회로 시간을 보낼 수밖에 없었다. 그러나 그는 결국 마음을 정했다. "나는 가장 유명한 그리스도교 왕국들을 차례로 돌아다니며, 심각하고 중요한 일을 찾아볼 생각이었다."[76]

그가 가장 먼저 간 곳은 프랑스였으나, 백년전쟁이 막 끝난 뒤라서 군인으로서 할 수 있는 일이 전혀 없었다. 그때 카스티야가 그라나다를 침공하려 한다는 소식이 들려오자 그는 서둘러 그곳으로 향했으나, 도중에 침공이 취소되었다는 당혹스러운 소식이 날아왔다. 그래도 굴하지 않고 그는 포르투갈로 갔다가, 거기서 다시 아프리카의 항구인 세우타로 갔다. 그곳에서 마침내 그는 전쟁과 조우했다. 어느 날, 이슬람 진영의 골리앗이 그리스도교 진영을 향해 자신과 싸울 전사가 있느냐고 도전장을 내밀었다. 에힝엔은 자신을 내보내달라고 간청한 끝에 기회를 얻었다. 여기서부터 그의 회고록은 절정에 이른다. 에힝엔은 그 일대일 대결에서 두 사람이 서로를 향해 내지른 공격을 하나도 빼놓지 않고 자세히 묘사했다. 이 대결에서 적을 죽인 에힝엔은 나중에 세우타와 유럽의 여러 궁정에서 모두 환대와 축하를 받는다.

베를리힝겐도 이에 못지않은 전쟁 사랑을 보여준다. 다만 그는 분쟁을 원할 때마다 별로 어려움 없이 분쟁과 접할 수 있었다는 점이 에힝엔과 다를 뿐이다.[77] 1523년과 1544년 전쟁 때 영국 군인들과 프랑스 민간인들이 겪은 고난을 지독히 암울하게 그려낸 그리피드도 전장은 몹시 가치 있는 직장이라면서, 자신의 동료들이 비겁하고 게으른 탓에 원정을 망치고 고난을 자초했다고 비난한다.[78] 디아스 데 가메스는 이보다도 더 나아가, 기사들이 전쟁에서 겪는 고난이 그들의 직업을 명예롭게 만들어준다고 주장했다.[79]

일부 회고록 저자들은 전쟁이 나쁘다고 입에 발린 소리를 하기도 했으나, 그것은 순전히 전쟁을 찬양하기 위한 사전작업일 뿐이었다. 예를 들어 뷔에유는 처음에 전쟁을 "자연의 적"[80]으로 규정했지만, 나중에는 "전쟁은 참으로 즐거운 일이다! 많은 좋은 것들을 보고 들을 수 있으며, 많은 좋은 것들을 배울 수 있다"[81]고 찬사를 보냈다. 라뷔탱은 전쟁에 대해 대체적으로 일관되게 부정적인 태도를 보였으나, 그조차도 때로는 반대되는 입장을 보였다.[82]

많은 회고록 저자들은 전쟁의 실상이 아마디스 소설과 전혀 다르다는 사실을 잘 알면서도, 이념적으로 거부감이 전혀 없었다. 그들은 사랑에 푹 빠진 영웅이 단신으로 적군을 모두 물리친다는 식의 묘사를 받아들이지는 않았지만, 그래도 전쟁은 훌륭하고 명예로운 것이며 진정한 명예를 얻을 수 있는 최고의 또는 유일한 수단이라고 이구동성으로 주장했다. 실제로 독자에게 전쟁에 나갈 마음을 심어주기 위해 회고록을 쓴 사람이 아주 많거나 대부분이었다. 심지어 몽뤽은 손자에게 죽은 아버지를 본받아 전쟁에 나가지 않는다면 의절하겠다고 위협하기까지 했다.[83]

따라서 아마디스 소설의 내용이 거짓이기는 해도, 회고록 저자들의 견해와는 대체로 일치한다고 할 수 있다. 기사도 소설의 터무니없는 거짓말이 실제로 군인들, 특히 귀족들이 민간인을 상대할 때 이롭게 작용하기도 했다. 소설 덕분에 민간인들이 그들과 그들의 직업을 감탄하는 눈으로 바라보게 되었기 때문이다. 예를 들어, 브랑톰은 군인들이 민간인 앞에서 아마디스 소설처럼 황당무계한 이야기를 자신의 공적이라며 자랑하곤 했다고 말했다.[84]

## 특정한 전쟁의 특정한 사실들

그러나 전쟁의 친숙함과 마찬가지로, 전쟁을 긍정적으로 바라보는 회고록 저자들의 태도 역시 그들이 전쟁의 이미지와 전쟁이라는 현상을 무시해버린 이유를 모두 설명해주지 못한다. 사실 그들이 전쟁을 긍정적으로 바라본 만큼, 평화를 주장하는 인문주의자와 정치 이론가를 전쟁이라는 현상에 대한 담론에 끌어들여 자신의 경험을 바탕으로 전쟁은 부정적인 현상도 왕의 특권도 아니라고 주장할 수도 있었다.

회고록 저자들이 전쟁의 이미지나 전쟁이라는 현상에 대한 담론에 참여하지 않은 근본적인 이유는, 그들이 특정한 전쟁의 특정한 사실들에만 관심이 있었다는 점이다. 여기에 전쟁의 이미지나 전쟁이라는 현상은 모두 중요하지 않았다. 회고록 저자들은 어느 특정한 날, 어느 특정한 장소에서 이러이러한 사람이 이러이러한 행동을 한 것을 기념하기 위해 글을 썼다. 그 행동의 이미지나 그 행동을 현상으로 바라보는 시각은 전혀 중요하지 않았다.

이렇게 보면, 그들이 전쟁에 관한 허구라는 문제에 침묵했던 것도 어느 정도 이해할 수 있다. 르네상스 시대 회고록 저자들이 당대의 허구적인 전쟁 이야기에 관한 담론에 참여하지 않은 가장 중요한 이유는, 그런 전쟁 이야기들이 거의 모두 상상 속의 전쟁이나 먼 과거에 벌어진 전쟁을 다뤘다는 점이다. 후세 사람들과 달리 르네상스 시대의 이야기 작가들은 당대에 실제로 벌어진 전쟁 속에 자신의 주인공을 떨어뜨려놓는 경우가 거의 없었다. 따라서 회고록 저자들이 허구적인 이야기책을 놓고 사실을 다투는 것이 불가능했다. 회고록 저자들은 언제나 특정한 전쟁의 특정한 사실들에만 관심이 있었으나 허구적인 전쟁 이야기는 이런 사실들을 건드리지 않았으므로, 회고록 저자들도 전쟁 이야기를 건드리지 않은 것이다. 아마디스와 오를란도의 놀라운 무용담이 샤를마뉴의 전쟁을 배경

▲ 팽창하는 오스만제국과 기독교 유럽 세력이 지중해를 놓고 충돌한 레판토 해전. 16세기 최대 규모의 해전이었다. 세르반테스도 참전해 왼손을 잃은 것으로 알려져 있다.

으로 펼쳐진다면, 몽뤽이나 플로랑주가 상관할 이유가 없지 않은 가. 이야기 작가가 체레졸레나 파비아 전투를 배경으로 아마디스의 환상적인 무용담을 지어내는 무모한 짓을 벌이지만 않는다면, 그가 굳이 회고록 저자들과 검을 맞댈 일이 있을 리가 없었다. 레판토 해전에 참전했던 군인이 마침내 허구적인 전쟁 이야기를 직접적으로 공격하고 나섰을 때도 자신의 직접적인 경험(그 전쟁에서 그는 한 손을 잃었다)을 이야기하지 않고 자기만의 허구적인 이야기를 지어냈다는 점은 그 시대의 특징을 보여준다.[85]

그러나 군인회고록 저자들이 담론에 끌어들인 존재가 있었다. 바로 역사가였다. 역사가 또한 당대에 실제로 벌어진 전쟁에 대한 글을 쓰는 사람이기 때문이었다. 그러나 앞에서 지적했듯이, 이 경우에도 회고록 저자들은 역사가들과 오로지 사실만을 다뤘다. 전쟁의 이미지나 전쟁이라는 현상은 다루지 않았다. 당대를 배경으로 허구가 가미된 여행 회고록들, 예를 들어 핀투의 글이나 그보다 앞선 시대에 나온 마르코 폴로의 글 같은 회고록들이 훨씬 더 많은 비판을 받은 것이 바로 이런 이유 때문이라는 점을 여기서 지적해둘 만하다. 이런 회고록에 쏟아진 비판은 모두 그 글에 담긴 이미지가 아니라 사실들에 관한 것이었다.

결론적으로, 르네상스 시대 회고록 저자들에게 전쟁은 언제나 현상이나 이미지가 아니라 사실들의 집합체였다. 그들은 이런 사실들을 바탕으로 어떤 이미지를 구축하거나 전쟁이라는 현상을 분석하기 위해 이런 사실들을 이용하려는 의도적인 시도를 하지 않았다. 20세기의 전쟁이 회고록 속에서 낯선 환상처럼, 아마디스 이야기보다 더 환상적인 일처럼 묘사되는 반면 르네상스 시대의 전쟁은 세상에서 가장 일상적인 일로 묘사되는 이유 또한 이제 이해할 수 있다. 전투의 실상은 끔찍하고, 우리와 플로랑주 사이에는 기술적, 문화적 차이가 가로놓여 있다. 그러나 플로랑주가 전쟁에서 직접 겪은 일, 전쟁의 이미지, 전쟁이라는 현상에 무심한 태도를 보이기 때문에 그의 이탈리아 원정이 베트남전이나 제1차 세계대전보다 오히려 덜 낯설어 보인다. 헤아릴 수 없이 많은 건조한 사실들이 늪처럼 독자를 빨아들이기 때문에, 현대의 독자들은 플로랑주의 이탈리아 원정기에서 현실과 유리된 환상이 아니라 무심한 권태를 느끼게 될 가능성이 더 크다.

# 6

## 추상적인 권력관계와 실체가 있는 행동

르네상스 시대 군인회고록 속의 역사적 현실은 거의 모두 실체를 지니고 있었다. 근대 말 역사 서술의 초석이 "프로테스탄트 윤리가 자본주의를 탄생시켰다"는 식의 추상적인 요약인 반면, 르네상스 시대 군인회고록 속에서 현실을 구성하는 여러 사실, 행위자, 세력은 거의 모두 사람들이 실제로 보고 만질 수 있는 대상이었다. 여기에는 르네상스 시대 역사 서술의 전반적인 경향이 반영되어 있다. 당시 사람들은 역사를 유형의 개념으로 보았으며, 추상적인 측면에 대해서는 제한된 인식만 갖고 있었다. 여기에는 또한 귀족들의 전반적인 세계관도 반영되어 있다. 그들은 추상보다 실체가 있는 행동과 사람을 더 중시하는 경향이 있었다.

　크리스텐 노이셸Kristen Neuschel은 16세기 프랑스 귀족들이 어떻게 권력을 대했는지를 살펴본 연구에서, 르네상스 시대 귀족들이 추상과 내면의 감정보다 실체가 있는 행동을 더 중시했음을 훌륭하게 분석했다. 그녀는 이 귀족들에게 자기만의 감정생활을 누릴 수 있는 내적인 공간이 없었다고 주장한다. 분노와 같은 감정들은 내면의 느낌이라기보다는 행동 속에 드러난 객관적인 상태였으며, 따라서 그들의 현실은 자신의 추상적인 상태보다는 구체적인 행동으로 구성되어 있었다는 것이다.[1]

노이셀은 이어서 권력의 현실에 대해 훨씬 더 길게 논한 뒤에, "귀족들이 겪은 권력의 실상 때문에 추상적인 분석보다는 직접 겪은 행동의 순간들이 더 중요해졌다"고 주장한다. 권력은 추상적인 요인이나 과정이 아니라 구체적인 사건과 행동을 뜻했다는 것이다. 따라서 몸짓과 의식이 엄청나게 중요해졌다.[2] 그녀는 다음과 같이 주장한다.

> 전체적으로 봤을 때, 귀족들은 어떤 행동을 구체적으로 언급하는 것 외에는, 정치적인 활동의 성격을 규정할 수 있는 수단이 제한되어 있었다. 역사가들이 그들에게 적용하는 추상적인 개념, 이를테면 '가신'이나 '지지자' 같은 개념들을 거의(사실상 결코) 사용하지 않았다. 그보다는 자신이 직접 겪은 일과 결코 동떨어지지 않은 구체적인 단어들을 사용했다. 예를 들어 '추종자'라는 상태보다는 '추종하는 행동'을 말하는 식이었다. 또한 그들의 언어는 비유가 아니라 문자 그대로의 의미였다. 따라서 자신이 누군가를 추종하기 위해 실제로 어떤 행동을 했는지를 항상 묘사했다.

누군가가 어떤 군주를 추종한다는 말은 문자 그대로 그가 그 군주와 동행한다는 뜻이었다.[3] 즉, 어떤 군주의 추종자는 반드시 그 군주의 수행원이나 군대에 포함되어 있었다. 노이셸은 다음과 같이 추측한다.

> 만약 포르시앵의 영주에게 "저 친구가 당신 아버지에게 얼마나 훌륭한 종**이었는가?**" 하고 묻는다면, 그는 "믿을 만한 가신"이라거나 "변하지 않는 협력자"라는 말 대신 십중팔구 다음과 같이 그의 행동을 언급할 것이다. "생캉탱에서 내 아버지 옆에 있었으며, 아버지의 말이 쓰러졌을 때 아버지를 구했다."[4]

르네상스 시대
군 인 회 고 록
속 의   현 실

이렇게 실체가 있는 행동을 중시하는 태도는 귀족들의 정치적 이해관계나 견해와 밀접하게 관련되어 있었다. 귀족들은 군주제를 추상적인 개념이 아니라 실체가 있는 가문의 지배체제로 보았으며, 정부와 정치 또한 추상적인 세력들 사이의 관계라기보다는 개인과 개인의 관계들이 한데 모여 실체를 형성한 네트워크로 보았다.[5] 전쟁도 그들에게는 국익을 위한 추상적인 투쟁이라기보다 연달아 이어지는 전투, 공성전, 명예로운 행동의 집합체였다. 전쟁에서 벌어지는 투쟁은 실체가 있는 개인들이 실체가 있는 욕망과 명예를 놓고 벌이는 것이지, 추상적인 세력들이 추상적인 이해관계를 위해 벌이는 것이 아니었다.[6] 르네상스 시대의 전사 귀족들은 대부분 조국과 국익을 위해 목숨을 바치는 것보다는 자신의 명예와 주군을 위해 목숨을 바치는 것이 훨씬 더 의미 있는 일이라고 생각했다.

이처럼 실체가 있는 것을 선호하는 태도는 의식儀式에서 가장 선명히 드러난다. 르네상스 시대에 의식은 어디에나 존재했으며, 몹시 중요했다. 그리고 의식의 가장 중요한 목적 중 하나는 추상을 실체로 만드는 것이었다. 동맹, 평화조약, 정권 교체는 물론 심지어 반란에 이르기까지 '추상성'이 잠재되어 있는 역사적 사건들이 언제나 정교한 의식을 통해 실체가 되었다.

세자 루이가 아버지에게서 도망쳐 부르고뉴 공작 필리프와 만나는 장면은 의식과 실체에 대한 르네상스 시대의 집착을 보여주는 좋은 사례다. 켄덜은 필리프가 루뱅 성으로 도망쳐 온 세자를 맞이하기 위해 안뜰로 나온 장면을 다음과 같이 묘사한다. 원칙만 따지자면, 루이는 필리프가 섬겨야 할 주군이었다.

[루이가 부르고뉴의] 공작부인을 에스코트해서 안뜰로 들어갔을 때, 공작의 행렬이 문 앞에 도착했다. 부르고뉴 공작 필리프는 (…) 말에서 내려 혼자서 안뜰로 이어진 문을 통과했다. 세자가 눈에 들어온 순간, 공작은 주군에게 반드시 올려야 하는 세 가지 '예' 중 첫 번째 예를 위해 털썩 무릎을 꿇었다. 루이는 필리프를 보자마자 그를 향해 움직였으나, 공작부인이 경악해서 그의 팔을 붙잡았다. 공작은 황급히 앞으로 나아가 두 번째 예를 올렸고, 루이는 공작부인의 손을 뿌리쳤다. 필리프가 세 번째 예를 위해 다시 무릎을 꿇으려 할 때 세자는 양팔을 벌려 그를 끌어안았다. 그 기세에 두 사람 모두 하마터면 바닥을 구를 뻔했다. 루이는 필리프를 일으켜 세우려고 했으나, 필리프가 저항했다.

두 사람이 실랑이를 벌이며 서로에게 찬사를 보내는 동안, 두 사람과 주위에서 지켜보던 사람들 모두 기쁨의 눈물을 터뜨렸다.[7]

현대인이라면 이 모든 것이 알맹이 없는 형식에 불과하다고 주장할지도 모른다. 사실 루이와 필리프는 서로를 극심히 싫어했으며, 루이는 충성스러운 봉신을 만난 너그러운 제후라기보다는 당시 강력한 부르고뉴 공작의 손에 붙잡힌 인질과 무기력한 손님의 중간쯤 되는 존재였다. 하지만 '사실'에 무슨 의미가 있을까? 이 장면을 지켜보던 르네상스 시대의 사람들, 특히 귀족들에게는 필리프가 무릎을 꿇었고 두 사람이 모두 눈물을 흘렸다는 것만이 반박할 수 없는 **사실**이었다.

르네상스 시대 군인회고록의 저자들이 관심을 보인 것도 이런 사실들, 즉 추상적인 권력관계가 아니라 실체가 있는 행동이었다. 따라서 르네상스 시대 군인회고록에는 거의 전적으로 실체가 있는 행동만이 묘사되어 있다. 회고록 저자들이 행동과 사건에 자신의 경험을 가미해서 자신이 보고, 듣고, 느낀 것을 묘사한 경우는 거의 없지만, 누구나 보고, 듣고, 느낄 수 있는 그 행동과 사건 자체에 대해서는 거의 빠짐없이 묘사했다. 실체가 없는 것들, 즉 문화, 사회, 경제의 구조나 패턴 변화 같은 것은 무시해버렸다. 따라서 회고록에는 '종교개혁'이나 '르네상스'가 거의 언급되어 있지 않다. 디아스가 멕시코 정복을 묘사할 때 실체가 있는 행동들만 연달아 늘어놓았을 뿐, 이 행동들을 서로 다른 두 세계와 문명의 충돌이라는 추상적인 관점에서 생각해보지는 않았던 것과 같다.

이처럼 실체만을 중시하는 태도는 정상회담, 정치동맹, 평화조약

르네상스 시대
군인회고록
속 의 현 실

217

등에 대한 회고록의 묘사방식에 뚜렷이 드러나 있다. 회고록 저자들은 이런 사건에 수반된 여러 의식에 대해서는 세세히 묘사했으나, 정치적, 외교적 의미에 대해서는 거의 한마디도 하지 않았다. 라 마르슈와 에냉은 회고록에서 에드워드 4세의 누이와 부르고뉴 공작 샤를의 결혼에 무엇보다도 큰 관심을 기울였다. 라 마르슈는 이 결혼에 100페이지를 할애했고, 에냉은 거의 50페이지를 할애했다.[8] 그러나 이 긴 지면은 결혼식 축하연과 마상 창경기, 다양한 공연, 연회, 음식, 사람들의 옷차림 등에 관한 시시콜콜한 묘사로만 가득하다. 잉글랜드와 부르고뉴의 동맹이 지닌 의미나 지정학적 뿌리에 대한 이야기는 거의 한마디도 없다.[9]

사건과 행동의 뿌리와 의미를 설명하는 데 다른 회고록 저자들보다 훨씬 더 관심을 보인 코민도 보통 중요 인물들의 행동을 통해 실체가 있는 사건만 설명하는 데서 그쳤다. 심지어 전쟁 전체를 단 하나의 사건으로 설명해버리는, 중세와 르네상스 시대에 만연한 태도가 코민의 글에도 나타난다.[10] 예를 들어 부르고뉴의 샤를과 루이 11세가 서로를 적대하게 된 원인으로, 루이 11세가 샤를에게 보낸 모욕적인 메시지를 꼽는 식이다.[11] 그는 노이스Neuss 전쟁의 원인 또한 부르고뉴 공작 샤를과 황제 프리드리히 3세가 트리에에서 가진 회담이 실패로 돌아간 데서 찾는다. 서로 최고의 동맹이던 루이 11세와 카스티야 왕의 회담이 딱 한 번 불행하게 끝난 탓에 두 나라가 계속 서로를 적대하게 되었다는 주장도 있다.[12]

이러한 태도는 르네상스 시대 군인회고록의 또 다른 특징과 밀접하게 관련되어 있다. 회고록에 등장하는 주요 세력과 주인공이 거

의 모두 사람이라는 점. 르네상스 시대 군인회고록은 역사의 주인
공들을 분명하게 지목하는 데 커다란 집착을 드러낸다. 그래야 무
슨 일이 벌어지든, 그 일을 저지른 것이 어떤 추상적인 세력이 아니
라 이러이러한 사람이라는 뜻을 항상 분명하게 전달할 수 있기 때
문이다. 가끔 '군대'가 언급되는 경우도 있지만, 앞에서 설명했듯이
당시의 군대는 언제나 지속성을 지닌 추상적인 세력이 아니라 개인
의 집합이었다. 따라서 르네상스 시대 군인회고록은 군대를 언급할
때 그 지휘관을 내세우거나(지금도 널리 쓰이는 문학적 관습이다), 군대
를 개별 부대와 귀족들의 명단으로 분해해놓기 일쑤였다. 르네상스
시대의 역사 서술에서 가장 유명하고 강력한 추상적 존재인 운명의
여신 포르투나Fortuna는 군인회고록에 거의 등장하지 않는다.

　　그러나 이보다 훨씬 더 중요한 것은 르네상스 시대 군인회고록에
국가가 부재한다는 점이다. 국가는 르네상스 시대 역사 서술과 전
쟁 이야기에서 점차 중요성이 높아진 유일한 추상적 세력이다. 따
라서 추상적인 국익을 위해 국가라고 불리는 추상적인 세력이 벌이
는 싸움을 곧 전쟁으로 보는 시각이 점차 흔하게 나타나기 시작했
다. 따라서 전쟁은 '공익'을 위한 것이며, 군인은 자신이나 왕이 아
니라 '공익'을 위해, 또는 심지어 '나라'를 위해 봉사해야 한다는 주
장도 점점 흔해졌다.[13] 예를 들어, 콩타민은 메지에르 공성전을 이
야기한 1521년의 노래를 언급한다. 이 노래에는 프랑스 군인들이
"프랑스를 위해 죽을"[14] 각오를 했다는 내용이 있다.

　　현실에서도, 사람들의 의식 속에서도 국가가 점점 더 중요한 존
재로 부상한 것은 르네상스 귀족들, 특히 전사 귀족들에게 대단히

중요한 문제였다. 국가의 부상이 귀족들에게 어떤 영향을 미쳤으며, 귀족들이 어떤 반응을 보였는지를 놓고 많은 논쟁이 벌어지고 있다. 그러나 국가의 부상이 귀족들에게 몹시 중요한 일이었다는 점에 대해서는 모든 학자들이 동의한다. 그런데도 르네상스 시대 군인회고록에서는 국가를 도무지 찾아볼 수 없다. 왕과 제후는 많이 등장하지만, 국가는 없다. 가끔 민족과 국익이라는 말이 흔적처럼 희미하게 등장할 뿐이다.

회고록 저자들이 정말로 국가라는 추상적인 정치세력의 부상에 대해 전혀 모르고 있었을 것 같지는 않다. 그보다는 그들이 역사를 자신이 원하는 모습으로 묘사했다고 봐야 할 것 같다. 실체가 있는 개인들이 실체가 있는 사익을 위해 실체가 있는 행동을 하는 장場이 바로 그들이 원한 역사의 모습이었다.

# 기억할 가치가
# 있는 것들

앞서 르네상스 시대 군인들의 회고록이 경험적인 현실과 내면세계 표현에 무심했다는 점을 살펴보았다. 실체가 있는 명예로운 행동을 건조하게 나열한 사실의 기록이 회고록의 특징이었다. 3부에서는 르네상스 시대 군인들이 왜 그토록 사실의 정확성에 매달렸는지 밝혀 보겠다. 이를 위해 그들이 생각했던 회고록과 역사의 역할에 대해 먼저 알아보아야 할 것이다. 그들에게 역사는 전체적인 현상을 이해하는 것이 아니었다. 명예로운 무훈과 그런 행동을 한 사람을 사실 그대로 기록해 기리는 방법이었다. 이러한 르네상스 전사 귀족의 역사관은 왕조와 민족을 중심으로 한 국가의 역사와 충돌할 수밖에 없었다. 역사를 바라보는 관점의 차이가 역사 서술의 방법론에 영향을 미친 것이다.

# 7

# 기념

기억할 가치가
있 는 것 들

르네상스 시대 군인회고록이 실체가 있는 사실들로 구성되었음을
살펴보았다. 그러나 실체가 있는 사실이라고 해서 무엇이든 회고
록에 포함되지는 않았다. 아주 특별한 범주에 속하는 사실들만이
기록으로 남았다. 회고록 저자들은 자신의 글을 정의하면서, "기억
할 가치가 있는 것들"("choses digne de memoire" "cosas que merecen
hacer memoria della")[1]을 기록한다는 말을 거듭 반복했다.

　예를 들어, 마르탱 뒤 벨레는 역사 집필의 가장 중요한 목적이
"기억할 가치가 있는 것들을 불멸의 전당에 바치는 것"[2]이라고 주
장했고, 라 마르슈는 "내 시대에 일어난 좋은 일이든 나쁜 일이든
기억할 가치가 있는 모든 것"[3]을 기록할 생각이라고 말했으며, 라
뷔탱은 "내가 보기에 가장 기억할 가치가 있는 것을 글로 기록할"
작정이며 이로써 이 "기억할 만한 행위들"이 보존되기를 바란다고

말했다.[4]

이런 견해는 중세와 고전시대의 전통인 digna memoria(기억할 가치가 있는 것—옮긴이)까지 이어져 있으며, 르네상스 시대의 군인 회고록 저자들뿐만 아니라 일반 저자들도 digna memoria를 글로 쓴다고 주장했다.[5] 그렇다면 기억할 가치가 있는 사실이란 무엇인가? 일반적으로 어떤 사실의 내재적인 특징, 또는 외적인 요인들과의 관계가 기억할 만한 가치를 좌우한다. 어떤 사실을 기억할 만한 것으로 만들어주는 외적인 관계에는 크게 두 가지 유형이 있다.

(1) 비슷한 다른 사실들의 예시가 되는 사실. 이렇게 본보기가 되는 사실들이 기억할 만하다고 평가되는 데에는 여러 가지 이유가 있다. 첫째, 본보기가 되는 사실을 알면 전체적인 현상을 이해할 수 있다. 예를 들어, 르 루아 라뒤리le Roy Ladurie(1929~. 프랑스 역사학자—옮긴이)는 저서 《몽타유Montaillou》에서 무명의 양치기인 피에르 모리의 일상을 기록했다. 그의 일상을 통해 우리가 중세 농민들의 일상을 더 잘 이해할 수 있기 때문이다. 둘째, 본보기가 되는 사실은 우리에게 의욕을 불어넣는다. 예를 들어, 용맹한 군인의 이야기를 들으면 그를 닮고 싶다는 생각이 들 수 있다. 셋째, 본보기가 되는 사실을 통해 몇 가지 일반적인 교훈을 얻을 수 있다. 예를 들어, 파비아 전투에서 사용된 전술기동에 관한 기록을 통해 우리는 다른 전투에도 적용할 수 있는 일반적인 군사적 교훈을 얻을 수 있다.

그러나 본보기가 되는 사실들은 결코 유일하지 않으며, 기억할 만한 가치 또한 잠정적인 수준에 불과하다. 언제든 다른 예시들로 대체될 수 있기 때문이다. 지식이나 의욕이나 교훈을 주는 사건을 기억해두는 것은 좋은 일이지만, 그 사건이 그 자체로서 반드시 중요한 것은 아니라는 뜻이다. 나중에 이것과 비슷하게 지식, 의욕, 교훈을 주는 사건이나 아니면 이보다 훨씬 더 많은 지식, 의욕, 교훈을 주는 사건을 만난다면, 이전의 사건은 잊어버려도 그만이다. 심지어 본보기가 되는 사실 대신 허구를 이용할 수도 있다. 허구로 꾸며낸 사건 역시 사실 못지않게 지식과 의욕과 교훈을 줄 수 있기 때문이다.[6]

(2) 커다란 그림의 일부로서 인과관계의 연결고리가 되는 사실. 이런 연결고리 사실을 모르면, 커다란 그림을 제대로 파악할 수 없다. 커다란 그림은 그 자체로서 기억할 만한 가치를 지닐 수 있는데, 거기에는 여러 가지 이유가 있다. 지식과 의욕과 교훈을 주는 것도 그 이유 중 하나다. 그러나 그 그림을 구성하는 사실들은 인과관계를 알려준다는 점에서 중요하다. 이 연결고리 사실은 본보기 사실과 달리 유일하며, 다른 비슷한 사실로 대체될 수 없다. 하지만 이 연결고리 사실에 내재적인 의미는 없다. 이 사실이 속한 큰 그림이 이 사실에 의미를 부여한다.

역사는 전체적인 현상을 이해하기 위한 것이라는 생각은 르네상스 시대에 머뭇거리며 겨우 첫발을 내딛는 상태였다. 또한 앞에서 보았듯이, 특히 르네상스 시대 군인회고록의 저자들은 전체적인 현상에 관심이 없었다. 당시에는 과거의 행동을 본보기로 삼아 사람들에게 훌륭한 행동을 하고 싶다는 마음을 불어넣는 것이 역사의 가장 중요한 임무라고 주장하는 사람이 흔했다.[7] 역사를 교훈적인 본보기의 저장고로 보는 견해는 많은 사람들의 머릿속에 깊게 박혀 있었다.[8] 자전적인 글을 쓰는 사람들도 예외가 아니었다.[9] 앞으로 보게 되겠지만, 인과관계 또한 역사 서술에서 점차 중요해지고 있었다.

그럼에도 르네상스 시대 전사 귀족들에게 역사와 '기억할 만한 것digna memoria'은 서로 상당히 다른 것이었다. 그들은 '기억할 만한 것'이란 무엇보다도 '명예로운 행동'을 뜻하며, 이런 행동은 그 자체로서 중요하다고 보았다. 귀족이라는 이름에 걸맞은 귀족들은 갓난아기 시절부터 이 세상에는 교훈적인 가치나 인과관계와 상관없이 그 자체로서 반드시 기억해야 하는 행동들이 존재한다고 배웠다. 그런 행동들은 별다른 일이 생기지 않는 한, 세상이 끝날 때까지 기억될 터였다. 귀족이라면 살아 있는 동안 반드시 그런 행동을 하는 것을 소명으로 삼아야 했다. 이것은 명예 숭배에 반드시 필요한 신조 중 하나였으며, 귀족들이 역사를 바라보는 시각의 근간이었다. 그들에게 역사는 기념하고 기리는 것이지, 지식이나 의욕이나 교훈을 주는 것이 아니었다.

이것은 역사와 기억에 관한 가장 오래되고, 가장 기본적이고, 가장 강력한 견해다. 이 견해는 역사와 기억을 수단이 아니라 목적으로 본다. 이 견해에 따르면, 역사는 이 세상 전체를 아우르는 명예의 전당이다. 명예를 신봉하는 사람들은 명예를 수단이 아니라 삶의 궁극적인 목표로 보았다. 따라서 불후의 영웅을 단순히 의욕을 불어넣는 본보기나 교훈을 가르치는 수단으로 보는 것, 그의 이야기를 다른 사례로 대체할 수 있다고 보는 것은 귀족들에게 지극히 자존심이 상하는 일이었다. 따라서 순전히 본보기나 교훈을 위해 영웅적인 행동을 기리는 것 역시 귀족들의 자존심에 타격을 주었다. 영웅적인 행동은 그 자체로서 기억할 만한 가치가 있기 때문에 기억되어야 마땅했다.

르네상스 시대 군인회고록도 대부분 이런 견해를 받아들였다.[10] 어떤 행동에 기억할 가치가 있다는 말은, 곧 그 행동에 그럴 만한 내재적인 특징이 있다는 뜻이었다. 디아스는 역사의 가장 중요한 목적은 이런 행동을 기리는 것이라고 설명한다.[11] 회고록 저자들이 때로 뒤늦게 생각났다는 듯이, 기억할 만한 행동을 기리다보면 다른 사람들도 장차 비슷한 행동을 하고 싶다는 의욕을 느낄 것이며,[12] 만약 누군가가 여기서 교훈을 몇 가지 배운다면 더욱 좋은 일이라고 주장한 경우가 있기는 하다. 그러나 이런 것들을 역사의 궁극적인 존재 이유로 받아들이지는 않았다.

## "우리는 기억에 남을 것이다"

사람들에게 본보기를 제시하기 위해 회고록을 쓴 저자는 한 명도 없었다. 물론 독자들, 즉 자신의 아들이나 젊은 귀족이 자신을 본받아 전쟁에 나가기를 바라기는 했지만, 이처럼 의욕을 불어넣는 것은 기껏해야 부수적인 효과에 불과했다. 귀족들이 남의 명예로운 행동에 대해 듣고 의욕을 얻은 것은 사실이지만, 순전히 이런 의욕을 불어넣기 위해 명예로운 행동을 하는 사람은 없었다. 전쟁에 나가는 사람은 자신의 행동이 후세에게 영향을 미칠지 여부보다는 영원히 기억에 남을지 여부에 훨씬 더 관심이 많았다. 그래서 시에사데 레온은 페루 내전에 참전하기 위해 리마를 떠난 스페인 신사들에 대해 이야기하면서, "평판이라는 가십이 그들을 무명의 존재로 내버려두지 않고, 불후의 기억이 그들의 용맹함을 반드시 글로 남겨주기만 한다면, 자신의 목숨을 초개같이 여겼다!"[13]고 썼다. 르네상스 시대에 이런 견해를 표현한 글 중 가장 유명한 것은 셰익스피어의 작품에 나오는 헨리 5세의 아쟁쿠르 연설이다. 헨리 5세는 병사들의 사기를 북돋우기 위해, "크리스피누스 축일은 결코 끝나지 않을 것이다,/오늘부터 세상이 끝날 때까지,/우리는 기억에 남을 것이다"라고 약속한다(헨리 5세가 이 연설을 한 날이 성 크리스피누스 축일이었다—옮긴이). 장차 누군가가 이들의 본보기를 따르고 싶다는 생각을 하게 될 여부는 그에게 중요하지 않았다.[14]

이 견해에 따르면, 역사의 가장 중요한 의무는 이미 발생한 명예로운 행동을 기리는 것이다. 그런 행동이 후세에 미칠 영향은 상관이 없다. 명예로운 행동을 하고 싶다는 의욕을 불러일으키는 역할이 역사에 추가로 부여되기는 하지만, 이것은 그저 부수적인 효과에 불과하다. 게다가 역사가 이 부수적인 역할을 수행하는 방법으로는 과거의 사례를 제시하는 것뿐만 아니라, 미래의 비슷한 행동들을 기록하겠다는 약속도 있다. 과거의 사례가 의욕을 불러일으키는 것은 거기에 영웅적인 행동이 담겨 있을 뿐만 아니라, 사람들이 그 행동을 기리고 있기 때문이다. 즉, 앞으로 비슷한 행동을 하는

▲   아쟁쿠르 전투는 백년전쟁 시기에 일어난 프랑스와 영국의 대결로, 셰익스피어의 《헨리 5
세》에 등장한다. 영국왕 헨리 5세의 명연설과 탁월한 전략으로 영국군의 대승으로 끝났다.

사람 역시 남들이 기억하고 기리는 대상이 될 것임을 추측할 수 있
다는 뜻이다.

  비슷한 맥락에서, 회고록 저자들은 독자에게 교훈을 주기 위해
글을 쓰지 않았다. 자신의 자식이나 미래의 군인들에게 가르침을
주는 것이 중요한 목적 중 하나라고 노골적으로 주장한 회고록 저
자들이 많은 것은 사실이다. 여기서 '가르침'이라는 말이 일반적인
가치관과 세계관에 대한 가르침을 의미한다면, 군인회고록에 그런
가르침이 담겨 있는 것 또한 사실이다. 예를 들어, 명예에 관해서는
군인회고록에서 많은 것을 배울 수 있다. 회고록 저자들은 전투에

서 목숨을 잃은 귀족들의 이름은 열거하면서, 전투에서 목숨을 잃은 평민 병사들이나 병으로 세상을 떠난 귀족들의 이름은 열거하지 않는다. 이를 통해 독자는 귀족이 전장에서 목숨을 잃는 것은 명예로운 일이지만, 병으로 죽는 것은 명예와 상관없는 일임을 알 수 있다. 또한 평민들은 어떻게 죽든 명예를 얻을 수 없다는 사실도 알 수 있다. 그러나 이렇게 따지면 '가르침'이 담겨 있지 않은 문헌이 없다. 가치관과 세계관을 표현한 모든 문장이 독자에게 가치관과 세계관에 대한 '가르침'을 주기 때문이다. 게다가 르네상스 시대 군인회고록 저자들은 의도적으로 도덕지침서를 쓰려고 했던 것 같지 않다. 회고록에 기록한 사건들에서 도덕적 교훈을 이끌어낸 경우가 거의 없기 때문이다.

따라서 가르침을 주기 위해 회고록을 썼다는 주장에서 '가르침'은 **실용적인** 교훈을 뜻한다. 실제로 일부 회고록 저자들, 특히 코민, 몽뤽, 뷔에유는 자신이 회고록에 묘사한 사건들 중 일부에서 실용적인 교훈을 이끌어냈다. 그러나 대다수의 회고록 저자들은 자신의 경험에서 어떤 교훈도 이끌어내지 않았다. 저자의 후손을 비롯한 젊은 귀족들에게 가르침을 주기 위해 집필되었다고 분명히 밝혀져 있는 회고록에 실용적인 교훈이나 충고가 놀라울 정도로 드물다는 사실이 특히 주목할 만하다. 게다가 교훈을 제시해놓은 회고록들조차 신병보다는 지휘관과 사령관에게 더 도움이 되는 교훈들에 주로 초점을 맞춘다(가장 중요한 예외는 뷔에유다. 그는《주방셸》앞부분에서 신병들을 위해 실용적인 조언을 한다).

라르트기는 제1차 세계대전에 관해 아버지, 삼촌과 이야기를 나눴을 때, 두 사람이 전쟁에 관한 여러 실용적인 교훈들을 알려주었다고 말한다. 언젠가 라르트기 본인도 전쟁에 나가게 될지 모른다는 생각에, 예를 들어 두려움에 대처하는 최선의 방법 같은 것을 가르쳐주었다는 것이다.[15] 20세기의 다른 회고록들에도 이런 조언이 담겨 있다. 두려움을 포함한 감정적인 문제, 이, 군대의 관료주의, 악천후, 동상 등에 어떻게 대처하면 좋은지에 관한 조언들이다. 개중에는 솔직하고 단도직입적인 조언도 있지만, 그보다는 신중한 조언이 더 많다. 이를테면, "우리는 그때 이러이러한 문제를 이러이러하게 해결했다"거나, "처음 전쟁에 나갔을 때 나는 이러저러한 것을 몰랐지만, 이러이러한 사람이 방법을 가르쳐주었다"는 식이다. 따라서 제1차 세계대전을 다룬 많은 회고록들이 후손들이 전쟁에 나가는 것을 막겠다는 뚜렷한 목적을 갖고 있는데도, 제2차 세계대전 때의 신병들은 이런 회고록을 통해 유용한 정보를 풍부하게 접할 수 있었다.

　　반면 르네상스 시대 회고록은 대개 전쟁에 나갔으면 하는 사람들, 그리고 확실히 전쟁에 나갈 것 같은 사람들을 겨냥하고 있는데도, 당시 신병들에게는 완전히 무용지물이었다. 예외적인 사례는 치통 치료법을 조언한 엔리케스 데 구스만, 첫 원정에서 처신하는 법이나 두려움에 맞서는 법을 조언한 몽뤽 등 소수에 불과하다.[16] 디아스의 글에서도 정글에서 식량을 찾는 법이나 상처를 관리하는 법에 관한 유용한 정보를 얻을 수 있기는 하지만, 대부분의 개인적인 사건들을 포함해서 *그*가 들려주는 이야기에는 실용적인 교훈이 거의 없다. 다른 저자들의 회고록에도 두려움에 대처하는 법, 식량을 마련하는 법, 전투 때의 행동요령, 질병에 대처하는 법 같은 문제들은 거의 언급되어 있지 않다. 만약 카스텔노의 아들이 자신을 위해 썼다는 아버지의 글을 전쟁터에 나가기 전에 읽었다면, 지나간 전쟁에 대해서는 고위 정치가들과 외교관들의 다양한 움직임을 포함해서 상세한 사실을 속속들이 알 수 있었겠지만 실제로 전쟁터에서 도움이 될 만한 정보는 거의 찾아내지 못했을 것이다.

아마도 젊은 귀족들은 실용적인 조언을 구두로 전달받았을 것이다. 그런 조언을 왜 책에는 포함시키지 않았을까? 하물며 가르침을 주기 위한 글이라고 저자들이 주장하지 않았던가. 르네상스 시대에 궁정 예법에서부터 위생과 기마술에 이르기까지 다양한 주제에 대한 실용적인 조언을 담은 지침서는 드물지 않았다. 르네상스 시대의 베스트셀러였던 카스틸리오네의 《궁정인Il Cortegiano》은 두려움에 대처하는 법이나 설사 예방법에 비하면 중요성이 한참 떨어지는 문제들을 아주 상세히 다루고 있다. 또한 에라스뮈스처럼 존경받는 저자들도 식탁에서 트림을 해도 되는지 여부에 관해 조언하는 것이 자신의 격에 맞지 않는다고 생각하지 않았다.[17]

따라서 군인회고록에 실용적인 교훈이 없는 것은, 회고록 저자들이 교훈을 주는 것을 기껏해야 부차적인 목적으로만 생각했기 때문이다. 많은 회고록 저자들은 자신의 글을 정당화하기 위한 구실로 교훈을 들먹였다. 그들이 쓴 글의 내용을 기준으로 판단해보면, 대다수의 회고록 저자들에게는 교훈적인 가치가 전혀 없는 용감무쌍한 행동이 적어도 모든 지휘관에게 도움이 될 독창적인 군사작전만큼 기억할 가치가 있는 일이었다. 이런 의미에서 특히 흥미로운 것은, 《주방셀》에서 성공을 거뒀으나 명예롭지는 못한 책략을 다룬 부분이다. 《주방셀》은 르네상스 시대의 다른 군인회고록에 비해 지침서의 성격이 뚜렷한 책이었으나, 이 책략을 어떻게 다뤄야 할지 주저하는 모습을 보인다. 성공을 거둔 책략인 만큼, 군인들에게 가르침을 줄 수 있는 것은 분명했다. 그러나 《주방셀》의 저자는 "배신은 기억할 가치도, 글로 쓸 가치도 없다"[18]면서 이 책략을 다루지 않으려 한다.

회고록 저자들이 지식, 의욕, 가르침을 위해 본보기가 되는 사실을 기록하는 일보다는 명예로운 사실을 기리는 데 더 관심이 있었음을 이보다도 훨씬 더 뚜렷하게 보여주는 것은, 회고록 저자들 본인이 글 속에 본보기가 되는 주인공으로 등장하는 경우가 드물다는 점이다. 20세기에 회고록을 펴낸 하급 군인들과 일부 상급 군인들은 대개 글 속에서 본보기 주인공과 핵심적인 주인공의 역할을 겸한다. 그들의 이야기는 그들을 중심으로 돌아가지만, 그들이 자신의 이야기를 글로 쓴 이유를 정당화하기 위해 내놓는 일반적인 핑계는 자신의 경험이 본보기가 될 수 있다는 것이다. 즉 자신의 개인사와 전쟁 경험이 모든 군인들의 경험을 대변하므로, 글로 써서 읽을 가치가 있다는 뜻이다.[19]

반면 르네상스 시대의 회고록 저자들 중에는 자신을 본보기로 본 사람이 거의 없다. 디아스가 가끔 동료들의 대변인처럼 등장하고, 몽뤽이 가끔 자신을 본보기가 되는 지휘관으로 묘사하는 정도의 예외가 있을 뿐이다.[20] 언뜻 보기에는 내가 앞에서 한 말, 즉 회고록에서 저자가 독특한 개인으로 등장하지 않는다는 말과 모순인 것 같다. 그러나 사람과 행동을 구분해서 보아야 한다. 회고록 저자들은 자신이 독특한 개성을 지닌 독특한 사람이라고 생각하지 않았지만, 자신의 행동만은 확실히 독특한 것으로 인식했다. 모든 행동, 특히 명예로운 행동은 독특한 것이었다. 자신의 행동이 다른 수많은 비슷한 행동을 대표하는 본보기라는 이유만으로 기억할 가치를 지닌다는 주장(20세기의 많은 회고록 저자들이 이 주장으로 자신의 글을 정당화한다)을 르네상스 시대의 회고록 저자가 들었다면 경악했을 것이다. 앞으로 보게 되겠지만, 그들의 행동에는 그들의 명예뿐만 아니라 정체성도 달려 있었다. 따라서 모든 행동은 그 자체로서 중요하며, 그 자체로서 기억할 가치가 있었다. 기사 10명이 적군의 기사 10명과 각각 일대일 대결을 벌여 적을 모두 죽이는 경우, 그중의 한 사례만 골라 대표 사례로 제시할 수는 없었다. 10명의 결투를 모두 설명하지 않으면, 기사 10명의 명예를 제대로 대우하지 못한 것이 되었다. 따라서 20세기 회고록에서는 행동이 본보기이고 사람이 독특한 존재인 반면, 르네상스 시대 회고록에서는 사람이 본보기이고 행동이 독특한 존재였다.

　20세기와 르네상스 시대의 회고록 저자들이 각각 사용한 서술 방법을 비교해보면 이 점을 분명히 알 수 있다. 20세기의 회고록 저자들은 자신이 참가한 소규모 교전을 일일이 열거하고 설명해야 한다는 생각을 십중팔구 한 번도 해보지 않았을 것이다. 그들의 글은 본보기를 담은 것이므로, 그들은 보통 본보기가 되는 어느 하루의 일상이나 행동만 묘사하는 것으로 독자에게 당시의 상황과 분위기를 전달한다. 그러고는 아주 특별한 사건이나 유난히 중요한 사건만 골라서 설명한다.

　예를 들어 사예르는 자신이 처음으로 참가한 주요 전투인 벨고로드 전투를 엄청나게 자세히 묘사한 뒤, 이 전투 못지않게 중요한 다른 두 전투는 한 문장으로 처리해버린다. "우리는 두 번의 전투를 더 치른 뒤 가을 초입에 드네프르 강을 다시 건넜다."[21] 또 다른 곳에서는 이런 말도 한다. "나의 절망과 공포를 다시 설명할 필요는 없을 것이다. 우트체니, 벨고로드, 빨치산들이 숨어 있던 헛간 등에서 느낀 것과 같았다."[22] 공중에서 벌어진 일대일 결투를 일일이 열거하기 쉬운 20세기 최고 전투기 조종사들도 회고록에서는 보통 본보기가 되는 소수의 대결만 묘사한다.[23]

　20세기 회고록 저자들이 사용하는 또 다른 방법은 여러 시기에 일어난 사건들을 하나로 뭉뚱그려서, 군인의 삶을 테마별로 묘사하는 것이다. 예를 들어, 몇 가지 사건을 제시하면서 음식과 관련된 이야기를 몇 문단에 걸쳐 설명한 뒤에는 음식 이야기를 대체로 무시해버리는 식이다. 또는 전형적인 어느 하루의 일상이나 행동을 허구로 꾸며내서, 거기에 헤아릴 수 없이 많은 나날의 실제 일상과 행동의 가장 공통적인 특징들을 포함시키기도 한다.[24]

　20세기의 많은 회고록들은 여기서 한발 더 나아가, 일부 또는 전부를 허구로 구성한다. 레마르크의 《서부전선 이상 없다》와 서순Siegfried Sassoon의 《회고록Memoirs of an Infantry Officer》이 아마 가장 유명한 사례일 것이다. 다른 회고록 저자들도 완전히 허구로 꾸며낸 이야기를 쓰거나, 아니면 메이슨과 킹즐랜드처럼 이름, 장소, 개인적인 특징 등 세세한 부분을 변형해서 묘사했다.[25] 그런데도 이 작품들이 진정한 군인회고록으로 간주되는 것은, 여기에 묘사된 것들이 비록 실제로 일어나지 않은 사건들이라 해도 진짜 경험을 보여주는 본보기가 되기 때문이다. 비슷한 이유에서, 제1차 세계대전과 제2차 세계대전을 가장 잘 묘사한 글로 각각 소설인《병사 슈베이크》와《캐치-22》를 꼽는 사람도 있다.[26]

## 정확한 사실에 대한 집착

그러나 르네상스 시대의 회고록 저자들은 이런 방법을 사용하지 않았다. 소수의 예외, 특히《주방셸》과 막시밀리안 1세의《하얀 왕 Weisskunig》을 제외하면, 르네상스 시대의 군인회고록 저자들은 허구를 회피했다. 주인공의 이름을 바꾼다는 생각만으로도 그들은 경악했을 것이다. 이름을 바꾼다면 굳이 그 사건을 기려봤자 소용이 없지 않은가. 30년전쟁 시기에 이르러서야 비로소 본보기가 되는 허구를 담은 전쟁 회고록이 널리 받아들여졌다. 일부 또는 전부를 허구로 구성한 에스테바니요 데 곤살레스의 회고록과《짐플리치시무스》덕분이었다(《병사 슈베이크》나《캐치-22》와 마찬가지로, 두 작품 모두 전쟁을 풍자했다는 점이 흥미롭다).[27]

르네상스 시대의 회고록 저자들은 '본보기' 묘사도 회피했다.[28] 기억할 가치가 있는 비슷한 사건이 여럿일 때, 그중 하나만 골라 본보기로 묘사하는 방법으로는 그 사건들을 제대로 **기릴** 수 없다. 이 사건들의 공통적인 경험을 전달하는 것이 목적이 아니라, 이 사건들과 관련된 사실들을 기리는 것이 목적이기 때문이다. 그리고 이런 사실들은 언제나 독특하다. 이런 사실들이 몇 가지 엄선된 범주로 분류되고, 이로 인해 르네상스 시대의 글이 정해진 양식을 대단히 충실하게 따르는 경향을 보이는 것은 사실이다. 예를 들어, 전투를 묘사할 때 회고록 저자들은 대개 장소, 날짜, 숫자, 이름, 문장紋章, 주요 작전, 용맹한 행동, 사상자 수 등을 기록한다. 그런데도 각각의 사건이 여전히 독특함을 유지하는 것은, 양식에 따른 이 세세한 정보가 사건마다 다르기 때문이다. 디아스가 1519년의 참포톤 전투에서 부상을 당한 일과 플로랑주가 1513년의 노바라 전투에서 부상을 당한 일은 똑같은 방식으로 묘사되었지만, 서로 완전히 달랐다. 둘 중 하나가 다른 하나의 본보기가 될 수는 없었다. 디아스가 부상을 당한 시기와 장소, 플로랑주가 부상을 당한 시기와 장소가 서로 달랐기 때문이다. 르네상스 시대의 전쟁 경험에 관심이 있는 21세기 역사가의 눈에는 이 둘의 차이가 그리 크지 않은 것처럼 보일지도 모른다. 그러나 디아스와 플로랑주, 그리고 명예에 관심이 있는 사람들의 눈에는 이 두 사건이 달라도 그렇게 다를 수가 없었다(여러 축구경기를 정해진 양식으로 묘사한 비슷한 내용의 기사들을 열심히 읽는 현대의 축구 팬들과 비슷하다. 만약 신문들이 매주 본보기가 되는 경기를 딱 하나만 골라서 기사를 싣는다면, 축구 팬들은 극도로 실망할 것이다).

양식에 따라 반드시 들어가야 하는 이런 사실들이 워낙 중요했기 때문에, 회고록 저자들이 현학적인 집착을 드러낼 때도 많았다. 그들이 특히 집착한 것은 이름인데, 이에 대해서는 나중에 다시 이야기하겠다. 그 밖에 많은 저자들이 집착한 또 다른 정보는 사상자 수다. 예를 들어 디아스는 스페인 군인들과 군마가 특정 전투에서 입은 부상의 횟수를 정확히 명시하곤 했다.[29] 디아스는 초고를 완성한 뒤, 퇴고를 한없이 거듭했다. 과테말라 원고의 145장에서만 그가 수정하거나 덧붙인 부분이 159군데나 된다. 대개는 사소한 부분을 바로잡은 것이었다. 우리가 보기에는 그렇다. 예를 들어, 그는 처음에 "병사 세 명이 죽었다"는 구절에서 "세 명"을 "열 명"으로 수정했다. "여기서 그들은 우리 병사 두 명을 죽이고, 20여 명에게 부상을 입혔다"는 문장에서는 "두 명"을 "한 명"으로 수정하고 "20여 명"을 "열두 명"으로 수정했다. "그들이 병사 네 명을 죽였고, 디에고 데 오르다스는 두 군데에 부상을 입었다"는 문장에서는 죽은 병사의 수를 "여덟 또는 열 명"으로 바꾸고 오르다스의 부상도 "세 군데"로 수정했다.[30]

셰르틀린도 자신이 벌거나 잃어버린 돈의 액수에 대해 비슷한 집착을 보인다. 카를 5세는 사람을 만나거나, 어떤 장소에 가거나, 통풍 발작이 일어날 때마다 그 횟수를 기록했다.[31] 그가 기록한 통풍 발작은 17회이며, 1532년에는 누이를 처음으로 플랑드르 총독 자리에 앉혀두고 세 번째로 독일에 돌아가기 위해 네 번째로 라인 강을 여행했다는 기록도 있다.[32] 라 마르슈는 마상 창경기와 관련된 사실들에 이보다 훨씬 더 심한 집착을 보였다. 그의 회고록에서 마상 창경기와 관련된 묘사는 엄청난 비중을 차지한다. 그는 모든 경기에서 출전 선수들이 주고받은 모든 타격을 때로 일일이 설명했다. 다음은 베르나르 드 보탱과 기욤 드 보드레의 마상 창경기를 묘사한 부분이다.

네 번째 돌격에서 그들은 서로의 방패를 때렸으며, 그 공격으로 두 사람의 창이 모두 부러졌다. 다섯 번째와 여섯 번째 돌격에서는 두 사람 모두 서로를 때리지 못했다. 일곱 번째 돌격에서 그들은 서로의 팔 보호대를 몹시 세게 때렸다. 그 바람에 드 볼드리의 쇠 보호대가 비틀어지다 못해 부러졌고, 가스코뉴 선수의 창이 부러졌다. 그 뒤 여덟 번째, 아홉 번째, 열 번째, 열한 번째 돌격에서는 두 사람 모두 서로를 때리지 못했다.[33]

정확한 사실에 대한 이런 집착은 르네상스 시대 회고록 저자들이 군사적 사건이나 기사도 관련 사건뿐만 아니라 가정 내의 일들을 묘사할 때도 특징적으로 드러난다. 예를 들어, 멤은 딸 르네가 죽었을 때 "그 아이는 고작 4년 9개월 이틀 22시간 반을 살았다"고 썼다.[34]

어느 특정한 사실들에 대한 집착과 '본보기' 묘사를 꺼리는 성향이 결합된 결과 나타난 르네상스 시대 군인회고록의 가장 두드러진 특징이자 가장 불행한 특징은 비슷한 내용이 지독하게 반복된다는 것이다. 원정, 공성전, 소규모 교전이 일어날 때마다 똑같은 내용의 설명이 줄줄이 이어진다. 때로는 회고록 저자 본인조차 불편해질 만큼 지루하기 짝이 없다. 그래서 디아스는 테노치티틀란 공성전 묘사가 중간쯤에 이르렀을 때, 자신과 독자에게 모두 휴식을 누릴 자격이 있다는 결단을 내렸다. 그는 반복적인 묘사에 대해 사과하면서, 자신들이 끊임없이 전투를 벌였기 때문에 어쩔 수 없다고 양해를 구한다. 하지만 앞으로는 다를 것이라는 약속이 이어진다. "우리가 매일 겪은 그 수많은 전투와 교전에 대해 이야기하느라 시간을 낭비하고 싶지 않으므로, 최대한 간략히 설명하겠다."[35] 그리고 실제로 하루의 일상과 전투 중 하나를 본보기로 골라 묘사하기 시작한다.[36] 특별한 의미가 있는 전투에 대해서만 상세하게 이야기하기 시작했다는 뜻이다.

그러나 디아스도 자신이 겪은 전투의 기억을 보존해야 한다는 생각이 몹시 강했기 때문에 곧 모든 전투와 교전을 묘사하는 평소 습관으로 돌아갔다. 그러고는 또 사과하면서, 자신도 전투에 대해 쓰는 일이 지긋지긋하니 독자들도 지루하겠지만 달리 글을 쓸 방법이 없다고 말한다. "93일 동안 우리가 끊임없이 싸웠기 때문이다." 그러고 나서 그는 앞으로는 가능하면 전투의 기억을 그렇게 자주 불러내지 않겠다고 또 약속한다.[37]

테노치티틀란 공성전은 93일 동안 이어졌지만, 하를렘 공성전은 9개월 동안이나 계속되었다. 따라서 멘도사는 디아스보다 훨씬 더 만만치 않은 상황과 맞닥뜨렸다. 사실 멘도사는 현장에 있지도 않았기 때문에 전투를 장황하게 설명하지 않을 구실이 있었다. 게다가 회고록의 머리말에서 멘도사는 젊은 귀족들, 특히 미래의 펠리페 3세에게 가르침을 주는 것이 가장 중요한 목적이라고 주장했다.[38] 그는 자신이 이 '실록'을 쓴 것은 여러 전투의 승패를 기리기 hacer memoria 위해서가 아니라, 군인을 직업으로 삼으려는 사람들에게 조금이나마 도움이 되기 위해서라고 말한다.[39] 그런데도 멘도사는 하를렘 공성전 기간 동안 매일 일어난 소규모 교전과 돌격을 일일이 묘사하는 방법을 택했다. 그는 자신의 설명이 너무 길어서 불만을 품는 사람이 있겠지만, 공성전이 9개월 동안 계속되었다는 점을 생각해주기 바란다고 말했다. "대부분의 날에 기릴 가치가 있는 일들이 일어났다."[40] 그는 앞에서 밝힌 집필 목적과 달리, 본문에 들어가서는 그렇게 기억할 가치가 있는 일들을 차마 망각 속에 묻어 버릴 수 없었다.[41]

르네상스 시대 군인들은 진심으로 지침서를 쓰겠다고 마음을 먹으면, 기억할 가치가 있는 사건을 일일이 설명하지 않고도 본보기를 담은 책을 쓸 수 있었다. 멘도사도《전투의 이론과 실제Theorica y practica de Guerra》에서는 기억할 가치가 있는 일을 일일이 기록하는 방법 대신, 테마별 서술법을 선택했다. 라 누는 역사가들은 기억할 만한 일을 기록하지만, 자신은 무엇이든 교훈을 얻을 수 있는 일에 대해 이야기하겠다고 설명한다.[42] 교훈적이지는 않지만 기억할 만한 사건들은 역사가에게 맡기겠다는 것이다.[43]《주방셀》은 3부로 나뉘어 있는데, 각각 주방셀의 인생 중 특정한 시기와 그의 군인 경력 중 특정한 측면을 다룬다. 따라서 각 부마다 다른 부에는 등장하지 않는 특정한 유형의 사건들이 나온다. 대부분 교훈적인 가치를 기준으로 선택(또는 창조)된 사건들이다. 예를 들어, 주방셀이 일반 병사이던 시절부터 하급 장교 시절까지를 다룬 1부에는 소규모 교전과 모험 이야기가 나온다. 주방셀은 나이를 더 먹은 뒤에도 이런 일에 직접 뛰어들었지만, 다른 부에는 이런 일들이 상세하게 묘사되어 있지 않다.[44] 대부분의 회고록 저자들이 이런 방법 대신에 비슷한 묘사를 한없이 반복하는 방법을 택했다는 사실은, 그들이 본보기가 아니라 기록과 기념을 위해 글을 썼음을 뚜렷이 보여준다.

기억할 가치가
있 는 것 들

# 8

# 역사적·심리적 인과관계의 부재

근대 말에 역사든 개인사든 상관없이 사실들을 하나로 묶어 의미를 부여하는 아교 역할을 하는 것이 바로 인과관계다. 역사에서 인과관계는 궁극적으로 추상적인 문제다. 사람이 개입되지 않은 추상적인 과정과 변화(예를 들어 '개신교 윤리가 자본주의를 탄생시켰다')를 반영하기 때문이다. 개인사에서는 인과관계가 심리적인 문제일 때가 많다. 여러 정신적, 감정적 과정과 변화를 반영하기 때문이다. 역사에서도, 개인사에서도 특정한 사실이 의미와 기억할 만한 가치를 부여받는 것은 더 커다란 그림 속의 인과관계라는 맥락을 통해서다.

그러나 르네상스 시대의 군인회고록은 사실들을 크게 다른 방식으로 다뤘다. 인과관계로 연결하지 않고, 그냥 죽 나열하기만 한 것이다. 인과관계를 이용할 때와 달리 이런 방식에서는 나열된 사실들 사이에 아무런 관계가 없으며, 그들이 더 커다란 그림과 연결되지도 않는다. 그렇다고 목록에서 차지하는 위치가 기억할 만한 가치를 결정해주지도 않는다. 나열된 사실들은 그 자체로서 기억할 만한 가치를 지니고 있어야 한다. 그들이 목록에 포함된 것은 순전히 그런 가치 때문이다. 이 점을 분명히 설명하기 위해, 이제부터 추상적인 '역사적' 인과관계의 부재를 먼저 살펴보고, 곧이어 심리적 인과관계의 부재를 살펴보겠다.

## 역사는 과정이 아니다

20세기에 역사의 흐름을 구성하는 것은 무엇보다도 인과관계로 얽힌 다양한 과정들이다. 역사가에게도 회고록 저자에게도 마찬가지다. 만약 어떤 학생이 이탈리아 전쟁(15세기부터 16세기까지 이탈리아의 지배를 둘러싸고 프랑스, 신성로마제국, 에스파냐 등이 여덟 차례에 걸쳐 벌인 전쟁 ─옮긴이) 과정을 설명해보라는 질문을 받고, 바야르와 소토마요르 사이의 결투 같은 용맹한 일화만 주르륵 늘어놓을 뿐 지정학적인 면이나 사회경제적인 면을 무시해버린다면 슬픈 일이다. 후자의 요소들을 고려하는 것은, 특정한 사건을 기리는 것보다 역사의 과정을 이해하고 가르치는 것이 역사의 목적이며, 특정한 사실이나 일화는 반드시 인과관계라는 맥락 속에서만 의미를 지니게 되므로 그런 맥락을 알아야 이해할 수 있다고 보기 때문이다. 전술적인 대승도 전략적인 면에서 보면 패배가 될 수 있고, 전략적인 패배도 정치적인 면에서 보면 승리가 될 수 있다는 뜻이다.

따라서 역사 속의 특정한 사실과 일화는 대개 인과관계 속의 연결고리에 불과하다. 그들이 중요한 의미를 지니는 것은 그들이 미친 영향 때문이거나, 아니면 인과관계로 맺어진 과정들을 이해할 수 있게 해주기 때문이다. 역사는 반드시 이야기이거나 주장이어야 한다. 만약 특정한 사실에 의지하지 않아도 그 이야기나 주장을 이해할 수 있다면 무시해도 된다. 아니, 무시하는 편이 더 나을 때가 많다. 그렇지 않으면, 서로 아무런 상관이 없는 수많은 사실들이 주장이나 이야기를 뒤덮어버릴 것이다.

르네상스 시대에도 이런 견해는 낯선 것이 아니었다. 인문주의 역사가들은 역사에서 인과관계의 중요성을 점점 더 인식하고 있었다. 그들은 일화 중심의 중세 연대기를 하찮은 장르로 깔보면서, 원인을 설명하지 않고 사건들만 나열했기 때문에 그것들은 아무런 가치가 없다고 주장했다.[1] 인문주의에 따르면, "진정한 역사"는 "사람들의 행동과 말뿐만 아니라, 그 과정과 이유도" 보여주어야 했다.[2] 따라서 역사가는 사실만 모아서 나열하는 식으로 글을 쓸 수 없었다. 그보다는 특정한 사실들만 골라서 이야기로 다듬어내야 했다.[3] 이 문제에 대해서 **수사학자들**의 태도는 그들을 비판하는 사람들 못지않게 단호했다. 그들은 자신의 이야기가 진실인지 여부에 대해서는 그다지 신경을 쓰지 않았지만, 좋은 이야기를 만들어내는 데에는 크게 주의를 기울였다.

귀차르디니Guicciardini와 베토리Vettori 같은 역사학자들은 특정한 사실들 사이의 인과관계를 벼려내는 데서 한 걸음 더 나아가, 전체적인 과정을 이해하려고 애썼다. 사실들은 인과관계의 연결고리로

고대 로마신화에서 운명의 여신인 포르투나는 사건들의 인과관계
를 설명하기 위한 장치로 역사서에 등장했다. 반면 사건 하나하나
가 동등한 지위를 갖는 군인들의 회고록에는 들어설 틈이 없었다.

서 주로 의미를 획득했으며, 그들이 미친 영향에 따라 가치가 달라졌다. 인과관계를 이해하는 데 중요하지 않은 사실들은 무시되기 일쑤였다.[4] 모든 역사적 사실들 사이의 인과관계는 흔히 운명의 여신 포르투나로 의인화되었다. 포르투나는 인과관계를 거스르기보다는 그 관계를 관통하는 방식으로 움직였다.[5]

따라서 귀차르디니의 글 같은 이야기들은 닫혀 있었다. 모든 사건들이 인과관계로 단단히 맞물려 있었다는 뜻이다. 이론적으로는, 이런 이야기에서 무엇을 빼거나 덧붙인다면 반드시 이야기 자체가 망가질 수밖에 없었다. 이 이야기에 처음부터 포함되지 않은 것은 무엇이든 사실상 중요하지 않은 것이기 때문이다. 서로 연결된 사건들을 이해하는 데 반드시 필요하지 않은 사실이라면, 그리 중요하지 않은 사실임이 분명했다.

이탈리아의 인문주의자들만 이런 생각을 한 것이 아니었다. 서유럽 전역의 인문주의자들도 이런 생각을 받아들였다. 예를 들어, 라 포플리니에르la Popelinière는 인간의 도시, 기술, 관습, 사상을 지금의 모습으로 만들어낸 여러 과정들 사이의 인과관계를 설명하는 것이 역사의 궁극적인 목적이라고 단언했다.[6] 평범한 역사가들은 이 정도까지 나아가지는 않았다. 예를 들어 파라댕이 합스부르크-발루아 전쟁에 관해 쓴 대중 역사서, 순전히 평범하다는 점이 눈에 띌 뿐인 이 책에서는 사건들 사이의 인과관계가 단단히 맞물려 있다. 무훈에 대한 설명이 적잖이 포함되어 있기는 하지만, 전체적으로 봤을 때 이 책은 어떤 사건이 미친 영향을 기준으로 그 사건의 가치를 평가한다. 기욤 뒤 벨레는 역사를 쓰려면 사건들 이면의 이유를

설명할 필요가 있으며, 단순히 행동과 말을 글로 옮기는 것만으로
는 충분하지 않다고 주장했다.[7]

아벤티누스Aventinus도 바이에른 역사서에서 비슷한 견해를 피력
했다.[8] 델 리오Del Rio는 역사의 진정한 열매는 사건의 이유와 원인
들 속으로 파고 들어가는 데에서 나오는 것이므로, 자신은 단순히
개별적인 사건을 묘사하는 방식이 아니라 이 방식을 추구할 생각이
라고 말했다.[9] 디에고 우르타도 데 멘도사Diego Hurtado de Mendoza의
《그라나다 전투》는 인과관계가 단단히 맞물려 있는 이야기인데, 사
실을 기록하고 기리는 것보다는 역사의 과정을 이해하는 것을 목표
로 삼았다. 후르타도는 특히 사소한 시작과 하찮은 원인이 커다란
위험과 재앙을 낳을 수 있음을 보여주고자 했다.[10] 그래서 그는 아
무리 하찮은 일이라도 그것이 미친 영향을 고려해서 묘사했다. 마
리아나Mariana의 《에스파냐 통사Historia General de España》는 무훈과 전
투에 대한 상세한 설명이 비교적 부족한 편이며, 대개 사건이 미친
영향을 기준으로 중요성을 평가한다. 고마라는 어떤 사건이 언제
어디서 누구에 의해 일어났는지뿐만 아니라 그 일이 일어난 이유까
지 설명하는 것이 자신의 가장 중요한 임무라고 주장한다. 따라서
불필요하게 상세한 설명은 득보다 실이 더 클 수 있다면서, "따라서
역사를 읽는 사람은 자신이 알고자 하는 것을 참되고 간략하게 서
술한 글로 만족해야 할 것이다. 어떤 사건들을 상세히 설명한 역사
서는 기만적일 뿐만 아니라, 심지어 불쾌할 수도 있다는 것을 분명
히 알고 있기 때문"[11]이라고 덧붙인다. 고마라가 일반 병사들을 무
시하고 코르테스에게 편파적인 태도를 보인 것에 대해 디아스가 분

기억할 가치가
있 는 것 들

노한 것도 무리가 아니다.

르네상스 시대에 일어난 변화를 과장해서는 안 된다. 이런 변화는 역사가들이 쓴 머리말 같은 곳에서만 나타날 뿐, 역사서 본문에서는 그리 뚜렷하게 드러나지 않기 때문이다. 인과관계에 대한 말들은 무성했지만, 16세기의 대다수 역사서들은 여전히 비교적 느슨하게 구성되어 있었으며, 중세 연대기처럼 일화 중심적인 성격을 그대로 유지한 경우도 있었다. 도통d'Auton이 쓴 루이 12세의 역사서나 고마라의 《연대기》(이 책이 완성된 글이라고 가정했을 때)가 좋은 예다. 심지어 인과관계를 탄탄하게 다룬 역사서에도 전체적인 그림에 별로 영향을 미치지 못한 용맹한 무훈에 대한 설명이 포함되어 있는 경우가 많았다. 전략적, 지정학적 배경과 영향에는 별로 주의를 기울이지 않고, 기억할 만한 행동을 묘사하는 데 중점을 둔 책도 많았다. 그래도 중세 관습과의 단절이 일어났음은 분명하다. 역사에서 인과관계의 중요성은 16세기 말까지 급격히 커졌다. 가장 커다란 영향을 미친 역사서 중 일부, 예를 들어 귀차르디니의 《이탈리아 역사Storia d'Italia》 같은 책은 확실히 일화 중심의 중세 역사서보다 인과관계 중심의 현대 역사서와 더 가깝다. 귀차르디니는 라벤나 전투에 관한 설명에서 기억할 만한 무훈에는 별로 주의를 기울이지 않고, 프랑스의 승리로 빚어진 일들이 프랑스가 패배했을 경우 벌어졌을 일들에 비해 얼마나 더 심각했는지를 설명하는 데 초점을 맞췄다.[12]

르네상스 시대 군인회고록은 전반적으로 중세의 모범을 따라 일화 중심이었으며, 구성이 느슨했다. 인과관계는 그리 중요하지 않았

제 3 부

248

다. 그러나 예외도 있었다. 일화를 중점적으로 묘사한 르네상스 시대 역사서가 많았던 것처럼, 인과관계를 중시한 회고록도 소수지만 존재했다. 특히 코민은 이런 면에서 예외적인 존재다. 그는 인과관계를 통해 몹시 탄탄하게 맞물린 글을 썼다. 그가 들려주는 다양한 사건들은 서로 연결되어 있기 때문에, 그중 일부를 제거한다면 다른 사건들을 이해하기가 어려웠다.[13] 게다가 코민은 명예로운 행동들을 대부분 무시해버리고, 그 대신 사건들이 미친 영향을 판단 기준으로 삼았다. 이런 면에서는 코민을 회고록 저술이 아니라 인문주의적인 역사 서술의 아버지 중 한 명으로 보는 편이 더 낫다. 그는 대다수의 회고록 저자들보다는 귀차르디니나 마리아나와 더 가깝다. 코민의 수준까지는 아니지만, 테노치티틀란 함락까지의 역사를 다룬 디아스의 글도 비교적 탄탄하게 짜여 있다. 여기서 인과관계는 상당히 중요한 요소다(그러나 더 자세히 들여다보면 모순적인 경향들이 드러난다). 다른 회고록 저자들, 특히 멘도사, 베르두고, 플로랑주, 카를 5세, 그리피드 등은 자신이 묘사한 사건들의 전략적인 배경에 상당한 주의를 기울였으며, 인과관계와 차후의 영향에도 어느 정도 주의를 기울였다. 그럼에도·대다수의 회고록은 일화 중심이었다. 심지어 디아스, 멘도사, 플로랑주, 그리피드의 글도 구성이 느슨했다.

**역사는 일화다**

르네상스 시대의 군인회고록에는 대부분 서로 연결되지 않은 일화들이 포함되어 있다. 각각의 일화 안에는 인과관계가 있기도 하고, 여러 사실들이 한데 모여 유기적인 전체를 이루기도 한다. 그러나 대부분의 일화들은 각각 따로 떠돌고 있다. 회고록 저자들은 기억할 만한 일화의 영향이나 인과관계에는 신경쓰지 않고 그냥 한 일화에서 다음 일화로 건너뛴다. 때로는 일화들의 시간 순서조차 무시해버리기도 한다. 한 일화와 다음 일화 사이에 몇 달이나 몇 년쯤 시간 간격이 있는데도 그 사이에 무슨 일이 일어났는지 전혀 설명이 없는 경우도 있다. 회고록 저자들이 스스로 목격한 일화들만 주로 이야기할 때 필연적으로 나타나는 결과는 전쟁과 원정에 관한 설명이 중간에서 뚝뚝 끊긴다는 점이다. 회고록 저자들이 목격하지 않은 일화를 설명하는 경우에도, 사건들 사이의 지속적인 인과관계에 신경을 쓴 경우는 드물다.

회고록 저자들은 연상을 많이 이용했다. 서로 크게 다른 주제를 다루고 있는 것처럼 보이는 브랑톰의 여러 문헌들은 사실 하나의 거대한 회고록이었다. 그리고 이 문헌들의 순서는 순전히 연상작용으로 결정되었다. 브랑톰이 어느 특정한 문헌에 붙인 제목이 무엇이든, 그 문헌은 브랑톰의 머리에 떠오른 기억들을 뒤죽박죽으로 서술해놓은 글일 뿐이었다. 예를 들어, 브랑톰의《위대한 지휘관들의 생애Vies des grands capitaines》는 여러 부분으로 나뉘어 있는데, 한 부분이 한 지휘관의 삶을 다루는 것으로 설정되어 있다. 그러나 브랑톰은 이 설정을 자주 깡그리 무시해버린다. 예를 들어 카를 5세의 생애를 다루는 부분에서, 자신이 보고 들은 사건들 중 현재 묘사 중인 사건과 비슷한 것이 머리에 떠오르면 바로 글로 적어버리는 식이다. 그러다보면 카를 5세의 생애에 대한 설명은 어디론가 사라지고, 대신 다양한 사건들이 그 자리를 차지하게 된다. 그러다가 또다른 연상작용이 일어나면, 이번에는 그쪽으로 방향을 바꾼다. 그 결과 카를 5세의 '생애'가 카를 5세와는 별로 상관없는 내용으로 채워지게 된다.[14]

대부분의 회고록 저자들은 브랑톰에 비해 열심히 시간 순서를 지켰다. 그러나 가끔 길에서 벗어나는 것을 꺼리지는 않았다. 앞에서 깜박 잊고 말하지 않은 것이 생각나면, 이야기 순서와 상관없이 생각난 지점에 곧바로 끼워 넣곤 했다. 예를 들어 라 마르슈는 1476년 원정을 이야기하다가 이 원정과는 전혀 상관없는 1468년의 사건 이야기를 끼워 넣었다.[15] 그리고 다른 부분에서 라 마르슈는 "내가 모든 것을 순서대로 설명하지는 못했지만, 적어도 내가 말한 것은 모두 진실이다. 나는 무엇이든 내가 알게 된 것을 적었다"[16]고 설명했다. 에냉은 자신이 "기억나는 것을 모두" 적었지만, 항상 시간 순서를 지키지는 못했다고 사과했다.[17] 코민도 비슷한 사과를 한다.[18] 문타네르는 시간 순서에서 이탈했을 때, 진실을 말하는 사람은 책의 어느 부분에서 어떤 사건을 설명해도 상관없다고 설명했다.[19]

시간 순서를 지킨 회고록 저자들의 경우에도 여러 일화들 사이의 인과관계는 미약하다. 주로 코민과 디아스만이 예외일 뿐, 어떤 일화를 이해하기 위해 반드시 이전의 일화를 알아야 하는 경우는 거의 없다.

무엇보다 중요한 것은, 회고록 저자들이 차후에 미친 영향이 아니라 내재적인 가치로 사건들의 중요성을 평가한다는 점이다. 그들이 묘사하는 사건의 종류와 평가방식을 좌우하는 것이 사건의 내재적인 가치뿐이라는 뜻이다. 특히 무훈에 대한 설명이 그렇다. 전투의 이유나 영향보다는 개인이 전투에서 세운 무훈이 훨씬 더 중요했다. 에힝엔이 무슬림 전사와의 일대일 결투에서 보인 무용은 이싸움의 영향이나 역사적 맥락과 아무런 관련이 없었다. 그의 행동은 어느 전쟁, 어느 장소, 어느 시대에나 일어날 수 있는 일이었으며, 원정 자체에 다양한 영향을 미칠 수도 있고 아예 아무런 영향을미치지 못할 수도 있었다. 그가 보여준 무용의 원인도 여러 가지를꼽을 수 있었으나 전쟁의 맥락과는 아무 상관이 없었다. 실제로 에힝엔은 세우타에서 벌어진 일들의 지정학적, 전략적 배경과 영향에대해 거의 한마디도 하지 않았다.

　가르시아 데 파레데스의 《삶》도 용맹한 행동들을 죽 늘어놓은 글에 불과하다. 각각의 행동은 오로지 내재적인 가치를 통해서만 평가된다. 그 행동이 미친 영향에 대해서는 한마디도 없다. 파레데스가 가장 상세히 설명한 것은 자신이 코리아의 주점에서 벌인 개인적인 주먹다짐이다. 그는 상대의 조롱을 참다 참다 폭발해서 주점에 가득한 불한당과 매춘부 무리와 단신으로 맞섰다. 그 과정에서매춘부 한 명을 죽이고, 불량배 한 명의 머리를 부수고, 나머지를불 속에 던져버렸다. 그리고 그들은 심각한 화상을 입은 채 불 속에서 탈출했다.[20] 파레데스는 라벤나 전투처럼 유명한 전투에서 자신이 세운 무공이나 나바라 전쟁 때 병사 열한 명을 이끄는 부대장으로서 취한 행동보다 이 주먹다짐에 훨씬 더 많은 관심을 기울였다.

가르시아 데 파레데스는 페라라에서 벌어진 전쟁을 이야기할 때도 자신이 상관과 결투를 벌여 그를 죽이고, 감옥을 지키던 간수 두 명도 죽여버린 뒤 적의 진영으로 달아난 이야기에 가장 커다란 관심을 쏟았다. 그는 소규모 부대를 전투에서 잃어버린 뒤 포로가 되었으나, 적에게 그보다 두 배나 되는 인명피해를 입혔다. 적군은 포로로 잡은 그를 단단히 포박해서 병사 네 명에게 감시를 맡겼지만, 그는 다리를 지나갈 때 강으로 몸을 던졌다. 함께 빠진 감시병들이 물에 빠져 죽어가는 동안 그는 안전하게 헤엄쳐 나왔다. 그러나 그가 진영으로 돌아왔을 때, 상관인 팔로미노는 그에게 얻은 것보다 잃은 명예가 더 많다고 말했다. 그러자 가르시아 데 파레데스는 팔로미노가 평생 얻은 명예보다 자신이 그날 하루에 얻은 명예가 더 많다고 대꾸했다. 이것이 결투로 이어져서 가르시아 데 파라데스는 팔로미노의 오른손을 잘라버렸다.[21] 가르시아 데 파레데스가 적과의 소규모 교전이 미친 군사적 영향보다 자신이 거기서 얻은 명예에 더 신경을 썼다는 점, 그리고 그가 적과의 교전 그 자체보다는 자신의 대담한 탈출 시도와 그 뒤에 이어진 팔로미노와의 결투에 더 많은 지면을 할애했다는 점이 주목할 만하다.

베를리힝겐도 주요 전투와 원정보다 자신의 무훈에 더 주의를 기울였다. 그는 자신이 참전한 원정과 전쟁은 간단히 요약해버리고, 젊은 수습 기사 시절에 다른 수습 기사와 벌인 주먹다짐[22]이나 자신의 명예를 위해 농부들 한 무리와 두 귀족에 맞서 단신으로 싸운 일[23] 같은 개인적인 사건들에 훨씬 더 관심을 보인다. 또한 그가 뉘른베르크 시나 슈툼프 가문과 벌인 개인적인 분쟁 역시 일반적인 전쟁보다 상당히 비중 있게 다뤄진다. 셰르틀린도 마찬가지다. 예를 들어 그는 파비아 공성전처럼 자신이 참전했던 유명한 전투나 공성전보다 1537년에 브레멘탈에서 한스 아담 폰 슈타인과 벌인 개인적인 충돌을 훨씬 더 자세히 설명한다.[24]

차후의 영향만 따지면 무시해도 좋은 수준인 마상 창경기를 많은 회고록 저자들이 중요하게 다룬 데에서도 같은 태도가 드러난다. 일부 회고록은 결정적인 중요 전투보다 수십 명의 기사들이 출전한 마상 창경기에 훨씬 더 주의를 기울인다. 라 마르슈의 회고록이 가장 좋은 사례다. 앞에서 지적했듯이, 그는 마상 창경기를 지극히 상세하게 묘사한다. 주요 전투에 대한 설명보다 훨씬 더 상세하다. 한 대회를 37페이지에 걸쳐 설명할 정도다.[25] 샤를 공작의 결혼을 기념해서 열린 연회와 마상 창경기 대회 묘사는 무려 100페이지나 된다.[26] 반면, 그랑송, 뮈라, 낭시에서 벌어진 운명적인 전투는 각각 한 문장으로만 설명할 뿐이다.[27] 중요한 전사자 명단에는 몇 문장을 더 할애했다.[28]

몽뤽 같은 예외도 있기는 하다. 그는 간혹 어떤 행동을 평가할 때 그 행동이 낳은 결과와 영향을 기준으로 삼았다. 그러나 이런 몽뤽조차 대개는 어떤 행동의 영향보다는 그 행동이 이루어진 과정에 훨씬 더 주의를 기울였다. 예를 들어 그는 궁극적으로 시에나가 함락되었는데도 자신이 그 도시를 지키기 위해 활약한 것을 개인적으로 최고의 영광으로 꼽았다. 오리올의 방앗간 습격작전을 길게 설명할 때도 그가 가장 찬사를 보내는 것은 작전을 수행하는 과정에서 드러난 자신의 솜씨다. 신성로마제국군이 반드시 필요한 보급품을 조달할 수 없게 만든다는 전략적인 의미는 부수적인 것으로 취급된다.[29] 베르두고 역시 자신이 프리슬란트를 거의 모두 잃어버렸음을 부인하지 못하면서도, 당시 자신이 처한 상황을 생각하면 몹시 훌륭하게 싸웠으므로 비록 왕은 프리슬란트를 적에게 잃었다 해도 자신은 개인적으로 많은 명예를 얻었다고 주장한다.


## 전쟁은 명예로운 스포츠일 뿐

개인적인 무훈과는 대조적으로, 보급이나 지정학적 조건 같은 문제들은 회고록에서 별로 관심을 받지 못한다. 이런 문제들이 원정 결과에 미치는 영향을 따지면, 개인의 무훈보다 훨씬 더 중요한데도 그렇다.[30] 대부분의 회고록은 원정을 묘사할 때 그 원정의 정치적 배경이나 영향을 설명하지 않는다. 전투를 묘사할 때도 전략적인 배경이나 영향을 설명하지 않고, 개인의 무훈을 묘사할 때도 전술적인 배경이나 영향을 설명하지 않는다. 이런 태도는 회고록 저자들이 전쟁의 이유와 목적을 전적으로 무시해버린다는 점에서 가장 분명하게 드러난다.

르네상스 시대의 대다수 병사들과 지휘관들에게 전쟁은 왕과 국가의 목적을 성취하기 위한 수단이 아니었다. 그들에게 전쟁은 삶의 방식 중 하나였으며, 전쟁의 원인이나 결과보다는 개인의 무공이 더 중요했다. 군인들이 한 전쟁이 끝난 뒤 또 다른 전쟁을 찾아나서거나, 전쟁이 한창 벌어지는 와중에 반란을 일으켜 적과 한편이 되어버린 사례들은 그들이 전쟁의 목적에 별로 관심이 없었음을 뚜렷이 보여준다.

전쟁의 이유나 목적, 자신이 묘사한 사건들이 그 목적에 미치는 영향 등을 언급한 회고록 저자는 거의 없다. 유일한 예외는 회고록 저자들 본인이나 그들의 가문이 연루된 개인적인 분쟁뿐이다. 이런 분쟁은 상당히 비중 있게 다뤄진다. 따라서 카를 5세와 프랑수아 1세 사이의 전쟁에 대해 자세히 설명할 필요가 있다고 생각한 유일한 회고록 저자는 카를 5세 본인뿐이다.[31] 반면 몽뤽은 합스부르크-발루아 분쟁에 참전해서 수십 년 동안 싸우며 피를 흘리고, 친구들과 아들들을 잃었는데도 이 분쟁의 이유와 목적에 대해서는 대체로 무심한 태도를 보인다.[32] 한없이 이어진 합스부르크-발루아 분쟁에 대해 그가 내놓은 최선의 설명은 "서로 이웃하고 있는 두 위대한 군주는 분쟁 없이 오랫동안 버티지 못한다"[33]는 문장뿐이다. 베를리힝겐도 자신의 개인적인 분쟁에 대해서는 길게 설명하면서,[34] 란츠후트Landshut(바이에른 주의 도시 ― 옮긴이) 전쟁의 발발은 간단히 처리해버린다. 그는 이 전쟁에서 한 손을 잃었는데도, "1504년에 바바리아(바이에른의 다른 이름 ― 옮긴이) 전쟁이 시작되었다"[35]고만 말할 뿐이다. 전쟁의 이유나 목적은 중요하지 않았다.[36]

마르탱 뒤 벨레는 일반적인 전쟁의 이유와 목적을 설명하려고 조금이나마 애쓴 소수의 회고록 저자 중 한 명이다. 그러나 그가 제시한 설명은 알맹이가 별로 없어서, 다른 회고록 저자들의 무심한 태도만큼이나 도움이 되지 않는다. 뒤 벨레는 프랑수아 1세가 1542년에 카를 5세를 공격한 이유로 네 가지를 제시했다. 그중에 가장 중요성이 덜한 이유는, 카를 5세가 평화를 가림막으로 이용해서, 국경의 여러 지역을 기습하려는 계획을 짰다는 것이다. 이보다 조금 더 중요한 이유는, 평화가 유지되는 한 프랑수아가 신성로마제국의 영토로 들어가는 신민들을 막을 수 없었다는 것이다. 신민들은 제국의 영토로 들어가도 안전할 것이라고 생각했으나, 그곳에 들어간 뒤 아무 이유 없이 살해당했다. 이보다 더 중요한 이유는, 카를 5세가 평화를 이용해서 아프리카의 무슬림들을 공격하기 위한 원정에 나섰다는 것이다. 따라서 전쟁이 다시 시작된다면, 여론은 그를 지지할 터였다. 마지막으로 가장 중요한 이유는, 프랑수아가 카를 5세의 기습이 두려워서 프로방스, 이탈리아 등 여러 곳에 군대를 유지하는 데 이미 거액을 썼다는 것이다. 따라서 그의 입장에서 보면, 전쟁을 벌여도 나쁠 것이 없었다.[37] 현대 독자가 보기에 뒤 벨레가 내세운 이유들은 우스운 수준이다. 그의 주장을 진지한 역사로 받아들이든, 선전으로 받아들이든 달라질 것이 없다. 그가 바보거나 노골적인 거짓말쟁이가 아니라면, 프랑수아가 전쟁을 벌이기만 한다면 그 이유 따위 아무래도 좋다는 심정이었던 것 같다.

플로랑주는 이 모든 것을 훌륭하게 설명해놓았다. 그는 '일반적인' 전쟁인 1515년의 이탈리아 침공 이유와 목적을 다음과 같이 설명했다.

1515년에 국왕 프랑수아는 사방이 평화롭다는 것을 깨달았다. 그는 젊고, 부유하고, 권력이 있었으며, 고귀한 심성의 소유자였다. 또한 주위 사람들도 전쟁을 일으키려는 그를 전혀 말리지 않

았다. 전쟁은 훌륭하게 치러지기만 한다면 젊은 군주나 젊은 신사
가 벌일 수 있는 가장 고귀한 일이다. 그래서 프랑수아는 이탈리
아로 가기 위해 군대를 준비시키기 시작했다.[38]

플로랑주에게 전쟁은 고귀한 일, 군주들의 스포츠에 지나지 않았
다. 젊고 부유하고 고귀한 신분을 지닌 사람이 평화를 누리고 있다
면, 전쟁을 일으키는 것이 무엇보다 자연스러운 일이었다.

이런 태도는 확실히 전쟁의 영향에 신경을 쓰지 않는다. 전쟁이
단순히 고상한 스포츠일 뿐이라면, 전투 또한 그 영향을 기준으로
판단할 필요가 없다. 사실 명예를 얻거나 잃는 것 외에 전투의 영향
이 무엇이 있겠는가? 어떤 군인이 노바라에서 용감히 싸워 온몸을
뒤덮은 부상과 영광을 얻었다면, 전투의 승패가 중요하겠는가? 라

벤나에서 대승을 거둬 불후의 명성을 확보했다면, 그 승리의 전략
적인 결과가 패배의 결과보다 더 나빴다는 점이 중요하겠는가? 전
쟁이 정치의 연장으로 이탈리아 정복을 목표로 삼았다면, 그런 요
소들이 중요할 것이다. 그러나 전쟁이 단순히 명예로운 스포츠일
뿐이라면 사정이 다르다. 비슷한 맥락에서, 역사에서 인과관계를
이해하는 것이 중요하다면, 그런 요소들 역시 중요할 것이다. 그러
나 특히 명예로운 일화들을 기리는 것이 역사라면, 그런 요소들을
고려해도 달라질 것이 없다. 오랜 세월이 흐른 뒤에도 역사는 테르
모필레에서, 롱스보에서, 아틸라의 궁전에서, 파비아에서 스파르타
군, 롤랑, 니벨룽족, 프랑수아 1세(여기에 언급된 사람들은 모두 각각의
전투에서 패배했다 — 옮긴이)가 각각 보여준 용맹함을 잊지 않는다. 그

들의 용맹이 낳은 부정적인 결과는 희미하게 사라져버렸다.

회고록 저자들이 역사를 인과관계보다는 기억할 만한 일화들의 집합으로 보았음을 암시하는 마지막 증거는, 르네상스 시대의 역사 서술에서 역사의 위대한 중재자 역할을 하는 포르투나가 군인회고록에 전혀 등장하지 않는다는 점이다.[39] 귀차르디니 같은 역사가에게 역사는 포르투나의 통제 아래 있었으므로, 궁극적으로 인간의 통제를 벗어난 것이었다.[40] 회고록 저자들의 생각은 크게 달랐다. 그들에게 역사는 명예로운 행동의 기록이었으므로, 포르투나가 등장할 자리가 없었다. 포르투나가 전투나 원정의 결과를 좌우할 수는 있어도, 어느 특정한 기사의 무훈은 오로지 그 기사 본인에게 달린 것이었다. 만약 그가 전장에서 도망치는 불명예스러운 짓을 저지르더라도 그것을 포르투나의 탓으로 돌릴 수는 없었다. 만약 그가 용맹하게 싸운다면, 누구도 포르투나 덕분이라며 그의 명예를 빼앗아 갈 수 없었다.

## 역사는 열려 있다

회고록 저자들은 열린 글을 썼다. 그들은 명예로운 행동과 사건들을 모아 글로 적었다. 권위를 인정받을 수는 있겠지만, 모든 사실을 총망라했다는 평을 받을 수는 없는 글이었다. 회고록 저자들은 특정한 전쟁에서 벌어진 기억할 만한 사건들을 모두 기록하는 것은 불가능한 일임을 알고 있었다. 따라서 내용을 무한하게 추가할 수 있는 방식으로 글을 구성했다.[41] 귀차르디니의 경우,《이탈리아 역사》에서 뭔가를 깜박 잊어버리거나 생략했다면, 그것은 곧 그 사실이 애당초 언급할 가치가 없다는 뜻이었다. 반면 회고록 저자들은 불가피하게 뭔가를 깜박 잊거나 미처 알지 못해서 그냥 지나가는 경우, 나중에 생각날 때마다 내용을 한없이 추가했다. 프루아사르의 연대기처럼 회고록에는 한계가 없었다. 자신이 쓴 회고록을 몇 번이나 다시 꺼내서 매번 새로운 사실과 일화를 추가해도 이야기 전체가 망가지지 않았다. 엄밀히 말하면, 심지어 다른 사람이 기록을 덧붙이는 것도 가능했다. 글이 아니라면 구두로라도. 디아스가 과거에 함께 싸웠던 전우들과 한자리에 둘러앉아 자신의 회고록을 정독할 때, 디아스가 깜박 잊고 회고록에 적지 못한 사건을 어떤 전우가 기억해내서 구두로 이야기하는 장면을 쉽게 상상해볼 수 있다.

　때로 회고록 저자들은 독자에게 글을 수정하거나 추가해도 좋다고 노골적으로 말하기도 했다. 예를 들어, 발비 데 코레조는 자신의 회고록 두 번째 판본의 머리말에서, 몰타에서 자신과 함께 참전했던 기사들의 조언에 따라 글을 수정했다고 밝혔다.[42] 디아스는 전우들에게 자신이 참전하지 않은 원정에 대해 글을 써달라고 요청했다.[43] 에냉은 샤를 공작의 결혼식 장면이 "그 결혼식에 참석했으며, 나보다 더 확실하게 기억하는 사람들의 수정을 받아들일 수 있다"[44]고 썼다. 그는 또한 이렇게 말했다. "내가 잊어버린 것을 모두 다른 사람들, 즉 작가, 역사가, 수사학자 등 이런 것들을 잘 인식하는 사람들의 기억에 맡긴다. 나의 말과 행동은 모두 조야하고 보잘것없는 나의 지식에 따른 것이기 때문이다."[45] 그는 1468년의 원정

260

을 설명한 글을 마무리하면서, 자신이 이 원정에 대해 아는 것은 이것이 전부이며, "이보다 더 많이 아는 사람이 있다면 누구든 말이나 글로 알려주시기 바란다"[46]고 말했다. 르페브르는 만약 자신의 글에 수정할 부분이 있다면, 독자들이 자신의 무지를 보충해주기 바란다고 공손하게 요청했다.[47]

회고록 저자들이 기억나지 않는 부분이 조금 있다고 고백하면서, 그 부분을 나중에 추가하겠다고 약속한 경우도 있었다.[48] 앞에서 지적했듯이, 회고록 저자들이 가장 많이 사과한 것은, 마땅히 언급해야 할 사람의 이름을 잊었을 때였다. 적어도 디아스의 경우에는, 원고를 몇 번이나 다시 읽어보면서 전에 잊어버리고 설명하지 못한 사건을 추가하곤 했음이 분명히 알려져 있다. 회고록 저자들이 자신의 무지나 건망증을 고백하면서, 누구든 더 자세히 아는 사람이 내용을 추가할 수 있는 여지를 남겨둔 경우는 이보다 훨씬 더 많다. 예를 들어, 윌리엄 패튼William Patten은 펑키 전투를 다룬 글에서 다음과 같이 사과했다.

여기에 반드시 언급해야 할 가치가 있는 일들을 내가 이야기하지 않고 넘어갈 때가 틀림없이 많을 것이다. 분명히 말하건대, 고의가 아니라 무지 때문이다. 이런 종류의 글을 쓰는 사람은 최대한 많은 것을 알고 글로 써야 한다는 것을 알지만, 다시 한 번 생각건대 한 사람이 모든 것을 알기란 불가능하며, 자신이 알 수 없는 일에 무지한 것은 부끄러운 일도 아니다. 그래도 내가 아는 한도 내에서 힘껏 애를 썼다, 맹세코! 나는 누구의 말이든 아부의 말

을 일부러 표현하지 않으려 주의하고 있으므로, 누구의 말이든 악
의적이라고 해서 억압하지도 않겠다.[49]


## 삶은 과정이 아니다

20세기 회고록에서 개인사는 역사와 마찬가지로 인과관계로 얽힌
과정이다(그러나 심리적인 요인이 큰 비중을 차지한다). 특정한 사실들은
전체의 일부에 불과하기 때문에, 그 전체를 기준으로 의미를 부여
받는다. 그리고 인과관계 속의 연결고리나 이 인과관계 과정이 어
떻게 작동하는지 보여주는 본보기 역할을 한다. 따라서 회고록은
유기적인 구조로 되어 있다. 하나의 사건은 다른 사건에 좌우되고,
하나의 사건이 다른 사건으로 이어진다. 저자들은 자신의 개인사를
심리적인 변화가 이어지는 과정으로 묘사하며, 이런 과정을 야기하
거나 명백히 드러내는 경험에 초점을 맞춘다. 그들의 이야기에서
중심을 차지하는 것은 보통 '내가 경험한 전쟁'이 아니라 '전쟁이
나를 어떻게 바꿔놓았는가'이다.[50]
  하인즈는 심리적 변화를 묘사하는 것이 회고록 저자의 중요한 목
표 중 하나라고 본다.[51] 따라서 군인회고록을 일종의 전향 문학으로
봐도 된다고 주장한다.

  화자의 내면에서 일어난 심오한 변화의 증거이기 때문이다. 대
  부분의 전쟁 이야기는 딱히 이렇다 할 특징이 없는 젊은이의 이

야기로 시작한다. 그는 전쟁을 겪으면서 결국 그 경험으로 인해 달라진 모습으로 마지막에 등장한다. 전쟁이 이렇다 할 특징이 없는 청년에게서 '자아'를 벼려낸 것이다.[52]

데니스 쇼월터Dennis Showalter도 이와 비슷하게 20세기 독일의 군인회고록을 교육의 역사Bildungsgeschichte에 비유한다.[53]

하급 군인들이 쓴 대부분의 회고록은 이 주장을 확실히 증명해준다. 이 회고록들은 환멸을 느끼는 과정, 또는 적어도 순수함을 잃어버리는 과정을 묘사한다. 그리고 여기에는 대개 새로운 것을 깨닫고 자아를 발견하는 과정이 동반된다. 거의 모든 회고록 저자들은 자신이 묘사하는 경험의 가장 중요한 의미는 그 경험을 통해 자신이 변화해서 처음과는 크게 다른 모습으로 전쟁의 끝을 맞게 되었다는 점이라고 이구동성으로 말한다.[54] 이러한 변화 과정은 에이탄, 슈워츠코프, 지바티 등 일부 상급 군인들의 회고록에도 특징적으로 나타난다.

따라서 개인사는 단순한 사실들의 축적이 아니라 하나의 과정이 된다. 6일전쟁처럼 지극히 짧은 전쟁에 대해서도 긴 전쟁 회고록이 나와 있는 이유가 바로 이것이다. 저자는 오로지 변화 과정에만 관심이 있을 뿐이므로, 전쟁 기간이 6일이든 6년이든 별로 달라질 것이 없다. 포클랜드 전쟁 때 낙하산병이 외쳤듯이, 사람이 순수성과 환상을 잃어버리고 현실과 자아의 또 다른 얼굴을 발견하는 데에는 10분도 10년만큼이나 충분한 시간이다.

20세기 회고록에서 개인적인 변화 과정은 보통 거의 정해진 길을 따라간다. 징병, 첫 전투, 친구의 첫 죽음, 첫 살인, 하마터면 죽을 뻔한 첫 경험, 첫 부상, 매춘부와의 첫 경험, 잔혹한 장면 첫 목격, 잔혹한 행위 첫 실행, 제대가 이 길에 이정표처럼 박혀 있다.[55] 지휘관의 경우에는 다른 이정표, 즉 처음으로 지휘를 맡은 부대, 첫 승리, 첫 패배, 자신이 선택한 직업에 대한 회의가 위의 목록에 추가된다. 회고록 저자들은 대개 이런 경험을 상세히 묘사한 뒤, 자신에게 어떤 변화가 일어났는지 곰곰이 되돌아본다. 예를 들어, 커밍스는 처음으로 사람을 죽였을 때의 일을 묘사한 뒤 다음과 같이 썼다.

나는 적의 얼굴을 들여다보았다. 그는 더이상 경련하지 않았다. 그의 눈이 깜박거림을 멈춘 순간, 나는 생명의 비밀을 깨달았던 것 같다. (…) 다시는 예전의 나로 돌아갈 수 없음을 알았다. 설사 내가 한 일이 옳은 일이라 하더라도, 나는 다시는 예전의 나로 돌아가지 못할 것이다. 나는 훈련받은 대로 적을 죽였으나, 나의 일부도 함께 죽었다.[56]

카푸토는 자신의 부대가 처음으로 총격전을 벌인 뒤 다음과 같이 썼다.

전쟁의 첫 성사聖事인 불의 세례(총격을 의미함 — 옮긴이)를 받은 뒤, 그들[카푸토의 부하들]의 소년 시절은 과거가 되었다. 그들도 나도 당시에는 이런 생각을 하지 않았다. 적의 총격을 받고 피를 흘렸으니 이제 우리는 남자가 되었다고 자신에게 말하지도 않았다.

말로 표현하지는 못했지만, 그저 뭔가 의미심장한 일이 우리에게 일어났음을 인식했을 뿐이다.[57]

이정표가 되는 이런 경험들은 대개 첫 경험이라는 점 외에는 달리 독특한 점이 없다. 따라서 이런 경험이 책에서 묘사되는 것은 내재적인 가치 때문이 아니라, 순전히 저자의 개인사에서 독특한 위치를 차지하고 있기 때문이다. 예를 들어, 커밍스는 정글 초소에서 처음으로 보낸 며칠 동안의 일과 첫 순찰 경험을 지극히 상세하게 묘사한다.[58] 두 경우 모두 아무 일도 일어나지 않았지만, 이 경험이 그의 내면에 미친 영향은 어마어마했다. 그는 나중에 이런 일을 헤아릴 수도 없을 만큼 많이 경험했지만, 그런 경험에 대해서는 한마디도 하지 않았다. 회고록 저자의 변화와 함께 서술 방식도 변화한다는 점 또한 의미심장하다. 적과의 첫 소규모 교전을 묘사할 때는 아직 망상에 빠져 있는 열성적인 청년의 시각을 이용한다. 이 청년은 모험을 한다는 생각에 잔뜩 들떠 있다. 또는, 자신이 잘하고 있는지 확신하지 못하고 겁에 질린 신병의 시각을 이용할 때도 있다. 그러나 전쟁이 끝날 무렵에 겪은 소규모 교전은 이미 전쟁에 환멸을 느낀 반백의 베테랑의 시각으로 묘사된다.

이와는 대조적으로, 르네상스 시대 군인회고록의 저자들에게서는 심리적인 변화 과정이 전혀 감지되지 않는다. 그들이 자신을 주인공으로 언급하는 다양한 장면 또한 서로 인과관계로 연결되어 있지 않다. 회고록 저자가 주인공으로 등장하는 일화들만 따로 모아

놓더라도, 여전히 기억할 만한 사실들을 일화 중심으로 모아놓고 아무런 결론을 내리지 않은 글이 될 뿐이다.

르네상스 시대의 회고록 저자들에게도 개인사를 유기적인 인과 관계로 묘사하는 본보기가 분명히 있었다. 당시 나와 있던 종교적인 자서전은 물론 기사도 소설이나 《라사리요 데 토르메스의 생애Vida de Lazarillo de Tormes》(스페인의 피카레스크 소설 — 옮긴이) 같은 세속적인 글도 대부분 개인적인 변화 과정을 묘사했다. 그러나 회고록 저자들은 이런 본보기를 사용하지 않았다. 그들이 묘사한 개인사는 여러 사실과 일화가 서로 연결되지 않은 채 모여 있는 글에 불과했다. 회고록 저자들도 이런 일화가 자신에게 미친 영향이나 자신에게 일어난 변화를 알고 있었을 것이다. 그러나 그것을 굳이 글로 옮기려고 하지는 않았다. 그 이유를 이해하려면, 회고록 저자들이 '삶'이라는 개념을 어떻게 이해하고 있었는지 자세히 살펴볼 필요가 있다.

## 삶이란 무엇인가?

### 중세의 유산

1388년 겨울에 연대기 작가 장 프루아사르는 피레네산맥으로 여행을 떠났다. 유명한 푸아 백작의 궁정을 방문하기 위해서였다. 어느 날 밤, 프루아사르는 백작의 부름을 기다리며 오르테즈에 있는 에르노통 뒤 팽의 여관에서 시간을 보냈다. 그 자리에 함께 있던 여러 기사와 수습 기사 중에 바스코 드 몰레옹이라는 도적단 두목이 있었다. 모두 한자리에 둘러앉은 가운데, 몰레옹의 사촌이 "그의 삶vie 과 그가 일익을 담당했던 무훈에 대해 이야기해보라고 [몰레옹을] 부추겼다."[59] 몰레옹은 먼저 프루아사르에게 자신이 이제부터 할 이야기를 이미 연대기에 포함시키지 않았느냐고 물었다. 프루아사르는 이야기를 들어보기 전에는 대답할 수 없는 문제라면서, 몰레옹에게 어서 이야기해보라고 말했다.

몰레옹은 자신의 첫 전투였던 푸아티에 전투 이야기부터 시작했다. 그리고 이어서 자신이 푸아 백작과 함께 프로이센으로 갔던 일, 돌아오는 길에 푸아 백작과 함께 자크리의 난(백년전쟁 중이던 1358년에 프랑스 북부에서 일어난 농민폭동 — 옮긴이)을 진압하는 데 손을 보탠 일을 이야기했다. 그 다음에는 1360년까지 자신의 공적을 간략하게 설명한 뒤, 이야기를 멈추더니 1360년의 원정과 브레티니 평화조약 등 모든 사건들이 프루아사르의 연대기에 이미 포함되어 있을 것 같다고 말했다. 프루아사르는 과연 그 말이 맞는다면서, 이렇게 덧붙였다. "내가 모두 기록했소. 당신의 설명은 사실과 정확히 일치하는군."[60] 그러자 몰레옹은 1360년의 원정을 건너뛰어 곧바로 평화협정 조인 이후에 자신이 세운 공적을 이야기하기 시작했다.[61]

몰레옹이 여러 전투, 소규모 교전, 공성전, 매복작전에서 세운 많은 공적과 모험에 관한 이야기가 몹시 상세하고 길게 이어졌다. 엄밀히 말하면, 몰레옹은 잉글랜드 국왕을 위해 싸우는 사람이었으나, 실제로는 도둑과 살인자 무리를 독자적으로 이끌고 있었다. 그는 에드워드를 프랑스 국왕으로 만드는 일보다 스스로 부자가 되

는 데 더 관심이 있었다. 프루아사르는 몰레옹과 그의 무리를 전혀
비난하지 않았다. 그저 몰레옹의 이야기를 자신의 연대기에 충실히
포함시켰을 뿐이다. 그의 이야기를 수정한 흔적도 보이지 않는다.
프루아사르는 심지어 몰레옹의 이야기가 끝난 뒤 모두들 포도주를
주문해서 마실 때의 일도 기록해두었다. 몰레옹이 프루아사르에게
물었다. "나리, 어떻게 생각하십니까? 제 삶ma vie에 대해 잘 알게 되
셨습니까? 말씀드리지 않은 모험이 많이 있습니다. 제가 모든 것을
말할 수도 없고, 말할 생각도 없기 때문입니다."[62]

프루아사르는 몰레옹과 비슷한 도적기사인 루이 루보의 이야기
를 해달라고 몰레옹을 설득했다. 이 이야기가 끝난 뒤, 프루아사르
는 몰레옹의 이야기와 관련해서 몰레옹에게 다음과 같이 약속했다.

　온화하신 블루아 백작 기Guy가 내게 맡기신 고상하고 고귀한
　역사서에 그 이야기를 기록하겠소. 그러면 내가 그 역사서에서 말
　하게 될 이야기, 앞으로 신의 은총으로 말하고 쓰게 될 이야기와
　더불어 당신의 이야기도 영원히 기억될 것이오.[63]

그 자리에 함께 앉아 있던 또 다른 약탈자 부르크 드 코펜은 이
약속을 듣고 "입을 열었다. 내가 느끼기로는, 자신과 자신의 형제
부르크 앙글루아의 삶vie과 여러 일들, 그들이 오베르뉴를 비롯한
여러 곳에서 싸운 이야기를 자진해서 기록으로 남길 기세였다".[64]
그러나 안타깝게도 그 순간 푸아 백작이 그들을 불렀으므로 코펜은
자신의 개인사를 이야기할 기회를 얻지 못했다.

14세기 말에 하급 귀족과 지휘관조차 즉석에서 자신의 개인사를 들려줄 수 있었다는 사실이 흥미롭다. 몰레옹은 수십 년 전까지 거슬러 올라가서 자신의 '삶'을 들려주기 위해 메모를 하거나 달리 준비할 필요가 없었다. 코펜도 마찬가지였다. 몰레옹이나 코펜 같은 사람들이 교육을 제대로 받지 못한 하급 수습 기사였다는 사실이 중요하다. 그들은 전투와 강도질에 대부분의 시간을 썼다. 그들은 확실히 인문주의 문화의 선봉대에 속하지 않았다. 그런데도 그들은 자신의 삶을 쉽사리 이야기로 엮어낼 수 있었다. 만약 그들이 그 이야기를 프루아사르에게 말하는 대신 직접 글로 썼다면, 르네상스 시대의 대다수 군인회고록과 다르지 않은 군인회고록이 만들어졌을 것이다. 만약 누군가가 몰레옹에게 귀용의 회고록을 읽어주었다면, 몰레옹은 전혀 신선하다는 느낌을 받지 못했을 것이다. 기껏해야, 자신은 과거 이야기에 에드워드 3세를 거의 언급하지 않았는데 귀용은 왜 카를 5세에게 그렇게 많은 관심을 기울였는지 궁금해 하는 수준에서 그쳤을지도 모른다.

그래도 흥미로운 것은, 몰레옹, 코펜, 프루아사르 등에게 '삶'이 무엇을 의미했는지 알 수 있다는 점이다. 그들에게 삶이란 명예로운 행동, 특히 군사적인 행동을 의미했다. 몰레옹은 단순히 군사적인 행동만 열거하면서도, 이것이 자기 '삶'의 이야기라고 주장한다. 프루아사르도 몰레옹처럼 악명 높은 약탈자인 에메리고 마르셀의 군사적인 이력에 대해 이야기하면서, "나는 에메리고 마르셀의 삶vie에 관해 모든 것을 이야기하고, 그의 모든 행동faits을 설명하는 임무를 자임했다"[65]고 설명한다. 몰레옹은 중세 말기 귀족들의 일반적인 경향을 대표한다. 중세의 세속적인 전기 제목에는 보통 'vie'라는 단어보다 'faits'라는 단어가 들어갔다. 때로는 'vie et faits'('et'는 프랑스어로 '그리고'라는 뜻 — 옮긴이)라는 말이 들어가기도 했다. 어쨌든 이런 책은 언제나 행동을 모아놓은 것이었다. 유일한 예외가 될 수 있는 것은 성인聖人의 개인사였다. 전사戰士이자 성자의 전기로 간주되는 주앵빌의 《성왕 루이의 삶Vie de saint Louis》에는, 주앵빌에 따르면, 딱 두 가지만 묘사되어 있다. 루이의 "성자다운 어록"과 "기사도를 보여주는 훌륭한 행동 및 (…) 훌륭한 무훈."[66]

그러나 faits는 개인사의 구성요소일 뿐만 아니라, 역사의 구성요소이기도 했다. 프루아사르는 연대기 첫 문장에서 "프랑스와 잉글랜드, 그리고 이웃 왕국들의 큰 전쟁에서 발생한 놀라운 일과 훌륭한 무훈[fait d'armes]"[67]을 기록할 생각이라고 말한다. 그가 쓰는 것은 프랑스와 잉글랜드의 역사나 그들이 치른 전쟁의 역사가 아니라, 이 전쟁에서 발생한 명예로운 행동들의 기록이다. 그렇다면 프루아사르가 생각하는 역사는, 삶과 마찬가지로, faits로 구성되어 있었음을 알 수 있다.

따라서 프루아사르는 유럽에서 인구의 3분의 1이 넘는 사람들의 목숨을 앗아간 역사상 최악의 재앙인 흑사병에 사소한 소규모 교전이나 마상 창경기만큼의 관심도 쏟지 않는다. 사실 수천 페이지 분량의 연대기에서, 흑사병을 언급한 문장은 단 한 개뿐이다. "당시 어떤 병이 온 세상을 휩쓸어 유행병으로 여겨졌으며, 적어도 세상의 3분의 1이 죽었다."[68] 프루아사르는 명예로운 행동이 없었다는 이유로, 이 엄청난 묵시록조차 기억할 만한 일이 아니라고 평가한 것이다.

프루아사르에게 역사와 삶은 모두 명예로운 행동의 기록이었다.[69] 몰레옹이나 코펜 같은 사람들이 자신의 개인사가 역사 속에 자리를 차지할 수 있을 것이라고 자신한 것도 같은 이유에서였다. 당시 가장 유명한 역사가였던 프루아사르는 푸아티에 전투보다 몰레옹의 개인사에 더 많은 지면을 할애하는 것이 지극히 자연스러운 일이라고 생각했다(흑사병은 말할 것도 없다). 이에 못지않게 중요한 것은, 몰레옹이 자신의 이야기를 하면서 우쭐대는 것처럼 보일지 모른다고 걱정하지도 않고, 변명이나 사과를 하지도 않았다는 사실이다. 몰레옹 같은 도적 기사들은 자신의 개인사가 당시 가장 유명한 역사책에서 많은 자리를 차지하는 것이 아주 자연스럽다고 생각했다. 그들은 자신을 역사적인 주인공으로, 자신의 행동을 역사적인 사건으로, 자신의 개인사를 역사로 보았음이 분명하다. 그들은 자신이 세운 무훈이 모두 역사에 한 자리를 차지할 수 있는, 기억할 만한 행동이라고 믿었다. 자신이 그런 공훈을 유명한 전투에서 세웠는지, 이름 없는 소규모 교전에서 세웠는지는 중요하지 않았다.

역사와 정체성에 대한 이런 시각은 프루아사르의 시대에도 보편적으로 받아들여지지 않았다. 예를 들어, 수도원 연대기, 도시 연대기, 또는 《프랑스 대연대기Grandes Chroniques》 같은 왕의 연대기는 다른 시각을 바탕으로 하고 있다. 역사와 정체성에 대한 프루아사르식 시각이 다른 시각에 비해 상대적으로 얼마나 영향력을 발휘했는지는 단언하기 어렵다. 물론 프루아사르식 시각을 가장 쉽게 받아들인 사람들은 귀족이었다. 중세 말기의 전사 귀족에게서 르네상스 시대의 전사 귀족에게로 이어진 문화적 유산이 여기에 반영되어 있기 때문이다.

## 아내와 말馬

르네상스 시대 군인회고록이 '삶'을 바라보는 시각은 몰레옹이나 프루아사르의 시각과 흡사했다. 여기서도 기억할 만한 명예로운 행동이 가장 중요했다. 귀족에게 명예가 곧 생명이라는 견해는 르네상스 시대 전사 귀족들 사이에서 널리 받아들여지고 있었다.[70] 여기서 명예는 추상적인 개념이 아니라, 구체적이고 명예로운 행동을 의미했다. 명예는 단순히 행동을 통해 드러나는 것이 아니라, 행동 그 자체였다. 따라서 명예로운 행동의 기록은 곧 그 행동을 한 사람의 삶에 대한 기록이었다(동시에 역사의 기록이기도 했다). 이야기 속에서 회고록 저자의 삶을 구성하는 것이 무엇인지 살펴보면 이 점을 가장 분명히 알 수 있다. 르네상스 시대의 회고록 저자들이 자신의 내면을 무시했다는 사실은 이미 앞에서 살펴보았다. 그러나 그들이 무시한 것은 그것만이 아니었다. 자신의 삶에서 명예로운 행동과 관련이 없는 것이라면 무엇이든 무시하는 경향이 있었다.[71]

1562년 여름의 원정은 몽뤽에게 힘든 경험이었다. 몇 주도 지나기 전에 그는 사랑하는 말과 36년 동안 결혼생활을 한 아내를 모두 잃었다. 말의 죽음에 대해 그는 다음과 같이 썼다.

거기서 나는 튀르크산 애마를 잃었다. 내가 내 자식들 다음으로, 세상의 무엇보다 사랑했던 말이다. 죽음과 감옥에서 녀석이

나를 세 번이나 구해주었기 때문이다. 팔리아네 공작이 로마에서 내게 그 녀석을 주었다. 그렇게 좋은 말을 가져본 적도, 가질 수 있을 것이라고 기대한 적도 없었다.[72]

아내의 죽음에 대해서는 이렇게 썼다. "나는 에스티야크의 집으로 돌아갔다. 아내가 죽었다는 소식을 듣고 집안일을 정리하기 위해서였다."[73] 몽뤽의 아내는 어쩌다가 세상을 떠났을까? 몽뤽은 아내의 죽음 앞에서 무엇을 느꼈을까? 아내는 몽뤽에게 평생 동안 무엇을 해주었으며, 다른 아내들에 비해 어떤 사람이었는가? 우리는 이런 질문의 답을 모른다. 몽뤽이 아내의 죽음에 대해 쓴 문장은 앞의 인용문이 전부이기 때문이다.

게다가 몽뤽의 글에서 아내가 등장한 것은 이때가 고작 세 번째였다. 한번은 그녀가 딸의 지참금에 돈을 보탰다는 사실을 언급했을 때고, 다른 한 번은 몽뤽이 앙리 2세의 죽음과 관련된 꿈을 꿨을 때였다.[74] 심지어 그는 결혼식에 대해서도 언급한 적이 없다. 아내의 이름도 밝히지 않았다. 몽뤽의 두 번째 아내도 그의 글에 잘 나타나지 않기는 마찬가지다. 그녀의 이름 역시 밝혀져 있지 않으며, 그녀는 이야기 속에 고작 여섯 번 등장할 뿐이다.[75] 몽뤽은 두 아내와의 관계에 대해 깊이 생각하지 않았다.

회고록에서 아내보다 말에게 더 관심을 보인 사람은 몽뤽뿐만이 아니다. 귀용의 회고록에 나중에 추가된 것으로 보이는 마지막 문단에는 귀용이 1544년 1월에 페캉쿠르에서 잔 드 생라공과 결혼했다는 내용이 나온다. 그러나 본문 중에는 두 사람의 결혼 사실도,

아내에 관한 이야기도, 두 사람 사이에 태어난 여덟 자녀의 이야기도 전혀 언급되어 있지 않다. 귀용은 이유를 설명하지 않은 채 그저 페캉쿠르에 살게 되었다고 밝혔을 뿐이다.[76] 반면 말에 대해서는 애정 어린 관심을 보였다. 그가 말을 사려고 안달루시아까지 다녀온 일에 대해 길게 묘사했음은 앞에서 이미 살펴보았다. 귀용은 거기서 사랑하는 말 카뮈를 샀다. 그리고 다른 말이 죽었을 때는 너무 슬픈 나머지 하마터면 목숨을 잃을 뻔했다. 그보다 앞에서도 그는 말을 사려고 먼 곳까지 다녀온 또 다른 여행에 대해 묘사했다.[77] 이보다 더 중요한 것은 그가 알제 원정 중에 동료들과 함께 굶주리다 못해 하는 수 없이 말을 잡아먹었고, 같은 군대의 다른 군인들도 그 뒤를 따랐다는 사실을 아주 세세히 묘사했다는 점이다. 그는 황제 소유의 절름발이 말 곤자가만 제외하고 모든 말이 죽임을 당했다고 적었다. 곤자가가 살아남은 것은, 그 말이 황제에게 지금껏 봉사한 것을 감안해서 살려달라고 귀족들이 황제에게 간청한 덕분이었다.[78] 비슷한 맥락에서 귀용은 생캉탱 전투(1557년) 때 나중에 함께 시간을 보내고 싶다는 이유로 가장 사랑하는 말을 집에 놔두고 다른 말에 올랐다.[79]

디아스는 몬테수마에게서 인디오 여성을 선물로 하사받아 도나 프란시스카라는 세례명을 주었다고 밝혔지만, 다시는 그녀를 언급하지 않았다.[80] 오랜 세월을 함께한 그의 아내도 전혀 언급되지 않았다. 반면 그가 함께했던 여러 말들에 대해서는 일일이 이름을 열거하면서 그들이 어떤 운명을 맞았는지 설명했다.[81] 디아스의 글에는 마리나만 빼고 어떤 여성도 거의 등장하지 않는다.[82] 반면, 멕시

▲ 왼쪽 위에서부터 시계 방향으로 디아스, 플로랑주, 셰르틀린, 카를 5세. 아내보다 말이 더 소중한 르네상스 전쟁왕들. 이들은 결국 회고록을 통해 이름을 후세에 남겼다.

코로 데려간 말 열여섯 마리에 대해서는 각각의 생김새와 전투에서 발휘한 능력이 일일이 묘사되어 있다.[83] 디아스는 심지어 이 말들 중 일부의 이름과 공적까지 기록해두었다. 어떤 전투에서 코르테스가 올라탄 말 엘 로모는 짙은 밤색의 아주 훌륭한 말이었으나, 나이가 많아서인지 아니면 지쳐서인지 휘청거리는 바람에 코르테스가 멕시코인들에게 사로잡힐 뻔했다는 이야기도 적혀 있을 정도다.[84]

플로랑주도 자신의 결혼에 대해 밝힌 사실은 결혼식 날짜, 장소, 지참금 규모뿐이다. 아내의 성격이나 자신이 그녀에게 느낀 감정에 대해서는 말할 것도 없고, 심지어 아내의 이름도 밝혀져 있지 않다.[85] 그 다음에 그의 아내가 등장하는 것은 15년 뒤, 그의 회고록이 마무리되는 시점이다. 파비아에서 포로가 된 플로랑주는 플랑드르로 옮겨져서 포로생활을 하게 된다. 그런데 그곳으로 가는 **도중에** 집이 있는 지역을 지나가도 좋다는 허락을 받았다. 그는 리옹에서부터 "집에 가서 아내를 만나기 위해 부랴부랴 움직였다. 그녀와 만난 지 1년 반이 지났고, 그가 자기 집에서 아내와 한 번에 15일을 보낸 지 8년 만이었다."[86] 이것이 탄식인지 자랑인지는 분명하지 않다. 엔리케스 데 구스만은 여러 여자와의 수많은 연애에 대해 이야기하면서도, 아내는 딱 두 번만 언급했다. 아내의 이름은 밝히지 않았다.[87] 카를 5세는 결혼 사실을 지나가는 말로 언급했다.[88] 그는 아내를 상당히 자주 언급했지만, 단순히 아내와의 재회, 자녀의 출생, 그녀가 섭정이 되는 등 정치적으로 수행한 역할을 기록했을 뿐이다. 아내의 이름은 한 번도 밝히지 않았고, 아내와의 관계나 감정에 대해서도 이야기하지 않았다. 아내가 죽었을 때는 "모든 사람이, 특히 황제가 크게 슬퍼했다. 황제는 그런 경우의 관습을 따랐다"[89]고 썼을 뿐이다.

셰르틀린은 아내의 죽음을 단 한 문장으로 처리하면서, 자신들이 50년 5개월 동안 결혼생활을 했으며 아내가 일요일에 죽었다고만 밝혔다. 그러고는 곧바로 볼프강 공작의 죽음을 훨씬 더 길게 설명했다.[90] 베르두고가 아내와 자녀들을 언급한 것은 자신의 병사들에게 필요한 물건을 공급해주는 대가로 그들을 어떤 상인들의 인질로 남겨두고 떠날 때 딱 한 번뿐이다.[91] 베를리힝겐은 아내를 겨우 몇 번만 언급했다. 아내의 이름도 밝히지 않았고, 딱 한 번 아내를 중요하게 취급한 것은 1525년에 농민전쟁(루터의 종교개혁의 영향으로 독일에서 일어난 농민폭동 — 옮긴이)과 관련해서 음모를 꾸민 그녀와 그녀의 어머니를 비난하기 위해서였다.[92] 가르시아 데 파레데스는 아예 아내를 한 번도 언급하지 않았다.[93]

아내를 대하는 이런 태도를 라 빌리에르의 태도와 비교해볼 필요가 있다. 걸프전을 다룬 그의 글에서 아내 브리짓은 아마 라 빌리에르에 이어 두 번째로 중요한 인물이라고 할 수 있을 것이다. 심지어 슈워츠코프나 사담 후세인보다도 비중이 크다. 라 빌리에르는 거의 두세 페이지마다 한 번씩 아내와 주고받은 편지 내용을 본문에 녹여냈다. 독자들은 이 편지들을 통해 당시의 군사적 상황, 라 빌리에르의 생각과 계획을 대체로 파악할 수 있다. 또한 그의 아내에 대해서도 직접적으로 알 수 있다. 라 빌리에르는 아내와의 관계, 아내의 성격 등을 다양한 관점에서 상세히 묘사했다. 아내가 배를 모는 솜씨가 형편없다고 말한 부분에서는 다음과 같은 설명을 곁들였다.

"브리짓은 결코 타고난 뱃사람이 아니다. 그녀가 바다를 무서워하는 탓이 아니다. 오히려 바다를 지겨워하는 것이 문제다. 선천적으로 균형감각이 떨어지는 탓에 그녀는 쉽게 뱃멀미를 하며, 항해에는 소질이 없다."[94]

## 기억할 가치가 없는 일상생활

르네상스 시대의 회고록 저자들은 아내만 무시한 것이 아니라 성생활도 무시했다. 반면 20세기 회고록에서는 성생활이 중요한 역할을 할 때가 적지 않다. 유곽과 성매매 여성들은 많은 20세기 회고록에서 상당한 비중을 차지하지만, 거의 모든 르네상스 회고록에는 전혀 등장하지 않는다. 자위행위나 동성애 같은 주제는 말할 것도 없다.[95]

르네상스 시대의 군인회고록 저자들은 친구도 무시했다. 부하, 동료, 상관과의 관계를 자주 길게 묘사한 것은 사실이다. 그러나 플로랑주가 아버지와의 관계를 설명한 부분처럼, 그들의 관계에 대한 묘사는 언제나 직업적인 측면에만 국한되었다. 직업이나 군사적인 측면에서 별로 의미가 없는 사회적인 관계는 무시되었다. 이 점을 가장 분명하게 보여주는 것은 그들이 동료애를 묘사한 방식이다.

20세기 회고록 저자들에게 동료애는 전쟁에서 가장 좋은 점이었다. 그들은 동료애를 이상화하고 찬사를 보낸다. 동료들과의 관계가 글 전체를 지배하는 경우도 많다. 예를 들어, 사예르와 할스의 우정, 커밍스와 A. B.의 우정은 거의 연애와의 경계선을 넘나들며 두 사람의 글을 지배한다. 반면 르네상스 시대의 회고록 저자들은 대부분 동료애를 찬양하지도 않고, 동료를 언급하지도 않았다. 르네상스 시대의 군대에도 동료애는 분명히 존재했다. 게다가 군이 말하자면, 20세기 군대보다 르네상스 시대의 군대에서 동료애가 훨씬 더 중요했다. 현대에는 군이 책임져야 할 일을 당시에는 동료들이 서로 보살펴줘야 할 때가 많았기 때문이다. 스페인 군대에서 군인들은 카메라다camerada라는 소규모 무리를 지었다. 자신을 보호하고, 필요한 것을 구하기 위해서였다. 십중팔구 다른 군대도 마찬가지였을 것이다. 카메라다는 군인의 생활에서 진정한 핵심이었다. 이 소규모 집단이 식량과 숙소를 해결해주었기 때문이다. 이 집단에 속한 동료들이 돈과 물건을 공유하는 경우도 많았다. 특히 병이 났을 때처럼 어려울 때 이 집단이 큰 도움이 되었다. 엔리케스 데 구스만은 자신이 처음으로 원정에 나선 시칠리아에서 중병에 걸렸을 때 아무도 자신을 돌봐주지 않았다고 말한다. 스페인에서 오는 길에 그가 모든 사람을 냉대하고 무시하며 친구를 만들지 않은 탓이었다.[96] 라누도 이런 소규모 집단 없이 군대에서 살아남기가 몹시 힘들었으며, 카메라다의 구성원들이 "마치 형제처럼"[97] 몹시 긴밀한 관계였다고 확인해준다. 라 누는 계급이 높은 군인들 사이에도 이런 집단이 존재했다면서, 대부분의 부대에서 지휘관은 자신을 수행한 신사들과 수습 기사들로 이루어진 카메라다를 갖고 있었다고 밝혔다.[98]

그런데도 르네상스 시대 회고록 저자들은 동료애나 동료를 거의 언급하지 않았다. 이 규칙을 증명해주는 유명한 예외가 뷔에유의 동료애 찬양이다.

조물주의 의지를 수행하기 위해 친구가 그토록 용감하게 자신의 몸을 노출시킨 것을 보고 의리와 연민이라는 따스한 감정이 가슴에 스며든다. 그래서 나는 그를 버리지 않고 가서 그와 함께 죽거나 살기로 마음을 굳힌다. 이런 일을 경험하지 못한 사람은 이런 행동에서 오는 만족감을 어떻게 표현해야 할지 모른다.[99]

내가 찾아낸, 카메라다를 직접 언급한 유일한 사례는 귀용의 회고록이다. 그는 1541년의 알제 원정 중에 "우리는 제노바를 출발하면서 카메라다를 조직했다. 황제를 호위하는 일곱 궁수, 즉 앞에서 말한 생마르탱, 제르미니, 퐁테르비에, 장 놀, 제냉, 레나 샤세, 클로드 퀴크, 그리고 나였다."[100]

그러나 이 경우에도 귀용은 단순히 사실만을 적었다. 이 일곱 친구와 자신의 관계를 묘사하지도 않았고, 그들을 다른 곳에서 언급한 경우도 거의 없었다. 그가 생마르탱, 장 놀, 제냉의 이름을 언급한 것은 이때뿐이었다. 제르미니는 두 번 더 언급했다.[101] 퀴크와 퐁테르비에에 대해서는 콤포스텔라로 함께 순례여행을 갔다고 언급했고,[102] 샤세에 대해서는 딱 한 번 더 언급했다. 그의 죽음을 간단히 처리해버린 문장을 통해서였다. "그 소규모 교전에서 나의 좋은 친구이자 동료인 드 샤세가 죽었다."[103]

에힝엔은 친구인 게오르크 폰 람지덴에게 훨씬 더 관심을 기울이지만, 역시 그와의 관계를 깊이 묘사하지는 않는다. 가르시아 데 파레데스와 동료들의 관계는 여러 전투, 결투, 주먹다짐에서 서로를 돕는 수준이다. 이 밖에 동료애를 별도로 언급한 사례가 몇 군데 더 있다. 귀용이 1535~1536년의 힘든 겨울을 묘사한 글에서 "나의 좋은 스페인 친구 여러 명이 언제나 나를 도와주었다"[104]고 쓴 부분, 몽뤽이 자신의 부하들이 "깊이 사랑한 동료 한 명이 죽임을 당했다는 이유로"[105] 항복한 이탈리아 보병 몇 명을 무참하게 죽여버린 일을 언급한 부분 등이다.

전체적으로 봤을 때, 회고록 저자들은 자신의 군대나 부대에 속한 사람들을 자주 언급했으나 그들과의 관계에 대해서는 거의 말하지 않았다. 또한 대부분의 회고록 저자들이 자신의 친구나 적에 대해 따로 설명하지 않았다. 예를 들어 에냉은 원정에 나선 군인들의 일상생활에 대해 거의 모든 회고록 저자들에 비해 많은 관심을 할애하고,[106] 자기 부대의 많은 군인들, 특히 부하들의 이름도 밝혔지만,[107] 그들과의 관계가 어땠는지, 그들 중 특히 누구와 친하고 누구와 적대관계였는지는 결코 분명히 밝히지 않았다.

심지어 디아스도 동료애를 언급한 적이 없다. 그는 함께 싸운 동료들의 이름을 많이 열거하고, 그들이 겪은 사소하고 다양한 모험들을 이야기한다. 그러나 자신이 이 사람들과 어떤 관계였는지 분명히 밝히지 않는다. 그들 중 누군가에게 특별히 유대감을 느꼈다는 이야기도 없다. 정황증거를 살펴서 디아스의 동료들 중 그의 친구와 적을 짐작해볼 수는 있겠지만, 디아스 본인은 이 점에 대해 분명히 말한 적이 없다. 그가 상관들과 몇 번 싸운 일을 언급한 것 외에 조금이라도 주의를 기울인 인간관계는 지휘관인 코르테스와 산도발과의 관계밖에 없다. 그런데 이 두 사람과의 관계는 사교적인 성격을 띠지 않는다는 점에서 중요하다. 이런 면에서 유일하게 중요한 예외는 베를리힝겐이다. 그는 친구나 적과의 관계에 대해 가끔 비교적 상세한 설명을 한다.

르네상스 시대의 회고록 저자들은 아내, 성생활, 친구뿐만 아니라 자신의 유년기도 무시하는 경향이 있었다.[108] 많은 회고록 저자들은 자신의 탄생이 아니라 군대에 발을 들인 시점부터 이야기를 시작했다. 즉, 자신이 역사에 발을 들여놓은 시점을 기점으로 삼은 것이다. 그리고 이 역사의 경계선을 표시해주는 것은 대개 말馬이었다. 코민의 회고록 첫 문장은 다음과 같다. "유년기를 벗어나 말에 오를 수 있는 나이가 되었을 때 나는 당시 샤롤레 백작으로 불리던, 부르고뉴의 샤를 공작이 있는 릴로 갔다. 샤를 공작은 나를 신하로 삼았다."[109] 마르탱 뒤 벨레는 "내가 말에 오르기 시작한 42년 전부터 앞서 말한 왕[프랑수아 1세]이 세상을 떠난 때까지 일어난 일들"[110]을 글로 적을 생각이라고 밝혔다. 의미심장한 것은, 뒤 벨레의 이야기에서 그가 처음으로 말을 탈 수 있게 된 날이 역사적인 전환점으로서 프랑수아 1세의 죽음과 동등하게 취급되는 것 같다는 점이다. 플로랑주의 이야기는 다음과 같이 시작된다.

그가 여덟 살이나 아홉 살쯤 되었을 때 (…) 이 어린 모험가는 자신이 작은 말에 오를 수 있는 나이가 되었음을 깨닫고 (…) 세상에 나아가 세상을 보고 프랑스 국왕 루이 12세의 궁정에 가기로 마음먹었다.[111]

메를의 전기 첫 문장은 다음과 같다. "위제 출신인 마티외 드 메를 대장에게는 형이 두 명 있었다. 그는 나중에 위제 공작이 된 아시에 영주의 수비대에서 **화승총**을 들기 시작했으며, 1568년에는 영주와 함께 푸아투 여행을 했다."[112] 이 경우에는 화승총이 말 대신 삶의 이정표 역할을 한다. 다른 회고록 저자들은 구체적으로 말을 언급하는 대신, 자신이 수습 기사, 기사, 전사가 된 시점을 세상에 발을 내디딘 시점으로 규정했다. 앞에서 우리는 몰레옹이 자기 **삶**의 이야기를 첫 전투로부터 시작한 것을 보았다. 가르시아 데 파레데스는 (말 때문에) 이웃과 벌인 싸움을 이야기의 기점으로 삼았다. 그는 이 싸움으로 인해 어쩔 수 없이 이탈리아로 도망쳐 교황의 군대에 들어갔다. 귀용, 에힝엔, 몽뤽, 베를리힝겐은 수습 기사가 된 시점부터 이야기를 시작했다.[113] 엔리케스 데 구스만, 디아스, 셰르틀린은 짤막한 머리말에 이어 자신이 군인이 되려고 고향을 떠난 시점으로 곧장 건너뛰었다.[114] 카를 5세는 첫 번째 원정부터 이야기를 시작했다.[115]

이처럼 르네상스 시대의 전형적인 회고록 저자에게 '삶'은 그가 말을 타고 무기를 들 수 있게 되었을 때, 즉 무훈을 세워 역사의 주인공이 될 잠재력을 갖췄을 때부터 시작되었다. 그 이전에 일어난 일은 무엇이든 그의 정체성이나 삶에 중요하지 않았다. 또한 삶의 시작점이 탄생이 아니듯이, 종점 또한 죽음이 아니었다. 몽뤽은 라바스탕에서 당한 부상과 나이 때문에 몸을 자유로이 움직일 수 없게 되었을 때 회고록의 초고 하나를 완성한 뒤 이렇게 썼다. "내 글과 내 삶에 모두 종지부를 찍어야겠다. 신께서 내게 다시 **무기를 들**

기 위해 말에 오를 수 있는 은총을 베풀어주실 것 같지 않기 때문이다."[116] 몽뤽이 자살을 생각한 것은 아니다. 이 문장은 그의 **삶**이 죽음으로 끝나는 것이 아니라 그가 말에 올라 무기를 들 수 없게 되는 순간, 즉 무훈을 세워 역사의 주인공이 되는 것이 불가능해진 순간 끝난다는 뜻이다.

하지만 몽뤽의 글은 여기서 끝나지 않는다. 그 뒤로 몇 페이지 더 이어지지만, 몽뤽 자신은 글 속에 거의 등장하지 않는다. 여기서 그는 성 바르톨로메오 축일의 대학살처럼 자신이 직접 참가하지 않은 사건이나 아들 파비앙의 죽음 같은 집안일을 설명한다. 그러다가 자신이 뜻하지 않게 몇 번 더 원정에 나서게 되었을 때 다시 이야기 속에 등장한다. 그가 원수로 임명된 때다. 글의 맨 끝에서 그는 은퇴해서 피레네산맥의 외진 수도원으로 들어갈 생각을 한다. 마지막 문장은 다음과 같다. "만약 하느님이 내게 **삶**vie을 주신다면, 내가 더 이상 무엇을 하게feray('하다'의 미래형 — 옮긴이)될지 모르겠다."[117] 이 말이 무슨 뜻일까? 짐작과 달리 그가 또 원정에 나설 것이라는 뜻인지 모른다. 아니면, 수도원에 은거한다면, 자신의 '삶'이 연장될 것이라는 뜻일 수도 있다. 앞에서 지적했듯이, 군인의 삶의 유일한 대안은 종교적인 삶뿐이었으니까. 어쨌든 몽뤽은 여기서 또 다시 삶vie과 행동feray을 하나로 묶었다. 여기서 feray가 식사나 걷기 같은 행동을 뜻하지 않는 것은 분명하다. 이런 행동은 노인도 얼마든지 할 수 있다. 따라서 이 말은 무훈을 의미한다.

다른 회고록 저자들, 예를 들어 셰르틀린, 에냉, 라 마르슈 같은 사람들도 비슷한 태도를 보였다. 나이를 먹어 더이상 전쟁에 나갈 수 없는 시점에 이야기가 다다르면, 그들은 이야기 속에서 거의 모습을 감추고 대신 아들들의 무훈이나 일반적인 사건들을 이야기한다. 전투에 나서서 역사에 참여할 수 없는 나이는 삶의 일부가 될 수 없다고 보는 시각을 다시 엿볼 수 있다.

르네상스 시대 회고록 저자들의 '삶'에 유년기와 노년기만 없는 것은 아니다. 사방에 구멍이 가득하다. 어떤 회고록 저자들은 기억에 남을 만한 행동을 하다가 시야에서 사라져버린다. 그러고는 얼마 뒤에 다시 나타나 기억에 남을 만한 행동을 한다. 그들은 그 사이에 자신에게 벌어진 일을 설명하지 않고, 다른 기억할 만한 사실들을 기록한다. 다시 등장한 뒤에도 자신이 사라진 동안 겪은 일들에 대한 개략적인 설명조차 시도하지 않는다. 자신의 개인사를 이보다 더 면밀하게 따라가는 회고록 저자들도 있다. 그들이 직접 세운 무훈이나 적어도 직접 목격한 기억할 만한 사건을 주로 기록한다는 뜻이다. 그러나 이들조차 시간을 획획 건너뛰며 기억할 만한 사건들을 묘사할 뿐, 그 사이에 일어난 일은 설명하지 않는다. 그렇게 비는 기간이 몇 달이나 몇 년에 이르기도 한다.

예를 들어 베를리힝겐, 귀용, 셰르틀린, 디아스, 몽뤽, 로슈슈아르의 글은 대개 몇 달, 몇 년, 또는 심지어 수십 년에 이르는 평화기를 무시해버리고 원정에서 원정으로 획획 건너뛴다(베를리힝겐은 포로생활을 한 5년 반과 사실상 가택연금 상태였던 16년 동안의 이야기를 한 문단으로 요약해버렸다).[118] 심지어는 때로 전쟁 기간도 무시해버린다. 회고록 저자들이 여러 군사원정에서 스스로 어떤 역할을 했는지 설명하지 않고 무시해버린 경우를 내가 머리말에 몇 가지 제시해두었다.[119] 그 외에도 많은 사례가 있다. 베를리힝겐은 자신이 탈라커 휘하에서 2년 동안 여러 원정에 참여했다고만 적었을 뿐, 구체적인 설명을 하지 않았다.[120] 몽뤽은 몽클레리 총독으로 있었던 18개월 동안의 일을 다음과 같이 간단히 요약해버렸다. "나는 그곳에 18개월 동안 머무르며 글로 쓸 가치가 있는 일을 하나도 하지 않았다."[121] 몽뤽은 시에나 공성전을 설명할 때도 1554년 11월과 12월을 건너뛰면서 다음과 같은 구실을 내세웠다. "그때부터 크리스마스 날 밤까지 나는 기억할 만한 일을 전혀 하지 못했다."[122] 1535년에 귀용은 카푸아에 주둔 중인 한심한 일반 병사로 등장한다. 도박으로 가진 돈을 모두 잃은 뒤 완전히 막다른 곳으로 몰린 상태다.[123] 그는 이때부터 시야에서 사라졌다가, 3년 뒤 몬페라토 공작령의 경기병으로 다시 등장한다.[124] 그 사이에 그에게 무슨 일이 있었는지, 어떻게 해서 그의 형편이 나아졌는지 우리는 알 길이 없다. 마르탱 뒤벨레는 프랑스 북동부에서 자취를 감춘다. 생폴이 함락된 뒤 그가 몸값을 주고 풀려났을 때다. 그러고는 반 년 뒤 이탈리아에서 대부대의 지휘관으로 훌쩍 모습을 드러낸다.[125] 또 다른 곳에서는 그가 토리노의 총독이자 국왕이 자신을 대신해서 샹파뉴로 보낸 인물이 되어 갑자기 나타난다. 그가 어떻게 이런 자리에 앉게 되었는지에 대해서는 일언반구도 없다.[126] 가르시아 데 파레데스는 거의 전적으로 그의 무훈만 이야기한다. 역사적인 사건들은 대개 가끔 배경 역할만 할 뿐이다. 그런데도 그의 이야기는 지속적으로 이어지지 않고, 때로는 그의 무훈을 따라 몇 년을 그냥 건너뛰어버린다.

## 삶은 전쟁

르네상스 시대 군인회고록의 저자들은 유년기와 노년기, 내면의 감정, 가정생활과 사회생활과 성생활, 심지어 군 생활의 일부까지 무시해버렸지만, 그래도 몰레옹처럼 글에 자신이 살아온 삶의 이야기가 담겨 있다고 믿었다. 그들이 보기에는, 무훈이 곧 삶이었기 때문이다.[127]

예를 들어 몽뤽은 '나의 삶'을 글로 썼다고 자주 주장했다. 몽뤽이 처음으로 쓴 실록 원고에는 '그의 삶 이야기'라는 제목이 달려 있었다.[128] 본문에서 그는 이 글을 가리켜 자기 삶의 이야기라는 말을 자주 했다. "나의 삶을 쓴 이 작은 글,"[129] "나의 삶 이야기,"[130] "내 인생에 대한 나의 이야기,"[131] "군인의 삶,"[132] 또는 단순히 "나의 삶"[133] 등의 표현이 모두 그런 예다. 그는 자신의 의도를 설명할 때도 비슷한 표현을 사용했다. "내 아이들이 내게 남겨준 어린 몽뤽들이 선조의 삶을 거울로 삼을 수 있도록"[134] 글을 썼다는 문장이 한 예다. 그가 "내 삶의 이야기를 하는 것,"[135] "후손들에게 내 삶을 남겨주는 것,"[136] "내 삶을 모두 글로 옮기는 것"[137]이 자신의 의도라고 단언한 부분도 있다.

한번은 자신의 책을 통해 자신을 알 수 있을 것이라면서, 독자에게 "군인이 되고 싶은 사람이라면 아마디스와 랜슬롯의 책을 읽지 말고 이 책에서 나를 익히는 데 시간을 조금 사용하라"[138]고 권유했다. 그의 책을 출간해준 플로리몽도 비슷한 말을 했다. 그는 가스코뉴의 귀족들에게 다음과 같이 말했다.

여러분들 중 그를 잘 알거나 그의 깃발 아래에서 싸운 대부분
의 사람들에게는 증언이 필요하지 않습니다. 그러나 이 위대한 사
람을 직접 보지 못한 젊은이들은 (…) 그의 실록을 통해 그의 진정
한 모습을 알 수 있을 것입니다.[139]

적어도 일부 독자들은 이런 견해에 동의했다. 예를 들어, 에티엔
파스키에는 몽뤽의 글을 가리켜 "그의 삶 이야기"[140]라고 말했다.

몽뤽의 글에는 유년기와 노년기, 내면의 감정과 가정생활 중 많
은 부분이 제외되어 있지만, 적어도 몽뤽 본인이 보기에 이 글은 그
의 '삶'을 담은 것이었다. 그가 제외한 것들은 한 사람의 삶에 진정
으로 속하지 않는다고 보았기 때문이다. 그는 피에르베르트랑과의
관계 같은 주제들도 이야기에서 제외했지만, 미래의 독자들이 이
글을 통해 "그를 알 수" 있을 것이라고 생각했다. 피에르베르트랑
과 그의 관계는 그가 어떤 사람인지, 그가 어떤 삶을 살았는지 밝혀
주지 않는다고 보았기 때문이다. 몽뤽은 그런 것을 몰라도 남들이
그를 완벽하게 이해할 수 있다고 생각했다. "나는 후손들에게 나의
삶vie을 남겨주고, 내가 무기를 들기 시작한 때로부터 좋든 나쁘든
내가 한fait 모든 일을 글로 적을 생각이다."[141] 이 문장을 보면, 몽뤽
에게 삶은 곧 행동을 의미했고, 행동은 곧 무훈을 의미했음을 분명
히 알 수 있다.

몽뤽만 그런 것이 아니다. 가르시아 데 파레데스의 글 역시《삶과
행동vida y hechos》이라는 제목을 달고 있지만, 사실은 그저 폭력적인
행위를 나열해놓은 것에 불과하다. 플로랑주 역시 내면의 감정, 유

년기 초기, 아내를 글에서 무시해버렸으면서도, 자신의 글을 삼인칭 시점에서 다음과 같이 설명했다.

나태해지지 않고 이 책을 읽은 뒤 교훈을 얻을 미래의 젊은이들에게 지식을 주기 위해서, [생미셸] 기사단원이자 프랑스의 원수이자 플로랑주의 영주였던 그[플로랑주]에 대해 알려주기 위해서 (…)[142]

16세기에 집필된 그의 원고에는 《플로랑주의 영주라고 불린 젊은 모험가의 삶》과 《플로르의 젊은 영주의 삶》이라는 제목이 붙어 있다.[143]

기억할 가치가 있는 것들

한 사람의 삶과 정체성이 주로 명예로운 행동으로 구성된다는 생각은 16세기 말 프랑스의 민간인 회고록 저자였던 앙리 드 멤Henri de Mesmes조차 인정하고 받아들였다. 딱 한 번만 제외하고는 원정에 나간 적이 없는 멤은 다음과 같이 썼다.

맹한 사람이 자신의 삶vies 또는 자신이 사랑한 사람의 삶을 자진해서 글로 쓸 때가 있었다. 이런 글에는 모범적인 행동에 대해 최소한 어느 정도의 언급이 들어 있고, 그 다음에는 훌륭한 행동을 하는 방법에 대한 가르침이 있다. 지금은 이런 글이 유행하지 않는다. 프랑스에서 무기를 드는 사람들은 모자를 장식할 때만 깃털을 사용하고(깃털 펜을 들지 않는다는 뜻—옮긴이), 긴 관복을 입은 사람들은 스스로 추천할 수 있는 기억할 만한 행동faict mémorables

을 한 적이 없다.[144]

멤은 자신이 관복을 입는 직업을 갖고 있는 탓에 기억할 만한 행동을 할 수 없으므로, "나의 행동을 기록할" 생각이 없다고 설명한다. 그 대신 아들의 교육을 위해 하느님이 보여주신 은총에 대해서만 쓰겠다는 것이다.[145] 여기에는 멤에게 '삶'이라는 것이 기본적으로 '모범적인 행동'이자 '기억할 만한 행동'을 뜻한다는 것이 분명히 드러나 있다. 따라서 관복을 입은 귀족은 자신의 삶에 대한 글을 쓸 수 없다. 그들에게는 삶이 존재하지 않기 때문이다. 물론 그들도 살아 있는 존재이기는 하지만, '기억할 만한 행동'을 전혀 하지 않았기 때문에 남들에게 들려줄 '삶'이 존재하지 않는다(그러나 하느님의 은총을 이야기할 수는 있다. 다행히도 하느님께서는 누구에게나 은총을 내려주시기 때문이다).

르네상스 시대에 귀족들이 쓴 글에서는 중세 말기 귀족들의 글에서와 마찬가지로 '삶'과 '행동'이 호환적인 의미로 쓰였다. 전기든 자서전이든 저자들은 모두 자신의 글에 역사, 연대기, 삶, 행동을 기록한 책, 삶과 행동 등의 제목을 붙였다. 오로지 행동에 대한 이야기가 대부분을 차지하고 있는데도, 그들의 글은 '삶'을 다룬 것으로 간주되었다. 예를 들어 15세기 초에 나온 《부시코의 행동을 기록한 책》에는 부시코의 무훈을 빼면 그에 관한 이야기가 거의 없는데도, 저자는 아들이 아버지를 대변하듯이 이 책이 부시코라는 인물을 대변한다고 설명한다.

따라서 지금이라도 결코 죽지 않을 만큼 튼튼한 아이를 그에게 확보해주는 것이 이 용감하고 훌륭한 사람을 기리는 데 나쁜 방법이 아닌 듯하다. 아들이 아버지의 기억을 [대변하듯이] 책은 자신이 이야기하는 사람을 대변하기 때문이다.[146]

브랑톰우 프랑스와 다른 나라 지휘관들의 '삶'을 집대성한 방대한 책《위대한 지휘관들의 생애》를 썼다. 그러나 각각의 인물에 대해 그가 쓴 것은 중요한 무훈과 약간의 일화, 어록뿐이었다. 오르빌은 자신이 쓴 루이 드 부르봉의 전기(역시 행동만 기록한 책)에 "고귀하고 훌륭한 귀족, 저 유명한 루이 드 부르봉 공작의 무훈과 기사도, 미덕, 예의 바른 행동, 훌륭한 삶vie, 훌륭한 마지막"[147]이 들어 있다고 설명했다.

개인적인 상태와 내면의 감정보다 행동을 우선한 르네상스 시대 귀족들에 대한 노이셸의 연구가 여기서 대단히 중요하다. 귀족의 정체성과 개인사를 규정하는 것은 성격 같은 개인적인 상태가 아니라 행동이라는 주장을 이 연구가 뒷받침하고 있기 때문이다. 적어도 슈워츠코프의 회고록에 따르면, 만약 누군가가 그에게 "당신은 어떤 사람인가?"라고 물었을 때 그가 "걸프전에서 승리를 거둔 사람"이라고 대답하지는 않을 것이다. 그보다는 "나는 독립적인 사람"이라고 대답할 가능성이 더 크다.[148] 반면 몽뤽이라면 "나는 무뚝뚝하고 심지가 굳은 가스코뉴 사람"이라고 대답하기보다 "나는 시에나를 방어한 사람"이라고 대답했을 것이다. 슈워츠코프도 자신이 걸프전을 지휘한 사령관이었음을 분명히 알고 있었고, 몽뤽도 자신이 무뚝뚝하고 심지가 굳은 가스코뉴 사람임을 분명히 알고 있었다. 두 사람 모두 글에서 이 사실을 자주 언급한다. 그러나 그들 각자는 이것이 자신을 규정하는 사실이라고 생각하지 않았다. 앞에서 지적했듯이, 몽뤽을 비롯한 동시대의 회고록 저자들은 자신에게 성격과 내면이 존재한다는 사실을 잘 알고 있었다. 그러나 사람을 규정하는 것은 그의 행동이지 그 행동을 하며 느끼는 감정이나 그 행동을 유발한 내적인 동기가 아니라고 생각했다. 그래서 그들에게는 노바라에서 마흔여섯 군데의 부상을 입었다고 밝히는 것이 중요한 반면, 그 부상에 대해 어떻게 느꼈는지는 중요하지 않았다. 부상당했다는 사실만이 그 사람에게 명예를 가져다주고, 그 사람을 규정하는 요소였다.[149]

2부에서 우리는 르네상스 시대 군인회고록 저자들이 역사에서 독립하고자 하지 않았음을 살펴보았다. 여기서는 그보다 훨씬 더 강력한 결론을 내릴 수 있다. 슈워츠코프나 라 빌리에르 같은 고위급 지휘관들까지 포함해서 20세기의 회고록 저자들은 역사에서 독립한 자율적인 존재로 자신을 규정한 반면, 르네상스 시대의 회고록 저자들은 역사 속에서 자신이 수행한 역할을 통해 자신을 규정했다. 앞에서 나는 르네상스 시대의 회고록 저자들이 다른 주인공과 자신을 구분하려 하지 않고, 자신의 독특한 점을 강조하려 하지도 않았다고 주장했다. 그들의 성격과 내면에 관한 한 맞는 말이다. 그러나 르네상스 시대의 회고록 저자들은 행동을 통해 자신과 다른 사람을 구분했다. 사람들을 서로 구분할 수 있게 해주는 것은 바로 그들의 다양한 무훈과 공적이었다. 기억할 만한 무훈을 세우지 못한 사람은 인류라는 집단에서 자신을 따로 구분해낼 수 없었다. 그의 성격이 아무리 독특해도 상관없었다. 그러나 그런 무훈을 세운 사람은 그 사실로 인해 독특한 정체성을 확보했다. 비슷한 성격을 지닌 사람이 많을 수는 있지만, 세우타에서 무슬림을 대표해서 나선 전사를 죽인 사람은 역사상 단 한 명밖에 없기 때문이다. 따라서 회고록은 저자의 내면이나 성격이 아니라 이런 행동을 불멸의 기록으로 남기고자 했다.[150]

르네상스 시대에 일부 회고록 저자들이 아내보다 말에게 더 관심을 쏟은 이유가 바로 이것이다. 말은 회고록 저자의 정체성과 개인사에서 일부를 차지했지만, 아내들은 그런 경우가 드물었다. 말은 주인의 행동에 동참해서 주인이 무훈을 세우는 데 중요한 역할을 했지만, 아내는 그렇지 않았다. 따라서 말은 주인의 정체성의 일부이거나 그 연장선상에 있었으므로 주인의 개인사와 일반 역사에서 모두 한 자리를 차지할 자격이 있었다. 르네상스 시대의 회고록 저자들이 전투에서 평민 병사들의 피해를 잘 언급하지 않은 반면, 귀족 소유의 말이 죽거나 부상당한 사례는 자주 언급했다는 사실에서도 이 점이 뚜렷이 드러난다. 마르탱 뒤 벨레는 1522년의 어느 소규모 교전에서 "우리 쪽 전사자 중에는 리카메 경, 당퐁의 사생아, 에스트레 영주의 말, 이번 교전의 지휘관이 있었다. 마르탱 뒤 벨레 경과 코클레 경과 릴 경의 말도 목숨을 잃었다"[151]고 썼다. 그가 귀족과 귀족의 말을 한데 뭉뚱그려서 쓴 반면, 평민 병사들의 인명피해를 언급하지 않은 것은 전형적이다. 중세와 르네상스 시대의 많은 서사시와 소설에도 이런 경향이 분명히 드러나 있다. 주인공의 모험과 행동에 동참한 말과 검이 주인공의 정체성에서 한 자리를 차지한다는 점이 그렇다. 따라서 주인공의 말과 검은 그의 아내나 연인보다도 더 많은 관심을 받으며, 이름도 갖고 있는 경우가 많다.[152]


## 삶은 일화이며 열려 있다

개인사와 정체성을 규정하는 것이 기억할 만한 행동이므로, 회고록 저자가 그 과정에서 겪은 일들과 변화는 별로 중요하지 않았다. 따라서 에힝엔이 어떤 사람인지 알아보려면, 그가 무슬림 전사와 벌인 결투에 대해 반드시 알아야 했다. 그러나 이 결투 이전과 이후에 에힝엔이 어떤 삶을 살았는지, 그리고 이 결투가 개인적인 변화의 원인이거나 결과였는지를 몰라도 이 결투를 제대로 알고 이해할 수 있었다.

따라서 르네상스 시대의 회고록 저자들은 자신의 이야기 속에 자주 또는 지속적으로 모습을 드러내더라도 언제나 일화와 사실만 기록할 뿐, 그 일이 미친 영향이나 전후 맥락에는 별로 주의를 기울이지 않았다. 회고록에 기록된 일화들이 하나로 합쳐져서 개인적인 **변화** 과정을 보여주지 않는 것은 확실하다. 앞에서 지적했듯이, 르네상스 시대 회고록 저자들은 전쟁이라는 경험이 자신에게는 아무런 변화도 일으키지 않았다는 인상을 준다. 전쟁으로 인해 자신의 순수성을 잃은 사람도 없고, 짐작도 못하던 현실을 새로이 발견한 사람도 없었다. 수십 년에 걸친 이야기를 다룬 글에서도 저자들은 아무런 변화를 보이지 않는다. 대부분의 회고록 저자들이 자신의 내면이나 성격에 대해서는 거의 언급하지 않기 때문에, 애당초 변화할 것이 별로 없기도 하다. 그러나 몽뤽, 엔리케스 데 구스만, 가르시아 데 파레데스, 베를리힝겐처럼 자신의 성격과 내면을 남들보다 뚜렷하게 드러낸 저자들조차 처음부터 끝까지 성격에는 전혀 변화를 드러내지 않는다.

개인적인 변화에 대한 그들의 무관심을 특히 잘 보여주는 것은, 이정표가 되는 경험에 무심한 그들의 태도다. 앞에서 우리는 르네상스 시대의 회고록 저자들이 부상, 포로생활, 목숨이 위험한 상황 등 개인적으로 엄청난 의미를 지닌 사건들을 흔히 무시해버리는 것을 살펴보았다. 몽뤽이 라바스탕에서 입은 부상을 제외하고, 이런 사건들은 르네상스 시대 회고록 저자들의 개인사에서 단 한 번도 전환점 역할을 하지 못했다. 다른 중요한 경험들은 이보다도 더 관심을 받지 못했다. 특히 첫 살인의 경우도 여기에 속한다는 것이 놀랍다. 전사戰士를 중시하는 문화에서 엄청난 의미를 지닌 첫 살인이 르네상스 시대 군인회고록에서는 특별한 관심을 받지 못한다. 군사적인 일과 상관없는 중요한 사건들도 마찬가지다. 예를 들어 코민은 그의 경력은 물론 아마 그의 인생에서도 무엇보다 큰 전환점이라고 할 수 있는 사건, 즉 그가 부르고뉴의 샤를을 버리고 루이 11세에게로 간 사건을 전혀 설명하지 않는다.[153]

앞에서 지적했듯이, 이정표가 되는 중요한 사건들 중에서 르네상스 시대 군인회고록이 중요하게 취급하는 단 한 가지는 저자의 군입대다. 저자가 군에 합류하는 순간은 20세기 회고록에서보다 더 중요하게 다뤄진다. 르네상스 시대의 많은 군인회고록 저자들에게 는 이것이야말로 진정한 탄생의 순간이다. 그러나 이 경우에도 변화 **과정**은 전혀 묘사되지 않는다. 군에 입대하기 전의 소년과 입대 후에 어른이 된 남자를 비교하지도, 무엇이 소년을 남자로 변화시 켰는지 묘사하거나 이해하려고 애쓰지도 않는다. 플로랑주, 베를리 힝겐, 에힝엔처럼 유년 시절을 언급한 드문 사례에서도, 대개는 저 자의 성격이 어렸을 때부터 줄곧 전혀 변하지 않았으며, 전쟁에 대 한 유치한 인식이 전쟁의 현실을 목격한 뒤 환멸로 인해 무너지기 보다는 오히려 사실로 확인된 듯한 인상을 풍긴다.[154] 어쨌든 유년 기를 무시한 저자들이 더 많기 때문에, 그들이 소년에서 남자로 변 한 것이 지속적인 과정이 아니라 순간적인 사건으로 보인다. 저자 는 말에 오르는 순간, 또는 원정에 나서는 순간 남자가 된다. 이 변 화는 순식간에 완성된다. 16세기 사람들의 심리도 아마 현대인만큼 이나 복잡했겠지만, 적어도 회고록에서는 소년에서 남자로의 변화 가 아무런 과정 없이 순식간에 일어난다.

많은 회고록 저자들이 첫 원정에 대한 이야기로 글을 시작하면서 도, 그 원정에서 있었던 일에 대해서는 거의 쓰지 않은 이유가 바로 이것이다. 20세기의 회고록 저자들은 대개 처음 군에 입대해서 겪 은 일들을 길게 묘사하며, 그 뒤로는 주로 특기할 만한 사건들에 대 해 쓴다. 반면 르네상스 시대의 회고록 저자들은 자신의 첫 경험에 대해 거의 언급하지 않고, 가장 최근에 경험한 일들에 대해 점차 더 길게 쓰기 시작한다. 그런 경험에 가장 많은 관심을 기울이는 저자 도 많다.

예를 들어, 몽뤽은 첫 원정이 군인의 미래를 결정하는 데 크게 중요한 요소라고 설명하면서도, 자신이 첫 원정(1521~1522년)에서 어떤 일을 겪었는지 전혀 설명하지 않는다. 다만 "그 전쟁 중에 (…) 나는 나의 수련을 위해 아주 좋은 일들을 보았으며, 어떤 대가를 치르더라도 좋은 평판을 얻을 수 있을 것처럼 보이는 모든 일에 참여했다"[155]고만 썼을 뿐이다. 몽뤽이 자신이 처음으로 지휘한 소규모 교전에 대단한 주의를 기울인 것은 사실이지만, 그가 중점적으로 다룬 것은 지휘관들이 그 일에서 배울 수 있는 교훈이었지 본인이 경험한 개인적인 변화가 아니었다. 그는 이 교전으로 변화를 겪거나 자신에 대해 뭔가를 새로이 알게 된 것 같지 않다.[156]

기억할 가치가
있 는  것 들
셰르틀린, 로슈슈아르, 마르탱 뒤 벨레도 자신의 첫 원정에 대해 언급하지 않았다. 귀용, 에힝엔, 플로랑주는 자신의 개인적인 행동이나 경험에 대한 언급 없이 간략하게 개략적인 설명만 했다.[157] 엔리케스 데 구스만은 자신이 첫 전투에서 겪은 일들에 대해 아주 조금만 더 설명했을 뿐이다.[158]

전쟁의 세계에 처음으로 입문하는 순간은 몹시 의미심장하지만, 그 뒤에 전시와 평화기를 거치며 일어난 변화들은 훨씬 덜 중요하게 취급된다는 점도 주목할 만하다. 르네상스 시대의 회고록은 전시와 평화기를 뚜렷하게 구분하지 않는다. 이 둘 사이에 순환적으로 되풀이되는 변화 과정도 없다. 그저 일련의 사건들이 전시와 평화기를 구분하지 않고 끊임없이 단조롭게 이어질 뿐이다. 가끔 이 둘을 구분해주는 것은, 전쟁 중에 기억할 만한 사건들이 더 많이 집중되어 있다는 점밖에 없다.

이처럼 개인적인 변화가 없기 때문에, 회고록 저자들의 서술 방식에도 변화가 일어나지 않는다. 처음부터 끝까지 모든 행동이 정확히 똑같은 방식으로 묘사된다. 첫 전투는 신참의 눈으로, 마지막 전투는 베테랑의 눈으로 묘사한 저자는 한 명도 없다.

인과관계가 그리 중요하지 않게 취급되면서, 글은 일화 중심이 될 뿐만 아니라, 결말이 열린 개인사가 된다. 개인사는 과정으로 이루어져 있고, 전투에서 입은 부상이 이 과정 중 전환점의 역할을 한다면, 그 사실을 잊거나 엉뚱한 곳에 가져다놓는 것이 거의 불가능하다. 그러나 부상 사실이 그저 수많은 독립적인 일화들 중 하나에 불과하다면, 저자가 깜박 잊어버릴 수도 있다. 게다가 이런 망각에 대해 걱정할 필요도 없다. 인과관계가 중요하지 않아서, 언제든 그 일화를 글에 덧붙일 수 있기 때문이다. 예를 들어 베를리힝겐은 회고록을 완성한 뒤 깜박 잊어버린 여러 사건들을 기억해냈다. 그래서 그는 글 말미에서 수십 년을 거슬러 올라가 무기를 잡은 초기에 있었던 몇 가지 일화들을 서술했다.[159]

아무리 많은 사실이나 일화라도 이런 식으로 언제든 추가하거나 삭제할 수 있었다. 그래봤자 달라지는 것은, 독자가 몇 가지 사실을 더 알게 되느냐, 덜 알게 되느냐 하는 점뿐이었다. 다른 일화를 이해하는 데에는 아무런 영향이 없었다. 앞에서 우리는 베를리힝겐이 전투에서 한 손을 잃어 별명을 얻은 일화를 빼버리더라도 독자들이 그 뒤의 일화들을 이해하는 데 아무런 문제가 없음을 살펴보았다. 르네상스 시대의 회고록 중에는 설사 본문 중 절반이 소실된다 해도 그 차이가 결코 드러나지 않을 작품들이 많다. 현대에 이 문헌들을 편집한 사람들은 이 점을 잘 알고 있었다. 그래서 현대 판본 중 일부는 본문의 많은 부분이 비어 있는 채로 내용이 조각조각 나뉘어 있다.[160] 원본이 이런 형태이기 때문에, 현대의 편집자들도 이런 식으로 작업하기가 쉽다. 만약 미래의 편집자가 슈워츠코프나 카푸토의 회고록을 같은 식으로 편집하려 한다면 작업이 그리 쉽지 않을 것이다. 그들의 글에서 일부를 덜어낸다면, 글의 의미가 달라지고 다른 일화를 이해할 수 없게 될 가능성이 있기 때문이다.

기억할 가치가
있 는   것 들

그렇다면 르네상스 시대 군인회고록에서 시간은 검은 강물과 흡사하다고 결론 내릴 수 있다. 강의 수면은 기억할 만한 사실과 그렇지 않은 사실을 가르는 경계선이고, 대부분의 사람들은 어둡고 깊은 강물 속을 떠다니며 평생을 보낸다. 그러다 회고록 저자들 같은 소수만이 가끔 수면 위로 고개를 불쑥 내밀어 역사라는 빛 속으로 나온다. 삶은 이 역사의 빛 속에서 일어난 일들만으로 이루어져 있다. 그리고 회고록은 이런 희귀한 일들을 기록하는 역할을 한다. 주인공이 깊고 어두운 강물 속을 떠다니던 시절까지 따라 들어가서 이런 희귀한 일들 사이를 메워보려는 시도는 전혀 없다. 우리가 기억해야 하는 것은 행동을 한 사람이 아니라 오로지 행동뿐이기 때문이다.

# 9

# 역사와 개인사의 차이점을 지우다

르네상스 시대 군인회고록 저자들은 추상이나 경험보다 실체가 있는 사실을, 기억할 만한 행동을 이해하기보다 기리는 것을, 그런 행동과 사건의 인과관계와 영향보다 내재적인 가치를 우선했다. 따라서 르네상스 시대 군인회고록은 역사에 대해서든 개인사에 대해서든 인과관계로 연결된 유기적인 과정, 즉 차후에 미친 영향이나 본보기적인 가치에 따라 여러 사건들의 위치가 결정된다는 주장을 거부했다. 르네상스 시대의 대다수 군인회고록 저자들에게는 개인사와 역사가 정확히 똑같은 것이었다. 생생한 실체가 있고 기억할 가치가 있는 사실과 일화의 집합이자 결말이 열려 있다는 점이 똑같았다. 여기에 실린 사실과 일화는 대개 명예로운 행동이었으며, 그들이 지식, 의욕, 교훈을 주거나 인과관계를 밝혀주기 때문이 아니라 내재적인 가치 때문에 기억할 만하다고 평가받았다.

다시 말해서, 회고록에서 역사와 개인사가 단순히 비슷한 수준이 아니라 똑같은 것이었다는 뜻이다. 무엇이든 '삶'을 구성하는 것은 당연히 역사의 일부가 되었으며, 역사의 일부가 될 수 없는 것은 '삶'의 일부도 될 수 없었다. 명예로운 일화를 서술하는 것은 곧 역사이자 개인사였다. 르네상스 시대의 문헌과 20세기의 군인회고록을 비교해보면 이 점을 가장 잘 알 수 있다. 또한 현대 독자들이 회고록에 역사와 개인사를 구분하는 이분법을 적용하게 만드는 요인이 무엇인지도 확실히 알 수 있다.

20세기의 회고록 저자들은 실체가 있는 사실보다 추상과 경험을, 내재적인 가치보다 인과관계와 차후의 영향을 더 우선하는 경향이 있다. 따라서 20세기 회고록 저자들이 표현하고자 하는 궁극적인 현실은 실체가 있는 행동으로 이루어진 현실이 아니다. 그들에게 궁극적인 현실은 두 가지가 있는데, 둘 다 실체와는 거리가 있다. 먼저 추상적인 인과관계로 엮인 역사가 있다. 이 역사의 주인공들도 추상적인 세력이며, 이 역사의 기초가 되는 것은 추상적인 현상과 상황이다. 두 번째 궁극적인 현실은 주로 심리적인 내면의 힘과 관련된 경험과 인과관계로 이루어진 개인사이다. 이 개인사의 기초가 되는 것은 심리적 경험이다.

역사와 개인사는 서로 교차하며 영향을 주고받을 수 있지만, 궁극적으로는 서로 완전히 다른 유형의 현실로 남는다. 이 둘을 하나로 결합시켜줄 궁극적인 현실이 전혀 존재하지 않기 때문이다. 실체가 있는 행동들, 즉 사람이 보고, 듣고 만질 수 있는 것들은 추상적이고 역사적인 현실의 표현이거나 개인적인 현실의 표현일 수 있다. 그러나 세계의 궁극적이고 통합적인 현실로는 받아들여지지 않는다. 궁극적으로 20세기 회고록 저자들은 좀더 깊은 내면의 현실에 호소하는 방식으로 실체가 있는 행동을 이해한다. 드물게는 추상적이고 역사적인 현실에 호소하기도 한다. 예를 들어, 커밍스는 어떤 베트남인의 시체 뒤에 몸을 숨기면서 이런 생각을 한다. **"이 사람도 나랑 똑같은 사람이었다. 나처럼 자신의 신념을 위해 싸웠을 거다. 아냐. 이놈은 세계를 정복하려고 나선 베트남 인민군의 황인종이었어."**[1] 이보다 흔한 것은, 내면의 개인적인 현실에 호소하는 경우다. 카푸토는 자신의 소대가 집단적인 광기에 휩싸여 베트남의 한 마을을 파괴했을 때, 마을을 불태운 실제 행동을 설명하기 위해 더 깊은 내면의 현실에 호소했다. "하 나Ha Na 마을을 불태우는 행위가 모종의 감정적인 필요에서 우러나온 것 같았다. 몇 달 동안 우리를 괴롭히던 공포, 좌절감, 긴장을 씻어내는 카타르시스였다. 우리는 다른 이들에게 고통을 가하는 방식으로 우리의 고통을 덜었다."[2] 카푸토가 국제 공산주의 운동에 대항하는 역사적인 투쟁의 일환으로 이 행위를 설명할 수도 있었을 것이다. 그러나 그는 특정한 마을을 불태우는 행위를 단순히 실체가 있는 사건으로만 이해할 수 없었다.

20세기의 군인회고록 저자들은 한발 더 나아가 경험, 현상, 과정의 이해를 회고록 집필의 가장 중요한 동기로 삼았다. 그리고 이로 인해 역사적인 현실과 개인적인 현실 사이의 틈이 더욱 크게 벌어졌다. 서로 다른 현실을 이해하는 데에는 다른 요소들이 필요하기 때문이다. 역사를 통틀어 가장 위대한 역사가도 내면의 심리를 이해하지 못할 수 있다. 또는 내면의 심리를 온전히 이해하더라도 역사에 대해서는 전혀 이해하지 못할 수 있다(예를 들어, 하 나 마을을 불태운 행위를 미국과 소련이 세계의 패권을 놓고 벌인 투쟁의 일환으로 이해하면서도, 카푸토의 개인적인 두려움과 좌절감의 표출이라는 측면은 이해하지 못할 수 있다. 반대의 경우도 마찬가지다). 이처럼 역사를 이해하는 데 중요한 요소와 개인사를 이해하는 데 중요한 요소는 서로 크게 다르기 때문에, 20세기 회고록 저자들에게는 두 가지 유형의 '중요한 요소들'이 존재한다(예를 들어, 슈워츠코프의 어머니의 음주 습관에 문제가 있었다는 사실은 자전적인 면에서는 엄청나게 중요한 요소일지라도, 역사적으로는 아무런 의미가 없다. 반면 1980년대의 평균 석유 가격은 역사적으로 엄청나게 중요한 의미를 갖고 있지만, 자전적인 면에서는 전혀 중요하지 않다).

그 결과 현실이 자전적인 현실과 역사적인 현실로 나뉘고, 중요하지 않은 일들로 이루어진 광대한 대양에 중요한 일들로 이루어진 섬 두 개가 뚜렷이 모습을 드러내게 된다. 최소한 두 개니까, 섬이 이보다 더 많을 수도 있다. 이 섬들 사이의 경계선은 단순한 선이 아니라 각자의 범주를 구분하는 널찍한 틈이다. 누구든 이 경계선을 넘으려면 이 틈을 알아차리지 않을 수 없다. 아예 이 경계선을 넘을 수 없는 경우도 흔하다. 역사가 개인사에 영향을 미칠 수도 있고, 개인사의 일화들이 역사를 보여주는 사례가 될 수도 있다. 그러나 이런 것이 이 둘 사이의 틈을 메워주지는 못한다. 한쪽에서 다른 한쪽으로 넘어가려면 사고방식을 바꿔야 하며, 완전히 다른 종류의 주인공, 세력, 현상, 설명 방식을 다룰 줄 알아야 한다. 이 둘을 하나로 결합시키는 것은 거의 불가능하다. 따라서 설사 카푸토가 역사와 개인사를 하나로 섞거나 자신의 행동에 커다란 역사적 의미가 있는 것처럼 묘사하고 싶었다 해도, 역사와 개인사에 대한 그의 인식 때문에 뜻을 이루지 못했을 것이다. 그가 역사 속에서 자리를 차지하려면 본보기 주인공이 되는 방법밖에 없다.

그러므로 20세기의 군인회고록과 역사는 서로 완전히 다른 종류의 중요한 일들을 묘사하는 경향이 있다. 여기에는 역사와 개인의 정체성을 바라보는 근대 말의 태도가 반영되어 있다. 근대 말에 역사와 개인사의 구분이 중요해진 것, 르네상스 시대의 회고록이 대개 과거로만 읽히는 것도 이런 태도 때문이다.

그러나 르네상스 시대의 군인회고록을 이런 태도로 읽는 것은 적절하지 않다. 그들의 상황이 몹시 다르기 때문이다. 르네상스 시대의 군인회고록 저자들에게는 추상적인 역사적 현실도, 내면의 심리적인 현실도 존재하지 않았다. 그들에게 유일한 궁극적 현실은 생생한 행동으로 이루어진 현실뿐이었다. 게다가 회고록 저자들이 경험과 추상보다 사실을, 인과관계보다 내재적인 가치를 더 우선했기 때문에, 그들이 묘사한 생생한 현실은 사실들을 조각조각 모아놓은 것이었다. 20세기의 회고록에서와 달리 이때의 사실들은 더 커다란 그림이나 과정의 기초가 아니었다. 이 사실들 너머에는 사실상 아무것도 존재하지 않았다. 카푸토의 경우에는 하 나 마을을 불태운 실제 행동이 동시에 두 가지 현실에 속했지만, 셰르틀린의 경우에는 딱 한 종류의 파비아 전투만 존재했다. 이 전투는 눈에 보이지 않는 내면의 현실이나 추상적인 현실의 표현이 아니었다. 내면의 심리적 과정이나 추상적인 지정학적 관계 속의 연결고리도 아니었다. 그저 이 세상에서 발생한 기억할 만한 일에 불과했다.

유럽 전역을 휩쓴 전쟁이든 결투든 모든 사건에는 똑같은 종류의 힘과 주인공이 관여했다. 예를 들어, 셰르틀린이 브레멘탈에서 한스 아담 폰 슈타인과 벌인 주먹다짐과 파비아 전투는 정확히 똑같은 유형에 속했다. 둘 다 설명이나 해석이 필요하지 않았으며, 설사 설명을 하더라도 둘 다 정확히 똑같은 방식으로 설명할 수 있었다. 셰르틀린은 한스 아담 폰 슈타인과의 주먹다짐을 설명하기 위해 자신의 마음속이나 유년 시절의 트라우마로 뒷걸음질칠 필요가 없었다. 파비아 전투를 설명하기 위해 지정학적 요인과 세계경제라는 추상적인 영역으로 굳이 발을 내디딜 필요가 없었다.

브레멘탈의 주먹다짐과 파비아 전투가 모두 실체가 있는 현실보다 더 근본적인 현실, 르네상스 시대의 모든 군인회고록과 전사 귀족 문화가 가정한 현실, 즉 신성한 현실 속에 존재한다고 주장할 수도 있을 것이다. 모든 실제 행동, 모든 사람 뒤에는 하느님의 손이 작용하고 있다는 것이 바로 신성한 현실이다. 실제로 르네상스 시대의 많은 회고록 저자들은 모든 일이 최종적으로는 신의 의지에 따른 것이라고 노골적으로 주장했다.[3] 그러나 신성한 현실을 감안하더라도 달라질 것은 별로 없다. 이 현실이 모든 것에 정확히 똑같은 방식으로 영향을 미치기 때문이다. 모든 일은 정확히 똑같은 방식으로 신의 의지를 표출한다. 굳이 따지자면, 인간의 현실을 신성한 현실의 표현으로 보는 시각은 역사와 개인사의 구분을 더욱더 무시하는 경향이 있다. 중세의 수많은 연대기들이 이 점을 잘 보여준다. 따라서 귀족이 실체가 있는 행동을 궁극적인 현실로 받아들이든, 아니면 단순히 신성한 현실의 표현으로 받아들이든, 역사와 개인사 사이에는 아무런 차이도 발생하지 않는다.

또한 르네상스 시대에 회고록 집필의 가장 중요한 동기는 행동을 이해하는 것이 아니라 기리는 것이었다. 그리고 이해와 달리 기억은 일원적이다. 어떤 것을 이해할 때는 여러 시각 중 하나를 선택할 수 있다. 그러나 기억의 경우에는, 기억이 있거나 없거나 둘 중 하나일 뿐이다. 제3의 선택지는 존재하지 않는다. 따라서 르네상스 시대의 회고록 저자들에게 '중요한 것'은 딱 한 종류밖에 없었다. 기억할 가치가 있는 것만이 중요했다. 실제로 일어났던 모든 일이 똑같은 기억 저장고 안에서 서로 자리를 놓고 경쟁했다. 브레멘탈의 주먹다짐과 파비아 전투가 정확히 똑같은 자리를 놓고 경쟁했다는 얘기다. '역사적' 명예의 전당과 '자전적인' 명예의 전당이 따로 있지 않았다. 만약 셰르틀린이 두 사건을 모두 기억할 가치가 있는 것으로 평가했다면, 둘 다 정확히 똑같은 의미에서 중요성을 지니고 똑같은 기록 속에 나란히 공존할 수 있었다. 기억할 만한 행동을 기리는 글에 두 사건이 모두 나란히 포함될 수 있었다. 아니, 그렇게 되는 것이 거의 필연적이었다. 과거의 기억 저장고는 하나뿐이고, 이 기억 저장고가 기억을 구분하는 기준은 기억할 만한지 그렇지 않은지뿐이었으므로, 20세기의 회고록 저자라면 '역사적으로 중요한 일'과 '자전적으로 중요한 일'로 구분했을 것들이 똑같은 문헌에 아무 어려움 없이 함께 자리할 수 있었다.[4]

일부 회고록 저자들은 자신이 주인공으로 참여한 기억할 만한 행동들을 주로 기록했다. 반면, 자신이 참여하지 않은 기억할 만한 행동에 더 관심을 쏟은 회고록 저자들도 있었다. 이런 차이를 좌우한 것은 수로 개인적인 기질과 기억의 패턴이다. 그러나 기억할 만한 행동이 회고록 저자 본인의 것이든 다른 사람의 것이든 결과적으로는 별로 차이가 없었다. 둘 다 똑같은 현실의 일부이자 똑같은 귀족 정체성의 일부였기 때문이다.

르네상스 시대의 군인회고록을 역사와 개인사가 뒤죽박죽 섞여 있는 글로 보는 것은, 고고학자가 유적지에서 은화와 금화가 뒤섞여 있는 것을 보고 서로 완전히 다른 직소퍼즐의 조각들이 섞여 있는 것으로 착각하는 것과 같다. 르네상스 시대 군인회고록에 나열되어 있는 다양한 사실들은 금화나 은화와 마찬가지로 정확히 똑같은 내재적인 가치를 지니고 있다. 이들 옆에 함께 놓여 있는 것이 무엇이든 이 내재적인 가치에는 영향을 미치지 못한다. 이들을 어떤 방식으로든 나란히 놓으려고 시도해볼 수는 있지만, 방식이 달라진다고 해서 더 많은 가치를 찾아낼 수는 없을 것이다. 어떤 사실을 덧붙이거나 덜어내는 것 역시 금화와 은화 무더기에 하나를 덧붙이거나 덜어내는 것과 같다.

# 르네상스 시대
# 군인회고록의 정치학

역사적 현실을 구성하는 요소들은 시대마다 달라진다. 중세의 연대기 작가라면 혜성의 출현이나 머리가 두 개 달린 염소의 출생을 역사로 간주하는 반면, 경제 상황이나 농민들의 일상생활에 대해서는 다른 생각을 할 것이다. 오늘날의 역사가들과는 정반대다. 그러나 역사적 현실을 어떻게 규정하고 서술하든, 그 현실은 언제나 전체 현실의 극히 작은 일부일 뿐이다. 분자, 원자, 아원자의 세계에서 매 순간 벌어지는 무한한 일들은 역사에서 아무런 자리도 차지하지 못한다. 인간의 행동과 현상 중 대다수도 여전히 역사적 현실의 경계선 밖에 위치한다.

무한히 넓은 인간의 현실 전체에 비해 역사적 현실이 지닌 배타성이야말로 어쩌면 가장 중요한 특징인지도 모른다. 이런 배타성 덕분에 역사가 기능을 수행할 수 있게 되기 때문이다. 역사는 인류의 이야기라고들 한다. 그러나 인간의 현실이 무한하기 때문에 그 현실을 전부 속속들이 '이야기'할 수 없다. 따라서 인류의 이야기를 하기 위해 우리는 인간의 현실 중 특정한 부분을 '역사'로 골라낸다. 그리고 이 특정한 일부의 이야기가 바로 인류의 이야기라고 가정하는 것이다. 만약 역사적 현실에 인간의 현실을 너무 많이 포함시킨다면, 역사적 현실이 쓸모없어질 위험이 있다.

비록 역사적 현실이 이처럼 협소하기는 해도, 단순히 과거만을 다룰 만큼 협소해지는 법은 없다. 역사적 현실은 언제나 현재와 미래에까지 뻗어 있다. 역사적 현실의 경계선은 과거에 중요했던 일들뿐만 아니라 현재에 중요한 일들과 미래에 중요해질 일들 또한 규정한다. 기본적으로 인간의 현실 중 '역사적인' 일부가 먼 과거에 속할 때는 '역사'라고 불리고, 가까운 과거나 현재나 미래에 속할 때는 '정치'라고

불린다. 따라서 역사적 현실의 경계선에서 일어나는 변화들은 모두 과거의 역사와 현재의 정치에 동시에 영향을 미칠 가능성이 크다(예를 들어 젠더가 '정치적'인 동시에 '역사적'인 문제가 된 과정을 보라).

그러므로 역사적 현실의 경계선이 어디인가 하는 문제는 단순히 학문적인 질문이라기보다 정치적인 질문이며, 정치적인 의미가 잔뜩 포함되어 있다. 인간의 현실 중 어떤 부분이 역사적인지에 대해 합의가 이루어지면, 특정한 부류의 사람, 사건, 의문 등이 다른 것보다 더 중요해지고, 여기서 새로운 권리, 권력, 역할이 파생된다. 반면 사람이든 사물이든 역사적 현실에서 밀려나면 정치의 세계에서도 밀려난다.

다음의 두 장章에서는 르네상스 시대 군인회고록이 역사적 현실을 묘사한 방식에 담긴 정치적 메시지를 살펴볼 것이다. 특히, 역사와 개인사를 동일시하는 태도에 담긴 정치적 의미를 살펴볼 생각이다.[1]

# 10

## 귀족의 독립성과 인과관계의 정치학

르네상스 시대 군인회고록이 개인사와 역사를 동일시한 것은 곧 급진적인 정치적 주장이었다. 첫째, 역사와 정치가 회고록 저자들과 그들의 행동을 중심으로 돌아가고 있으며, 이것이 마땅한 일이라는 것. 둘째, 회고록 저자들이 그들 자체로서, 또는 그들의 행동과 명예에 힘입어, 역사적-정치적 세력이며, 왕이 지배하는 국가를 비롯한 다른 모든 요인으로부터 독립적이라는 것. 이 두 가지 주장을 단단히 뒷받침하려면 역사, 명예, 폭력, 정치적 독립성 사이에 긴밀한 유대를 벼려내야 했다.

역사와 폭력 사이의 관계는 역사 서술이 처음 시작된 시점까지 거슬러 올라간다. 적어도 최근까지는 이 관계가 역사의 가장 핵심적인 요소였다고 주장할 수도 있을 것이다. 오랜 세월에 걸쳐 역사를 서술하는 방법, 양식, 주제가 많은 변화를 겪었지만, 폭력, 그중에서도 특히 전쟁은 언제나 역사의 가장 중요한 초점이자 사례였다. 가장 오래된 역사서들은 온통 전쟁 이야기로 가득하다. 서구 역사 서술의 기반이 된 문헌들도 세 개의 전쟁(트로이 전쟁, 페르시아 전쟁, 펠로폰네소스 전쟁)을 다루고 있다. 그 뒤에도 전쟁은 역사가 가장 많이 다룬 주제였다. 오늘날에도 적어도 대중 역사서에서는 사정이 똑같다. 따라서 인류가 보기에 반드시 역사에 속하는 것, 그 **무엇보다 특히** 역사라고 할 수 있는 것이 하나 있다면 그것이 바로 전쟁이다. 좀더 정확히 말하자면, 전쟁 전체가 아니라 실질적인 폭력의 사용만이 항상 역사의 초점이었다. 무엇보다 중요한 역사적 사건은 바로 전투이며, **무엇보다 중요한** 역사적 주인공은 전사戰士다. 그리고 역사와 폭력 사이의 이런 관계는 전통적으로 명예라는 또 다른 요인과 묶여 있었다. 명예는 거의 항상 폭력 및 역사와 긴밀하게 연결된 문제였다.

## 인과관계와 절대권력

명예, 폭력, 역사 사이의 관계는 세월을 거치면서 다양한 변화를 겪었고, 이 변화는 정치권력의 성격과 긴밀하게 관련되어 있었다. 이런 관계 중 오늘날 우리에게 가장 친숙한 것은 민족의 '위대한 이야기Great Story'로, 중세 말기와 근대 초기에 왕조 또는 왕조와 민족의 '위대한 이야기'가 진화한 형태다.[1]

왕조-민족royal-national의 위대한 이야기는 역사를 민족과 민족의 이해관계에 관한 이야기로 보며, 왕조와 민족의 이해관계에 특별한 '중요성'을 부여한다. 궁극적으로는 왕조/민족만이 역사에서 독립적 주체라는 것이 이 이야기의 주장이다. 왕조와 민족은 반쯤 신비주의적인 방식으로 **역사를 통해** 다양한 역사적 권익을 얻는다. 모든 역사적 행동은 이런 왕조와 민족의 권익과 반드시 관련되어 그들에게 부합하는 방향이나 거스르는 방향으로 이루어져야 한다(이런 권익과 관련되지 않은 행동은 전혀 역사적이지 않다). 폭력과 명예는 왕조-민족의 권익에 전적으로 좌우되는 부산물에 불과하다. 폭력은 왕조와 민족의 독점물이므로, 다른 주체들은 왕조-민족을 위해서만 정당하게 폭력을 행사할 수 있다. 명예도 왕조-민족의 이익에 봉사해야만 얻을 수 있다. 개인의 명예는 종류를 막론하고 모두 왕조나 국가가 일시적으로 하사해준 것에 불과하다.

이런 시각은 왕조와 국가에 절대적인 정치권력을 부여한다. 전사 귀족과 군인은 왕이 다스리는 국가에 전적으로 종속되어 봉사하는 지위로 떨어진다. 그들은 자신만의 의지로 폭력을 휘두를 권리가 없으며, 그들의 명예는 봉사의 부산물로 온전히 왕과 국가의 통제를 받는다. 역사적으로 르네상스 시대의 왕정국가royal state들은 실제로 귀족들을 종속된 위치로 떨어뜨리려고 했다.[2] 왕정국가는 왕이 지상에서 유일한 권력의 원천, 특히 군사적 권력의 원천이라고 주장했다.[3] 오로지 왕만이 폭력에 대한 권리를 갖고 있으며, 귀족들은 오로지 왕을 위해서만 싸울 수 있고, 그 밖의 모든 폭력은 범죄라는 것이 왕정국가의 주장이었다.[4] 왕정국가는 또한 명예와 귀족의 지위는 봉사의 대가로 왕에게서 하사받는 것이라고 주장했다.[5]

캐유퍼의 말에 따르면, 국가는 명예가 "자율적으로 선보인 용맹함이 아니라 군주에게서 온다"[6]고 주장했다. 왕에게 종속된 기사단의 설립, 문장紋章의 억압이나 국유화, 그리고 무엇보다도 귀족작위 수여 권리를 왕이 독점한 것이 귀족계급과 명예에 대한 왕의 통제권을 공고히 했다.[7] 이런 과정 끝에 왕들은, 제임스 1세의 말을 빌리자면, "짐은 모든 명예의 원천"이라고 주장했다. 1610년에 길립Guillim은 다음과 같은 말도 했다. "모든 계급의 귀족들은 국왕 전하에게서 뻗어 나온 빛살일 뿐이다."[8]

이 왕조-민족 구도를 떠받치는 가장 중요한 기둥은 인과관계의 원칙이다. 왕조-민족의 역사가 기본적으로 인과관계를 따르기 때문이다. 이 역사는 사건들을 인과관계에 따라 연결시키고, 그들이 미친 영향에 따라 가치를 평가한다. 왕조-민족의 위대한 이야기는 왕조, 민족, 국가의 운명에 영향을 미친 사건들만이 역사이며, 그들이 미친 영향력에 따라 그들을 엄격히 평가해야 한다고 주장한다. 따라서 역사는 원인과 결과의 모음이 되고, 명예는 차후에 미친 영향력의 문제가 된다. 프랑스-카페 왕조의 위대한 이야기를 예로 들어보자. 누군가가 전투에서 롤랑을 능가하거나, 마상 창경기에서 랑슬로를 이기는 것은 가능하다. 그러나 그 행동이 카페 왕조의 이익과 관련이 없거나 오히려 해를 끼친다면, 그는 실패자, 반역자, 범죄자, 아무것도 아닌 인물로 간주될 것이다.

따라서 인과관계를 따르는 역사와 왕조-민족 역사 사이에 역사적으로 몹시 강력한 유대가 발달한 것은 우연이 아니다. 이론적으로는 인과관계를 따르는 역사가 많은 유형의 인과관계 과정에 초점을 맞출 수 있지만, 실제로는 중세 말기부터 줄곧 인과관계에 따른 역사 집필이란 대개 왕조-민족 역사 집필을 뜻했다. 사건들의 중요성이 왕이나 민족의 운명에 미친 영향을 기준으로 평가되기 시작하면, 그 사건들은 자유로이 홀로 떠도는 일화가 아니라 인과관계 속의 연결고리로 선명한 형태를 갖추게 되기 때문이다. 그리고 이처럼 역사를 인과관계의 관점에서 바라보기 시작하면, 역사를 중앙에 집중시키는 것이 더 쉬워질 뿐만 아니라, 거의 꼭 필요한 일이 된다. 중세에 작성된 왕의 연대기들이 보여주듯이, **일화 중심적인** 역사에서는 왕에게 충성하는 역사가라도 오로지 왕조에만 초점을 맞추기가 힘들다. 다른 흥미로운 일화들이 아주 쉽사리 끼어들기 때문이다. 반면 인과관계를 따르는 서술에서는 왕에게 초점을 맞추기가 훨씬 더 간단하다. 인과관계를 통해 사건들이 중요한 순서대로 배열되기 때문이다. 이렇게 서열이 정리되고 나면, 카를 5세는 귀용보다 훨씬 더 중요한 인물이 된다. 그의 영향력이 훨씬 더 크기 때문이다. 그래서 귀차르디니 같은 역사가가 인과관계에 따라 역사를 집필하게 된다면, 저절로 카를 5세에 대해 많은 말을 하고 귀용에 대해서는 한마디도 하지 않게 될 것이다. 비슷한 맥락에서, 프루아사르의 일화 중심적인 역사에서는 몰레옹의 개인사가 쉽사리 자리를 찾을 수 있지만, 인과관계가 적용된 귀차르디니나 파라댕의 역사서에서는 어떤 자리도 차지할 수 없다. 중세 군주정의 정치적 분열과 일화 중심적인 중세 연대기가 서로 손에 손을 잡고 함께 나아갔듯이, 군주정이 통일된 국가로 거듭나는 변화와 잡동사니 일화들을 늘어놓은 연대기가 긴밀한 인과관계를 따르는 역사로 통합된 과

성 역시 서로 손에 손을 잡고 함께 진행되었다.

르네상스 시대 군인회고록이 묘사한 역사적인 현실은 이것과 매우 다른 정치적 메시지를 지닌, 다른 구도를 보여준다. 르네상스 시대 군인회고록 속의 역사적 현실이 인과관계를 따르기보다는 일화 중심적이며 결말이 열려 있음을 앞에서 이미 살펴보았다. 이처럼 인과관계를 따지지 않는 구조는 왕조-민족 역사의 기반을 갉아먹으며 다른 형태의 역사를 내세운다. 여기서는 역사, 폭력, 명예가 다른 방식으로 연결되어 있다. 르네상스 시대의 군인회고록이 전달하는 메시지는, 차후의 영향이 아니라 내재적인 가치로 행동을 평가해야 하며, 명예는 봉사에 대한 보상이 아니라 특정한 종류의 행동과 사람에게 내재된 것이고, 폭력을 행사할 권리 역시 자율적인 것으로 왕조-민족의 위대한 이야기보다는 개인의 명예에서 파생된다는 것이다. 간단히 말해서, 르네상스 시대 군인회고록이 역사적 현실을 조각조각 나뉜 형태로 묘사한 것은 곧 세상의 정치권력이 나뉘는 것을 찬성한다는 선언으로서, 왕정국가가 권력을 독점한다는 주장의 기반을 훼손한다.

특히 르네상스 시대 군인회고록은 인과관계와 영향력을 무시함으로써, 왕이나 국가에 대한 봉사와 명예 사이에는 별로 관련이 없음을 지극히 분명하게 밝힌다. 어떤 행동이 명예로운지 아닌지를 판가름하는 기준은 오로지 그 행동의 내재적인 가치뿐이다. 그 행동이 왕의 이익뿐만 아니라 다른 모든 일에 미친 영향은 중요하지 않다. 전투에 패한 사람도, 심지어 반란을 일으킨 사람도 명예를 얻

▲ 이탈리아에 대한 주도권을 놓고 프랑스왕 프랑수아 1세와 신성로마제국 황제 카를 5세가 격돌한 곳이 파비아였다. 파비아 전투의 패배로 프랑스는 이탈리아, 플랑드르, 부르고뉴 지방을 포기하게 되었다.

을 수 있고, 전투에 승리하고서도 오히려 불명예를 얻을 수 있다.[9] 롤랑이나 니벨룽족의 결사항전처럼, 용맹한 행동이 지독한 어리석음에서 생겨나 국가적 재앙을 낳는 경우가 있다는 사실은 중요하지 않았다.[10]

　이런 시각은 르네상스 시대에도 여전히 널리 받아들여졌다. 심지어 왕들도 예외가 아니었다.[11] 귀족들이 역사를 바라보는 이런 시각을 옹호한 말 중에 가장 유명한 것으로는 아마도 프랑수아 1세의 말을 꼽을 수 있을 것이다. 그는 파비아 전투에서 패해 포로가 된 뒤 이렇게 외쳤다고 한다. "모두 잃었다. 명예만 빼고." 신성로마제국 군대가 반란을 일으키지 않고, 카를 5세가 승리를 제대로 이용할 줄 알았다면, 파비아 전투는 프랑스 역사에서 가장 심각한 재앙이 되어 프랑스는 적어도 한두 개의 지방을 잃었을 것이다. 그러나 프랑수아는 귀족적인 역사의 전통을 따라, 국가에 대한 봉사가 명예를 좌우하지 않는다고 생각했다. 파비아에서 그는 프랑스에 재앙이 될 결과를 낳았는데도 여전히 많은 명예를 얻었다.

역사에 대한 귀족적인 견해가 16세기에도 얼마나 영향력을 발휘했는지 분명히 보여주는 사례로는, 르네상스 시대에 프랑스와 다른 나라의 역사가들이 모두 프랑수아가 파비아에서 개인적으로 많은 명예를 얻었다고 보았다는 사실을 꼽을 수 있을 것이다. 프랑수아의 말이 이 전투와 관련해서 가장 기억에 남을 만한 것이 되었다는 사실도 마찬가지다. 파비아의 패배로 괴로워하던 프랑수아가 1543년에 신성로마제국 황제와의 전투를 피하자, 원정은 차후의 영향을 고려했을 때 그에게 상당히 유리한 결말을 맺었으나 그 자신이 얻은 명예는 그가 파비아에서 형편없는 성과를 거뒀을 때에 훨씬 미치지 못했다.

## 명예로운 행동의 정치적 급진성

르네상스 시대 회고록 저자들의 역사인식은 주군에 대한 봉사와 차후의 영향을 명예와 분리함으로써 모든 명예로운 행동을 동등한 것으로 만들었고, 여기에는 모든 명예로운 사람 또한 독립적인 역사적-정치적 행위자로서 서로 동등하다는 의미가 내포되어 있었다.[12] 명예로운 행동이 모두 자율적이고 동등하다는 시각은 중세까지 거슬러 올라가는 귀족들의 명예 숭배에서 중요한 교의 중 하나였다. 1350년대 초에 조프루아 드 샤르니가 장 2세가 새로 만든 에투알 기사단을 위해 기사도 지침서를 쓴 것도 같은 맥락에서 보아야 한다. 샤르니는 장 2세의 충성스러운 신하였고, 푸아티에에서 왕의 깃발인 오리플람을 드는 임무를 수행하다가 목숨을 잃었다. 그리고 에투알 기사단은 왕의 도구가 되기 위해 만들어진 집단이었다. 그런데도 샤르니가 쓴 《기사도의 책》은 왕에 대한 봉사나 차후의 영향과 명예가 아무런 상관이 없음을 분명히 했다. 샤르니는 이렇게 설명했다. "모든 무훈은 찬양받을 가치가 있다. 비록 다른 것보다 더 훌륭한 무훈이 일부 존재하기는 해도, 하찮은 무훈이란 존재하지 않으며 오로지 훌륭하고 위대한 무훈만 존재하기 때문이다."[13] 따라서 마상 창경기나 개인적인 분쟁에서도 명예를 얻을 수 있었다.[14] 심지어 돈을 받고 싸우는 용병들도 용맹한 행동을 한다면 명예를 얻을 수 있었다.[15] 또한 외국의 전쟁에 참전해도 역시 명예를 얻을 수 있었다.[16] 사실 샤르니는 기사들에게 조국을 떠나 어디든 전투가 벌어지는 곳을 찾아가라고 권고했다.[17] 그들이 왕과 조국을 위해 싸우든, 아니면 다른 나라와 왕을 위해 싸우든 차이가 없기 때문이었다.

뿐만 아니라 샤르니는 기사들이 승리보다는 포로와 전리품 획득에 더 관심이 있어서 전투가 한창일 때 전장을 이탈하는 바람에 전황이 위태로워지는 일도 가끔 벌어진다고 썼다. 실제로 이런 일이 벌어진다면, 그 군대는 전투에서 패배하고 말 것이다. 샤르니는 이처럼 부를 좇는 행위를 비난하면서도, 이런 기사들조차 그 과정에서 용맹함을 보인다면 찬사와 명예를 얻어 마땅하다고 주장했다.[18] 그는 전투에서 경솔한 행동을 하는 군인들에 대해 다음과 같이 썼다.

> 전우들의 이득이나 적의 피해를 고려하지 않는다. 그들은 조언을 주거나 받지 않고 무질서하게 앞으로 달려가 개인적으로 용맹한 행동을 한다. 이로 인해 그들이 오히려 불리해지는 경우가 많지만 그래도 놀라운 무훈을 세우고, 이런 식으로 전투에 기여할 생각 없이 많은 전투에 참여한다. 그러나 그들이 용맹한 행동으로 얻은 명예에 대해 비난할 수는 없다. 수많은 위대한 전투를 경험하고 공적을 세워 훌륭하게 기여한 이들은 비록 진정한 의미의 가치를 따진다면 미흡한 구석이 있더라도, 여전히 훌륭하다고 평가해야 마땅하다.[19]

이 책이 크레시Crécy의 비극(백년전쟁 중인 1346년에 영국군이 훨씬 더 병력이 많은 프랑스군을 상대로 승리를 거둔 전투 ─ 옮긴이)으로부터 약 5년 **뒤에** 프랑스의 엘리트 군인들을 위해 집필된 것임을 명심하라.

이 책에서 샤르니는 왕을 위해 봉사하는 일이 중요하다는 말은 단 한마디도 하지 않았다. 그가 말하고자 하는 바는 분명하다. 명예와 봉사, 어떤 행동이 미치는 영향과 적절한 평가 사이에 내재적인 관계는 존재하지 않는다는 것.

모든 명예로운 행동이 자율적이고 동등해서 동등한 처우를 받을 자격이 있다는 이 원칙은 르네상스 군인회고록을 인도하는 등대의 불빛과 같았다. 이 원칙 때문에 회고록 저자들은 적 진영에 속한 사람과 반역자의 명예까지도 존중했다.[20] 르네 뒤 벨레는 이방인들의 영광을 깎아내리면서 왕을 드높이는 것은 잘못된 일이라고 설명한다.[21] 따라서 적의 지휘관을 찬양한 회고록 저자들이 많았다. 예를 들어 브랑톰은 파르마에게 당대의 가장 위대한 장군이라는 찬사를 보냈고,[22] 카스텔노는 콩데와 콜리니 등 위그노 지도자들을 우러러보았다. 몽뤽과 플로랑주도 파비아 성내에서 수비대를 지휘하던 안토니오 데 레이바에게 찬사를 보냈다.[23] 심지어 이교도들도 명예를 인정받았다. 예를 들어 발비 데 코레조는 튀르크인들의 용맹함을 여러 번 칭찬했으며,[24] 디아스의 글은 인디오들의 용기에 대한 찬사로 가득하다. 그는 특히 그들의 황제인 과테목에게 찬사를 보내면서, 그를 처형한 코르테스를 날카롭게 비난했다.[25]

　브랑톰은 왕을 배신한 반역자인 곤살보 피사로에게도 용감한 사람이라는 찬사를 보냈다. 여기서 그는 방법이 좋든 나쁘든 용맹함은 언제나 높이 평가된다면서, 라틴어 격언을 인용했다. "좋든 나쁘든 명성은 명성이다." 그는 이어서 '나쁜 명성'이 곧 오명은 아니며, 나쁜 대의를 위해 봉사하다 얻은 명성을 의미한다고 설명했다.[26] 브랑톰은 또한 바야르의 죽음을 다음과 같이 설명했다. 죽음을 앞두고 스페인 군대에 에워싸인 바야르가 스페인 군대의 가장 명예로운 사람인 페스카라 후작에게 항복하겠다고 말했다. 스페인 병사들은 그의 선택에 찬사를 보내면서, 비록 계급을 따지면 페스카라가 라누아나 부르봉보다 낮지만, 군대에서 가장 명예로운 사람임은 틀림

없다고 말했다. 영웅적인 행동으로 얻은 명예가 왕을 위해 봉사하며 얻은 명예보다 훨씬 더 우월하기 때문이다. 페스카라는 용맹한 행동으로 명예를 얻었으므로, 황제의 은혜로 사령관 자리에 오른 두 사람보다 더 뛰어난 사람이었다.[27] 브랑톰은 훌리안 로메로(16세기에 일반 병사에서 장군의 자리까지 오른 스페인 군인 — 옮긴이)가 명예를 따지면 지상의 모든 귀족이나 제후와 동등하다고 생각한 탓에 비난받은 일을 언급했다.[28] 반면 스페인의 다른 신사들 중 일부는 너무나 가난해서 밤이면 구걸을 하면서도 낮에는 으쓱거리고 돌아다니며 "비록 부유하지는 않아도 왕과 같은 귀족"이라고 말하곤 했다.[29]

르네상스 시대의 군인회고록 저자들은 이 '명예의 동등함'을 명목으로 역사 속에서 가장 위대한 귀족이나 왕과 동등한 위치를 요구했다. 몰레옹은 프루아사르에게 튀리를 약탈한 일을 이야기할 때,[30] 자신의 행동이 프랑스의 절반을 황폐화한 흑세자의 행동과 동등하다고 믿었다. 흑세자의 행동이 비열한 범죄가 아니라 찬양받아 마땅한 정복 행위라면, 자신의 행동도 마찬가지라는 것이다. 또한 흑세자의 행동이 역사 속에서 명예로운 자리를 차지할 자격이 있다면, 자신의 행동도 마찬가지라고 했다. 몰레옹만 이런 생각을 한 것이 아니다. 프루아사르의 연대기는 몰레옹의 약탈 행위를 실제로 흑세자의 행동과 동등하게 취급하면서, 둘 다 명예로운 행위로 묘사한다.

귀용도 정확히 같은 의미에서 자신의 행동과 황제의 행동을 같은 선상에 놓았다. 오늘날의 독자라면 "나는 발랑시엔에 한동안 남아 있었고, 황제는 브뤼셀로 떠났다"는 문장을 보고, 500년에 걸친 왕조-민족 이데올로기의 영향 때문에 이 문장의 전후반이 문법적으로는 똑같은 구조를 갖고 있지만 기본적으로 다른 의미를 지니고 있다고 즉시 본능적으로 판단할 것이다. 후반부에는 중요한 역사적 사실이 기록되어 있는 반면, 전반부에는 완전히 다른 내용이 담겨 있다고 말이다. 어쩌면 이것은 진실을 만들어내는 수단일지도 모른다, 이제 막 싹을 틔우는 개체성이 역사와 섞인 흔적인지도 모른다는 등의 생각을 할 것이다. 그러나 사실 귀용은 자신이 역사 속에서 카를 5세와 동등한 자리를 차지하고 있다고 굳게 믿었기 때문에, 또는 믿고 싶었기 때문에 자신과 카를 5세를 나란히 배치했을 뿐이다.

귀용의 회고록과 카를 5세의 회고록을 비교해봐도 이 점을 분명히 알 수 있다. 귀용과 카를 5세는 회고록에서 역사 속 자신의 위치를 비슷하게 설정했다. 두 사람이 개인사와 역사의 구분을 없애버린 방법도 비슷하다. 오늘날의 독자들에게는 두 사람의 회고록이 아주 다르게 보일지도 모른다. 그러나 이는 순전히 왕조-민족 이데올로기에 우리가 푹 젖어 있기 때문이다. 왕조-민족 역사는 딱 한 경우, 즉 왕과 황제의 개인사만 빼고 모든 경우에서 개인사와 역사를 명확히 구분한다. 예외가 되는 왕과 황제의 경우에 대해서는, 예를 들어 카를 5세가 파비아 전투 때 현장에 없었을지라도 그 전투가 그의 개인사에서 몹시 중요한 의미를 지녔다든가, 카를 5세가 겪은 통풍 발작이 적어도 잠재적으로는 역사적으로 중요한 사건이 될 수 있다고 주장한다. 귀용의 회고록은 귀용 자신의 개인사에 대해 비슷한 주장을 하고 있을 뿐이다.

르네상스 시대의 회고록 저자들 중 소수는 역사 속에서 자신이 농능한 대접을 받아야 한다고 분명하게 밝혔다. 특히 전문적인 역사가들의 편견에 대해 불평할 때 그런 뜻이 두드러지게 나타난다. 예를 들어, 몽뤽은 자신의 행동에 대해 어쩔 수 없이 글을 쓰게 된 것은 "역사가들이 그것에 대해 거의 말하지 않는다는 것을 잘 알고 있기 때문"이라고 설명했다.[31] 몽뤽은 티옹빌 함락에서 자신이 어떤 역할을 했는지 설명하면서, "오로지 제후들과 위인들의 이야기만 쓰는 역사서들은 그들에 대해서는 충분히 이야기하면서, 그렇게 지위가 높지 않은 사람들의 이야기는 침묵으로 넘어간다고 생각한다"[32]고 썼다. 따라서 몽뤽은 지휘관들에게 스스로 목격한 것과 행동한 것을 "학식 있는 사람들"에게 맡기지 말고 직접 글로 쓰라고 권고했다. "그들이 너무 많은 것을 숨기기" 때문이었다.[33]

다른 곳에서는 글을 쓰는 이유를 다음과 같이 설명하기도 했다.

내 이름이 잊히지 않도록, 내가 훌륭한 행동bien faire을 목격했던 수많은 용감한 사람들의 이름도 잊히지 않도록. 역사가들은 왕과 제후의 명예에 대해서만 쓸 뿐이다. 내가 여기에 이름을 밝혀놓은 용맹한 병사와 신사가 얼마나 많은지. 그러나 그들[역사가들]은 이들에 대해 한마디도 하지 않는다. 마치 이들이 존재한 적이 없었던 것처럼! 체레졸레 전투에 대해 쓴 사람[뒤 벨레]이 비록 내 이름을 밝히기는 했지만, 지나가듯 나를 언급했을 뿐이다. 내가 그날의 승리에, 또한 불로뉴와 티옹빌[의 승리]에서도 제법 공을 세웠다고 자랑할 수 있는데도, 이 저자들은 한마디도 하지 않는다. 여러분이 여기[내 글]에서 보게 될 여러분의 수많은 조상들의 용맹

함에 대해서도 마찬가지다.<sup>34</sup>

여기서 몽뤽은 자신뿐만 아니라 역사가들이 무시해버린 다른 귀
족들의 이름 또한 영원히 기억되게 하기 위해 회고록을 썼다고 설
명한다.<sup>35</sup>

몽뤽에게는 확실히 이런 불평을 할 이유가 있었다. 기욤 파라댕
이 1550년과 1556년에 각각 펴낸 두 권의 역사책을 예로 들어보자.
이 책들은 당시 프랑스에서 1540년대와 1550년대의 전쟁을 다룬
표준 역사책이었으나, 체레졸레 전투를 설명할 때 몽뤽의 이름을
언급하지 않았다.<sup>36</sup> 시에나 공성전에 대한 설명에서는 몽뤽에 대한
대접이 더욱 심했다. 몽뤽이 시에나를 방어한 것은 그의 군인 경력
에서 가장 찬란한 일이었다. 그러나 파라댕은 수십 페이지에 걸친
이 공성전 설명에서 몽뤽을 딱 한 번만 언급했다. 그것도 다소 불명
예스러운 내용이었다. 당시 중병을 앓고 있던 몽뤽의 자리를 이어
받기 위해 로마 주재 프랑스 대사가 시에나로 가던 도중 신성로마
제국군에게 포로로 잡혔다는 것.<sup>37</sup> 몽뤽의 영웅적인 방어전에 대해
서는 한마디도 없다. 파라댕은 시에나의 일을 언급할 때마다 항상
'수비대'나 '시에나 사람들'에 대해서만 말할 뿐, 수비대 지휘자의
이름은 밝히지 않았다. 파라댕이 그보다 상급 지휘관들을 어떻게
대우했는지 비교해보면, 몽뤽이 받은 대우가 어떤 것이었는지 확실
히 알 수 있다. 예를 들어, 메스 공성전에 대한 설명에서 파라댕은
기즈 공작의 눈부신 공적을 지치지도 않고 열심히 늘어놓는다. 몽
뤽의 글이 이 상황을 바로잡았다는 점이 특기할 만하다. 그는 회고

복을 펴낸 뒤 갑자기 역사서에서 훨씬 더 눈에 띄는 자리를 차지하
게 되었다.[38]

타반도 17세기 초에 쓴 자기 아버지의 전기에서 비슷한 불평을
했다. 그는 역사가들이 부당하게 망각 속으로 몰아넣은 아버지를
구출하기 위해 글을 썼다고 말한다.[39] 역사가들이 모든 영광을 왕에
게 몰아주고, 지휘관을 무시해버렸다는 것이다.

> 그들은 왕에게 돌려야 할 명예를 잃어버리지 않으려고, 지휘관
> 들이 획득한 승리의 명예를 감히 그들에게 돌리지 못한다. 지휘관
> 들이 군대를 지휘하는 동안, 왕은 침대에서 잠들어 있기 일쑤였는
> 데 말이다. 승리를 위해 위험을 감수한 것은 지휘관들이지만, 영
> 광은 왕의 몫이다.[40]

브랑톰도 부상에 대해 쓴 부분에서 이에 못지않게 냉소적인 태도
를 보였다.

> 위대한 사람에게는 [부상이] 행운이다. 아주 작은 부상이나 긁힌
> 상처로도 그들은 언제나 높은 영광의 자리로 올라간다. 우리 같은
> 하찮은 전우들은 작은 것에 만족해야 하며, 무슨 짓을 하든 위대
> 한 자들의 위대한 몫[영광]에서 작은 부스러기를 받을 뿐이다. 위
> 대한 자들은 자신의 이름을 널리 알리는 방법을 우리보다 잘 안
> 다. 우리는 그들처럼 사방을 돌아다니며 부상을 입은 사실과 용맹
> 함을 널리 알릴 수 없다.[41]

부아뱅은 프랑스 역사가 궁정에서 궁정의 관점으로 집필되고 있으며, 따라서 피에몬테의 전쟁에 대해 진실을 쓴 프랑스 역사가가 한 명도 없고, 역사가들이 마땅히 영광을 누려야 할 사람들에게서 영광을 빼앗고 있다고 한탄했다.[42] 피에몬테 전쟁이 영광을 누리기 힘든 사소한 일이라는 주장에 대해 그는 "훌륭한 카펫이 깔린 회의실 또는 궁정의 우아한 탁자에서 꼼짝도 하지 않아서, 맹인이 색깔을 모르듯이 전쟁의 다양한 영향에 대해 알 수도, 판단할 수도 없는" 사람들의 의견이라고 답했다.[43]


## 진정한 영웅의 척도

역사에서 동등한 자리를 달라는 비슷한 요구와 불만을 오늘날 일부 하급 군인들의 회고록에서도 찾아볼 수 있다. 하급 군인들은 역사가 자신들을 무시하고 '위대한 사람'이나 '위대한 전투'에만 초점을 맞춘다고 자주 불만을 제기한다. 그러나 이런 불만은 언제나 집단에 대한 것이다. 자기 개인이 장군이나 국가수반과 동등한 대우를 받을 자격이 있다거나, 자신의 공적이 역사에서 위대한 전투와 같은 반열에 놓일 만하다고 주장하는 군인은 없다. 그러나 르네상스 시대의 일부 하급 군인들은 정확히 이런 대우를 요구했다.

이 점을 디아스만큼 분명하게 보여주는 사람이 없다. 디아스는 당대의 역사가들이 멕시코 정복을 이야기할 때 코르테스를 비롯한 여러 지휘관의 몫만큼 자신의 자리를 동등하게 인정해주지 않는다고 거늠 불만을 늘어놓았다. 그는 고마라가 뇌물에 매수당해서 코르테스의 아들의 비위를 맞추려고 다른 군인들의 몫을 빼앗아 코르테스에게 과한 영광을 주었다고 드러내놓고 비난했다.[44] 그는 고마라가 "코르테스가 이것을 했고, 여기에 있었고, 거기에 갔다"고 항상 말한다면서 "그 밖에도 아무런 근거 없이 많은 이야기를 한다. 설사 고마라의 주장처럼 코르테스가 무쇠 같은 인간이라 해도 동시에 여러 곳에 있을 수는 없었을 것"이라고 설명했다.[45] 고마라는 코르테스와 함께 정복전에 참가했던 다른 군인들을 무시해버리고, 그들의 고생과 공적에 대해 한마디도 하지 않았다.

디아스는 특히 중요한 전투였던 오툼바 전투와 관련해서 분노를 토로했다.

> 고마라의 역사서에서 오툼바의 승리는 순전히 코르테스의 것이었다. 우리의 지휘관들과 용맹한 병사들이 그 전투에서 보여준 영웅적인 행동을 그는 왜 이야기하지 않았나? 이러한 이유들로 우리는 코르테스에게만 찬사를 보내도록 그를 유도하기 위해 그들이 그의 손바닥에 기름칠을 했을 것이라고 확신한다. 그는 우리를 전혀 언급하지 않는다.[46]

고마라는 확실히 코르테스가 멕시코 군대의 군기를 든 사람을 죽여서 혼자 힘으로 승리를 가져온 것처럼 역사를 서술했다.[47] 디아스는 기록을 바로잡기 위해서, 크리스토발 데 올레아가 그 전투 중에 코르테스의 목숨을 구해준 과정을 길게 설명했다. 또한 그는 고마라의 주장과 달리, 멕시코 군대의 군기를 든 사람을 죽인 것은 코르테스가 아니라 후안 데 살라만카라고 썼다.

디아스는 코르테스에게도 자비를 베풀지 않았다. 그는 코르테스가 스페인에 보낸 보고서에서 "우리 정복전의 모든 명예와 영광을 독식하고, 우리를 전혀 언급하지 않았다"[48]고 비난했다. 따라서 "모두의 영광이 지휘관 한 사람에게만 돌려지지" 않도록 하기 위해 디아스는 자신이 기억하는 전우들의 이름을 모두 나열했다.[49]

글의 말미에서 디아스는 '명성'과 대화를 나눈다. 명성은 그에게 정복전에 참여한 군인들의 이름을 널리 알리겠다고 약속하며, 그들이 땅이나 인디오로 마땅한 보상을 받지 못한 것에 깜짝 놀랐다는 말을 덧붙인다.

또한 진실한 명성은 연대기 작가 로페스 데 고마라가 쓴 책과 연대기에도, 《엘 폰티피칼》을 쓴 이예스카스 박사의 글에도, 다른 연대기작가의 글에도 우리에 관한 기록이 전혀 없다고 말한다. 그들은 각자 저서에서 코르테스 후작 혼자 [멕시코를] 발견해 정복했다고 말하며, 그 결과를 빚어낸 지휘관들과 병사들을 언급하지 않기 때문에 우리 개인이나 공적에 관한 기록이 없다. 명성은 내가 글로 쓴 것이 모두 진실이자 실제로 있었던 일이며, 아첨이나 사악한 말이 하나도 없고, 지휘관 한 명만을 드높인 프란시스코 로페스 데 고마라와 그의 말을 전혀 바꾸지 않고 그대로 따른 여러 연대기작가들처럼 많은 지휘관들과 용감한 병사들을 깎아내리는 경향도 없다는 것을 알고 크게 기뻐한다.[50]

니아스는 자신이 "공작, 후작, 백작, 유능한 남작 등의 글과 이야기"[51]를 흉내내서 글을 쓴 것은 역사 속에 기억되어야 하는 자신의 마땅한 권리를 확보하기 위해서라고 설명한다. 그리고 나서 디아스는 훨씬 더 대담한 비교를 감행한다. 공작과 후작뿐만 아니라, 저 위대한 율리우스 카이사르와도 자신을 비교하는 것이다. 그는 "내가 용맹한 코르테스와 나, 그리고 내 동료들의 영웅적인 행동을 글로 쓰는 것"은 터무니없는 일이 아니라고 주장한다. 자신이 카이사르보다 더 많은 전투를 겪었기 때문이라는 것이다. 카이사르는 자신의 행동을 기록해줄 코로니스타coronista(스페인어로 연대기작가를 뜻하는 cronista의 옛 표기 ─ 옮긴이)들을 휘하에 데리고 있는데도 직접 《실록》을 썼고, 디아스에게는 그의 행동을 기록해준 사람이 하나도 없었다.[52] 디아스는 대담한 주장을 되풀이한다. 코르테스와 자신은 동등하며, 자신도 코르테스만큼 영광을 누릴 자격이 있다는 주장이다. 그리고 나서 그는 "내가 율리우스 카이사르보다 더 많은 전투에 참가했다"는 말을 증명하기 위해 자신이 참가했던 모든 전투와 교전을 나열한다.[53]

디아스는 회고록의 다른 부분에서도 이와 비슷하게 자신에게 특별한 지위를 부여한다. 그의 글과 고마라의 글을 비교해보면 이 점을 분명히 알 수 있다. 고마라는 《멕시코 정복사Historia de la Conquista de Mexico》에서 디아스를 한 번도 언급하지 않은 채, 코르테스의 일생을 곧 정복의 역사와 동일시했다. 그는 코르테스의 출생으로 글을 시작해서 그의 죽음으로 끝맺으며, 코르테스가 겪은 많은 일들을 처음부터 끝까지 늘어놓는다. 그러나 이 일들은 순전히 일화로서만 가치가 있을 뿐이다. 한편 디아스는 《신新에스파냐 정복의 진실한 역사Historia Verdadera de la Conquista de la Nueva España》에서 자신의 개인사를 역사와 동일하게 취급한다. 그는 1514년에 자신이 아메리카에 발을 디딘 순간부터 글을 시작해서, 많은 개인적인 일화를 늘어놓는다. 자신이 첫 번째 야간 경비조로 배치되었으나 동이 틀 때까지 교대해줄 사람이 아무도 오지 않아서 계속 근무를 섰다는 이야기, 투스테페케에서 밤에 모기에게 시달린 나머지 숙소를 바꿀 수밖에 없었다는 이야기 등이다.[54]

또한 디아스는 자신의 개인사를 '정복'과 '진정한 정복자'를 판가름하는 기준으로 삼는다. 그는 코르도바, 그리할바, 코르테스의 원정만이 정복이며, 그 밖의 모든 원정은 시대를 막론하고 여기에 속하지 않는다고 정의한다. 이 기준에 따르면, 진정한 정복자는 이 세 원정에 참여한 사람들뿐이다. 디아스는 이 세 원정의 유일한 공통점은 바로 자신과의 관련성이라는 점을 스스로 인정한다. 이 세 원정에 모두 참여한 사람은 그가 유일하다. 그리고 그는 그 밖의 다른 원정에는 전혀 참여하지 않았다.[55] 이것은 사소한 문제가 아니다. '진정한 정복자'란 어떤 사람인가 하는 문제가 스페인령 아메리카에서 몹시 중요했기 때문이다. 당시 유럽에서 진정한 귀족이란 어떤 사람인가 하는 문제가 중요하게 다뤄지던 것과 맞먹을 정도였다. 여기에는 지위와 물질적인 특권이 모두 걸려 있었다. 디아스도 '진정한 정복자'를 아메리카의 새로운 귀족으로 만들어야 한다고 주장한다.[56] 그런데 이 진정한 정복자를 판가름하는 기준이 디아스 본인의 개인사와 기억이었다. 그의 회고록은 이 새로운 귀족들

제 4 부

을 위한 일종의 토지대장을 만들 요량으로 집필된 것이었다.

　아메리카의 귀족계급을 뜻대로 규정하려는 디아스의 시도와 자신이 더 많은 전투에 참여했으므로 카이사르와 적어도 동등한 위치에 있다는 주장이 오늘날의 독자들에게는 다소 우스꽝스러운 과대망상증처럼 보일지도 모른다. 사실 디아스가 참여한 전투는 대부분 머나먼 정글에서 벌어진 사소한 교전이었던 반면, 카이사르의 전투는 로마 세계의 운명을 결정한 대규모 전투였다. 둘째, 디아스가 전투에 미친 영향도 카이사르에 비하면 훨씬 적었다. 그러나 디아스가 전투의 영향이 아니라 거기서 얻을 수 있는 명예를 기준으로 삼았다는 점을 생각하면, 그의 논리를 좀더 이해할 수 있다. 만약 영향력이 중요하지 않다면, 디아스가 전투의 결과에 거의 영향을 미치지 못했다는 사실 또한 중요하지 않다. 전투의 규모도 중요하지 않다. 사실 전투의 규모 자체가 역사적으로 중요한 기준이 되었던 적은 없다. 전투의 규모는 전투의 영향력에서 파생된 요소에 불과하다. 전투의 규모가 중요해 보이는 것은 순전히 대규모 전투가 더 커다란 영향을 미치는 경향이 있기 때문이다. 그러나 영향력을 공식에서 제거하면, 과테말라의 정글에서 벌어진 사소한 교전이 파르살로스 전투보다 덜 기억할 만하다고 생각할 이유가 없다.


## 자율적이고 정치적인 존재의 근거

르네상스 시대의 군인회고록은 역사, 폭력, 명예의 상관관계에 대해 이처럼 매우 다른 그림을 그려낸다. 왕조-민족의 위대한 이야기에서는 역사가 명예와 폭력의 **원천**으로 여겨지지만, 르네상스 시대의 군인회고록에서 역사는 단순히 명예로운 폭력의 **기록**일 뿐이다. 르네상스 시대 군인회고록에서 명예가 있는 사람은 모두 사실상 완전히 독립적인 역사 속 행위자다. 중세에 인기 있던 이미지를 차용하자면, 명예가 있는 사람은 아무리 지위와 재산이 보잘것없어도 모두 그 스스로 태양이다. 다른 누군가의 권력과 명예를 비추는 거울이 아니다. 따라서 그는 자신의 의지로 행동할 수 있으며, 특히 폭력을 사용할 수 있다. 오늘날 개인이 '인간적인 존엄성'을 근거로 독립성을 인정받듯이, 르네상스 시대에는 개인의 명예가 독립성을 인정받는 근거였다. 오늘날에는 살 권리가 이 독립성을 무엇보다 뚜렷하게 표현해준다면, 르네상스 시대에는 죽일 권리가 그 역할을 했다. 명예를 얻은 사람은 독자적으로 폭력을 휘두를 수 있게 되므로, 역사적으로나 정치적으로나 독립적인 행위자가 될 수 있었다.[57] 노이셸은 다음과 같이 설명했다. "이러한 명예는 [귀족들이] 스스로 정당하고 자율적인 정치적 존재로서 행동할 권리를 보장해주었다. 이 권리를 얻으면 아무리 하찮은 귀족이라도 스스로 자율적인 존재가 되었다고 느낄 수 있었다."[58]

르네상스 시대의 군인회고록은 이렇게 해서 명예, 폭력, 역사 사이에 3중의 상관관계를 확립했다. 정당한 폭력은 명예를 얻는 최고의 방법이었고, 명예는 폭력을 사용할 권리를 보장해주었다. 그리고 역사는 명예로운 폭력을 기록함으로써 이런 거래를 보장해주었다. 같은 말을 자꾸 반복하면서, 역사의 중재 덕분에 폭력의 사용이 그 자체로서 폭력을 사용할 권리를 만들어냈다고 암시하는 것처럼 보일지도 모르겠다. 그러나 이 동어반복에는 슬픈 진실이 들어 있다. 귀족들의 정치는 상당 부분 폭력을 스스로 정당화하는 방식을 중심으로 돌아갔다.

이런 구도에 내포된 정치적 의미가 이론적으로 확립된 것은 아니었지만, 매우 구체적이고 현실적이었다. 이것은 귀족들과 제후들이 명예를 통제할 수 없음을 의미했다. 심지어 왕도 마음이 내킨다고 해서 상점 주인이나 법률가에게 기사작위를 줄 수 없었다. 왕이 자신을 위해 봉사한 사람에게 보상으로 명예를 줄 수 있다고 본 왕조-민족 논리에 따르면, 누가 어떻게 왕에게 봉사했는지는 중요하지 않다(사실 루이 14세 때에는 왕에게 도움이 되기만 한다면, 자격이 조금 떨어지는 사람에게도 왕이 명예를 하사할 수 있다는 주장이 나왔다).[59] 그러나 귀족들이 쓴 회고록의 논리에 따르면, 명예는 특정한 유형의 행동에 내재된 것이므로 누구의 소유도 아니었다. 따라서 왕이 아무리 강대하더라도 그가 법률가에게 명예를 하사할 수 있다는 주장은 터무니없었다. 왕은 명예를 '하사'할 수 없을 뿐만 아니라, 본인도 다른 사람들과 마찬가지로 행동을 통해 명예를 얻어야 했다.[60]

이보다 더 중요한 것은 회고록 저자들이 모든 귀족에게 허락하고자 했던 폭력의 권리가 곧바로 반란, 변절, 개인적인 전쟁, 범죄, 살인이라는 의미로 해석되었다는 점이다. 회고록을 쓴 위그노 교도들은 모두 왕과 대영주에 맞서 싸운 사람들이었다. 뷔에유, 베를리힝겐, 셰르틀린, 가르시아 데 파레데스, 엔리케스 데 구스만도 마찬가지였다. 베를리힝겐, 윌리엄스, 가르시아 데 파레데스, 귀용, 코민은 전쟁이 한창일 때 상대편으로 넘어가는 것에 대해 별로 가책을 느끼지 않았다. 많은 회고록 저자들은 외국의 제후나 군주 밑에서 싸운 적이 있으며, 제후나 군주의 뒷받침 없이 개인적인 전쟁이나 결투를 벌인 사람도 많았다.[61] 베를리힝겐의 사례가 가장 유명하다. 그는 수많은 개인적인 전쟁을 벌였는데, 이런 싸움을 때로 'krieg(독일어로 전쟁, 싸움을 뜻하는 단어 — 옮긴이)'라고 지칭했다. 한 번은 쾰른 시 당국으로부터 부당한 대우를 받은 재단사의 복수를 위해 쾰른 시에 전쟁을 선포하고 싸움을 벌이기도 했다(재단사는 귀족이 아니라서 스스로 전쟁을 선포하고 싸울 수 없었다). 베를리힝겐이 쾰른의 상인 두 명을 약탈한 것이 이 '전쟁'에서 가장 중요한 작전이었다는 사실이 특징적이다. 그는 이 작전을 훌륭한 무훈으로 보고 상세히 묘사했다.[62] 귀족들은 자율적으로 폭력을 행사할 수 있는 권리를 지닌 독립적인 역사의 행위자였으므로, 베를리힝겐의 약탈 행위 또한 프랑스 왕의 이탈리아 약탈과 전혀 다르지 않은 명예로운 전쟁이었다.

프랑스와 스페인에서는 귀족들이 이렇게 본격적으로 개인적인 전쟁을 벌일 권리에 제한이 있었다. 그러나 그들도 폭력의 권리를 행사했다. 가르시아 데 파레데스와 엔리케스 데 구스만의 폭력 이력은 당시 스페인의 전형적인 사례다. 프랑스 귀족들도 이에 뒤지지 않았다. 예를 들어 브랑톰은 16세기 말에 쓴 글에서 귀족인 자신의 지인이 파리의 상인에게 모욕을 당했을 때의 이야기를 들려준다. 얼마쯤 시간이 흐른 뒤, 그 상인이 다른 상인들과 함께 오를레앙으로 갈 예정이라는 사실을 알게 된 귀족은 어떤 여관에서 그들을 기습해 분제의 상인과 다른 상인 세 명을 혼자 힘으로 죽여버린다. 브랑톰은 이 귀족의 행위를 살인으로 비난하지 않고 오히려 용맹하다고 찬양하며, 귀족이 평민보다 훨씬 더 용맹하다는 사실을 보여주는 사례로 제시한다.[63] 폭력의 권리를 행사한 이 '용맹한' 귀족과 그의 명예를 기린 브랑톰 모두 왕조-민족의 위대한 이야기를 거부하고, 명예로운 폭력은 왕정국가의 특권이 아니라고 주장한다.

귀족들에게 폭력의 권리가 있음을 단언하는 가장 유명한 사례는 아마도 결투일 것이다. 개인적인 전쟁을 벌여 사람을 죽이는 일이 점점 힘들어지자, 귀족들은 최소한 서로를 죽일 수 있는 권리를 요구했다. 왕들이 가차없이 압력을 가했는데도, 그들은 근대가 시작되고 한참 세월이 흐를 때까지도 이 권리를 포기하지 않았다.[64]

물론 귀족들이 왕에게 봉사하는 일을 전혀 중요하게 생각하지 않았다는 뜻은 아니다. 왕에게 봉사하는 행동을 통해 명예를 얻는 경우도 많았고, 왕에게 충성하는 귀족은 큰 찬사를 받았다. 그러나 왕이 기사를 명예롭게 만들어주는 것은 아니었다. 왕에게 봉사하는 귀족들의 행위가 그들을 역사적인 행위자로 만들어주는 것도 아니었다. 그들은 봉사 여부와 상관없이 스스로 명예로운 역사적 행위자였다. 따라서 왕에게 봉사할지 여부를 결정하는 것도 그들 자신이었다. 왕에게 봉사하겠다는 결정이 가장 명예로운 길로 이어질 때가 많았지만, 어쨌든 그 결정의 주체는 귀족들 자신이었다. 따라서 설사 그들이 다른 결정을 내리더라도, 그들의 명예와 독립적인 역사적 행위자라는 지위는 달라지지 않았다.

귀족들의 이런 인식을 이해하는 데에 노이셸의 분석이 또다시 도움이 된다. 개인적인 상태가 아니라 실체가 있는 행동이 권력과 정체성의 바탕이 되면, 행위자로서 귀족의 독립성이 확보된다. 어떤 사람을 포르시앵 영주의 '추종자'가 아니라 적극적으로 그를 '추종하는' 사람으로 보는 시각은, 귀족이 군주나 제후에게 봉사할 때조차 독립적인 행위자로서 스스로 결정을 내려 행동하는 것이라는 사실을 강조해준다. 누군가를 추종하더라도 그는 '추종자'의 위치로 전락하지 않는다. 노이셸의 결론을 로즈메리 호록스의 연구도 뒷받침해준다. 리처드 3세 시절 귀족들의 봉사를 연구한 호록스는 귀족들이 단 한 명의 영주에게만 봉사한 경우는 드물었다고 강조한 뒤, "봉사가 (…) 개인의 이익을 밀어내지는 않았다. 이 둘은 공존했다. 봉사에는 대개 **구체적인** 명령에 대한 복종이 내포되어 있었기 때문"이라고 주장했다.[65] 봉사가 대개 구체적인 임무를 의미했다면, 그 한정된 분야에서 영주를 섬긴다고 해서 반드시 그 영주의 종이 되는 것은 아니었다고 볼 수 있다.

따라서 몽뤽은 발루아 왕조를 수십 년 동안 충성스럽게 섬겼어도, 여전히 독립적이었다. 매 순간 그의 적극적이고 독립적인 선택이 왕조를 섬기는 그의 행위를 결정했기 때문이다. 그는 단 한 번도 단순한 종의 지위로 떨어진 적이 없었다. 또한 몽뤽이 왕에게 봉사하면서 얻은 명예는 모두 오로지 그의 행동으로 획득한 것이지, 왕의 종이라서 얻은 것이 아니었다. 몽뤽은 왕에게 봉사하면서 명예를 얻을 **기회**를 누렸으므로 자신이 섬긴 왕들에게 감사한다고 말했다.[66] 그가 봉사 그 자체로서 명예를 얻은 것이 아니라, 왕을 섬기며

한 행농으로 명예를 얻었음에 주목해야 한다. 몽뤽이 시에나 공성전 때 적의 지휘관과 좋은 관계를 맺었다면서, 그와 개인적으로 싸운 적이 없다고 말한 부분에 이 점이 더욱 뚜렷이 드러나 있다. "그는 자신의 주인을 섬기고, 나는 내 주인을 섬겼다. 그는 자신의 명예를 위해 나를 공격하고, 나는 내 명예를 위해 그의 공격을 견뎌냈다. 그는 좋은 평판을 얻고 싶어 했고, 나도 마찬가지였다."[67] 섬기는 주인들이 싸운다고 해서, 양편의 야전 지휘관들까지 그런 식으로 싸우지는 않았다. 지휘관들은 그저 개인적인 명예와 평판을 높이기 위해 그 기회를 이용했을 뿐이다.

베를리힝겐도 다른 주군보다는 황제를 섬기는 편이 낫다는 말에 동의하면서도,[68] 때로는 황제에 맞서 싸웠다. 또한 그가 선제후를 섬기기로 했으면서도, 선제후의 적대세력에 포함된 자신의 친구들과는 싸우지 않을 권리를 유지한 이야기에서는 그에게 '봉사'가 무엇을 의미했는지 분명히 알 수 있다.[69]

마지막으로, 역사를 바라보는 귀족들의 시각이 가장 일상적인 부분에까지 침투해 있었음을 지적해야겠다. 예를 들어, 샤르니는 명예가 무엇을 의미하는지 설명하기 위해서, 한창 식사 중인 만찬장으로 명예로운 기사가 들어오면 모든 사람이 그에게 인사하고 찬사를 보내며, 다른 기사들과 숙녀들이 호의 어린 관심을 보이고, 모두가 그의 명예를 기린다고 묘사했다. 그 기사의 레이디는 이런 모습을 보고 크게 기뻐한다. 반면 무기를 드는 것을 꺼리는 한심한 작자가 들어오면 아무도 그에게 관심을 보이지 않으며, 그의 명예를 기리지도 않는다. 그가 누군지 아는 사람도 거의 없고, 그나마 그를 아는 사람들도 그를 하찮게 여긴다. 그의 레이디는 이것을 보고 몹시 비참할 것이다.[70] 이런 만찬장에 베를리힝겐이 나타났을 때와, 왕에게서 기사작위를 받은 법률가가 나타났을 때의 반응을 상상해 보자. 누가 찬사를 받고, 누가 무시당할까? 누구의 레이디가 기뻐할까? 르네상스 시대 군인회고록에 나타난 귀족들의 역사 인식에 따르면, 그들은 궁극적으로 이러저러한 역사책에 이러저러한 일이 포함될 것이라는 생각보다는 베를리힝겐과 왕에게서 기사작위를 받은 법률가가 만찬장에 들어섰을 때 베를리힝겐의 레이디가 법률가의 레이디보다 훨씬 더 기뻐하게 될 것이라는 생각을 더 중요하게 여겼다.

제　　4　　부

# 11

# 배제의 정치학

앞의 내용을 읽으면서 르네상스 시대 군인회고록이 왕조-민족의 위대한 이야기에 비해 역사적 의미와 정치적 권력을 더 평등하게 배분할 것을 주장하는 '민주적인' 문헌이라는 환상을 품게 된 사람이 있을지 모르겠다. 그러나 이런 인식은 아주 제한적인 의미에서만 옳다. 르네상스 시대의 군인회고록은 모든 개인사가 역사라고 주장했다. 개인사를 지닌 사람이라면 누구든 역사에서 한 자리를 차지할 권리와 자율적으로 정치적 권력을 행사할 권리를 갖고 있다는 것이다. 그러나 그들의 관점에서 개인사를 지닌 사람은 극소수였다. 따라서 회고록 저자들은 자신과 동료들을 역사 속으로 억지로 밀어넣은 뒤 역사의 문을 다시 단단히 닫는 일에 주의를 기울였다.

## 역사는 명예의 전당

르네상스 시대의 회고록 저자들이 이렇게 역사를 배타적으로 유지한 것은, 역사와 개인사를 동일시하면서도 개인의 경험이나 성격이나 변화가 아니라 '명예로운 행동'을 기준으로 개인사를 규정했기 때문이다. 사람은 누구나 경험을 갖고 있으며, 모두 성격의 변화를 겪는다. 전사 귀족이든 농가 아낙이든 마찬가지다. 그러나 '개인사'가 개인적인 발전의 기록이 아니라 명예로운 행동의 집합이라면 소수만이 개인사를 가질 수 있다. 즉, '무훈'을 세운 사람들만이 '삶'을 갖게 되는 것이다.

이것 역시 중세 말기 귀족문화의 유산이었다. 프루아사르의 모델이 된 연대기작가 장 르 벨이 자기보다 더 유명해진 후계자 프루아사르와 마찬가지로 혼자 피레네산맥으로 여행을 떠났다고 가정해보자. 그리고 그 여행에서 그가 몽타유 마을 출신의 양치기인 피에르 모리를 만났다고 가정해보자. 그는 르 루아 라뒤리의 고전작품인《몽타유》의 주인공 중 한 명이다. 그러나 르 벨의 연대기에 모리의 개인사가 실렸을 가능성은 전혀 없다. 모리는 충실하고 활발한 인생을 살았다. 그는 양떼를 몰고 피레네 산맥을 오갔으며, 나름대로 싸움도 하고 연애도 했다. 카타리파(중세 유럽에서 이단으로 지목된 그리스도교의 일파—옮긴이) 신자로 박해도 받았다. 게다가 성격도 매력적이고, 내면의 깊이가 있고, 세계를 바라보는 시각은 다소 복잡하고 특이했다. 그런데도《피에르 모리의 삶과 행동 Vie et faits de Pierre Maury》이라는 책을 써서 그가 어떻게 양떼를 몰고 다니는지, 레몽

드 피키에에게 어떻게 구애했는지, 우주의 본질에 대해 무슨 생각을 했는지 묘사하는 것은 생각도 할 수 없는 일이었을 것이다. 활발한 인생을 살았을지라도, 피에르 모리는 단 한 번도 '무훈'을 세우지 않았기 때문이다.[1]

사실 르 벨, 프루아사르, 몰레옹 같은 사람들에게 '피에르 모리'는 심지어 진짜 이름도 되지 못했다. '무훈'을 세워서 '삶'을 갖게 된 사람만이 '이름'을 가질 수 있었다. 물론 모든 사람은 세례를 받으면서 세례명을 얻는다. 그러나 세례명은 진짜 이름이 아니었다. 사람의 '이름'은 명예와 관련된 중요한 것이었으며, 명예는 세례가 아니라 '무훈'을 통해서만 얻을 수 있었다. 이름을 얻으려면, '무훈'을 세운 선조에게서 물려받거나, 스스로 '무훈'을 세워서 '이름을 만드는' 방법밖에 없었다. 이렇게 하지 않으면, 명예도 이름도 없는 하찮은 존재가 될 뿐이었다.

무기, 이름, 정체성 사이의 밀접한 관계는 기사도 소설에 잘 나타나 있다. 수많은 기사도 소설에서 주인공과 악당의 이름과 정체를 숨기거나 밝혀내는 것이 기둥을 이룬다. 기사는 자신의 무기를 바꾸고 다른 이름을 사용하기만 해도 가장 가깝고 가장 소중한 사람까지 모조리 속일 수 있다(무기와 이름을 동시에 바꾸는 경우가 대다수다).

르네상스 시대의 군인회고록에도 같은 태도가 나타나 있다. 그들역시 귀족만이 삶, 이름, 정체성을 지닐 수 있다고 본다.[2] 이름의 문제에서 이런 시각이 가장 두드러진다. 르네상스 시대의 군인회고록은 갖가지 이름으로 터질 지경이다. 회고록 저자들은 대개 주인공의 이름을 언급하는 데에 주의를 기울인다. 20세기 회고록과 비교해보면, 르네상스 시대의 회고록은 페이지마다 훨씬 더 많은 이름을 언급한다. 아예 길게 명단을 작성해놓은 경우도 많다. 특정한 원정에 참가한 사람들의 명단, 특정한 전투에서 목숨을 잃은 사람들의 명단, 특정한 예식에 참석한 사람들의 명단 등이다. 특정한 전투에서 죽거나 사로잡힌 사람들의 명단이 전투 자체의 설명보다 더 길 때도 많다.[3] 회고록 저자들은 또한 마땅히 언급해야 할 사람들의 이름을 잊어버렸거나 무시하고 지나갔을 때 독자들에게 사과했다.[4] 그들이 이름에 집착한 것은, 사람이 명예를 얻어 불후의 존재가 되는 것은 이름 덕분이지 이를테면 성격 같은 것의 덕분이 아니라고 보았기 때문이다. 몽뤽은 "미덕을 통해, 자신의 목숨을 바쳐서, 이름을 영원히 남기고 싶은 사람들"을 위해 책을 썼다면서, "시기심을 무릅쓰고라도 나 역시 몽뤽[이라는 이름]에 그렇게 했기를 바란다"고 말했다.[5]

그러나 회고록 저자들은 그냥 아무 이름이나 언급하지는 않았다. 그들이 언급한 이름은 거의 모두 귀족 남성의 것이었다. 회고록 저자들의 아내조차(드물게 등장하는 경우) 대개 무명의 존재로 남았음을 앞에서 살펴보았다. 이와 비슷하게, 대부분의 회고록에는 평민 민간인의 이름이 단 하나도 등장하지 않는다. 심지어 평민 병사의 이름이 밝혀져 있는 경우도 거의 없다. 앞에서 보았듯이, 플로랑주는 노바라 전투에서 살아남은 사람 여섯 명을 이야기하면서, 자신과 자신의 형제, 그리고 두 귀족의 이름만 밝혔을 뿐 나머지 두 명의 이름은 구체적으로 밝히지 않았다. 그들이 평민 도끼창병이었기 때문이다. 브랑톰은 몹시 불리한 상황에서 용감하게 후퇴한 이야기를 하면서 그 작전에 참가한 모든 지휘관의 이름을 밝혔다. 그들의 이름을 후세에 전하기 위해서였다. 그러고 나서 곧바로 그는 메스에서 오를레앙까지 행군한 평민 위그노 병사 50명의 영웅적인 모험을 이야기하지만, 그들의 이름은 하나도 밝히지 않았다.[6] 이름이 지면을 너무 많이 차지할 것 같아서가 아니었다. 지휘관과 귀족의 이름을 밝힐 때, 브랑톰은 100명이 넘는 사람들의 명단을 열거한 적도 있다.[7]

그러나 그들의 글이 군인회고록이고, 명예로운 행동을 하는 것이 명성과 정체성을 얻는 방법이므로, 일반 병사들도 특별히 명예로운 행동을 한 경우에는 간혹 이름이 언급되었다. 그리고 이런 사례들은 이름이 얼마나 중요한지, 이름과 행동과 명예와 정체성이 얼마나 밀접하게 연관되어 있는지를 분명히 보여주었다.

예를 들어, 라 마르슈는 헨트 사람들에 맞서 싸운 전투에 대해 다음과 같이 서술했다.

어떤 헨트 사람, 약간의 땅을 갖고 있지만 **인정받는 이름은 없**는 평민이 그날 아주 용맹하게 훌륭한 무훈을 세웠다. 만약 어떤 신사, 내가 **이름을 아는** 신사가 그런 모험을 했다면, 나는 그의 용맹함을 기릴 의무를 다했을 것이다. 용맹함은 아주 특별하고 권위 있는 미덕이라서, 그것의 주인이 평민이든 위대한 자든 상관없이 반드시 분명히 밝히고 널리 알려서 인구에 회자되게 만들어야 하기 때문이다.[8]

라 마르슈는 이 이름 없는 헨트 사람이 용맹한 행동 덕분에 커다란 명예를 얻었으며, 세상의 가장 위대한 사람들과 나란히 역사 속에 자리하게 되었음을 분명히 한다. 그러나 이름을 모르는 사람의 행동을 어떻게 기릴 수 있을까? 만약 그가 homme de bien(프랑스어로 '생활에 여유가 있고 평판이 높은 사람'—옮긴이)이었다면 이런 고민을 할 필요가 없었을 것이다. 그의 무기에 새겨진 문장紋章을 통해 그의 이름이 밝혀졌을 테니까. 설사 그렇지 않다 해도, 믿을 수 있는 사람들 중에 그를 알아보는 이들이 충분히 있었을 것이다. 하지만 평민이라면? 그가 헨트 사람이니 부르고뉴 사람들 중에는 그를 아는 사람이 하나도 없었고, 틀림없이 그를 알고 있었을 동료들은 재단사나 상인이었으니 증언을 해봤자 아무 소용이 없었을 것이다.

라 마르슈가 들려준 다른 이야기를 또 예로 들어보자. 그는 몽레리 전투에서 샤롤레 백작(미래의 부르고뉴 공작 샤를)이 커다란 위험에 처했을 때의 일을 다음과 같이 썼다.

> 그러나 적의 공격을 용감하게 버텨냈다. 공교롭게도 그의 주치의의 아들인 로베르 코트로라는 자가 튼튼한 말에 타고 있다가 주군이 위험에 처한 것을 보고 칼을 빼들고는 난전 한복판으로 뛰어들었다. 그 결과 백작을 강하게 몰아붙이던 프랑스 군대가 그곳에서 밀려나고, 백작이 구출되었다. 백작은 그 로베르 코트로 경에게 곧바로 기사작위를 수여했다.[9]

에냉은 같은 사건을 묘사하면서 의사의 아들 '장 코트렐'을 언급한다.[10] 한편 코민은 "파리 출신 의사의 아들인 장 카데라는 자"가 그런 공을 세웠다고 말한다.[11] 어떤 이름이 맞는 건가? 이것은 중요한 문제였지만, 이름의 주인이 의사의 아들이라면 골치 아픈 문제이기도 했다. 만약 그가 알려진 가문 출신의 귀족이었다면, 아마 이런 혼란이 벌어지지 않았을 것이다.

회고록이나 역사서에서 평민의 이름을 언급하는 것은 (설사 법적인 구속력은 없더라도) 그 사람에게 일종의 귀족 지위를 암묵적으로 부여하는 것과 같았다. 그 평민이 기억에 남을 만큼 대단한 공을 세워 스스로 이름을 떨쳤다는 뜻이기 때문이다. 비록 공식적으로 귀족작위를 받지 못하더라도, 그날부터는 그가 자신의 이름, 예를 들어 장 카데라는 이름을 밝혔을 때 사람들이 "그게 누구야?"라고 무시하면 "몽레리에서 샤롤레 백작의 목숨을 구해준 사람"이라고 반박할 수 있었다. 그런 일을 했다면 대단한 사람이기 때문이었다.

따라서 당시 군인회고록을 쓴 소수의 평민 저자들이 이름에 특히 집착했다는 사실이 그리 놀랍지 않다. 예를 들어 디아스는 글을 쓴 목적 중 하나가 자신을 비롯해서 멕시코 정복에 참여했던 동료 평민 병사들이 귀족작위를 받게 만드는 것이라고 밝혔다. 그래서 그는 아무리 신분이 낮더라도 자신이 기억하는 일반 병사의 이름을 꼼꼼히 기록했다. 그의 책에는 코르테스와 디아스의 자리뿐만 아니라, 카드게임을 할 때 항상 속임수를 썼던 리베라나 '문 뒤에 숨은' 페드로의 자리도 있었다. 페드로가 이런 별명을 얻은 것은, 자기 집에서 항상 문 뒤에 숨어 행인들을 훔쳐보았기 때문이다.[12] 디아스는 여기서 한 발짝 더 나아가, 글 말미에 코르테스와 함께 멕시코 정복에 참여한 모든 사람의 이름과 그들 각자에 대한 소소한 정보를 적어두었다. 그리고 모두를 기억하지 못해 미안하다고 사과했다. 그렇다 해도 그의 명단에는 약 550명의 스페인 정복자 중 무려 150명의 이름이 적혀 있었다.[13] 발비 데 코레조가 몰타 공성전을 묘사한 글에 비슷한 명단을 포함시킨 것 역시 비슷한 동기에서 비롯되었을 가능성이 있다. 발비 데 코레조의 명단 속 인물들은 대부분 기사였지만, 눈에 띄는 활약을 보인 일반 병사들도 포함되어 있었다.[14]

그러나 이런 예외들은 오히려 규칙을 증명해주는 역할을 한다. 발비 데 코레조와 디아스는 명예로운 행동을 한 사람만이 이름을 갖고 역사 속에 자리를 차지할 수 있다는 생각을 바꾸지 않았다. 디아스가 '문 뒤에 숨은' 페드로와 그들 부대가 사용한 말 열여섯 마리도 역사 속에 자리를 차지해야 마땅하다고 주장한 것에 대해 우리가 갈채를 보낼 수는 있지만, 그가 거의 모든 여성과 아메리카 인디오에게는 그런 자리를 차지할 자격이 없다고 본 것을 잊으면 안된다. 그는 심지어 동료 스페인 병사들도 뚜렷하게 구분했기 때문에, 나르바에스와 함께 온 병사들은 옆으로 밀려나고 말았다. 백년 전쟁에서 활약한 사람은 몇 천 명의 기사들밖에 없다고 생각했던 것처럼 보이는 프루아사르와 마찬가지로, 디아스 역시 고작 몇 백 명의 스페인 군인들이 멕시코 제국을 정복했다고 생각하는 것 같다. 수만 명의 전사를 거느린 원주민 연합 중에 자신들은 작고 작은 핵에 불과했다는 사실을 그가 성공적으로 감췄기 때문이다.[15]

## 역사의 주인공은 귀족 남성

프루아사르부터 베를리힝겐에 이르기까지 전사 귀족들은 역사를 서술할 때 귀족이 저지른 하찮은 싸움과 약탈행위조차 왕이나 황제의 전쟁과 동등하게 취급하지만, 계급의 장벽은 결코 넘어가지 않는다. 두 귀족가문 사이의 싸움은 아무리 사소한 것이라도 역사가 된다. 그러나 두 농민 집안 사이의 싸움은 그렇지 않다. 싸움의 원인이 귀족가문의 경우와 마찬가지로 사소한 것이라 해도, 농민들의 싸움은 그냥 범죄일 뿐이다.

역사, 귀족의 정체성, 명예로운 행동 사이의 관계가 쌍방향인 경우가 아주 많았다는 사실은 이보다 더 큰 불평등을 보여준다. 이론적으로는, 명예로운 행동을 한 사람이 역사에 이름을 올리고 (귀족의) 신분과 삶을 획득해야 마땅하다. 그러나 현실은 반대였다. 어떤 사람이 귀족신분을 얻어 일단 한번 역사에 이름을 올리고 나면, 그가 무슨 짓을 하더라도 대개는 '고귀한 행동'으로 간주되기 때문에 역사에서 자리를 차지할 수 있다. 사랑을 통해 역사에 자리를 차지하는 것은 불가능하지만, 일단 역사적인 인물이 된 사람의 연애는 곧바로 역사적인 관심의 대상이 된다(적어도 그런 잠재력을 지니고 있다). 프루아사르의 연대기에서 푸아 백작의 연애가 역사가 된 반면, 피에르 모리의 연애는 그렇게 되지 못한 이유가 바로 이것이다(어떤 면에서 오늘날 유명인들의 지위와 비슷하다. 연애를 통해 유명인이 될 수는 없지만, 일단 유명인이 된 사람의 연애는 뉴스가 된다). 그래서 역사가 알고 보면 단순히 '귀족 남성이 한 일'의 기록인 경우가 허다하다. 귀족

사회의 역사 서술에서 귀족 남성이 차지한 특권적인 지위는 그들이 역사의 가장 중요한 주인공일 뿐만 아니라 역사의 중요한 원천이자 청중이었다는 사실에도 잘 드러나 있다. 귀족사회의 역사 서술은 귀족 남성의 행동에 대해 귀족 남성이 한 말을 귀족 남성에게 들려주는 일이었다.

무도한 일이다. 르네상스 시대의 군인회고록이 단순히 강자가 약자의 입을 막아버리는 사례에 불과한 것이 아니라, 범죄자가 피해자의 입을 막아버리는 사례였음을 보여주기 때문이다. 오늘날의 역사가들은 르네상스 시대에 대한 '인간적인 시각'에 굶주린 나머지, 군인회고록에서 그런 시각을 발견할 수 있는 것에 감사하며, 회고록 저자들이 저지른 범죄에 모른 척 등을 돌리고 싶을 것이다. 그러나 군인회고록의 저자들 중에는 최악의 범죄를 저지른 사람이 대다수까지는 아닐망정 상당히 많다. 그리고 그들의 회고록 역시 자신이 저지른 범죄를 '명예로운 행동'으로 포장해서 둔갑시킨 기록에 불과할 때가 많다.

몽뤽은 비록 재치와 유머로 생생한 글을 썼지만, 개신교도 지역에서 사실상 '인종청소'를 시도했던 '기엔Guyenne의 도살자'였다. 엔리케스 데 구스만은 자신의 인간적인 약점들을 솔직히 인정한 덕분에 회고록 저자들 중에서 가장 친근감이 있는 사람으로 평가받지만, 이비사Ibiza의 총독으로 있을 때보다 그곳의 군대 지휘관으로 있을 때가 훨씬 더 즐거웠다고 인정했다. 군대 지휘관 시절에는 누구든 원하는 여자와 섹스를 하며 밤을 보내고, 자기 마음이 내키는 대로 아무 남자에게나 생사여탈권을 행사하며 낮을 보낼 수 있었다는 것이 그의 솔직한 설명이다. 게다가 그는 자신이 그런 행동을 하는 이유를 다른 사람에게 설명할 필요도 없었다. 총독이 된 뒤에도 이런 행동을 계속할 수는 있었으나, 군인 시절과 달리 황제 앞에서 그런 행동의 책임을 져야 한다는 두려움에 항상 시달렸다.[16] 독자를 사로잡는 글을 쓴 베를리힝겐과 디아스도 마찬가지로 약탈과 납치에서부터 마구잡이 파괴와 강간, 사람을 노예로 부리는 행위와 살인에 이르기까지 수많은 전쟁범죄를 인정했다. 이들이 자신의 범죄를 재미있는 모험담으로 둔갑시켰다면, 대부분의 회고록 저자들은 자신의 범죄를 무덤덤한 사실로 제시했다.

어쨌든 대부분의 르네상스 시대 군인회고록 저자들은 손에 피를 묻힌 사람들이었으며, 그 사실을 숨기거나 변명하려 하기보다 오히려 자부심을 느꼈다. 자신의 손에 묻은 피, 자신이 저지른 폭력의 증거인 그 피가 그들에게 역사 속의 자리와 이름을 주었기 때문이다. 그들에게 희생된 사람들은 누리지 못한 특권이었다. 이런 악순환 속에서 이런 방식으로 역사 속의 이름을 획득한 사람들은 더욱더 많은 피를 마음대로 흘릴 수 있는 허가장을 얻은 것과 마찬가지였다.

폭력적인 명예를 숭배하는 이런 인식은 전쟁 중의 잔혹한 만행에 또 다른 방식으로 영향을 미쳤다. 이 인식에서 명예의 가치는 삶의 가치보다 높았다. 사람들은 명예만이 '진정한' 삶의 정수라고 주장했다. 따라서 전투에 나서는 사람들은 생명의 가치에 둔감해지고, 명예의 가치에 민감해졌다. 전장에서 양편의 전투원들이 맞닥뜨렸을 때, 이런 인식은 사실 전쟁을 좀더 점잖은 것으로 만들어줄 수 있었다. 이런 사고방식이 전투원들로 하여금 적군을 살 권리가 있는 똑같은 인간으로 보지 못하게 한 반면, 그들이 서로를 거의 전우처럼 여기게 하는 효과도 강력히 발휘했기 때문이다. 그들은 상대가 자신과 똑같이 명예로운 전사집단에 속해 있다고 보았으므로, 그들을 명예롭게 대해야 한다고 생각했다. 그러나 전투원과 민간인이 맞닥뜨렸을 때는 이런 사고방식이 문자 그대로 무시무시한 영향을 미쳤다. 민간인은 명예가 없으므로, 이름도 정체성도 개인사도 없는 열등한 존재로 여겨졌다. 명예가 없는 그들을 명예롭게 대해줄 필요는 없었다. 정체성이나 삶도 없으므로 (그렇지 않아도 명예를 숭배하는 분위기 때문에 무시당하는) 그들의 살 권리를 훨씬 더 쉽게 무시해버릴 수 있었다. 따라서 르네상스 시대의 전쟁에서 전사 귀족은 서로를 명예롭다 못해 정중하게 대하면서, 민간인은 잔혹하게 대하는 경향을 보였다. 중세의 관습을 물려받은 그들은 20세기의 이상과는 정반대로, 무장한 병사는 살려두고 무고한 민간인을 무자비하게 학살할 때가 드물지 않았다.

예를 들어 시에나 공성전 때 몽뤽은 적(마리냥Marignan 후작)과 아주 우호적인 관계였다. 그가 병에 걸리자 후작은 그를 위해 약이 봉쇄선을 통과할 수 있게 해주었으며, 크리스마스 때는 특별한 음식을 보내주기까지 했다.[17] 공성전이 끝난 뒤 후작은 몽뤽을 위해 연회를 베풀었다. 그 자리에서 두 사람은 한자리에 앉아 공성전 때 상대방이 저지른 실수와 놓쳐버린 기회에 대해 이야기했다.[18] 반면 공성전 중에 몽뤽은 굶주린 도시에서 '쓸모없는 입'을 모두 쫓아내라고 명령했다. 즉, 방어전에 도움이 되지 않는 민간인을 모두 성 밖으로 내보내라는 얘기였다. 후작은 이 불운한 사람들이 봉쇄선을 통과하는 것을 허락하지 않았고, 몽뤽은 그들을 다시 성내로 받아들이지 않았다. 결국 민간인들은 봉쇄선 사이에서 풀만 먹으며 연명할 수밖에 없었고, 공성전이 끝날 때까지 4분의 3이 목숨을 잃었다. 세월이 흐른 뒤 몽뤽은 글에서 지휘관들에게 이런 상황에 처하거든 "사람들의 비명에 귀를 닫으라"고 충고하면서, 자신이 그들을 석 달 일찍 쫓아내지 않은 것이 후회스러울 뿐이라고 말했다. 그랬더라면 도시를 구할 수 있었을지도 모른다는 것이다. "백 번이나 그것을 후회했다." 몽뤽은 이렇게 썼다.[19]

결론을 말하자면, 르네상스 시대 군인회고록이 역사와 개인사를 동일시하고, 역사와 개인사가 모두 '명예로운 행동'을 중심으로 삼고 있었으므로, 그런 행동을 하지 못한 사람들(그런 행동의 피해자도 포함)은 역사 속의 자리뿐만 아니라, 개인사와 정체성도 빼앗기고 말았다.

적어도 이런 면에서는 왕조-민족의 위대한 이야기가 훨씬 더 자유주의적이다. 왕조-민족의 위대한 이야기와 왕정국가는 공사公私의 구분을 지지한다.[20] 무엇보다도 역사가 철저히 '공적'인 것이며, 전사 귀족을 포함한 개인들의 '사적'인 개인사와는 분명히 구분된다고 본다는 뜻이다. 이런 인식으로 인해 많은 사람이 역사와 정치 권력에서 배제될 수는 있지만, 개인사에서 정치색이 빠지면서 누구든 개인사를 소유하고 발전시킬 수 있게 되었다.

사실 르네상스 시대에는 군인회고록과 더불어 민간인들의 자전적인 글도 폭발적으로 쏟아져 나왔다. 그중에는 평민들의 글이 많이 포함되어 있었다. 이런 민간인들의 글은 르네상스 시대의 군인 회고록에 비해 개인사와 역사의 구분을 훨씬 더 기꺼이 받아들였다. 특히 귀족들의 역사에서 배제된 평민들은 국가가 공사를 구분하는 것을 훨씬 더 쉽게 받아들였으며, 이런 인식은 역사적 현실과 자전적인 현실이 구분되는 데에 영향을 미쳤다. 그리고 이 두 가지 현실의 분리는 또한 역사서와 자서전이 문학적으로 구분되는 데에 영향을 미쳤다. 역사적으로 중요하지 않은 사실이 자전적인 관점에서는 중요할 수 있다는 인식은 전사 귀족이나 성자가 아닌 사람들의 삶을 글로 쓸 수 있는 길을 열어주었다. 이런 인식이 가장 뚜렷하게 드러난 문헌은 허구의 이야기를 담은 《라사리요 데 토르메스의 생애》이다. 이 글은 중요하고 놀라운 이야기를 들려주겠다고 장담하지만, 실제로는 어느 이름 없는 평민의 삶에서 일어난 하찮은 일과 비열한 악행을 들려준다.[21]

르네상스 시대의 군인회고록은 현대 독자들이 품기 쉬운 기대를 많이 깨뜨린다. 그것들은 이어진 이야기라기보다 일화의 목록이며, 독자를 이해시키려 하기보다 독자에게 기억을 새기려고 하고, 역사적 현실과 자전적인 현실, 역사와 개인사를 뚜렷이 구분하기보다 둘 사이의 경계를 지워버린 뒤 기억할 만한 행위와 그렇지 않은 행위 사이의 경계선을 대신 그려 넣었다.

따라서 중세 사람들과 글에 대한 부르크하르트의 개인주의 이론을 조금 변형시켜서 르네상스 시대의 군인회고록과 그 저자에게 적용할 수 있을 것 같다. 르네상스 시대의 군인회고록을 지배한 것은 저자의 개인적인 정체성이 아니라 전사 귀족이라는 집단적인 정체성이었다. 전사 귀족 개개인의 개인사는 귀족적인 역사의 맥락 속에서만 의미를 지녔으며, 귀족적인 역사는 전사 귀족의 삶을 중심

축으로 삼은 일종의 귀족적인 '계급의식'이었다. 자신의 것이든 남의 것이든 명예로운 행동을 기록하는 것이 '우리'가 누구인지를 규정하는 가장 중요한 요소였다. 마르크스주의 속의 프롤레타리아 계급처럼, 전사 귀족은 자신의 행동만으로 자신을 규정했으므로 어느 정도 자신으로부터 소외되어 있었다. 그는 '계급' 역사에 대한 폭넓은 인식을 가져야만 자신을 귀족으로서 온전히 인식할 수 있었다. 르네상스 시대의 군인회고록은 이런 폭넓은 역사인식을 바탕으로 하고 있으며, 이 역사인식은 귀족 개개인의 개인사와 역사를 전혀 구분하지 않고 그들 각자의 개인사를 집단적인 이해관계의 문제로 본다.[1]

대부분의 회고록 저자들이 같은 생각을 하지는 않았을 가능성이 크다. 많은 회고록 저자들이 글을 쓰면서 오로지 '진실'만을 이야기해서 자신과 동료들에게 불후의 명성을 안기고자 했을 것이다. 어쩌면 물질적인 보상까지 바랐는지도 모른다. 그러나 그들의 글은 귀족적인 정체성이라는 맥락을 벗어나지 않았으며, 그들이 이야기하는 진실은 귀족적인 역사 속의 진실이었다.

이런 측면에서 회고록을 결투와 비교해볼 수 있다. 근대 초기의 결투에는 귀족의 개인적인 명예와 귀족집단의 명예가 융합되어 있었다. 비록 개별 결투의 드러난 목표는 위협을 받은 귀족 남성이 자신을 위협한 귀족 남성에게 맞서 명예를 지키는 것이었지만, 그보다 깊이 파고 들어가보면 각각의 결투는 라이벌 관계인 귀족 남성들이 함께 힘을 합쳐 점점 영역을 침범해 오는 왕의 권력에 맞서서 귀족계급 전체의 전통적인 지위와 명예, 그리고 특히 폭력을 휘두를 권리를 단언하고 지키려는 노력이었다.[2] 마찬가지로 회고록을 쓸 때도 귀족 남성은 자신의 이름과 명예를 영원한 것으로 만들고, 군주와 제후로부터 개인적인 보상을 받고자 했다. 때로는 이를 위해 동료 전사 귀족을 희생시키기도 했다. 그러나 좀더 깊이 파고 들어가보면, 귀족적인 역사인식을 보존하고 왕조-민족의 역사를 밑에서부터 무너뜨려 전사 귀족 집단의 명예와 지위를 단언하고 지키는 것 또한 회고록 집필의 목적이었다.[3]

그러나 나는 집단적인 정체성이 사람을 다중 속에 매몰시킨다거나, 역사 속의 어느 시점에 개인주의 혁명이 일어나 사람들을 이름 없는 무리에서 자율적인 개인의 집합으로 변화시킨다는 부르크하르트의 견해에 동의하지 않는다. 르네상스 시대의 회고록 저자들은 자신을 집단의 일부로 규정하면서도 그 속에 매몰되지 않았다. 그들의 행동과 이름은 그들만의 것이었기 때문이다. 명예로운 행동은 설사 그런 행동의 이상에 부합하는 경우라 해도 언제나 독특한 것이었다. 이런 명예로운 행동이 귀족 문화와 귀족의 역사라는 맥락에서만 의미를 지닌 것은 분명한 사실이다. 그러나 근대 개인주의의 유아론唯我論적인 이상에 근거가 없다는 주장이 오늘날 널리 인정받고 있다. 자신을 특징적인 성격이나 내면의 감정을 통해 규정하는 사람도 문화적 패턴과 유형에 여전히 순응한다. 그리고 그 문화적 패턴과 유형은 문화적 맥락이 없이는 대체로 무의미하다. 카푸토의 개인주의적인 정체성은 문화적인 근거가 없다는 점에서 귀용의 정체성과 마찬가지다. 또한 그의 정체성은 소설가, 영화제작자, 예전의 회고록 저자 등이 제공해준 표준 모델을 따르고 있다.

사실 20세기의 회고록 저자들은 르네상스 시대의 회고록 저자들보다 더 자주 무리 속에 매몰되곤 한다. 르네상스 시대의 회고록 저자들은 명예로운 행동과 이름이 제각각 완전히 독특한 것이라고 믿은 반면, 20세기의 회고록 저자들은 자신의 경험과 자신을 수많은 다른 사람들의 본보기로만 묘사하는 경우가 많기 때문이다.

이 책이 이 점을 분명히 밝혀 르네상스 시대의 군인회고록과 그 회고록을 쓴 저자들 및 전사 귀족 전체의 세계관을 이해하는 데 기여할 수 있기를 바란다. 어떤 면에서는 이 회고록들이 자료로서 그리 훌륭하지 않다는 점을 인정해야 한다. 예를 들어, 이 회고록들에는 르네상스 시대 전사 귀족의 가정생활이 거의 언급되어 있지 않다. 그러나 그 밖의 분야에서는 훌륭한 자료다. 특히 나는 이 책에서 조각조각 끊어진 이야기를 늘어놓은 회고록 서술방법과 르네상스 시대 전사 귀족들의 분열된 정치적, 군사적 현실 및 포부 사이에 밀접한 관련이 있음을 강조했다. 회고록에서 명예가 중심을 차지한 것과 전사 귀족의 삶에서 명예가 중심을 차지한 것, 그리고 실체가 있는 현실만을 묘사한 회고록과 르네상스 시대 전사 귀족의 삶에서 실체가 있는 사건들이 지닌 의미 사이에도 밀접한 관련이 있음을 강조했다.

나는 또한 르네상스 시대의 군인회고록 저자들이 드러낸 시각이 역사와 개인의 정체성, 그리고 이 둘 사이의 관계를 우리가 이해하는 데 조금이나마 빛을 비춰주기를 바란다. 따라서 군인회고록에 표현된 역사적인 시각과 견해들이 1600년 이후에 어떤 변화를 겪었는지에 관해 짤막한 에필로그를 제공하는 것이 도움이 될 것 같다.

1600년은 군인회고록의 역사에서 뚜렷한 전환점이 된 해가 아니다. 그러나 일반적으로 1550년부터 1650년 사이에, 세속적인 역사가 이제는 귀족계급의 소유가 아니고 귀족의식의 문제도 아니라는 점을 아주 굳건한 전사 귀족조차 점차 뚜렷이 인식하게 되었다. 왕정국가는 역사를 국가의 것, 국가의식의 문제로 만들었다. 국가는 역사의 관문을 지키는 수문장이 되었으며, 그 수문장의 호의를 얻지 못하면 누구도 문 안으로 들어갈 수 없었다. 군인회고록 저자들도 점차 이 점을 인정하고, 왕조-민족의 위대한 이야기라는 줄 위에 올라섰다. 그들은 개인사와 역사를 구분하는 태도를 받아들였으며, **독립적인** 역사적 행위자라는 정체성을 포기했다.[4] 어떤 저자들은 자신을 역사에서 자유로운 개인으로 묘사했다. 그러나 대부분의 저자들, 특히 상급 지휘관들은 때로 자신을 역사적 주인공으로 묘사하며 개인사를 역사에 종속시켰다. 어느 쪽이든 그들의 회고록은 왕조-민족의 역사에 대한 도전으로 여겨지지 않았다.

이런 추세가 급격히 바뀐 것은 제1차 세계대전에 참전한 하급 군인들의 회고록을 통해서였다. 머린은 르네상스 시대의 서사에 나타난 전쟁을 연구한 책에서, 르네상스 시대 문학의 가장 중요한 테마는 전쟁이었지만 1600년 이후에는 전쟁이 문학적으로 중요한 테마가 되지 못했으며, 현대의 소설들은 대체로 전쟁을 무시한다는 말로 글을 끝맺었다. 그는 이렇게 말했다. "후대의 저자들이 적절한 장르를 고안해내서 계속 전쟁을 묘사했다면, 아마 그리멜스하우젠이 30년전쟁을 묘사할 때 그랬던 것처럼 전쟁의 전반적인 현실과 가장 끔찍한 광경들을 축소하거나 최소한 비판이라도 했을지 모른다."[5] 제1차 세계대전 이후에 나온 군인회고록에서는 확실히 이런 경향이 나타났다. 그것들은 현대 소설과 달리, 전쟁의 전반적인 현실과 가장 끔찍한 광경들을 비판하기 위해 특별히 고안된 장르였으며, 그 임무에서 유례없는 성공을 거뒀다.

이로 인해 20세기의 군인회고록 저자들은 민족의 위대한 이야기와 충돌하는 입장이 되었다. 그들은 자신의 글이 위대한 이야기에 도전해서 대안을 제시해준다고 생각할 때가 많다. 그들은 자신이 겪은 전쟁을 전문적인 역사서나 공식적인 역사서보다 직접 쓴 회고록을 통해 더 잘 이야기할 수 있다고 주장한다. 그러나 20세기의 하급 군인들이 쓴 회고록이 왕조-민족의 역사에 제기하는 도전은 르네상스 시대의 회고록 저자들이 제기한 도전과 크게 다르다. 르네상스 시대의 군인회고록은 명예로운 행동을 역사인식의 기반으로 삼았다. 그리고 이런 시각은 왕조-민족의 역사에 도전이 되었다. 명예로운 행동과 그 행동을 한 사람이 왕정국가 및 그 이해관계와 상관없는 독립적인 존재가 되어, 역사의 핵심적인 주인공으로서 특권적인 지위를 차지하게 되었기 때문이다.

반면, 20세기 군인회고록의 역사인식은 본보기가 되는 경험을 기반으로 삼는다. 그들이 왕조-민족의 역사에 제기하는 도전과 대안은 개인적인 경험을 대표적인 역사 또는 본보기 역사로 읽어달라는 것이다.[6] 이것은 현대 역사 전반의 추세이기도 하다. 따라서 디아스가 역사가들의 편애에 대해 '명성'에게 불만을 늘어놓은 때로부터 400년이 흐른 오늘날의 많은 역사학도들은 황제 카를 5세보다 방앗간 주인 메노키오(1599년에 이단 혐의로 화형당한 이탈리아의 방앗간 주인.《치즈와 구더기》참조하라 — 옮긴이)에 대해 더 많은 것을 알고 있다. 디아스가 이 사실을 알면 크게 놀랄 것이다. 그러나 메노키오가 전적으로 본보기로서만 알려져 있다는 사실을 알면 크게 당혹스러워할 것이다. 디아스를 비롯한 르네상스 시대의 회고록 저자들이 글을 쓸 때 생각한 것은 이런 것이 아니었다. 그들은 본보기가 아니라 자신만의 이름과 공적으로 기억되기를 원했다. 따라서 사람들이 흔히 생각하는 것과는 반대로, 적어도 역사에서는, 중세와 르네상스 시대 사람들이 아니라 20세기 사람들이 본보기를 중시한다.

한 사람만의 명예로운 행동에서 본보기가 되는 경험으로 비중이 옮겨간 것은 회고록 저자들의 정치적 의제가 변했기 때문이다. 르네상스 시대의 군인회고록은 아주 소수의 사람들, 즉 명예로운 행동을 한 사람들의 지위와 이해관계만을 보호하고자 했다. 반면 20세기에 하급 군인들이 쓴 회고록은 인간의 경험을 역사와 정치 권력의 기반으로 삼아, 경험을 지닌 사람이라면 누구든(즉, 모든 사람) 역사와 정치에서 한몫을 차지하게 해주자는, 훨씬 더 광범위한 이념적 운동의 일부다.

하급 군인 출신의 회고록 저자들은 이 운동 내에서 명예로운 자리를 차지하고 있다. 왕조-민족의 위대한 이야기로 인해 힘을 잃은 뒤, 이 이야기에 공개적이고 성공적으로 도전해서 자신의 목소리가 더 많은 권위를 지니고 있다고 주장한 다양한 집단 중 이들이 십중팔구 첫자리를 차지하고 있을 것이다. 하급 군인들의 회고록이 성공을 거뒀다는 사실을 보여주는 증거 중 하나는, 상급 군인들이 회고록을 쓸 때 그들을 흉내내기 시작했다는 사실이다. 슈워츠코프나라 빌리에르가 그런 예다. 그러나 그들의 성공을 보여주는 훨씬 더중요한 증거는 오늘날 전쟁의 이미지, 특히 허구로 꾸며낸 이야기속에 반영된 전쟁의 이미지가 회고록 속의 이미지에서 많은 영향을받았다는 점이다. 20세기의 가장 중요한 전쟁 중에서 적어도 둘, 즉제1차 세계대전과 베트남전에 대해서는 역사서보다 회고록의 비중이 크다. 제1차 세계대전과 베트남전의 전말에 대해서는 눈곱만큼도 모르면서, '참호 속의 생활'이나 '베트남전에 참전한 소대'에 대해서는 몹시 상세한 이미지를 품고 있는 사람이 많다. 여기에는 이두 전쟁의 본질상 전체를 아우르는 단순하고 대중적인 이야기를 만들어내기가 비교적 어렵다는 점이 부분적으로 영향을 미쳤다. 그러나 이것은 부분적인 이유일 뿐이다. 백년전쟁과 30년전쟁은 단순하고 대중적인 이야기의 후보로서 훨씬 더 부적합했으나, 그런 이야기가 만들어졌기 때문이다. 백년전쟁을 떠올리면 대개 프루아사르가 그려낸 '약탈자 무리의 삶'보다는 영국과 프랑스라는 두 나라 사이의 싸움이 생각난다.

하급 군인들의 회고록이 놀라운 성공을 거둔 이유 중 이보다 더중요한 것 하나는, 가장 대중적으로 역사를 다루는 장르로서 영화가책의 자리를 대신했다는 점이다. 글은 실제로 있었던 생생한 경험보다는 추상적인 과정을 우선시한다. 오로지 문자만으로 경험에 생명을 부여하려면, 글재주가 필요하기 때문이다. 반면 영화는 추상적인과정보다 생생한 사실과 경험을 우선하며, 특히 전장의 공포를 선호한다. 책 한 권보다 영화 속 한 장면에 더 많은 시청각 정보를 담을 수 있다. 만년 추상은 화면으로 표현하기가 그리 쉽지 않다. 따라서 역사서보다 회고록을 영화로 옮기기가 훨씬 더 쉽다. 카푸토나 코빅의 글을 포함해서 일부 회고록이 이미 영화로 만들어진 바 있다. 그러나 베트남전을 다룬 카노의 역사서 같은 것을 영화로 옮기기는 거의 불가능하다.[7] 회고록이 영화의 소재로 아주 훌륭하기 때문에 일부 회고록 저자들은 아예 글을 손에서 놓고 회고록을 영화로 제작하기도 한다.[8] 또한 군인회고록의 문법을 채택해서 허구의 이야기를 만들어낸 전쟁영화도 많다. 이들 중 일부는 심지어 군인회고록 행세를 하기도 한다(현대의 군인회고록 또한 영화의 문법에 많은 영향을 받았다). 영화산업 덕분에 군인회고록은 서구의 대중 앞에서 영화에 관한 가장 권위 있는 자료로 역사를 제치는 데 성공한 듯하다.

그러나 하급군인들의 회고록이 성공을 거둔 가장 중요한 이유는, 그들이 왕조-민족 역사로 인해 완전히 힘을 잃지는 않았다는 점이다. 명예에 대한 숭배, 즉 폭력과 명예를 연결시켜 권위를 만들어내는 방식은 1914년에도 여전히 생생히 살아 있었다. 따라서 제 1차 세계대전 때의 군인들이 자신에게는 말할 권리가 있고, 사람들이 자신의 말에 귀를 기울이리라고 믿은 것은 놀랄 일이 아니다. 전쟁의 이미지가 혁명적으로 변하기 이전에도, 참호에서 전쟁을 치른 사람들의 목소리에는 군인들을 위한 유곽이나 탄약공장에서 일한 사람들의 목소리보다 훨씬 더 커다란 권위가 실려 있었다.

20세기의 회고록 저자들이 개인사를 왕조-민족 역사의 대안으로 자리잡게 하는 데 성공함으로써 하나의 원이 완성되었다. 르네상스 시대의 군인회고록은 역사와 개인사를 동일시했다. 그 뒤 수백 년 동안에는 왕조-민족 역사가 이 둘을 분리한 뒤 '사적인' 개인사를 역사 밖으로 추방해버렸고, 그 덕분에 개인사가 더욱 발전해서 널리 퍼져나갈 수 있었다. 이제는 개인사가 역사를 집어삼키려하고 있다. 비교적 온건한 사람들은 역사가 사람들의 개인사를 기반으로 삼아 제대로 묘사해야 한다고 주장한다. 이보다 강경한 사람들의 주장은 '권위를 지닌 목소리'에 대한 토론과 구전역사에서 쉽게 찾아볼 수 있다. 그들은 경험에서 권위가 나온다는 생각을, 흑인 레즈비언 여성만이 흑인 레즈비언 여성의 이야기를 쓸 수 있다는 식의 생각으로 변화시킨다. 그리고 이런 사고방식은 궁극적으로 누구든 자신의 이야기 외에는 어떤 역사도 쓸 수 없다는 결론으로 이어진다. 이들의 주장에 따르면, 사람이 쓸 수 있는 역사는 자신의 개인사뿐이며, 그 역사에서 그 사람 자신은 본보기 주인공이 아니라 핵심적인 주인공 역할을 한다. 다른 사람들의 이야기를 대변하려는 모든 시도는 사실상 그들을 식민화하고 그들의 입을 막는 효과를 낼 수 있기 때문이다.

어느 쪽 주장을 받아들이든, 그 결과로 역사가 회고록의 장치들을 일부 다시 몸에 걸치게 된다. 결말을 열어둔 일화 모음으로 회귀한다는 뜻이다. 심지어 르네상스 시대의 군인회고록 저자들이 상상도 하지 못했을 만큼 훨씬 더 결말이 열려 있고, 훨씬 더 일화 중심적이다. 르네상스 시대 군인회고록 저자들은 대체로 역사를 귀족 남성(과 말)의 명예로운 행동으로 한정했지만, 오늘날의 역사는 모든 인간 또는 아마도 지각 있는 경험의 집합이 될지도 모른다.

# 르네상스 시대의 군인회고록이
# 새로운 현상이었는가?

1부에서 지적했듯이, 근대 초기의 회고록에 특히 관심을 보이는 학자들은 대부분 회고록이 1500년경 전적으로 프랑스에서만 등장한 글쓰기라고 주장한다. 그러나 이 학자들의 주장(주로 르네상스 시대 프랑스 문헌을 연구해서 뽑아낸 결론이다)을 받아들인다 하더라도, 르네상스 시대에 프랑스가 아닌 다른 지역에서 나온 문헌 중에도 회고록의 자격 요건을 충족하는 것이 많다. 앞에서 나는 르네상스 시대 군인회고록이 프랑스어 외에 다른 언어로도 많이 집필되었다는 증거를 충분히 제시했다. 르네상스 시대에 프랑스가 아닌 다른 지역에서 나온 민간인 회고록을 개괄적으로 살펴본 가장 훌륭한 연구서는 아멜랑의 저서다.[1]

또한 회고록이 15세기 중반에야 집필되기 시작했다고 주장할 근거도 없다. 이보다 훨씬 이른 시기에 프랑스에서 나온 중세 문헌들, 예를 들어 필리프 드 노바르Philippe de Novare의 《프리드리히 황제와 장 디블랭 사이의 전쟁 역사Estoire de la Guerre qui fu entre l'empereor Frederic & Johan d'Ibelin》, 일부가 소실된《인생의 사계절Quatre Ages de l'homme》, 빌라르두앵의《콘스탄티노플 정복Conquête de Constantinople》, 주앵빌의《성왕 루이의 삶Vie de saint Louis》같은 글도 회고록의 특징을 모두 갖고 있으며,[2] 적어도 주앵빌의 글은 르네상스 시대 프랑스에서 회고록으로 인정받았다.[3] 프랑스가 아닌 지역에서 중세에 나온 문헌 중 회고록의 특징을 갖고 있는 것 역시 적지 않다. 고티에Gautier 재상의《안티오크의 전쟁들Bella Antiochena》, 카를 5세의《카를 4세의 일생Vita Karoli Quarti》, 웨일스의 제럴드Gerald of Wales의《아일랜드 정복Expugnatio Hibernica》, 되유의 외드Odo of Deuil의《루이 7세의 동방여행에 대하여De profectione Ludovici VII in orientem》, 파더보른의 올리버Oliver of Paderborn의《다미에타 함락Capture of Damietta》, 페르난 알바레스 데 알보르노스Fernan Alvarez de Albornoz의《회고록Memorias》, 그 밖에 카파루스, 파르마의 살림베네, 디노 콤파니, 문타네르, 국왕 하우메 1세, 페레 3세 등의 연대기, 중세 말기 카스티야의 카바예로 학파의 글, 특히 페드로 로페스 데 아얄라Pedro López de Ayala의《카스티야 왕들의 연대기Crónicas de los reyes de Castilla》가 그런 예다.[4] 고전고대에는 회고록 집필이 더욱 널리 퍼져 있었을 가능성이 크다. 하지만 대다수의 문헌이 지금까지 살아남지 못했다.[5]

서유럽 외부까지 조사범위를 넓히면, 르네상스 시대는 물론 그 이전에도 회고록의 특징을 지닌 문헌이 상당히 많았음을 알게 될 것이다. 15세기의 위대한 정복자 티무르는 직접 회고록을 썼을 뿐만 아니라, 16세기와 17세기의 후계자들에게도 영향을 미쳐 회고록 집필 풍조가 생겨나게 했다. 바부르(칭기즈칸과 타무르의 후예로, 무굴제국의 1대 황제 — 옮긴이), 후마윤(무굴제국의 2대 황제 — 옮긴이), 자한기르(무굴제국의 4대 황제 — 옮긴이)는 직접 회고록을 썼고, 아크바르(무굴제국의 3대 황제 — 옮긴이)를 비롯한 몇몇 사람들은 '자신의' 회고록을 다른 사람에게 시켜 쓰게 했다.[6] 그 밖에 회고록을 집필한 사람들로는 14세기에 예니체리(터키의 친위보병 — 옮긴이)였던 콘스탄틴 미하일로비치,[7] 13세기 아르메니아의 군주 헤툼,[8] 13세기 시리아의 왕 아부 알피다,[9] 12세기 시리아의 왕족 우사마 이븐 문키드,[10] 10세기 비잔틴 황제 콘스탄틴 포르피로게니토스[11]가 있다.

'회고록'이라는 제목이 15세기 말에야 나타난 것은 사실이다(자신의 책에 이 제목을 처음으로 붙인 사람은 올리비에 드 라 마르슈였다).[12] 그러나 이것은 거의 증거가 되지 않는다. 첫째, 르네상스 시대의 군인 회고록 중에는 '회고록'이라는 제목이 붙지 않은 글이 많다. 중세와 고전시대의 많은 문헌처럼, 실록이라든가 역사라든가 연대기라든가 이야기라든가 생애라든가 하는 제목이 붙어 있다. 둘째, 르네상스 시대에 '회고록'이라는 단어는 중세와 마찬가지로 여전히 다양한 형태의 글에 적용되었다. 중세와 현대의 용법과 마찬가지로, 자전적인 성격보다는 관료적인 성격이 강한 많은 글이 '회고록'으로 일컬어졌다. 게다가 스스로를 '회고록'으로 지칭한 최초의 프랑스어 역사 이야기(라 마르슈와 르페브르의 글)는 모두 이미 널리 알려진 단어인 것처럼, 이미 그런 유형의 문헌이 존재하는 것처럼 그 단어를 사용하고 있다. 라 마르슈는 머리말에서 부르고뉴의 마리의 명예가 다양한 "서적과 회고록"을 통해 세상 끝까지 살아남을 것이라고 말했다.[13]

그는 또한 서문에서 게으르게 시간을 허비하지 않기 위해 "회고록 형태의 책을 몇 권 정리하기로 했다"고 말했다. "그 책에는 내가 살면서 본 일들 중에 글로 써서 기억할 가치가 있는 모든 것이 포함될 것이다."[14] 르페브르는 "소소한 기록들과 회고록을 정리해서 글로 쓸"[15] 생각이라고 단언했다. "이 작은 책을 기록과 회고록 형태로"[16] 쓸 생각이라고 거듭 말하기도 했다. 라 마르슈도 르페브르도 자신이 새로운 역사 장르에 세례를 베풀고 있다는 생각은 하지 못했다.

이것 못지않게 중요한 것은, 페르난 알바레스 데 알보르노스가 14세기 말에 글을 쓰면서 이미 그 글에 《회고록Memorias》이라는 제목을 붙였다는 사실이다. 게다가 알바레스 데 알보르노스의 사례는 유일무이한 것이 아니었다. 안드레스 베르날데스도 15세기 말에 쓴 글에 《가톨릭 군주들의 재위 기간에 대한 회고록Memorias del reinado de los Reyes Catolicos》이라는 제목을 붙였다. 그는 자신의 글이 일반적인 역사와는 상당히 다르다는 점을 표현하기 위해 '회고록'이라는 단어를 일부러 선택한 듯하다.[17] 단순한 단어의 사용이라는 측면에서도, 스페인어 memorias가 프랑스어 mémoires보다 더 일찍 등장했음을 알 수 있다.

그럼에도 회고록 집필이 르네상스 시대의 프랑스에서 비로소 하나의 추세로 자리잡았다고 주장할 수 있다. 중세의 문헌과 르네상스 시대에 프랑스가 아닌 지역에서 나온 문헌들이 공통적인 모델이나 영향력으로 연결되지 않은 일회성 사례이자 어쩌면 우연의 소산일 수도 있다는 것이 이런 주장의 근거다. 반면 르네상스 시대에 프랑스에서 나온 문헌들은 매우 탄탄한 무리를 이루고 있었다. 많은 저자들이 서로 아는 사이라서 때로 영향을 주고받았으며, 자신의 글이 널리 퍼진 전통의 일부임을 스스로 의식한 사람도 소수지만 있는 듯하다. 르네상스 시대 프랑스에서 회고록 집필이 하나의 추세가 되었음을 의식한 가장 훌륭한 사례는 바로 뒤 벨레 형제다. 르네 뒤 벨레는 서문에서 회고록 집필 습관을 드러나게 다루면서, 이것을 뚜렷한 역사 장르로 간주하고, 라 마르슈와 코민의 글을 앞선 사례로 언급했다.[18] 기욤 뒤 벨레는 회고록 집필의 전통을 한층 더 깊이 분석하면서, 이것이 뚜렷한 역사 전통이라고 주장했다.[19] 마르탱 뒤 벨레도 비슷한 인식을 보여주며, 적어도 코민과 플로랑주의 글에 대해서는 친숙하게 잘 알고 있었다.[20] 르네상스 시대 프랑스의 다른 회고록 저자들 중에도 글에서 서로를 언급한 사람들, 특히 코민을 언급한 사람들이 있다.[21]

그러나 이런 주장은 확실한 결론으로 이어지지 못한다. 첫째, 뒤 벨레 형제들은 회고록 집필이 르네상스 시대의 프랑스에서 새로이 나타난 전통이 **아니라고** 믿었다. 르네는 이 전통의 모델로 투키디데스, 카이사르, 주앵빌을 언급했으며,[22] 마르탱은 플라비우스 요세푸스와 투키디데스를 선례로 언급했다.[23] 그러나 무엇보다 중요한 것은 기욤이 회고록 집필 전통을 이야기하면서, 자신이 잇고 있는 이 전통에 속한다고 생각되는 회고록 저자들과 목격담 역사가들의 이름을 길게 나열했다는 점이다. 투키디데스와 크세노폰으로 시작되는 이 명단에는 고전시대, 중세, 르네상스 시대의 수많은 저자들이 포함되어 있다. 특히 흥미를 끄는 것은 그가 '근대' 저자들이라고 분류한 사람 중에 코민뿐만 아니라 프루아사르와 몽스트를레도 포함되어 있다는 점이다.

뿐만 아니라 교황 비오 2세, 조반니 폰타노, 레오나르도 브루니, 안토니오 베카델리 같은 이탈리아 저자들도 많이 포함되어 있다.[24]

게다가 르네상스 시대의 프랑스 회고록 저자들이 유난히 탄탄한 집단을 이루고 있었다 해도, 다른 지역의 르네상스 시대 회고록 저자들 또한 공통적인 모델과 공통적으로 영향을 받은 부분이 많기 때문에 각자 고립된 채 우연히 그런 글을 쓰게 되었다고 보기가 힘들다. 르네상스 시대의 문헌 전부는 아닐지라도 대부분은, 프랑스의 것이든 아니든 상관없이, 세 가지 공통적인 자료에서 영향을 받았다. 고전시대의 문헌과 특히 카이사르의 글,[25] 프루아사르 같은 중세의 선례, 중세 말기의 전기 집필 전통이 그것이다. 르네상스 시대의 **군인회고록**의 경우에는 서유럽 전역에서 일반 병사들과 귀족들이 자신의 군복무에 대해 쓴 글이 공통적으로 중요한 영향을 미쳤다.

또한 프랑스와 프랑스가 아닌 지역에서 나온 회고록들 사이의 연관성과 상호 영향력도 보기보다 더 강력했다. 첫째, 르네상스 시대의 '프랑스' 회고록 전통은 부르고뉴 궁정에서 탄생했다.[26] 이 부르고뉴 전통은 부르고뉴 궁정의 뒤를 이은 합스부르크 궁정뿐만 아니라 프랑스 궁정에도 영향을 미쳤을 가능성이 크다. 부르고뉴의 샤를이 무너진 뒤, 발루아 왕가보다 합스부르크 왕가 쪽으로 기울어져 있던 부르고뉴의 여러 귀족들이 실제로 회고록을 쓰기도 했다. 귀용과 라 마르슈가 좋은 예다.[27] 반면 르네상스 시대의 왕들 중 회고록을 직접 쓴 사람은 '부르고뉴의 영향을 받은' 합스부르크 왕가의 막시밀리안 1세와 카를 5세뿐이다. 둘째, 일부 프랑스 회고록은 서유럽 전역에 널리 알려져 있었다. 코민, 뒤 벨레 형제, 몽뤽의 회고록이 좋은 예다. 이런 문헌들은 16세기에 프랑스가 아닌 지역에서도 구해 볼 수 있었으며, 심지어 번역본도 존재했다. 역으로, 멘도사와 베르두고의 실록처럼 프랑스가 아닌 지역에서 나온 일부 회고록 역시 프랑스에서 읽을 수 있었으며, 심지어 프랑스어 번역본도 나와 있었다.[28]

셋째, 프랑스가 아닌 지역의 일부 회고록 저자들이 프랑스 궁정과 밀접한 관계를 맺고 있거나, 심지어 프랑스 궁정에 살고 있었다. 따라서 그들이 프랑스의 회고록 저자들을 만났을 가능성이 크다. 디스바흐는 루이 11세를 가장 가까이에서 모시는 사람 중 하나였으며, 왕이 부르고뉴에 붙잡혀 있는 동안에도 왕의 곁에 있었다. 그때 틀림없이 코민을 만났을 것이다.[29] 셰르틀린은 발루아 왕가의 절친한 동맹이었으며, 1551~1552년에 프랑스 궁정에 약 8개월 동안 머무르며 프랑스 국적을 얻었다.[30] 《회고록Memorias》을 쓴 산초 코타Sancho Cota는 플랑드르와 프랑스 궁정에서 장기간 머물렀다. 친구인 샤움부르크의 회고록 겸 전기를 쓴 아이브는 부르고뉴의 샤를 공작 휘하에서 샤움부르크와 함께 일했다. 멘도사는 파리 대사 시절 회고록을 썼다. 원문은 스페인어였으나, 프랑스어 번역본이 스페인어 초판보다 1년 먼저 출간되었다. 독일의 회고록 저자들도 자기들끼리 긴밀하게 연결되어 있었던 것으로 보인다.[31]

따라서 르네상스 시대의 회고록 유행이 프랑스만의 것이라기보다는 유럽 전역에 퍼져 있었다고 보는 편이 옳을 듯하다. 일부 프랑스 회고록 저자들과 마찬가지로, 디스바흐 또한 회고록 집필이 자기만의 독특한 프로젝트라기보다는 널리 퍼진 관행임을 분명히 했다. 그는 사촌의 회고록을 언급했을 뿐만 아니라, 후손들에게도 각자 회고록을 쓰라고 촉구했다.[32] 윌리엄스의 글을 출판한 출판업자도 비슷한 인식을 보여준다. 그는 "다른 군인들이 그들의 위대한 스승이자 자신의 지휘로 이루어진 군사행동에 대해 (…) 정확한 실록을 쓴 **율리우스 카이사르**를 흉내내도록 자극하는 것"[33]이 이 책을 출간한 이유 중 하나라고 말했다. 심지어 디아스도 과테말라의 정글 한복판에 발이 묶여 있을 때조차 자신의 회고록 집필 프로젝트가 유일무이한 것도, 전례가 없는 것도 아님을 알고 있었다. 그는 카이사르의 글과, 지금은 소실된 곤살로 데 알바라도의 회고록으로 짐작되는 글을 읽었다.[34] 문타네르 또는 하우메 1세의 글, 그리고 요세푸스의 글에 대해서도 잘 알고 있었을 가능성이 있다.[35] 그는 자신의 글에 대해 공작, 후작, 화려한 경력의 지휘관 흉내를 내고 있다고 말했으며,[36] 동료 군인들이 여러 원정에 대해 비슷한 글을 쓰기를 기대한다고 했다.[37]

중세의 회고록 중에서는 서로 밀접하게 연결되어 있는 사례를 적어도 한 개 지적할 수 있다. 하우메 1세, 문타네르, 페레 3세가 쓴 카탈로니아 연대기들이 그것이다. 이 글들은 모두 앞에서 제시한 기준에 따라 회고록의 자격 요건을 충족한다.[38] 회고록의 성격을 띤 중세의 다른 문헌들을 일회성 사례로 보는 것 또한 합리적이지 않다. 회고록으로 분류될 수 있는 대부분의 중세 문헌들이 나중에 르네상스 시대의 풍조에 직접적으로 영향을 미친 중세 말기의 두 장르, 즉 연구 연대기라고 명명할 수 있는 장르(연구자이기도 한 사람들이 시간과 에너지를 들여 찾아낸 자료를 바탕으로 쓴 연대기)와 전기의 범위

안에 있는 것처럼 보이기 때문이다.

중세 말기의 많은 전기들은 사실상 **회고록 – 전기**memoirs-biographies 였다. 즉, 전기 겸 회고록이었다는 뜻이다. 중세에 나온 이런 글 중 가장 유명한 사례는 주앵빌의《성왕 루이의 삶Vie de saint Louis》이다. 제목과 머리말이 모두 이 글이 루이 9세의 전기임을 암시하고 있지만, 사실은 루이의 삶에 대한 아주 부분적인 설명과 주앵빌의 개인사 중 일부, 루이의 이집트 십자군 원정 역사, 여러 민족지적인 글을 조합한 것이다. 전체적으로 봤을 때, 이 글에서 우리는 루이 9세보다 주앵빌에 대해 훨씬 더 많은 것을 알아낼 수 있다. 중세의 회고록-전기는 르네상스 시대의 전기와 회고록에 모두 영향을 미쳤다. 주앵빌의 글처럼 르네상스 시대의 많은 회고록도 전기 행세를 했으며,[39] 르네상스 시대의 많은 전기는 회고록으로도 읽을 수 있었다.[40]

중세 말기의 **연구 – 연대기**research-chronicles는 르네상스 시대의 회고록 유행과 훨씬 더 밀접하게 관련되어 있다. 많은 연구-연대기에서 역사가들은 목격자 주인공을 겸하는데, 이것은 르네상스 시대의 여러 군인회고록에도 나타나는 특징이다. 14세기의 가장 중요한 연구-연대기 작가인 프루아사르부터 부르고뉴의 회고록 저자들과 코민까지 곧장 이어지는 계보가 존재한다. 이 계보에서 중요한 연결고리를 하는 사람이 몽스트를레, 와브랭, 샤틀랭, 르페브르, 라 마르슈다.[41]

따라서 군인회고록을 포함한 회고록 집필을 15세기에 프랑스에서 처음으로 나타난 새로운 풍조로 볼 이유가 없다. 르네상스 시대의 군인회고록은 특별히 프랑스에서만 나오지도 않았고, 특별히 새로운 현상도 아니었다.

그렇다고 해서 정반대 편의 극단으로 치달아, 르네상스 시대의 군인회고록을 단순히 고전시대 모델의 모방으로만 보면 안 된다. 르네상스 시대의 군인회고록은 르네상스 시대 전사 귀족 문화의 소산이었으며, 전사 귀족들의 기풍과 당시의 세계관을 대변했다. 중세 말기의 모델에서는 많은 영향을 받았으나, 고전시대 모델의 영향은 훨씬 적었다.

첫째, 고전시대와 중세의 군인회고록 사이에 지속성이 전혀 없다는 점을 명심해야 한다. 고전시대의 회고록 중 중세까지 보존된 것은 소수에 불과하며, 이렇게 살아남은 회고록들도 라틴어나 그리스어로 작성된 원고의 형태로만 돌아다녔다. 몰레옹처럼 교육수준이 낮은 귀족이라 해도 카이사르의 이름은 들어보았겠지만, 그의 회고록을 읽었을 가능성은 지극히 낮다. 사실 기사도에 입각한 세계관의 힘이 고전시대 문헌의 영향력보다 훨씬 더 강해서, 아직 남아 있던 고전시대 문헌들조차 대개 기사도 세계관에 맞춰 다시 해석되었다. 따라서 카이사르와 관련해서 몰레옹이 접했을 가능성이 가장 높은 자료는 《로마인들의 공훈》 같은 기사도 소설이었을 것이다. 이 소설에서 카이사르와 휘하 백부장百夫長들은 반짝거리는 갑주를 입은 기사로 그려진다. 따라서 중세의 회고록은 고전시대 작품과의 연결통로라기보다, 고전시대와는 독자적으로 고전시대 작품들과 경쟁하며 영향력을 발휘했다.

르네상스 시대에는 회고록 저자들이 고전시대 회고록을 더 직접적으로 접할 수 있었다. 그래도 그들이 구할 수 있는 모델의 수는 몹시 한정적이었다. 카이사르의 글만이 여러 나라의 언어로 번역된 덕분에 널리 알려져 있었다. 크세노폰과 요세푸스의 글에 대해 아는 회고록 저자들도 소수 있었으나, 그들이 이런 문헌을 직접 읽었는지는 판단하기 어렵다. 반면 중세 말기의 모델은 구하기가 훨씬 더 쉬웠다.

고전시대 모델이 중요한 가장 큰 이유는, 고전시대 모델을 우러러본 르네상스 시대에 이 작품들이 군인들에게 회고록 집필에 대한 의욕과 정당화를 제공해주었기 때문이다. 따라서 르네상스 시대의 많은 군인회고록 저자들이 머리말 등에서 고전시대의 모델들, 특히 카이사르에게 감사를 표한 것은 결코 우연한 일이 아니다.[42] 그러나 회고록 본문을 살펴보면, 대부분의 저자들이 문체나 메시지 면에서 고전시대의 모델을 흉내내지 않았음을 알 수 있다.

예를 들어 카이사르는 (다른 고전시대 회고록 저자들과 마찬가지로) 항상 자신을 삼인칭으로 지칭했지만, 르네상스 시대의 회고록 저자 중에는 그런 사람이 소수(예를 들어 플로랑주)에 불과했다. 이보다 더 중요한 것은, 카이사르의 글에서는 그와 다른 주요 지휘관들의 생각과 사고 과정이 중요한 역할을 하면서, 행동과 사건을 설명하거나 야기한다는 점이다. 따라서 고전시대의 회고록에는 생각과 사고 과정이 아주 상세히 묘사되어 있어서, 이야기 속의 주요 행동이 주인공의 머릿속에서만 일어날 때도 많다. 외부적인 사건은 단순히 주인공의 생각과 계획의 소산이거나 자극제 역할을 할 뿐이다. 반면 르네상스 시대의 회고록에서는 대부분 생각과 사고 과정의 비중이 훨씬 적다. 몽뤼크이나 베르두고처럼 생각과 사고 과정에 상당한 주의를 기울인 회고록 저자들의 경우에도, 카이사르에는 여전히 미치지 못한다. 이 점은 연설 또는 발언을 대하는 태도에도 반영되어 있다. 카이사르의 글을 비롯한 고전시대의 회고록에서는 이런 발언이야말로 가장 중요한 문학적 장치라고 해도 될 것이다. 이들 회고록은 중요한 주인공들의 생각을 전달하고 당면한 상황을 분석하는 데에 길게 이어지는 발언을 이용한다. 특히 글이 절정에 도달하는 순간이 한 사람 또는 여러 사람의 발언을 통해 묘사될 때가 많다. 때로 서로 상반된 뜻을 표현하기도 하는 이 발언들이 장차 일어날 사건들의 방향을 결정하기 때문에, 만약 고전시대의 회고록에서 발언들을 모두 지워버린다면 글 자체의 의미가 사라질 것이다. 반면 르네상스 시대의 회고록에는 아예 중요한 발언이 없는 경우가 많다. 설사 그런 발언이 있는 경우라 해도, 고전시대의 저작에 비해 중요성이 현저히 낮다. 르네상스 시대의 회고록에서는 모든 발언을 지워버려도, 글 전체가 별로 손상되지 않을 것이다.

이것은 고전시대와 르네상스 시대 군인회고록의 또 다른 주요 차이점과도 관련되어 있다. 카이사르의 회고록 같은 고전시대의 회고록은 인과관계를 기반으로 한다. 사건들은 인과관계로 서로 연결되어 있으며, 대개 차후에 미친 영향에 따라 가치가 매겨진다. 그래서 카이사르는 자신이 묘사하는 사건의 원인과 영향을 설명하는 데 크게 공을 들였다. 카이사르가 전쟁을 묘사한 부분에서 이 점이 가장 두드러지게 드러난다. 카이사르는 인과관계에 따른 영향을 따져서 병참과 기술적인 측면에 많은 주의를 기울이며 높이 평가했다. 작전과 전략에도 비슷한 이유로 상당한 주의를 기울였다. 반면, 용맹한 무훈에는 이만큼 주의를 기울이지 않았다. 전투와 공성전을 묘사한 장면들은 대부분 전체적인 전술 측면에 초점을 맞춰, 카이사르가 지휘관으로서 취한 행동과 그 결과로 나타난 작전을 이야기할 뿐, 개인의 무훈은 무시했다. 무훈을 설명하는 경우에도 전체적인 전술이나 전략이라는 맥락을 고려하는 경우가 대부분이며, 무훈의 가치를 평가할 때도 그것이 미친 영향을 가장 중요한 기준으로 삼았다.

르네상스 시대 회고록과의 이 놀라운 차이점이 가장 뚜렷하게 드러난 사례를 꼽는다면, 카이사르가 제르고비아 공성전(기원전 52년)을 설명한 부분이 있다. 어떤 작전 중에 카이사르의 군대는 골족 군대에 승리를 거둔다. 그러나 기쁨에 들뜬 나머지 상부의 명령이 없는데도 골족 군대를 추적하는 바람에, 전체적인 전술 면에서 위험한 상황을 초래한다. 전투가 끝난 뒤 카이사르는 경솔한 행동을 한 휘하 병사들을 질책하며, 군인에게는 용기나 영웅주의보다 복종과 자제력이 훨씬 더 중요하다고 설명한다.[43] 따라서 카이사르의 글이 옹호하는 군사적 가치는 르네상스 시대의 회고록들이 옹호하는 군사적 가치와 상당히 다르다.

이런 차이는 이름을 대하는 카이사르의 태도에도 나타난다. 카이사르도 특정한 지휘관들의 이름을 언급할 때가 많기는 하지만, 어떤 전투에 참전한 사람들의 명단이나 전사자와 부상자의 명단, 용맹한 군인들의 명단을 만들지는 않았다. 예를 들어, 골족의 오랜 포위(기원전 54년)에서 키케로의 군대를 구출한 뒤 카이사르는 키케로와 그의 군대의 용맹함을 공개적으로 칭찬하며, 키케로의 증언에 따라 용맹하다고 평가된 백부장과 군단장의 이름을 직접 호명했다고 회고록에 썼다. 그러나 회고록에 그 사람들의 이름을 실제로 밝히지는 않았다.[44] 카이사르의 회고록에는 르네상스 시대 회고록에 비해 훨씬 적은 이름들이 등장한다. 카이사르는 드물게 하급장교들의 이름을 직접 밝히는 경우에도, 그들의 개인적인 무훈이 아니라 지휘관으로서 취한 행동을 언급할 때가 대부분이다.[45] 이는 카이사르가 어떤 행동이 차후에 미치는 영향에 명예가 달려 있으며, 무훈과 이름의 가치는 내재적인 것이 아니라 인과관계에 따른 것이라고 보았음을 의미한다.

르네상스 시대의 회고록 저자들이 카이사르의 글을 읽었든 읽지 않았든, 문체, 세계관, 가치관, 문헌에서 전달하고자 하는 메시지에 카이사르가 미친 영향은 그리 크지 않았음이 분명하다. 사실 영향력이 너무 **적어서** 신기할 정도다. 카이사르의 글이 다른 저자들, 예를 들어 루이스 데 아빌라 같은 사람들에게 상당히 많은 영향을 끼치기는 했다. 아빌라는 카를 5세의 독일 전쟁을 다룬 책을 썼는데, 그도 이 전쟁에 참전한 사람이었다. 그는 《실록Comentario》이라는 제목을 붙인 책에서 첫 문장을 다음과 같이 썼다. "독일은 아주 큰 지역인데, 그곳이 두 부분으로 나눠져 있다."[46] 이 책 전체에서 그는 카이사르의 문체와 태도를 흉내내려고 애쓴다. 그러나 그 결과로 만들어진 글은 회고록이 아니었다. 아빌라 본인이 단 한 번도 주인공으로 등장하지 않기 때문이다. 또한 르네상스 시대의 군인회고록과는 상당히 다른 특징을 지니고 있기도 하다. 아빌라의 글은 독일에서 벌어진 전쟁들의 일반 역사를 서술하면서, 귀족의 기풍을 무시하고 왕조-민족 역사의 지령을 따른다. 그리고 카를 5세가 책 전체를 지배하는 반면, 일반 기사들의 명예로운 무훈과 카를 5세의 부하들은 거의 관심을 받지 못한다.

# 회고록 저자들

## 르네상스 시대의 회고록 저자들

**가르시아 데 파레데스, 디에고**Diego García de Paredes(1466~1530). 스페인 귀족이자 용병. 1480년대부터 이베리아 반도, 이탈리아, 헝가리에서 다양한 원정에 참여했다. 처음에는 여러 주군들 사이를 전전했으나, 결국은 주로 스페인 왕들을 섬기게 되었다. 나중에 중급 지휘관의 자리까지 오른 그는 임종을 앞두고 자신의 생애를 담은 짧은 글을 스페인어로 집필했다. 전적으로 그가 세운 다양한 무훈에만 초점을 맞춘 글이다. 16세기에 페레스 델 풀가르의 곤살보 데 코르도바 연대기 부록으로 발간되었다.

**개스코인, 조지**George Gascoigne(1525~1577). 영국 귀족. 1572년부터 1575년까지 영국의 네덜란드 원정대에서 복무했다. 처음에는 일반 병사였으나, 나중에 하급 지휘관까지 올라갔다. 병사 500명을 이끄는 지휘관으로서 스페인 군대에 항복하는 바람에 반역자로 의심을 받아 군인 생명이 끝났다. 시인 겸 작가로서 영어로 자신의 군대 경험을 담은 시를 지어 《전쟁은 체험하지 않은 자에게만 달콤하다Dulce Bellum inexpertis》라는 제목을 붙였다.

**귀용, 페리 드**Fery de Guyon(1507~1570). 부르고뉴의 귀족. 1523년에 고향을 떠나 이탈리아로 간 뒤 세상을 떠날 때까지 합스부르크 왕가의 신하로서 이탈리아, 아프리카, 헝가리, 프랑스, 현재의 베네룩스 지역 등에서 여러 원정에 참여했다. 처음에는 일반 병사로 군복무를 시작했으며, 나중에는 중급 지휘관의 지위까지 올라갔다. 그의 회고록은 주로 그가 1524년부터 1568년까지 참여한 여러 원정들에 초점을 맞추고 있다. 이야기 중 일부에서 그는 확연히 눈에 띄는 주인공으로 등장하지만, 다른 부분에서는 전혀 존재가 드러나지 않는다. 귀용은 원래 이 회고록을 가족을 위해 프랑스어로 집필했는데, 1664년에 그의 손자가 인쇄본으로 출간했다.

**그리피드, 엘리스**Elis Gruffydd(1490년경~1556년경). 하급 신사계급 출신의 웨일스인. 튜더 왕조 때 일반 병사로 복무했다. 1511년에 처음 군 생활을 시작해서 1510년대와 1520년대에 여러 원정에 참여했으며, 1530년부터는 칼레 수비대에 있었다. 공부를 많이 한 편이라서, 웨일스, 잉글랜드, 프랑스의 자료들을 기초로 긴 글을 여러 편 집필했다. 어쩌면 라틴어 자료도 참조했을 가능성이 있다. 1530년부터 1552년 사이에는 웨일스어로 방대한 세계 연대기를 집필했다. 여기에는 천지창조 때부터 1552년까지의 일들이 포함되어 있다. 특히 1510년 이후를 다룬 부분에서는 그리피드가 직접 참여했던 일들이 점점 더 핵심적인 비중을 차지한다. 특히 그리피드가 참여했던 다양한 군사원정이 생생하게 묘사되어 있다. 르네상스 시대의 군인회고록 중에서 그리피드의 글은 원정에 나선 르네상스 시대 병사들의 삶을 가장 생생하게 보여주는 자료다. 그리피드는 이 원고를 친구에게 보내주었는데, 그 후로 이 원고는 계속 개인 소장품으로 남아 있다가 19세기에야 비로소 일반 대중에게 공개되었다.

**디아스 데 가메스, 구티에레**Gutierre Díaz de Gámez(1379년경~1450년경). 카스티야의 귀족. 15세기 초 카스티야의 중요한 귀족이자 군 사령관인 부엘나의 페로 니뇨 백작의 절친한 친구이자 군기를 드는 사람이었다. 1431년부터 1450년경 사이에 스페인어로 집필한 니뇨의 전기는 1379~1446년의 일들을 다뤘다. 이 전기는 니뇨의 군사원정에 초점을 맞추는 한편 회고록의 기능도 한다. 디아스 데 가메스가 이 책에 묘사된 모든 전쟁에 참여했으며, 간혹 주인공으로 등장하기 때문이다. 1782년에야 처음으로 인쇄본이 나왔다.

**디아스 델 카스티요, 베르날**Bernal Díaz del Castillo(1496~1581년경). 평민 출신으로 멕시코 정복에 참여한 스페인 정복자이며, 1565년에 귀족 작위를 받았다. 멕시코 정복 때 코르테스 휘하에서 일반 병사로 복무했고, 그 후로도 상당히 많은 원정에 참여했다. 멕시코 정복과 그 이후 중앙아메리카에서 벌어진 일들의 역사를 스페인어로 집필했는데, 디아스 자신도 중요한 역할로 등장한다. 그의 글은 그가 아메리카에 도착한 때(1514년)부터 1568년까지를 다루고 있다. 그는 이 글을 인쇄본으로 발간하려고 애썼으나, 1632년에야 첫 인쇄본이 나왔다. 그 뒤로는 멕시코 정복을 다룬 역사서 중 가장 유명하고 가장 영향력이 큰 책으로 꼽힌다.

**디스바흐, 루드비히 폰** Ludwig von Diesbach(1452~1527). 베른 출신의 스위스 귀족. 사회생활 중 대부분을 베른에서 보냈으나, 처음에는 프랑스 왕 루이 11세를 섬겼다. 젊은 시절에 주로 프랑스에서 여러 원정에 참여했지만, 직업군인이라기보다는 정치가 겸 행정가에 더 가까웠다. 독일어로 자신의 생애를 쓴 글에서 젊은 시절의 군대 경험에 어느 정도 지면을 할애했다.

**라 마르슈, 올리비에** Olivier de la Marche(1426년경~1502). 부르고뉴의 귀족. 부르고뉴 공작의 신하로서 샤를 공작을 지근에서 섬기는 근위대장이었다. 샤를이 세상을 떠난 뒤에는 그의 딸 마리와 사위 막시밀리안을 섬겼다. 그는 1450년대부터 1470년대까지 부르고뉴가 실행한 대부분의 원정에 참여했으며, 1470년경부터 1490년경 사이에 프랑스어로 회고록을 집필해 카를 5세의 아버지인 합스부르크 왕가의 필립에게 헌정했다. 그의 회고록은 1430년대 중반부터 1480년대 중반까지 부르고뉴와 그 주변에서 일어난 사건들을 기록한 연대기로, 주로 군사적인 사건과 궁정의 일에 초점을 맞췄다. 라 마르슈는 이 글에 간혹 주인공으로 등장한다. 1562년에 《회고록 Mémoires》이라는 제목으로 처음 인쇄된 이 글은 1566년에 다시 인쇄본으로 출간되었다.

**라 마르크, 로베르 III 드**(플로랑주의 영주) Robert III de la Marck, lord of Florange (1491년경~1537년경). 스당의 독립 영주인 라 마르크 가문의 후계자. 직업군인으로 1509년부터 끊임없이 전쟁에 참전했다. 대부분 발루아 왕조의 군대 소속이었으나, 개인적인 전쟁과 가문 전쟁도 몇 번 치른 적이 있다. 일반 기사로 출발한 그는 곧 중요한 지휘관이 되었으며, 1526년에는 원수의 지위까지 올라갔다. 파비아에서 포로가 된 뒤(1525년) 프랑스어로 쓴 회고록은 1500~1526년의 일들을 다루고 있다. 이 글에서 그는 거의 전적으로 자신이 참전한 전쟁들의 군사적 측면에 초점을 맞춘다. 플로랑주는 이 회고록의 중요한 주인공 중 한 명이지만, 언제나 이야기의 중심을 차지하지는 않는다. 16세기 내내 필사본으로 유통되던 이 글은 1731년에 처음으로 인쇄되었다.

**라뷔탱, 프랑수아 드**François de Rabutin(?~1582). 프랑스 귀족. 1550년대의 합스부르크-발루아 전쟁 때 발루아 왕가의 군대에서 중기병으로 복무했다. 이 전쟁을 다룬 역사서를 프랑스어로 집필했는데, 그 자신이 이 글에 간혹 주인공으로 등장한다. 이 글의 1부는 1555년에, 2부는 1559년에 각각 인쇄되었다. 그리고 1574년에는 1, 2부가 함께 다시 인쇄본으로 발간되었다. 이 글은 당시 비교적 널리 알려져 있었으므로, 몽뤽도 회고록을 쓸 때 이 글을 참고했다.

**로슈슈아르, 기욤 드**Guillaume de Rochechouart(1497~1568). 프랑스 귀족. 발루아 왕가를 위해 군인으로서도, 민간인으로서도 여러 직책을 맡아 수행했다. 군대에서는 중요한 지위에 오르지 못했으나, 샤를 9세의 집사장이 되었다. 순전히 자식들만을 위해 프랑스어로 쓴 그의 글은 그의 생애에 대한 간략한 설명, 당대의 프랑스 역사, 가문의 경제사정 등을 담았다. 1659년에 처음으로 인쇄되었다.

**르페브르, 장(생르미의 영주)**Jean Lefèvre, lord of Saint-Remy(1396년경~1468). 부

르고뉴의 귀족. 1431년에 황금양털 기사단의 문장관紋章官이 되었다. 그리고 문장관의 임무 중 하나로서 1463년에 1408년부터 1460년까지의 부르고뉴 연대기를 프랑스어로 집필하기 시작했다. 그러나 세상을 떠날 무렵 그의 글은 겨우 1436년에 이른 상태였다. 그가 집필한 글에는 회고록의 특징이 미약하게 드러나 있을 뿐이며, 르페브르 본인도 아주 드물게만 등장한다.

**멘도사, 베르나르디노 데**Bernardino de Mendoza(1540년경~1604). 스페인 귀족. 처음에는 직업군인으로 합스부르크 왕가를 섬기다가, 나중에는 정치가 겸 외교관으로서 더 중요한 직책을 맡았다. 1550년대부터 1570년대까지 다양한 원정에 참여했는데, 처음에는 알바 공작의 수행원이었으나 나중에는 중급 지휘관이 되었다. 그의 글은 1567년부터 1577년까지 현재의 베네룩스 지역에서 벌어진 전쟁의 역사를 담은 것으로, 그가 간혹 주인공으로 등장한다. 엄청난 성공을 거둔 이 글은 1591년에 프랑스어 번역본이, 1592년에 스페인어 원전이, 1597년에 영어 번역본이 발간되었다.

**몽뤽, 블레즈 드**Blaise de Monluc(1501년경~1577). 프랑스 귀족. 1515년에 군복무를 시작해서 점차 승진해 1574년에 원수가 되었다. 합스부르크-발루아 전쟁에서는 발루아 왕가를 위해 싸웠고, 프랑스 종교전쟁 때는 가톨릭 편에서 싸웠다. 1570년에 왕의 신임을 잃은 뒤 왕에게 공개서한을 보내 자신의 행동을 옹호하며 과거 경력을 서술했다. 그러고는 이 편지를 훨씬 더 긴 글로 탈바꿈시켰다. 이 글의 최종본은 1521년부터 1574년까지 몽뤽의 생애와 군 생활을 담고 있으며, 병사와 지휘관을 위한 지침서도 겸했다. 처음에는 필사본으로 돌아다니다가 1592년에 인쇄본으로 선을 보였다. 그리고 곧바로 성공을 거둬(1593년과 1594년에 각각 다시 인쇄되었다) 프랑스뿐만 아니라 다른 나라에서도 널리 읽혔으며, 곧 여러 언어로 번역되었다.

**발비 데 코레조, 프란치스코** Francisco Balbi de Correggio(1505~?). 신원이 알려지지 않은 이탈리아인. 그리 유명하지 않은 시인 겸 작가였으며, 합스부르크 군대에서 일반 병사로 복무했다. 1555년의 몰타 공성전에 대한 역사서를 썼는데, 그는 이 전투에 화승총병으로 참전했다. 이 책에는 1550년대에 지중해에서 튀르크인들을 상대로 벌어진 전쟁의 초반부와 종반부에 벌어진 사건들도 묘사되어 있다. 그는 이 글에서 가끔 주인공으로 등장한다. 스페인어로 집필된 이 책은 1567년과 1568년에 각각 인쇄되었다.

**베르두고, 프란시스코** Francisco Verdugo(1537~1597). 신분이 평범한(아마도 평민인 듯하다) 스페인 군인. 1550년대에 군 생활을 시작해서 중급 지휘관까지 올라갔다. 1581년부터 1594년 사이에는 프리슬란트의 지사였다. 프리슬란트를 잃은 뒤 신임을 잃은 그는 자신의 행동을 해명하는 글을 스페인어로 썼다. 1581~1594년을 다룬 이 글은 전적으로 프리슬란트에서 일어난 사건들, 그중에서도 주로 베르두고의 행동에 초점을 맞추고 있다. 현재의 베네룩스 지역, 스페인, 프랑스, 이탈리아에서 필사본으로 유통되며 이탈리아어로 번역되기까지 한 이 글은 1610년에 마침내 스페인어로 출간되었다.

**베를리힝겐, 괴츠 폰** Götz von Berlichingen(1481~1562). 독일 귀족이자 직업군인. 1490년대부터 1544년까지 많은 군사원정에 참여했다. 시기에 따라 황제의 군대나 여러 독일 제후들의 군대에 복무했으며, 독립적으로 활동하는 강도귀족들의 휘하에 있었던 적도 있다. 개인적인 전쟁과 분쟁에도 상당히 많이 참여했고, 1525년의 농민전쟁에서 지도자급으로 활동했다는 악명도 얻었다. 독자적으로 소규모 부대를 이끌 때가 많았지만, 대규모 군대에서 중급 장교 이상의 계급으로는 한 번도 올라가지 못했다. 여든 살이 넘었을 때 독일어로 회고록을 썼는데, 이는 질풍 같았던 자신의 일생을 정당화하기 위해서였다. 그의 회고록은 거의 전적으로 그가 참여했던 다양한 원정과 모험에 초점을 맞추고 있다. 원래 출판을 목적으로 한 글이 아니었으므로, 집필된 지 1세기가 흐른 뒤 한정된 숫자의 필사본으로 시중에 돌아다녔다. 인쇄본은 1731년에야 처음으로 나왔다.

　　**벨레, 마르탱 뒤**Martin du Bellay(1495/6~1559)**와 벨레, 기욤 뒤**Guillaume du Bellay(1491-1543). 프랑스 귀족가문 출신의 형제. 발루아 왕조의 신하로서 군사, 외교, 행정 분야의 여러 직책을 맡아 상당한 고위직까지 올랐으나, 프랑스의 최고위 장군 반열에 든 적은 없다. 기욤은 로마의 역사가 리비우스를 모델로 삼아 회고록 겸 역사서를 1524년에 라틴어로 쓰기 시작했다. 프랑수아 1세 시절에는 반半공식적인 역사편찬자가 되어 프랑스어로 글을 쓰기 시작했다. 그가 1543년에 세상을 떠난 뒤 그의 형제인 장이 뒤를 이어 글을 쓰기로 되어 있었으나 아무것도 하지 않았고, 다른 형제인 마르탱이 1555년에 이 일을 맡아 1558년까지 집필했다. 마르탱이 1559년에 세상을 떠나자 원고는 인척인 르네의 소유가 되었다. 르네는 1569년에 이 원고의 인쇄본을 발간했다. 인쇄본에서는 마르탱의 글이 대부분을 차지했다. 그가 글을 대부분 집필하고, 기욤이 완성한 부분도 편집했기 때문이다. 이 책은 많은 인기를 얻어 프랑스와 해외에서 여러 차례 더 인쇄본으로 발간되었으며, 심지어 라틴어로 번역되기까지 했다. 이 책은 1513년부터 프랑수아 1세가 세상을 떠난 때까지를 다루며, 주로 합스부르크-발루아 전쟁에 초점을 맞췄다. 뒤 벨레 형제는 간혹 주인공으로 등장한다.

**부르데유, 피에르 드**(브랑톰 수도원장)Pierre de Bourdeille, abbot of Brantôme (1540~1614). 프랑스 귀족. 젊었을 때 여행을 많이 하다가 기즈 가문 소속이 되었다(수도원장은 명목상의 직책이었다). 1560년대와 1570년대에는 가톨릭 편에서 종교전쟁에 참전했고, 1564년 모로코 원정 때는 합스부르크 군대에 의용병으로 복무했다. 군대에서 중요한 직책에는 오르지 못했으나, 외교적으로는 어느 정도 중요한 다양한 임무를 맡았다. 승마 사고로 심한 부상을 입어 몸을 자유로이 움직일 수 없게 되자 작가로 변신했다. 1583년부터 글을 쓰기 시작한 그는 다양한 주제에 관해 많은 글을 썼으나, 이 글 중 대부분이 한 권의 회고록에 해당한다(프랑스어로 집필). 유명한 지휘관들이나 귀부인들의 생애를 글로 쓸 때도, 자신이 들은 소문이나 목격한 사건에 많은 지면을 할애했다. 회고록 전체가 처음 인쇄본으로 나온 것은 1665~1666년이다.

**부아뱅, 프랑수아 드**(빌라르 남작)François de Boyvin, Baron of Villars(1530년경 ~1618). 프랑스 귀족. 1548년부터 브리삭 원수의 비서로 활동했으며, 역시 비서의 자격으로 1550년대에 피에몬테 전쟁에 참전했다. 전쟁이 끝난 뒤에는 사부아 공작에게 파견된 프랑스 대사가 되었고, 1564년에 사부아 공작의 신하가 되었다가 1567년에 프랑스로 돌아왔다. 앙리 3세 재위 기간 중 피에몬테 전쟁 역사서를 프랑스어로 집필했는데, 이 책은 브리삭의 전기도 겸했다. 첫 인쇄본은 1606~1607년에 나왔다.

**뷔에유, 장 드**Jean de Bueil(1405년경~1477년경). 프랑스 귀족. 1424년부터 발루아 왕가의 신하가 되어 1440년대와 1450년대에 프랑스의 상급 지휘관 중 한 명이 되었다. 1444년의 스위스 원정에서는 사실상의 사령관이었다. 그러나 루이 11세의 즉위와 함께 신임을 잃고 지위에서 물러났으며, 이 강제적인 재야 시절에《주방셸Jouvencel》을 쓰기 시작해서 1466년경에 완성했다. 공익전쟁War of Public Good(1465년. 왕에게 권력이 집중되는 것에 반발한 귀족연맹과 왕의 싸움—옮긴이) 때는 루이 11세에 맞서 싸웠으며, 비록 나중에 사면을 받기는 했으나 더이상 군인으로서 활발히 활동하지 않았다.

《주방셸》의 저자 또는 저자들의 정체에 대해서는 학자들의 의견이 나뉜다. 어떤 학자들은 뷔에유가 직접 이 책을 썼다고 주장하지만, 그의 친구이자 부하인 트랭강 또는 뷔에유의 다른 부하인 리올레, 모랭, 티베르고가 함께 썼다고 주장하는 학자도 있다. 뷔에유가 이 책을 직접 쓰지 않았을 가능성이 있긴 하지만, 적어도 그의 기억과 생각에 의존해서 집필된 글임은 분명하다. 이 책은 가공의 인물인 주방셸의 군인 경력을 설명하고 있는데, 뷔에유 본인의 경력이 중요한 모델이 되었으며, 예전에 나온 군사 논문들도 표절처럼 포함되어 있다. 군인들을 위한 지침서를 목적으로 한 이 책은 기반이 된 폭넓은 군사적 경험을 자주 언급한다(예를 들어 I. 15 참조). 대부분의 이야기는 지휘관으로서 주방셸이 겪은 일들을 다루고 있다. 이 책이 가르치고자 하는 교훈도 대부분 최고위 지휘관들을 포함한 지휘관들의 적절한 행동에 관한 것이다. 뷔에유는 지휘관으로서 폭넓은 경험이 있었던 반면, 트랭강, 리올레, 모랭, 티베르고는 그런 경험이 전혀 없었다. 따라서 그들이 이 글을 쓰는 데 실질적으로 어떤 역할을 했든, 그들을 저자로 보기는 힘들다. 프랑스어로 집필된 이 글은 15세기 말과 16세기 초에 큰 인기를 끌며 여러 인쇄본 판본과 필사본으로 유통되었다.

**비어, 프랜시스**Francis Vere(1560~1609). 영국 귀족. 처음에는 네덜란드 전쟁에 의용병으로 출전했으나, 나중에는 그곳에서 영국군 전체를 지휘하는 사령관이 되었다. 그 뒤로도 스페인 군대를 상대로 한 여러 원정에 참전했다. 1589년부터 1600년 사이의 여러 군사행동에 대해 영어로 쓴 글에서 그는 자신이 직접 목격하거나 행한 일에 초점을 맞췄다. 미래의 지휘관들을 가르치는 군사 지침서로 저술되었기 때문에 비어의 생애나 군 생활 이야기가 계속 이어지지는 않는다. 처음에 필사본으로 유통되다가 1657년에 처음 인쇄되었다.

**빌뇌브, 기욤 드**Guillaume de Villeneuve(생몰년 미상). 프랑스 귀족. 샤를 8세의 상담역 겸 집사장이었다. 1494년의 이탈리아 침공에 참전해 중급 지휘관으로 나폴리 왕국에서 싸우다가 포로가 되었다. 감옥에서 프랑스어로 쓰기 시작한 글은 나폴리 원정의 역사, 이 원정에서 자신이 한 일, 포로가 된 자신의 운명을 적은 것이다. 1717년에야 처음으로 출간되었다.

**셰르틀린 폰 부르텐바흐, 제바스티안**Sebastian Schertlin von Burtenbach (1496~

1577). 평민 출신의 독일 용병으로, 무훈을 인정받아 귀족이 되었다. 일반 병사로 군복무를 시작해서 상급 지휘관까지 올라가, 카를 5세에 맞선 슈말칼덴 동맹 군대를 지휘했다. 이탈리아에서는 합스부르크-발루아 전쟁에 참전했고, 독일에서도 여러 전쟁에 참여했다. 그가 독일어로 자신의 생애와 군 경력에 대해 글을 쓴 것은 가족을 위한 일로 보이는데, 이 원고는 아들의 손으로 완성되었다. 주로 셰르틀린의 군 생활에 초점을 맞춘 글이지만, 간혹 일반 역사도 나온다. 1777년에 처음으로 인쇄되었다.

**아길라르, 프란시스코 데**Francisco de Aguilar(1479~1560년경). 스페인 귀족. 원래 이름은 알론소 데 아길라르이며, 멕시코 정복 때 코르테스의 중요 부관 중 한 명이었다. 1529년에 도미니크회 수도사가 되어 프란시스코로 이름을 바꿨다. 여든 살이 넘었을 때 멕시코 정복을 다룬 짧은 글을 스페인어로 썼는데, 이 글은 아길라르의 회고록이라기보다는 일반 역사서에 더 가깝다. 그러나 아길라르가 주인공으로 등장하는 장면이 몇 군데 있기는 하다.

**에냉, 장 드**Jean de Haynin(1423~1495). 부르고뉴의 귀족. 1450년대 초부터 1470년까지 부르고뉴 공작의 군대에 복무하며 하급 지휘관으로서 여러 원정에 참여했다. 회고록은 1466년부터 1477년 사이에 프랑스어로 집필했다. 1465~1477년의 일들을 담은 이 회고록은 주로 군사적인 사건에 초점을 맞췄다. 이 글에서 에냉은 간혹 주인공으로 등장한다. 소수의 사람들만 필사본으로 볼 수 있었던 이 글은 1905년에 처음으로 출간되었다.

**에힝엔, 외르크 폰**Jörg von Ehingen(1428~1508). 독일 귀족. 젊은 시절에

는 기사다운 모험을 찾아 멀리까지 떠돌아다녔다. 처음에는 농쪽의 로도스와 성지로 갔다가(1454~1455), 그 다음에는 서쪽으로 향해서 모로코의 세우타까지 갔다(1456~1459). 모로코와 그라나다에서는 포르투갈과 카스티야의 여러 원정에 의용기사 겸 하급 지휘관으로 참전했다. 노년에 젊은 시절과 여행 중에 기사로서 겪은 일들을 독일어로 집필했는데, 이 글은 1600년에 처음 인쇄본으로 발간되었다.

**엔리케스 데 구스만, 알론소**Alonso Enríquez de Guzmán(1499~?). 스페인 귀족. 이탈리아, 아프리카, 현재의 베네룩스 지역, 발레아레스 제도에서 합스부르크 왕가의 군인으로 복무했다. 일반 병사로 시작해서 하급 지휘관을 거쳐 중급 지휘관까지 올라갔으나, 신임을 잃은 뒤 1533년에 아메리카로 떠나서 피사로의 잉카제국 정복에 참여했다. 나중에는 페루 내전에서 상당히 중요한 지휘관이 되었다. 1538년에는 의심을 받아 스페인으로 돌아와서 가택에 연금되었다. 1518년부터 1542년까지의 일들을 스페인어로 쓴 그의 글은 1533년까지는 과거를 돌아보는 회고록의 형태로, 아메리카로 가는 배를 기다리며 쓴 것이다. 이 글이 후대의 피카레스크 장르와 놀랄 만큼 흡사하기 때문에, 일부 학자들은 이 글을 최초의 피카레스크 소설로 꼽는다. 1533년부터 이 글은 회고록, 일기, 서한이 혼합된 형태로 바뀌어, 많은 편지와 문서를 본문에 포함시켰다. 구스만의 글은 19세기에야 처음으로 알려졌다.

**윌리엄스, 로저**Roger Williams(1536년경~1595). 영국 귀족. 직업적인 용병으로서 1557년부터 계속 군대 생활을 하며 주로 튜더 왕가를 위해 싸웠다. 그러나 몇 년 동안 합스부르크 왕가를 섬긴 적도 있다. 그는 당대에 가장 유명한 영국 지휘관 중 한 명이었으며, 네덜란드 전쟁 이야기를 영어로 쓴 글에서 자신의 군 생활에도 어느 정도 지면을 할애했다. 이 책의 집필 목적 중에는 미래의 지휘관들을 위한 가르침도 포함되어 있다. 이 글은 많은 부분이 소실되었으며, 남은 부분은 1574년까지의 일만 담고 있다. 1618년에 인쇄본으로 출간되었다.

**카를 5세(황제)(1500~1558).** 합스부르크, 부르고뉴, 카스티야, 아라곤의 후계자. 그가 다스리는 영토는 스페인과 현재의 베네룩스 지역은 물론 이탈리아의 많은 부분, 독일, 중부유럽, 중앙아메리카와 남아메리카까지 뻗어 있었다. 유럽, 아프리카, 아메리카에서 많은 전쟁을 치렀는데, 처음에는 대개 멀리서 명령만 내렸으나 세월이 흐르면서 현장 사령관 역할도 하게 되었다. 회고록은 1550년 6월에 프랑스어로 집필했다. 1513년부터 그 이후의 일들을 다룬 회고록은 주로 카를 5세의 여행과 원정, 특히 1546년의 원정에 초점을 맞췄다. 필사본으로 유통되던 이 글은 16세기 역사가들에게 상당히 잘 알려져 있었으며, 여러 언어로 번역되었다. 그러나 다양한 필사본들이 모두 소실되어, 포르투갈어 번역본만 보존되었다. 이 번역본은 1913년에 처음으로 출간되었다.

**카스텔노, 미셸 드** Michel de Castelnau(1520~1594). 프랑스 귀족. 발루아 왕가의 신하로서 군사적, 정치적, 외교적으로 다양한 직책을 맡아 수행했다. 종교전쟁 때는 가톨릭 편의 중간급 지휘관이었다. 영국 주재 대사 시절에 프랑스어로 쓴 회고록에는 1559년부터 1570년까지 벌어진 군사적, 정치적, 외교적 사건들이 담겨 있으나, 카스텔노의 죽음으로 집필이 중단되었다. 이 책의 일부는 카스텔노가 수인공으로서 중심에 놓여 있지만, 그 밖의 부분들은 여러 사건의 일반적인 역사를 다뤘다. 원래 카스텔노의 아들을 위해 쓴 개인적인 글이었으며, 아들이 1621년에 처음으로 인쇄본을 출판했다.

**코민, 필립 드**Philippe de Commynes(1447~1511). 부르고뉴의 귀족. 처음에는 부르고뉴 공작 샤를의 신하였으나, 나중에 도망쳐서 루이 11세와 샤를 8세를 섬겼다. 공익전쟁War of the Public Weal(1485~1488. 프랑스어로 '미친 전쟁'이라고도 불리며, 주요 봉건 영주들과 왕 루이 11세 사이의 권력투쟁이었다 —옮긴이)부터 샤를 8세의 이탈리아 침공 때까지 군 생활을 경험했으나, 상당한 규모의 부대를 지휘한 적은 없다. 군인보다는 정치자문 겸 외교관으로서 훨씬 더 중요한 역할을 한 그의 회고록은 프랑스어로 집필되었으며, 1464년부터 샤를 8세의 재위 기간까지를 다루고 있다. 그는 회고록에서 전쟁의 군사적 측면보다 정치와 외교 측면에 더 초점을 맞췄다. 가끔 자신이 주인공으로 등장하기도 한다. 그의 회고록은 16세기에 상당한 인기를 누리며 영향력을 발휘했고, 1552년부터 몇 번이나 인쇄본으로 발간되었다. 이 글을 회고록 집필 풍조의 시초로 보는 사람들이 많지만, 합당한 근거는 별로 없다.

**파프, 자크**(생토방 영주)Jacques Pape, lord of Saint-Auban(생몰년 미상). 프랑스 귀족. 합스부르크-발루아 전쟁에서 발루아 왕가의 군대에 복무했고, 종교전쟁 때는 위그노 측에서 중급 지휘관이 되었다. 1572년부터 1587년까지 자신이 참여했던 군사적 사건과 정치적 사건을 다룬 그의 글은 그가 수행한 역할에 초점을 맞췄다. 그가 언제 무슨 목적으로 이 글을 썼는지는 분명치 않다. 이 글은 1662년에 처음으로 인쇄되었다.

**핀투, 페르냐우 멘데스 Fernão Mendes Pinto(1510~1583).** 포르투갈의 모험가. 1537년에 배를 타고 동아시아로 가서 수십 년 동안 머무르며 일반 병사로서 상당히 많은 군사작전에 참여했다. 1569년부터 1578년 사이 어느 시점에 반쯤 허구가 섞인 자신의 동아시아 모험담을 포르투갈어로 집필했다. 실제 사건과 풍부한 상상력을 함께 동원한 글이었다. 처음에는 필사본으로 돌아다니던 이 글은 1614년에 인쇄본으로 발간되었다.


## 중세의 회고록 저자들


**문타네르, 라몬 Ramon Muntaner(1265~1336).** 카탈로니아 귀족. 시칠리아 독립전쟁 때 아라곤 왕가를 위해 싸웠으며, 그 다음에는 카탈로니아 용병단의 주요 지휘관 중 한 명으로 활약했다. 그 뒤 다시 아라곤 왕에게 돌아와 중급 지휘관이 되었다. 1325년부터 1328년 사이에 카탈로니아어로 쓴 연대기는 문타네르 본인이 참전했던 원정을 주로 따라가는 형식이며, 문타네르가 중요한 주인공으로 등장한다.

**빌라르두앵, 조프루아 드 Geoffroy de Villehardouin(1150년경~1213년경).** 샹파뉴 출신의 귀족. 4차 십자군 전쟁 때 주요 지도자 중 한 명이었으며, 나중에는 콘스탄티노플의 라틴제국의 고위 인사가 되었다. 4차 십자군과 라틴제국 초기의 이야기를 프랑스어로 쓴 글에 중요한 주인공으로 직접 등장한다.

**주앵빌, 장 드**Jean de Joinville(1225~1317). 샹파뉴 출신의 귀족. 기사 또는 하급 지휘관으로 프랑스에서 여러 원정에 참전했으며, 루이 9세의 이집트 십자군에도 참여했다. 그가 프랑스어로 쓴 《성왕 루이의 삶Vie de saint Louis》은 그의 회고록 겸 이집트 십자군의 역사서로, 주로 군사적인 사건에 초점을 맞췄다. 르네상스 시대에 인쇄본으로 출간되어 상당히 유명해졌다.

**페레 3세, 카탈로니아의/페레 4세, 아라곤의**Pere III of Catalonia and IV of Aragon(1336~1387). 아라곤의 왕. 자신의 생애와 재위 기간에 대해 카탈로니아어로 연대기를 썼다(또는 집필을 감독했다). 주로 그의 공적에 초점을 맞춘 글이다.

**하우메 1세**Jaume I(1208~1276). 아라곤의 왕. 자신의 생애와 재위 기간에 관한 연대기를 카탈로니아어로 썼는데, 주로 자신의 군사원정에 초점을 맞췄다. 이 글은 르네상스 시대에 상당히 잘 알려져 있었으며, 1515년에 일부가, 1557년에는 전문이 인쇄본으로 나왔다.


## 20세기의 회고록 저자들[1]


**라르트기, 장**Jean Larteguy. 제2차 세계대전 때 프랑스군의 일반 병사. 나중에는 기자로서 전 세계를 돌아다니며 많은 전쟁을 취재했다. 전쟁에 대한 자전적인 회상을 담은 글에 군인 시절과 기자 시절의 경험을 모두 담았다.

**로이드, 앤서니**Anthony Loyd. 종군 사진기자로 보스니아와 체첸에서 전쟁을 취재했다. 전쟁터에서 겪은 일들과 자서전을 결합한 글을 썼다.

**리빙스턴, 해럴드**Harold Livingston. 1948년 아랍-이스라엘 전쟁에서 이스라엘 공군의 항법사로 활약했다. 그의 글에는 전쟁 중의 경험과 1948년 이전의 자전적인 이야기가 결합되어 있다.

**메이슨, 로버트**Robert Mason. 베트남전에 헬리콥터 조종사로 참전했다. 베트남에서 겪은 일들, 전쟁 이전과 이후의 삶을 다룬 글을 썼다.

**빌리에르, 피터 드 라**Peter de la Billiere. 걸프전 때 영국군 사령관. 그의 글은 주로 걸프전에 초점을 맞추고 있으나, 전쟁 이전 그의 생애와 군 생활에 대해서도 어느 정도 설명한다.

**사예르, 기**Guy Sajer. 제2차 세계대전 때 러시아에서 독일군의 이등병으로 복무한 프랑스인. 전쟁 중에 겪은 일들을 글로 썼다.

**슈워츠코프, H. 노먼**H. Norman Schwarzkopf. 걸프전 때 연합군 사령관. 자신의 전 생애와 군 생활을 다룬 자서전을 썼다.

**에이탄, 레파엘**Refael Eytan. 이스라엘 군에서 참모총장을 지냈다. 그는 자신의 군 생활에 초점을 맞춘 자서전을 썼다.

**윙거, 에른스트**Ernst Jünger. 제1차 세계대전 때 독일군의 하급 장교. 전쟁 때 겪은 일들과 일반적인 전쟁 경험에 대한 분석을 섞은 글을 썼다.

**지바티, 모시**Moshe Givati. 이스라엘 군대에서 중급 지휘관을 지냈다. 자신의 군 생활에 초점을 맞춘 자서전에서 1960년대 중반부터 1980년대 중반까지의 사건들을 다뤘다.

**카푸토, 필립**Philip Caputo. 1965~1966년에 하급 장교로 베트남선에 참전했다. 그의 글은 그가 베트남에 있던 시기에 초점을 맞췄지만, 1965년 이전 그의 생애에 대해서도 어느 정도 설명했다.

**커밍스, 들레이노**Delano Cummings. 베트남전에 일반 병사로 참전했다. 글에서 그는 베트남에서 자신이 겪은 일들, 특히 그곳에 처음 파병 되었을 때의 일을 다뤘으나, 징병 이전의 삶에 대해서도 설명했다.

**코빅, 론**Ron Kovic. 베트남전에 하급 장교로 참전했다가 몸이 마비 되는 부상을 입었다. 베트남전에서 겪은 일들과 부상에서 회복하는 과정에 초점을 맞춘 글을 썼다.

**킹즐랜드, 제럴드**Gerald Kingsland. 한국전쟁에 일반 병사로 참전했다. 당시 자신의 경험에 초점을 맞춘 글에서, 전쟁 이전 자신의 삶도 간 략하게 설명했다.

**폭스, 로버트**Robert Fox. 포클랜드 전쟁 때 종군기자로, 당시의 경험 을 글로 옮겼다.

**피터스, 로버트**Robert Peters. 제2차 세계대전 때 미군 이등병. 1943년 부터 1946년까지 유럽에 주둔하면서 겪은 성적인 자기발견에 초점 을 맞춘 글을 썼다.

## 머리말

1  'L'an mil cinq cens et vingt trois, Fery de Guyon, natif du conté de
Bourgoigne, âgé de seize ans, partit avec le seigneur de l'Estoille, que
lors il servoit de page, prenant leur chemin vers la cité de Besançon,
où s'estoit retiré du royaume de France, le preux et vertueux chevalier
Monsieur Charles duc de Bourbon, en laquelle cité il fut receu en
très-grand honneur, principalement du seigneur Danssier, qui lors
gouvernoit ladite ville; car il l'assista, et la logea en sa maison tant et si
longuement que plusieurs gentils-hommes dudit royaume le vindrent
illec trouver, si comme le conte de Poinctieure, les sieurs de Leursy, de
Lullière, de Pomperant, et autres plusieurs, qui laisserent leurs femmes,
enfans, parens et amys, pour suivre leur bon seigneur et maistre'(귀용,
1-3).

2  '[n]ous trouvames que le bon duc estoit assiegé dedans Milan'(귀용, 5).

3  귀용, 85-86.

4  귀용, 156-158.

5   귀용, 141.

6   귀용, 132.

7   귀용, 80-82.

8   귀용, 66-67. 100-101도 참조.

9   'Je demeuray moy quelque temps à Valenciennes, et l'Empereur partit pour Bruxelles'(귀용, 110).

10  귀용, 112, 113 114, 133-134, 144-145.

11  'j'achetay lors mon Camu, qui est reüssi le meilleur et plus leal cheval que jamais j'ai cognu'(귀용, 94-98).

12  귀용, 137-139.

13  귀용, 146-149.

14  'les pays estoient en grande division à cause des sectes et heresies'(귀용, 145).

15  거의 모든 회고록 저자들이 귀족 출신이었다. 출신이 분명치 않은 사람이 몇 명 있지만(Balbi de Corregio, Pinto, Verdugo), 평민 출신인 Schertlin과 Díaz 도 나중에 귀족이 되었다.

16  르네상스 시대 서유럽의 군인회고록 중에서 이탈리아의 군인회고록은 이 책 에서 다루지 않았다. 내가 이런 결정을 내린 것은, 르네상스 시대 이탈리아의 군인회고록이 알프스 너머의 회고록들과는 크게 다른 환경에서 집필된 경우 가 많아서 다른 견해와 특징을 갖고 있기 때문이다. 예를 들어, 피렌체의 상 인 또는 장인이 피렌체 군대에서 한동안 복무한 뒤 쓴 회고록에는 전쟁, 군복 무, 명예 등에 대해 프랑스나 스페인의 전사 귀족과는 다른 견해가 자연스럽 게 드러나 있다(특히 Bec, *Marchands écrivains* 참조). 연구 대상으로 1450년부터 1600년이라는 기간을 설정한 것은 임의적인 결정이다. 앞으로 설명하겠지만, 나는 르네상스 시대의 군인회고록을 새로운 현상이라기보다는 중세시대 유행 의 연장으로 보고 있다. 1450년의 의미는, 지금까지 남아 있는 군인회고록들

이 그 무렵에 급격히 증가했다는 점뿐이다.

**17** Blanchard, 'Commynes et la nouvelle histoire,' 287-288, 290, 296. Blanchard, 'Commynes et l'historiographie,' 191, 204. Blanchard, 'Nouvelle hisoire,' 41. Kuperty, *Se Dire*, 11, 13, 21, 23, 44, 46, 72-73, 158, 193. Kuperty, 'Stratégie des préfaces,' 13-25. Dufournet, 'Commynes et l'invention,' 76. Nora, 'Mémoires d'État,' 357, 369. Aries, 'Pourquoi écrit-on des mémoires?' 13.

**18** 예를 들어, Dufournet, 'Commynes et l'invention,' 63, 71, 73과 Blanchard, 'Commynes et la nouvelle histoire,' 289.

**19** Small, *George Chastelain*, 220. Demers, *Commynes*, 195. Aries, 'Pourquoi écrit-on des mémoires?' 13. Schrenck, 'Brantôme,' 191도 참조. Fumaroli 는 이 장르가 1555~1570년에야 탄생했다고 주장한다(Fumaroli, 'Mémoires et Histoire,' 26-27).

**20** Fumaroli, 'Mémoires du XVIIe,' 36. Fumaroli, 'Mémoires et Histoire,' 26-27. Kuperty, *Se Dire*, 12.

**21** 'la France n'a pas d'histoire, ni d'historiens dignes de ce nom, mais qu'elle a des Mémoires et que ces Mémoires sont notre tradition de l'histoire nationale'(Nora, 'Mémoires d'État', 363). 같은 책, 364-5; Caboche, *Mémoires*, I.xiii, 1, 41-52도 참조.

**22** Kuperty, *Se Dire*, 21, 29, 44, 193-194.

**23** 같은 책, 26.

**24** 같은 책, 34-35.

**25** 같은 책, 19, 31, 65, 72-73, 132, 151.

**26** 같은 책, 133.

**27** 같은 책, 22.

**28** 같은 책, 27.

29    Dufournet, 'Commynes et l'invention,' 63, 66-68.

30    Brio, *Usage du monde*, 99, 123-124. Hipp, *Mythes*, 24-25.

31    Dufournet, 'Commynes et l'invention,' 68.

32    Coirault, 'Autobiographie et mémoires,' 940. Gusdorf, *Écritures du moi*, 182, 260-261. Pope, *Autobiografia Española*, 4. Mesnard, 'Conclusion,' 365. Foisil, 'Literature of Intimacy,' 329. Charbonneau, 'Mémoires,' 357. Amelang, *Flight of Icarus*, 29-30.

33    예를 들어, Coirault와 Watts의 글 참조(Coirault, 'Autobiographie et mémoires'와 Watts, 'Self-Portrayal'). 두 사람은 회고록이 '진정한 자서전'에 얼마나 가까운가를 평가 기준으로 삼고, 회고록에 부족한 점이 있다고 판단한다(예를 들어, Watts, 'Self-Portrayal,' 279 참조).

34    Bellay, IV. liv-lv.

35    Porter, 'Introduction,' 4.

36    예를 들어, 같은 글, 2-4. Amelang, *Flight of Icarus*, 13, 233. Molino, 'Stratégies de l'autobiographie,' 118-120. McFarlane, *Renaissance* France, 464. Goets, *Spanish Golden Age Autobiography*, 53-54. Duby, 'Emergence of the Individual,' 540 참조.

37    'l'une des premières manifestations de cet individualisme spécifique de la Renaissance'(Kuperty, *Se dire*, 29-30).

38    'constitue l'étape significative et indispensable qui conduira à l'individu causa sui de l'ère moderne'(Kuperty, *Se dire*, 31).

39    'la formation de l'individu moderne autonome et causa sui. Ce mouvement ... consiste en un repli sur les valeurs du moi, et semble poser les bases de la notion d'individu au sense moderne'(Kuperty, *Se dire*, 192).

40    Kuperty, *Se dire*, 22.

41  이런 주장을 이용해서 르네상스 시대의 회고록을 분석한 글을 보려면, 예를 들어, Cabeza de Vaca, *Castaways*, xxviii 참조.

42  Gusdorf, *Écritures du moi*, 211. Goetz, *Spanish Golden Age Autobiography*, 58-59, 147-148. Spadaccini, 'Introduction,' 10. McFarlane, *Renaissance France*, 228-232. Kuperty, *Se dire*, 62. Kenny, *Palace of Secrets*, 224-9. Huppert, *Idea of Perfect History*, 88. Kelley, *Foundations of Modern Historical Scholarship*, 130-132. Dufournet, *Destruction des mythes*, 19. Nelson, *Fact or Fiction*, 5-6, 8-9, 39-40. Burke, *Renaissance Sense of the Past*, 124. Dubois, *Conception de l'Histoire*, 249. Fumaroli, 'Mémoires et Histoire,' 22. Lloyd, State, 9.

43  Spadaccini, 'Introduction,' 12. Goetz, *Spanish Golden Age Autobiography*, 53. McFarlane, *Renaissance France*, 230. Sawdya, 'Self and Selfhood,' 36-37.

44  Huppert, *Idea of Perfect History*, 80-84. Kelley, *Foundations of Modern Historical Scholarship*, 132. Dufournet, *Destruction des mythes*, 17. Zimmermann, *Paolo Giovio*, 253, 264, 267-269.

45  Goetz, *Spanish Golden Age Autobiography*, 60.

46  Kuperty, 'Stratégie des préfaces,' 19-21. Kuperty, *Se dire*, 22, 25, 30. Dufournet, 'Commynes et l'invention,' 66-67. Fumaroli, 'Mémoires et Histoire.' 21, 27. 근대 초기 철학 분야에서도 비슷한 변화가 일어나 데카르트에서 정점에 이르렀다. 자서전을 무엇보다 진실을 생산하고 증명하는 수단으로 보는 이론에 대해서는 Gilmore, 'Policing Truth,' 57, 72 참조.

47  'les adventures qu'il a eues et ce qu'il a veu et est advenus en son temps depuis l'eaige de huyct ans jusques l'eaige de trente trois ans' (Florange, I.1 -2).

48  Florange, I. 7-32.

49  예를 들어, Florange, II. 55-81.

50  Florange, I. 54-66.

51   Florange, I. 77.

52   Florange, I. 83-94. I. 69-70, 97-100, 262-273도 참조.

53   예를 들어, Florange, I. 221, II. 132.

54   Florange, II. 258-267.

55   Florange, II. 267-286.

56   Villeneuve, *Mémoires*, 381.

57   같은 책, 381 385.

58   같은 책, 383.

59   같은 책, 385-387.

60   같은 책, 397-400.

61   같은 책, 401-402.

62   'Cy finist le viatique de l'aller et conqueste du réaume de Naples par le
     … roy de France … Charles VIII … et plusieurs autres choses qui s'en
     sont ensuivies après son département'(같은 책, 402).

63   Rochechouart, *Mémoires*, 602.

64   같은 책, 603.

65   Schertlin, 157-158.

66   같은 책, 158-159.

67   'Aquí se acaba el descubrimiento que hizo Francisco Hernández y en
     su compañía Bernal Díaz del Castillo'(Díaz, 15).

68   Díaz, 482.

69   Marche, II. 244, 262, 323-324, III. 66, 240.

70   Marche, III. 92-95.

71   Haynin, I. 59-73. I. 21-22, 59, 68-69, 214-220도 참조.

72   Bellay, III. 369-384. I. 71, III. 364, 366-367, IV. 219-226도 참조.

73   Castelnau, *Mémoires*, 476-478. 536-537. Paredes, 166. Diesbach,

*Autobiographischen Aufzeichnungen*, 47. Ehingen, *Reisen*, 37-38부터 65-66. Monluc, I. 42, 67-68. Díaz, 51-53, 108-110, 238-239, 247-252, 254-262.

**74** 역사와 개인사를 오가는 서술이 르네상스 시대 군인회고록에만 독특하게 나타나는 특징은 아니다. 중세 군인회고록이나 전쟁과는 관계없는 자전적인 문헌(Amelang, *Flight of Icarus*, 226), 르네상스 시대와 중세의 이탈리아 회상록(ricordanza. Bec, *Marchands écrivains* 참조), 중세 민간인들의 회고록(예를 들어, Russell, 'Memorias of Fernán Alvarez,' 319 참조), 일부 중세 연대기에서도 비슷한 현상을 찾아볼 수 있다. 중세 연대기 중에서도 특히 Salimbene of Parma의 연대기는 당대의 역사를 담은 일반적인 연대기를 표방한 글인데도, Coulton의 "중세의 가장 주목할 만한 자서전"(Coulton, *St. Francis to Dante*, 1)이라는 표현이 어울리는 글이다. 대부분의 중세 연대기와 연보 저자들은 글 속에 주인공으로 등장하는 경우가 드물지만, 개인사와 역사가 혼재하는 비슷한 현상은 이런 글에서도 많이 찾아볼 수 있다. 연대기와 연보에는 당시의 중요한 사건들과 저자가 속한 수도원이나 마을의 사소한 일들이 나란히 서술되어 있는 경우가 많다. 저자가 속한 수도원에서 일어난 사소한 분쟁이 중요한 전투에 관한 소식보다 더 주목받기도 한다.

**75** 르네상스 시대 **군인**회고록에 대해 내가 여기서 한 말을 민간인들의 회고록에도 적용할 수 있을지 모른다. 그러나 르네상스 시대의 모든 회고록을 조사하는 것은 이 책의 범위를 넘어서는 일이므로, 민간인들의 회고록은 옆으로 밀어두었다. 이 책의 결론은 민간인 회고록과의 관련성을 암시할 뿐이다.

**76** Amelang은 근대 초기 장인들의 자서전에 대한 뛰어난 연구에서, 자신이 조사한 문헌들을 개인적인 경험의 일인칭 표현 형식을 포함하는 모든 문학 양식으로 정의한다(Amelang, *Flight of Icarus*, 14, 41).

**77** 저자들이 주인공으로 등장한다는 것은, 주로 일인칭 단수나 삼인칭 단수로 등장하는 것을 의미한다. 그러나 때로는 일인칭 복수로 언급된 경우도 포함될 수 있다. 삼인칭 단수의 사용에 대해서는 Bertiere, 'Recul de quelques memorialistes' 삼소.

**78**  20세기 회고록을 선택할 때에도 나는 앞에서 제시한 것과 똑같은 기준을 적용했다. 내가 선택한 문헌들이 통계적으로 대표성을 띠지는 않는다. 내가 알기로는, 20세기 군인회고록에 대해 통계적인 대표성을 따지는 연구는 아직 이루어지지 않았다. 심지어 이런 문헌들에 대한 전반적인 조사도 없었다. 이 책에서 내가 초점을 맞춘 대상은 르네상스 시대 군인회고록이고, 20세기 회고록은 순전히 비교 목적으로만 이용되었으므로, 내가 그런 조사를 실시할 수는 없었다. 따라서 나는 *The Soldiers' Tale*에 제시된 Samuel Hynes의 사례를 따라, 다소 우연을 바탕으로 선택된 문헌에 의존하기로 했다. 즉, 가장 유명한 회고록을 우선 선택했다는 뜻이다. 수천 편이나 되는 20세기 군인회고록 중에서 내가 표본으로 선택한 회고록이 약 30편(이 책에는 그중 절반만이 언급되어 있다) 정도이므로, 이 표본에서 추출한 특징들이 모든 문헌을 대표하지 않는다는 사실을 쉽게 알 수 있을 것이다. 또한 내가 읽은 회고록 중 적어도 한 편(Ernst Jünger의 것)에는 여러 가지 특징이 나타나 있다. 그래도 나는 이런 특징들이 20세기 군인회고록에서 지배적인 위치를 차지하고 있다고 믿는다. 내가 이 원고를 완성한 뒤에 읽은 10여 편의 군인회고록 또한 나의 이러한 믿음을 강하게 확인해주었다. 게다가 르네상스 시대 군인회고록과 마찬가지로 20세기 군인회고록 내에도 다양한 차이가 존재하지만, 두 그룹 사이의 차이가 워낙 확실해서 각 그룹 내부의 차이점들이 완전히 빛을 잃는다.

**79**  이 회고록들이 이런 혁명적 변화를 부추겼는지, 아니면 그저 대세를 따랐을 뿐인지는 또 다른 문제다.

**80**  르네상스 시대 이전의 회고록에 대한 개괄적인 설명을 보려면 부록 A 참조.

**81**  'Estant en l'eage de vingt-cinq ans, je prenois plus de plaisir à ouyr discourir les vieux guerriers que je ne fis jamais à entretenir la plus belle dame que j'aye jamais aimé'(Monluc, II.164).

**82**  Brantôme, VII. 53. Baeça, 'Carta,' 504도 참조.

83 Morgan, 'Elis Gruffud,' 11.

84 Levisi, 'Golden Age Autobiography,' 114.

85 Charles V, 'Mémoires,' 160-163. Contreras, Vida, chs 1, 16(ed. Cossio, pp. 77, 131-132).

1부 ——— **1장**

1  이 정의는 문헌 속의 현실에만 적용된다는 점을 명심해야 한다. 모든 문헌은 누군가가 문헌 외적인 모종의 목적으로 집필한 것이므로, 문헌 속의 핵심적인 주인공은 애당초 문헌에 진정하고 궁극적인 의미를 부여해주는 원천이 될 수 없다. 사실 모든 핵심적인 주인공은 문헌 외적인 요소에서 의미를 얻는다. 그러나 문헌 내에서는 핵심적인 주인공이 의미의 원천으로 간주되며, 달리 그의 존재를 정당화할 설명이 필요하지 않다. 그를 체스의 왕과 비유해도 될 것 같다. 체스 게임 안에서는 왕을 구하기 위해 모든 것을 반드시 희생해야 한다. 그러나 체스를 두는 사람은 체스 판 바깥의 세상에서 뭔가를 얻기 위해 고의로 왕을 희생해서 패배를 선택할 수도 있다.

1부 ——— **2장**

1  Díaz, xxxv, 2, 30, 73, 88, 266. Bellay, I. 9, IV. lviii, 364-365. Aguilar, 'Relación,' 161. Rabutin, 'Proeme,' 391. Haynin, I. 1-2. Tringant, 'Commentaire du *Jouvencel*,' II. 299. Mendoza, *Comentarios*, 389, 441. Willaims, *Actions of the Lowe Countries*, 56. Rio, *Commentarii*, 2-4. Blanchard, 'Commynes et l'historiographie,' 192. Morgan, 'Elis Gruffud,' 18.

2  Boyvin, *Mémoires*, 14. Léry, *Histoire d'un voyage*, C. iv. Morga, *Sucesos de las Islas*

*Filipinas*, 43. Brody, 'Bernal's Strategies,' 325-326. 이런 생각을 표현한 가장 유명한 글은 Montaigne의 에세이 'Of Cannibals'(Montaigne, *Essais*, book I, ch. 31(ed. Thibaudet, 242-231))에서 볼 수 있다. Davis, *Fiction in the Archives*, 111과 Amelang, *Flight of Icarus*, 155-164도 참조.

3    Correggio, 5. Gámez, 44, 269. Avila, *Primer Comentario*, 4.

4    Boyvin, *Mémoires*, 13-14. Correggio, 129. Mendoza, *Comentarios*, 391. Díaz, 2, 56, 273, 306. Bernáldez, *Memorias*, 23-24, *Relação Verdadeira dos Trabalhos passaram no Descobrimento da Flórida*, 5, Enzinas, *Mémoires*, 2도 참조. 회고록 저 자들은 특히 군대 경험을 글로 적으면서 목격담과 이를 뒷받침하는 문헌 사이 의 상관관계를 깊이 인식하게 되었을 가능성이 높다. 따라서 그들의 글이 진 실임을 확인해주는 목격자들의 증언이 이런 글에 덧붙여진 경우가 많다(예를 들어, Díaz, 624-625).

5    'Hoc vere historiam belli contextere dextra, Si calamum arripiat quae tenuit gladium'(Correggio, 2). Williams, *Actions of the Lowe Countries*, 5, Tavannes, *Mémoires*, 20, Cust, *Gentlemen Errant*, 128-129, Coligny, *Discours*, 567, Díaz, 592도 참조.

6    Burke, *Renaissance Sense of the Past*, 105-106, 119-120. IJsewijn, 'Humanistic Autobiography,' 209. Blanchard, 'Commynes et l'historiographie,' 194. Dufournet, 'Commynes et l'invention,' 63-64. Huppert, *Idea of Perfect History*, 15-17, 33-34. Nader, *Mendoza Family*, 87-88. Soons, *Juan de Mariana*, 27, 30. Ranum, *Artisans of Glory*, 46, 50-57. Strauss, *Historian in an Age of Crisis*, 83. Gilbert, *Machiavelli*, 215-216, 223-225, 272, 298-299. Kagan, 'Clio and the Crown,' 76. Zimmermann, *Paolo Giovio*, 268-269. Montaigne, *Essais*, book II, ch. 10(ed. Thibaudet, 460). Willams, *Actions of the Lowe Countries*, 56.

7    Amelang, *Flight of Icarus*, 222-224.

**8** Huppert, *Idea of Perfect History*, 13-14. Nelson, *Fact or Fiction*, 39. Strauss, *Historian in an Age of Crisis*, 103, 121-126. Murrin, *History and Warfare*, 13, 41, 95-96. 르네상스 시대 역사가들이 역사와 서사시를 뒤섞은 관행에 대해서는, 예를 들어, Mariana, *Historia*, Book I 참조.

**9** Nelson, *Fact or Fiction*, 4-5, 28, 49-53. Montaigne, *Essais*, book I, ch. 21 (ed. Thibaudet, 122-134).

**10** Marche, I. 14-15, 42. Correggio, 5. Williams, *Actions of the Lowe Countries*, 3. *Trés joyeuse histoire de Bayart*, 428, Troyes, *Histoire de Louys Unziesme*, 245, Bouchet, *Panégyric*, 407, Marot, *Voyage de Genes*, 83-84, Eyb, *Geschichten und Taten*, 202도 참조.

**11** 예를 들어, Lefèvre, *Chronique*, I. 4-5. Blanchard, 'Commynes et l'historiographie,' 193.

**12** 'tu pourras aisément recognoistre au tiltre mesme de ce livre, que l'ambition de n'estre estimé ambitieux par l'usurpation du tiltre d'annales ou d'histoires, m'a faict qualifier du nom de memoires: nom qui me rendra d'autant plus excusable si tu y trouves quelque chose qui degenere à la grandeur et au merite de la matiere; laquelle d'ailleurs je n'ay enrichie d'aucun exemple de l'antiquité, non plus qu'orné mon discours de langage curieusement recherché dans les thresors de la rhetorique'(Boyvin, *Mémoires*, 13).

**13** 'une belle histoire des choses advenues de son temps en vostre royaume et pays circonvoisins, laquelle toutefois par modestie il voulut seulement appeller mémoires, estimant (comme je croy) que le tiltre d'histoire emportast quelques ornemens d'eloquence plus grans qu'il ne pensoit y estre employez'(Bellay, I.1-2). Valois, *Mémoires*, 3도 참조.

**14** Commynes, *Mémoires*, 프롤로그(ed. Mandrot I. 1). Marche, I. 14, 184-185.

Bellay, I. 10, IV. 364-365. Mendoza, *Comentarios*, 389. Rabutin, 'Épistre,' 389. Lefèvre, *Chronique*, I. 1.

15 회고록을 역사로 읽는 것에 대해서는 Fumaroli, 'Mémoires et Histoire,' 21-22, Dubois, *Conception de l'Histoire*, 219, Kuperty, 'Stratégie des préfaces,' 18-19 참조. '역사'의 모호성은 많은 회고록이 '역사' 또는 '연대기'라는 제목으로 출간되었다는 사실에서도 분명히 드러난다. Commynes의 글이 그런 사례다. René du Bellay는 Guillaume이 자신의 글에 '회고록'이라는 제목을 붙인 이유를 설명한 직후, Joinville, la Marche, Commynes의 회고록을 '연대기'로 언급한다(Bellay, I. 4).

16 Giono, *Battle of Pavia*, 137. Nader, *Mendoza Family*, 87-88. Nelson, *Fact or Fiction*, 68. McFarlane, *Renaissance France*, 235. Davis, *Fiction in the Archives*, 65, 112-113. Huppert, *Idea of Perfect History*, 13. Hipp, *Mythes*, 144-149, 152. Spadaccini, 'Introduction,' 27. Frazer, *Trojan War*. Rogers, *Travels of the Infante*. Pinto, *Peregrinação*. Ariosto, *Orlando*, 23.61, 26.23, 29.55, 30.49, 34.86, 38.10, 44.23편. Jones, *Golden Age*, 16-18.

17 Spadaccini, 'Introduction,' 14.

18 Amelang, *Flight of Icarus*, 145-147, 181.

19 Boyvin, *Mémoires*, 14. Monluc, I. 5-6, 26-27, 97, II. 568. Tringant, 'Commentaire du *Jouvencel*,' II. 267. Charles V, 'Mémoires,' 184. Tavannes, *Mémoires*, 19, Coligny, Discours, 567, Muntaner, *Crònica*, I. 21-23도 참조.

20 Monluc, I. 28, 38, 314, II. 294, III. 364.

21 Monluc, I. 27, 41-42, 82, 99, II. 391-392.

22 Monluc, I. 27, 128, 240, III. 62, 62, 318-320, 356.

23 Monluc, III. 60, 319-320, 356, 428.

24 'ne les prendre point comme escrits de la main d'un historien, mais d'un vieux soldat, et encor Gascon'(Monluc, III.427).

25  예를 들어, Monluc, II. 391-392, III. 171.

26  Monluc, III. 314-315. Roy, *Habsburg-Valois Wars*, 9-10.

27  Monluc, III. 356-367.

28  Monluc, I. 82, 336-337, II. 170, 350, III. 59-60, 319-320, 422.

29  그가 권위를 남용한 최악의 사례는, *History of the Conquest*에서 어떤 법적인 분쟁 이야기를 하면서 자신에게 유리한 '증거'를 끼워 넣은 것이다(예를 들어, Díaz, 427-428). Léry, *Histoire d'un voyage*, A. vi, C. iii도 참조.

30  'enrooler en la troupe des historiographes'(Rabutin, 'Epistre', 389).

31  Rabutin, 'Proeme,' 391.

32  'et ma simplicité estre excusée, si en escrivant mon histoireje n'ay usé d'artifices ny enrichy mon stile ... parce que suivant la verité, qui est la fin et l'ame de l'histoire, j'ay esté contraint d'escrire les affaires nuëment comme elles sont advenuës'(Rabutin, 'Proeme', 391).

33  Rabutin, *Commentaires*, I. 11, 20, 64, 78, 98, 103, 133, 260, 314, II. 13, 14, 41, 49, 59, 69, 92.

34  Rabutin, *Commentaires*, I. 49, 242-243.

35  Rabutin, *Commentaires*, I. 268, II. 13, 62.

36  Rabutin이 목격담만 쓰겠다는 약속에서 얼마나 많이 벗어났는지는 현대에 그의 글을 편집한 편집자의 반응을 통해서도 알 수 있다. 이 편집자는 왕의 신하들이 벌인 토론에 대한 이야기를 삭제하면서 "단지 전사의 용맹과 능력을 드러내는 부분으로 삭제해도 무방할 듯하다"라고 주장했다(Rabutin, *Commentaires*, I. 229). 편집자는 같은 맥락에서 1555년 교황 율리우스의 서거, 그의 후계자를 뽑기 위한 선거, 술탄 술레이만이 기독교도의 땅인 유럽을 공격하기 위해 준비하는 이야기, 잉글랜드 등 여러 곳에서 벌어진 사건 등에 대해 Rabutin이 설명한 부분을 삭제하면서, "느베르의 전사들에 대한 주제는 신빙성이 떨어진다"라고 논평했다(Rabutin, *Commentaires*, II. 12). Rabutin

이 먼 곳에서 일어난 일들을 다룬 사례를 더 보려면, 예를 들어, Rabutin, *Commentaires*, II. 12, 28, 61, 82, 86, 171 참조.

37 'Je reprendray maintenant le droit fil de mon histoire, suivent ma première et proposée intention, qui est d'escrire plus amplement ce que j'aurois veu et sceu certainement en nostre Gaule belgique qu'ès autres endroits de l'Europe, sinon là où il tomberoit à propos, et qu'y scrois contraint pour la nécessité et éclaircissement de l'histoire' (Rabutin, *Commentaires*, II.62).

38 'Je suis contrainct suivre et réitérer à peu près ce que desja on a esté escrit et publié, pour n'y avoir esté présent' (Rabutin, *Commentaires*, II.188).

39 '[Il] m'est fort difficile de narrer certainement tout le faict de ceste adventure, tant pour n'y avoir esté présent que pour en estre les rapports si différens et partiaux que la vérité s'y trouve le plus souvent masquée et dissimulée' (Rabutin, *Commentaires*, II. 221). Rabutin이 여기서 목격담이 곧 틀림없는 진실의 원천은 아니라는 사실을 인정했음을 주목해야 한다. 같은 사건에 대해 여러 목격자가 각각 서로 모순되는 이야기를 할 수 있기 때문이다. II. 109, 150도 참조.

40 예를 들어, Rabutin, *Commentaires*, I. 124, 129. Rabutin은 심지어 거의 아는 것이 없는 주제인 전체적인 전략과 국제정치 문제에 대해서도 논평을 내놓는다(예를 들어, Rabutin, *Commentaires*, I. 255-257, II. 82).

41 Rabutin, 'Epistre,' 389. Rabutin, *Commentaires*, II. vi-vii.

42 1~6권은 1555년까지 벌어진 전쟁을 다루고 있으며, 그해에 출간되었다. 1559년에 출간된 그다음 편은 1555-1559년을 다룬다. 이 두 부분은 1574년에 하나의 작품으로 묶여 다시 출간되었다. 이 두 부분 사이의 가장 큰 차이점은, 첫 번째 부분에서 Rabutin이 자신의 전선에서 벌어진 일에 좀더 일관되게 초점을 맞추면서 다른 역사가들의 저술은 그리 참고하지 않는 것처럼 보인다

는 점이다. 하지만 이 첫 번째 부분에서도 그는 자신이 목격하지 않은 사건들을 자주 서술하고, 목격자로 등장하는 경우가 거의 없고, 자신이 목격한 사건과 그렇지 않은 사건을 구분하려고 하지 않는다.

**43** Rabutin이 계속해서 단순히 목격담을 쓰는 척 행세한 사실은, 그가 현재의 베네룩스 지역 외에 다른 여러 지역에서 일어난 사건들을 다루면서도 책 제목을 'Gaule Belgique의 전쟁실록'이라고 붙였다는 점에서 분명히 드러난다.

**44** Bellay, IV. 345, 347.

**45** Bellay, IV. 364-365.

**46** Bellay, I. 3-6.

**47** 예를 들어, Bellay, I. 27-28.

**48** Bellay, I. 7.

**49** Fumaroli, 'Mémoires et Histoire,' 21. Zimmermann, *Paolo Giovio*, 264-271.

**50** Huppert, *Idea of Perfect History*, 15-17.

**51** Marche, I. 183-185. Lefèvre, *Chronique*, I. 1.

**52** Bueil, II. 261. Allmand, 'Entre honneur,' 467. Blanchard, 'Écrire la guerre,' 8.

**53** Bueil, I. 19, 23, 그리고 여러 곳.

**54** 'ví lo que screví y screví lo que ví'(Guzmán, 7).

**55** 'yo hablava sienpre bien de los que quería bien y sienpre mal de los que quería mal, porque, demás de paresçerme bestialidad dezirme bien de todos ni mal de todos, no resta agradesçímiento ni vengança. Y aunque ésta está proyvida en nuestra santa fee católica, como no soy santo sino pecador y confío más en la misericordia de Dios que no en mis obras'(Guzmán, 40).

**56** 'Entre otras cosas de que me quise enmendar fué declarar, como declaro, que muchas cosas van en este libro, as_ por hazer buenos vocablos como buenos propósytos y consonantes conpuestas, para poner apetito al que le leyere, aunque mucha de la sustançia dél es verdad. Digo que crea cada uno lo que deve creer, para no hazer perjuizio a su conçiençia ni a la mía'(Guzmán, 109-10).

57  'ce que j'aurois veu et sceu certainement'(Rabutin, Commentaires, II. 62). 비슷한 사례를 보려면, Rabutin, *Commentaires*, II. 27. Rabutin, 'Proeme,' 391. Marche, I. 147, II. 221. Villeneuve, *Mémoires*, 381 참조.

58  'tant de celles dont porteroient tesmoignage mes yeux, que de celles que j'apprendrois de gens fideles et veritables'(Rabutin, 'Epistre', 389).

59  Bellay, I. 9.

60  'que je n'aye veue ou sceue de si grans personnaiges qu'i soient dignes de croire'(Commynes, *Mémoires*, book V, ch. 13(ed. Mandrot, I,405)).

61  'pluiseurs choses que je ay veues, et aultres qui m'ont esté dictes et recordées par pluiseurs notables personnes dignes de foy'(Lefèvre, *Chronique*, I. 4). Lefèvre, *Chronique*, I. 251. Davies, 'Paris and Boulogne,' 40. Dufournet, *Destruction des mythes*, 17도 참조.

62  'escrirre et recorder de pluseurs et d'aucunes besongnes que j'ai vuy et seu ... je n'ay point intension di riens mettre en escrirre que je n'aie vut la pluspart ou que je n'aie seut par ledit et enqueste, que j'en ai fet a pluseurs segneurs, chevalliers, gentishommes, offisijes d'armes et autre, dine de foi'(Haynin, I. 1-2). Haynin, II. 86, 88도 참조.

63  Froissart, *Chroniques*, I. 1도 참조.

64  'Si je ments, mille gentilshommes me peuvent demantir'(Monluc, II.568).

65  Gámez, 7. Berlichingen, 90. 이런 태도는 수 세기 전까지 거슬러 올라간다. 1차 십자군 전쟁 연대기를 쓴 Albert of Aachen은 "화려한 신분의 진실한 사람들"이 들려준 이야기라면 무엇이든 진실이라고 보았다('Verum, ut a

veridicis et nobilibus viris relatum est'(Alberti Aquensis, *Historia*, 584)).

66　'lo uno porque yo dezía verdad—y aunque fuera mentira, pues lo avía dicho con la boca, lo avia de hazer verdad con el braço'(Guzmán, 16).

67　Paredes, 166도 참조.

68　James, *Society, Politics and Culture*, 340. Baldick, *Duel*, 33. Kiernan, *Duel in European History*, 57-58. Schertlin, 138. Paredes, 165-166. Contreras, *Vida*, ch. 17(ed. Cossio, p. 136)도 참조.

69　실제로 사건을 목격했는지 여부보다 정직성이 진실을 말하는 데 더 중요하다는 생각을 르네상스 시대 사람들만 갖고 있었던 것은 아니다. 예를 들어 20세기의 영국 군대에서도 오로지 장교만이 군인을 빅토리아 십자훈장 수여 대상으로 추천할 수 있었다. 이등병의 말은, 설사 그가 문제의 사건을 직접 목격했다 해도, 아무런 가치가 없었다. 비슷한 맥락에서, 이해관계가 얽힌 문제에서는 실제로 그 일에 관련된 사람과 목격자가 정보원으로서 가장 믿을 수 없는 사람인 경우가 오늘날에도 수두룩하다. 키신저나 처칠의 행동과 정책에 대한 진실을 알기 위해 굳이 그들의 회고록을 읽는 사람은 별로 없다. 그들이 정직하지 않았을 것이라고 생각하기 때문이다. 그들이 개인적인 경험을 바탕으로 회고록을 썼다는 사실만으로 그들의 말을 믿어버리기는 힘들다.

70　'si della el se tuuo por ofendido, mi ofensa fue mas por ignorancia que por malicia'(Charles V, 'Mémoires,' 184). Lefèvre, *Chronique*, I. 5도 참조.

71　'Je doncques Olivier, seigneur de la Marche, chevalier, conseillier, maistre d'hostel, et capitaine de la garde de très hault, vertueulx et victorieux prince Charles'(Marche, I. 185-187). Guzmán, 7, Bellay, I. 11, Florange, I. 2, Rochechouart, *Mémoires*, 601, Monluc, I, 25, Díaz, 1, Lefèvre, *Chronique*, I. 1-2, Schertlin, 1, Villeneuve, *Mémoires*, 381, Ettinghausen, 'Laconic and Baroque,' 206-207도 참조.

72　예를 들어, Guzmán, 15. Haynin, I. 68-69. Monluc, I. 67-69. Marche, I.

322-323. Gámez, 301-302. Contreras, *Vida*, ch. 8(ed. Cossio, p. 105).
Joinville, *Vie*, section 246 참조.

73  목격담의 가치를 진정하게 인정한 르네상스 시대 문헌을 보려면, Cieza de
Leon, *Guerra de Las Salinas*, 40, 106, 112. Cieza de Leon, *Guerra de Chupas*, 29,
135, 310-311. Cieza de Leon, *Guerra de Quito*, 97 참조.

<br>

1부 ——————                                    3장

1  중세에도 개체성이 존재했으며, 많은 중세 문헌 속의 주인공들(예를 들어 기사
도 소설의 주인공)이 개인임을 증명하려고 애쓴 연구가 많다는 사실을 나도 잘
알고 있다(Ullmann, *Individual and Society*. Dronke, *Poetic Individuality*.
Hanning, *The Individual in Twelfth-Century Romance*. Southern, *Making
of the Middle Ages*, 219-257. Southern, 'Medieval Humanism'. Morris,
*Discovery of the Individual*. Bynum, 'Did the Twelfth Century Discover the
Individual?'. Gurevich, *Origins of European Individualism*, 5 참조). 그러나
르네상스 시대의 회고록이 근대적인 개인의 등장을 보여주는 새로운 현상이
라고 주장하는 사람들은 이런 연구를 무시한다.

2  Burckhart, *Civilisation of the Renaissance*, II. 324-325. Bynum, 'Did the
Twelfth Century Discover the Individual?' 87. Vitz, 'Type et individu,'
434-438.

3  Porter, 'Introduction,' I. 4. Hanning, *The Individual in Twelfth-Century Romance*,
12. Hundert, 'European Enlightenment,' 73. Kuperty-Mandel, 'Illusion
of Subjectivity,' 534. Bynum, 'Did the Twelfth Century Discover the
Individual?' 86-88. Coleman, 'The Individual and the Medieval State,'
xii-xiii, 2. Bagge, 'Individual in Medieval Historiography,' 여러 곳.

4  예를 들어, Sajer, 403과 Caputo, 87.

5    Schertlin, 3-4. Schertlin, 8. Guyon, 9, 63. Haynin, I. 63, 76-77. Monluc, I. 118. Berlichingen, 5, Díaz, 11, 317-318도 참조.

6    Díaz, 158.

7    'yo conocí a tres soldados, **mis** compañeros, y desde que las **vimos** de aquella manera se **nos entristecieron** los corazones'(Díaz, 364). Díaz, 254, 352-353도 참조.

8    Marche, III. 241. Florange, I. 93-94, II. 176, 251. Correggio, 96도 참조.

9    Sajer, 460.

10   예를 들어, David Webster의 제2차 세계대전 회고록에 나오는 악당은 독일군이 아니라 그의 상관인 장교들이다(Webster, *Parachute Infantry*). 또한 Livingston의 글에서 절정에 해당하는 사건은, 그가 당시 갓 생겨난 이스라엘 공군의 지휘관들을 상대로 일으켰던 반란이다(Livingston, *No Trophy No Sword*). Cummings, *Moon Dash Warrior*, 197. Larteguy, *Face of War*, 121. Kingsland, *Quest of Glory*, 184. Givati, *Three Births*, 104, 120도 참조.

11   Díaz, 312-313, 315도 참조.

12   예를 들어, Díaz, 65, 69, 102, 204-207, 279-282, 309, 326, 375, 585-587과 Davies, 'Paris and Boulogne,' 53, 57, 60-65, 68-69, 78.

13   예를 들어, Davies, 'Suffolk's Expedition,' 40-41, Monluc, III. 248-255, 281, Florange, II. 13-14. 회고록 저자가 부대를 이끄는 귀족이나 군대와의 갈등을 이해관계의 충돌로 묘사하고, 자신의 이해관계를 우선한 예외적인 사례를 보려면, Haynin, I. 257-259 참조.

14   Kovic, *Born on the Fourth of July*, 165-166.

15   Givati, *Three Births*, 151.

16   Fox, *Eyewitness Falkland*, 181-181.

17   Amelang, *Flight of Icarus*, 117. 르네상스 시대 군인회고록 저자들 중에서 Charles V는 자신의 통풍 증상에 사실상 집착한다는 점에서 예외적인 존재

다. 그는 자신이 겪은 열일곱 차례의 통풍 발작을 열거한다. 그럼에도 자신의 생존에 대해서는 더이상 관심을 보이지 않는다. 통풍에 대해서도, 보통 통증이 밀려온 사례만 열거할 뿐 자신이 얼마나 고생했는지는 묘사하지 않는다 (Charles V, 'Mémoires,' 290 참조).

18  'ich were doch verderbt zu einem kriegsman'(Berlichingen, 25-26).

19  Berlichingen, 24-26.

20  Monluc, I, 78-79. 베를리힝겐과 마찬가지로 몽뤽 역시 부상에서 회복해 군대로 돌아왔을 때 유일하게 아쉬워한 것이 부상을 입었다는 사실이 아니라 여러 차례의 전투를 놓쳤다는 사실이었다. 그가 글에서 주장한 바로는 그렇다 (Monluc, I. 81).

21  Berlichingen, 66.

22  'Heyliger Gott, Heyliger Gott, was ist das, der ein [Berlichingen] hat ein hand, so hatt der ander [Selbiz] ein bain, wenn sie denn erst zwo hend und zwey bain hetten, wie wolt ir den thun?'(Berlichingen, 44).

23  Monluc, III. 344-345.

24  'le Jeune Adventureux fut trouvez entre les morts, lesquelz on ne le congnoissoit plus, car il avoit quarante six playes bien grande, dont la moindre mist six sepmaine à guerir'(Florange, I. 127-128).

25  Florange, I. 130.

26  Florange, I. 67, 120, 123. Berlichingen, 88-90. Haynin, I. 226. Schertlin, 5. Díaz, 9-10, 52. Ehingen, *Reisen*, 67. Muntaner, *Crònica*, II. 101도 참조.

27  Díaz, 306.

28  'où je veis massacrer quantité de gens près de moy à coup de poignard. Soudain qu'il en avoit tué un, on me prenoit par le collet avec le poignard tout sanglant; par trois fois je fus pris et par trois fois laissé, et demeuray en cette incertitude de la vie durant quinze

semaines'(Saint-Auban, *Mémoires*, 497).

29  'le capitaine Martin du Bellay, depuis avoir esté prins et amené dehors par la breche pour le sauver, faillit à estre tué deux ou trois fois des Clevois, et l'eust esté sans le seigneur Distain, qui l'accompagna jusques à la tente du comte de Bures, son pere'(Bellay, III. 383-384). Schiltberger, *Hans Schiltbergers Reisebuch*, 5-6. Monluc, I. 90, Williams, *Actions of the Lowe Countries*, 153도 참조.

30  'fut là prins l'Adventureulx d'ung gentilzhomme neapolitains'(Florange, II. 234).

31  'je fuz prins . . . et fusmes menez en la ville de Tou'(Marche, III.240).

32  'Je fuz aussi au combat faict prisonnier et après bien tost delivré par le moyen de mes amis'(Monluc, I.41).

33  포로가 된 경험을 예외적으로 상세히 묘사한 자료를 보려면, Berlichingen, 84-86 참조.

34  기사가 집단의 이해관계 때문에 자신의 생존이 위험에 처했음을 인식하고 노골적으로 자신의 생존을 우선하는, 중세시대의 참으로 예외적인 사례를 보려면, Joinville, *Vie*, sections 210, 213, 272, 305-307 참조.

35  Díaz, 158, 161-162, 372. Monluc, I. 375. Commynes, *Mémoires*, book I, ch. 3(ed. Mandrot, I. 33). Guzmán, 178. 전투에서 느끼는 두려움과 기사도에 대해 논한 자료를 보려면, Kaeuper, *Chivalry and Violence*, 165-166 참조.

36  Díaz, 372.

37  Kaeuper, *Chivalry and Violence*, 60-61. Monluc은 수도원으로 들어갈 생각이라는 말로 글을 끝맺는다(Monluc, III. 445).

38  이런 가설에 대해서는, Hynes, *Soldiers' Tale*, 18 참조.

39  Florange, II. 247-249.

40  Monluc, I. 125-126.

41  Brantôme, VII. 272. Rabutin, *Commentaires*, I. 121.

42  Hale, *War and Society*, 171.

43  Williams, *Actions of the Lowe Countries*, 131-132.

44  같은 책, 131-133. Mendoza, Comentarios, book X, ch. 4. Bellay, IV, 245. Florange, I. 95, 104-105, 301. Guzmán, 21-23. Castelnau, *Mémoires*, 530. Buyon, 53. Brantôme, VII. 143-149. Monluc, I. 30-31, II. 351-352. Villeneuve, *Mémoires*, 385. Charles V, 'Mémoires,' 206, 332도 참조.

45  Williams, *Actions of the Lowe Countries*, 148-149.

46  Paredes, 165.

47  Gómara, *Historia*, I. 106.

48  Brantôme, VII. 89-90.

49  Hynes, *Soldiers' Tale*, 11.

50  Fox, *Eyewitness Falklands*, xii. Kingsland, *Quest of Glory*, vii-viii. Rheingold, *Journey to Sharem*, 프롤로그. Sajer, 7. Billiere, *Storm Command*, 프롤로그. Lawrence, *Seven Pillars*, 4.

51  Caputo, xi.

52  Caputo, xii-xiii.

53  Caputo, 199-201, 314. 꿈에 대해서는 Kovic, *Born on the Fourth of July*, 160, 163. Sajer, 366. Herr, *Dispatches*, 61. Mason, *Chickenhawk*, 224-225, 363-366, 392-393. Cummings, *Moon Dash Warrior*, 201, 253. Kingsland, *Quest of Glory*, 214도 참조.

54  이것과 다소 비슷한 사례를 보려면, Wolff, *In Pharaoh's Army* 참조.

55  Schwarzkopf, ix.

56  내면에 대한 관심의 부재와 정체성의 구성 요소로서 확연히 눈에 보이는 일들 에만 초점을 맞춘 현상에 대해서는, Kuperty, *Se dire*, 61, 122-123. Amelang, *Flight of Icarus*, 123-124. Goetz, *Spanish Golden Age Autobiography*, 119. Levisi,

'Golden Age Autobiography,' 102-103, 105-106, 110, 114. Goldberg, 'Cellini's "Vita",' 71-72. Watts, 'Self-Portrayal,' 274-275. Dunn, *Spanish Picaresque Fiction*, 94, 171. Schalk, *Valor to Pedigree*, xiv. Neuschel, *Word of Honour*, 191-192. Gusdorf, *Écritures du moi*, 260-261. Foisil, 'Literature of Intimacy,' 329도 참조.

**57**  Amelang, *Flight of Icarus*, 235.

**58**  Monluc, II. 383, III. 17-21.

**59**  'messire Martin du Bellay, gouverneur du Turin, ayant eu nouvelles du trespas du sieur de Langey, son frere, demanda congé au Roy pour se retirer en France et pourveoir à ses affaires'(Bellay, IV. 107). Schertlin, 155, 157. Berlichingen, 3, 6, 33. Florange, I. 64-65. Charles V, 'Mémoires,' 262-264도 참조.

**60**  'estoit le dict Adventureux totalement desheritez; et, depuis que le dict seigneur de Sedan estoit au service de l'Empereur, l'Adventureux n'entra en places que le dict seigneur de Sedan son pere eult, pour ce qu'ilz y avoit dedans le traicté que jamais piece de ses enfans n'amenderoyeut riens de luy, s'il n'avoyent faict service à l'Empereur, et n'entreroyent dedans ses maisons'(Florange, I.279).

**61**  'hasta que su mala fortuna los llevó a sorprenderlos juntos una mañana, y murieron'(Contreras, *Vida*, ch. 8(ed. Cossio, pp. 106-107)).

**62**  Amelang, *Flight of Icarus*, 125, 246.

**63**  'je l'ay perdu en la fleur de son eage, et lorsque je pensois qu'il seroit et mon baston de vieillesse et le soustien de son pays, qui en a eu bon besoing. J'avois perdu le courageux MarcAntoine, mon fils aisné, au port d'Ostie; mais celuy qui mourut à Madères pesoit tant qu'il n'y avoit gentilhomme en Guyenne qui ne jugeast qu'il surpasseroit son père. Je laisse à discourir à ceux-là qui l'ont cogneu quelle estoit sa valleur et sa prudence'(Monluc, II.585).

64   'Feu Monsieur le Mareschal de Monluc, ayant perdu son filz qui mourut en l'Isle de Maderes, brave gentil'homme à la verité et de grande esperance, me faisoit fot valoir, entre ses autres regrets, le desplaisir et creve coeur qu'il sentoit de ne s'estre jamais communiqué à luy; et, sur cette humeur d'une gravité et grimace paternelle, avoir perdu la commodité de gouster et bien connoistre son fils, et aussi de luy declarer l'extreme amitié qu'il luy portoit et le digne jugement qu'il faisoit de sa vertu. Et ce pauvre garçon, disoit il, n'a rien veu de moy qu'une contenance refroignée et pleine de mespris, et a emporté cette creance que je n'ay sçeu ny l'aimer, ny l'estimer selon son merite. À qui gardoy-je à découvrir cette singuliere affection que je luy portoy dans mon ame? estoit-ce pas luy qui en devoit avoir tout le plaisir et toute l'obligation? Je me suis contraint et geiné pour maintenir ce vain masque; et y ay perdu le plaisir de sa conversation, et sa volonté quant et quant, qu'il ne me peut avoir portée autre que bien froide, n'ayant jamais reçeu de moy que rudesse, ny senti qu'une façon tyrannique' (Montaigne, *Essais*, book II, chapter 8(ed. Thibaudet, 434-435)).

65   Bellay, I. 27-28.

66   Brantôme, III. 190.

67   Vieilleville, *Mémoires*, 5. Godin, *Mémoires de Mathieu Merle*, 487. 다른 사례를 보려면, Goetz, *Spanish Golden Age Autobiography*, 64-65, Waas, *Legendary Character*, 102 n. 20. Mesnard, 'Conclusion,' 365. Lesne-Jafro, 'Mémoires et leurs destinataires,' 33. Nora, 'Mémoires d'État,' 382 참조.

68   Greyerz, 'Religion in the Life of German and Swiss Autobiographers.'

**69** 'nit meines glaubens waren'(Berlichingen, 82).

**70** Schertlin, 33.

**71** Berlichingen, 8. Guzmán, 129. Monluc, II. 8, 14.

**72** Monluc, I. 27, III. 427.

**73** Diesbach, *Autobiographischen Aufzeichnungen*, 91-101.

**74** 같은 책, 95.

**75** Guzmán, 8-12, 23-27, 129.

**76** 예를 들어, Commynes, *Mémoires*, book I, ch. 10(ed. Mandrot, I. 72-75).

**77** 예를 들어, Joinville, *Vie*, sections 120-124, Jaume, Crònica, chs 232, 237, Pere III, *Chronique*, 75-76.

**78** Valois, *Mémoires*, 12-13, 20, 112, 147-148, 151.

**79** Dunn, *Spanish Picaresque Fiction*, 164-165.

2부 ——— **4장**

**1** 특히 Caputo, 329-330 참조.

**2** Fox, *Eyewitness Falklands*, 74. Loyd, *My War Gone By*도 참조.

**3** 예를 들어, Muse, *Land of Nam*, 164 참조. Fussell, *Great War*, 86-87, 90, 139. Herzog, *Vietnam War Stories*, 90, 181도 참조.

**4** Sajer, 90.

**5** Sajer, 272.

**6** Loyd, *My War Gone By*, 109.

**7** 유일한 예외가 Commynes이다. 그는 사실보다는 주요 주인공들의 생각과 감정, 그들이 사건을 바라보는 시각에 더 신경을 쓸 때가 많다. 어떤 일이 실제로 어떻게 일어났는가보다는 사람들이 그 일을 어떻게 인식했는지가 더 중요하다는 점을 보여주려고 애쓸 때도 많다. 그러나 이런 Commynes도 주로 중요

한 지도자들의 생각에 초점을 맞출 뿐, 그들의 감정이나 감각적인 경험, 또는 대다수 전투원들의 경험에는 훨씬 더 무심하다.

8   Gascoigne, *Fruites of Warre*, 159.

9   Bueil, II. 21.

10  'No se puede ponderar, sino los que han pasado por estos excesivos trabajos'(Díaz, 11).

11  'Cuento esto así brevemente, porque no creo que hay necesidad de particularmente contar las miserias y trabajos en que nos vimos; pues considerando el lugar donde estábamos y la poca esperanza de remedio que teníamos, cada uno puede pensar mucho de lo que allí pasaría'(Cabeza de Vaca, *Naufragios*, ch. 9(ed. 1922, p. 32)).

12  'Was ich die zeit für schmerzen erlitten habe, dass kan ein ieder wol erachten'(Berlichingen, 25).

13  Díaz, 592. Williams, *Actions of the Lowe Countries*, 5.

14  'dont ilz ont eu mesaises et courroux en leur cuer souvent'(Charny, *Book of Chivalry*, 110).

15  'y no lo sé aquí decir, ni habrá quien lo pueda comprender, sino los que en ello nos hallamos'(Díaz, 337). Díaz, 245-247, 249-250, 349도 참조.

16  Díaz, 61-62, 65, 74-75, 77, 81, 99, 124, 181, 199, 257, 273.

17  드문 예외를 보려면, Díaz, 115 참조.

18  Díaz, 30-31.

19  '[l]e discours de ceste bataille est publié en tant de lieux que ce seroit perdre temps à moy d'y employer le papier'(Monluc, I. 66). I. 42, 301도 참조.

20  'parce que toute cette histoire est très-dignement deduite dedans les tres-veritables Memoires de ces illustres freres messires Guillaume et

Martin du Bellay '(Vieilleville, Mémoires, 18).

**21** 'chacun le peut mieux voir dans les histoires du temps'(Cheverny, Mémoires, 471).

**22** 'je laisse le discours de ce qui s'y passa aux historiens'(Saint-Auban, *Mémoires*, 497). 이런 사례를 더 보려면, Pinto, *Peregrinação*, ch. 216. *Très joyeuse histoire de Bayart*, 89-90. Diesbach, *Autobiographischen Aufzeichnungen*, 35, 37 참조.

**23** 'Después desto, acontessió muchas cosas, lo qual remito al coronista que sobre ello escriviete'(Guzmán, 151).

**24** Enríquez de Guzmán 같은 일부 회고록 저자들이 때로 같은 사건을 다른 각도에서 바라본 여러 이야기를 들려주는 것은 사실이다. 또한 앞에서 언급했듯이, 같은 전투에 참가한 사람 10명이 모두 다른 이야기를 할 것이라는 사실을 인식한 회고록 저자들도 여럿이다. 그러나 여러 사람의 이야기가 서로 다르다 해도, 그들에게는 그 모든 이야기가 언제나 사실이었다. 그들이 여러 목격자의 말을 들은 것은, 오로지 서로 다른 사실을 확보해서 혹시 있을지도 모르는 속임수를 방지하기 위해서였다. 그들은 역사와 개인의 경험담 사이에는 명백한 차이가 있으므로, 아무리 정확한 역사서라도 전투원들의 개인적인 경험담을 제대로 전달하지 못한다는 근대적 인식을 전혀 몰랐던 것 같다.

**25** Charny, *Book of Chivalry*, 90.

**26** Pinto, *Peregrinação*, chs 14, 70, 88, 114, 198.

**27** 'non à croyre qui ne l'auroit veue'(Marche, II. 45-46).

**28** 'que es vna cosa muy dura de creer, salvo a aquellos que lo vieron' (Gámez, 116).

**29** 'que no lo podra creer sino qui en lo vio'(Correggio, 80). Commynes, *Mémoires*, book I, ch. 8(ed. Mandrot, I. 65)도 참조.

**30** Sajer, 227-228.

31  예를 들어, Caputo, 9. Mason, *Chickenhawk*, 246.

32  예를 들어, Caputo, 87.

33  예를 들어, Caputo, 96.

34  르네상스 시대 회고록 저자들이 현실의 경험적인 측면에 대해 이처럼 무심한 태도를 보인 것은 중세의 전통을 따른 행동이다(Brandt, *Shape of Medieval History*, 118-122).

35  Boyvin, *Mémoires*, 14 참조.

36  Brantôme, VII. 21, 34, 126, 150-151, 184-185, 272. Guzmán, 67, 155-157. La Noue, *Discours*, 639-642.

37  Caputo, 87.

38  'Nous alasmes tout le jour, avecques le grand chaud, de montaigne en montaigne, sans trouver de l'eauë, tellement que nous cuidasmes tous mourir de soif'(Monluc, I.118).

39  특히 Charles V, 'Mémoires,' 302-308 참조.

40  Sajer, 342.

41  'Vnd gieng mir auch schier vbel fur Desir, da stiess mich, mit vrlaub vnd gunst zu reden, die ruhr an, vnd weret biss in mein behausung, das waren neun wochen, noch thett ich meinen harnisch, dieweil wir gegen dem feind zogen, nicht auss oder von mir, so lang vnd so viel, biss man den frieden ausschrie, allein das ich nicht mit dem hauffen zuge, dann ich muste meinen vortheil suchen, wie ich kondt, vnd die notturfft in denen kranckheiten erheischt, dass mancher guter gesell sagt, der alte kriegssman, mich vermeinende, wirt kaum aussreissen' (Berlichingen, 89-90).

42  Kovic, *Born on the Fourth of July*, 16-17.

43  'con el unto de indios, que ya he dicho otras veces se curaron nuestros

soldados, que fueron quince, y murió uno de ellos de las heridas'(Díaz, 109-110).

44   'Pues cuando nos curábamos los soldados las heridas se quejaban algunos de ellos del dolor que sentían, que como se habían resfriado y con el agua salada, estaban muy hinchados, y ciertos soldados maldecían al piloto Antón de Alaminos y a su viaje y descubrimiento de la isla'(Díaz, 10).

45   Sajer, 239-240.

46   'Luego que todas estas baterias començaron de batir, y todas en un tiempo, era tanto el ruydo y temblor que parecia quererse acabar el múndo, y puedese bien creer que el ruydo fuesse tal, pues se sentia muy claramente dende çaragoça, y dende Catania, que ay ciento y veynte millas de Malta a estas dos ciudades'(Correggio, 78).

47   Billiere, *Storm Command*, 4.

48   회고록 저자들이 다른 지휘관들과의 긴장된 관계를 언급한 예외적인 사례를 보려면, Florange와 Marshal Chtillon의 갈등(Florange, II. 13-14), Monluc 과 Marshal Damville의 갈등(Monluc, III. 248-255), 1546년 원정에 대한 Schertlin의 설명(특히 Schertlin, 49-52) 참조.

49   예를 들어, Charles V, 'Mémoires,' 286, 308, 324.

50   Verdugo, *Commentario*, 15-18, 161-162. Monluc, I. 47-57, 87-98, 111-119. Vere, *Commentaries*, 93-101, 154-159. Berlichingen, 35, 37도 참조.

51   Caputo, 264-268.

52   'les Suysses reprinderent coeur et vindrent faire rencherger toutte la grosse bende, et vindrent combattre les dicts lantskenecht main à main, que je vous asseure que les Suysses trouverent merveilleussement bonne bende, et fut long temps que je pensoye

que les Suysses perdroient la bataille. Touttes fois, les lantskenecht n'estoient pas groz nombre, et croy qu'il n'y en avoit poinct cincq mille sains et en poinct de combattre: et furent les Suysses de premiere arrivée rebouttées, vous asseurent que depuis n'ay veu telle bende de lantskenecht et la hacquebutteriez, laquelle y fit merveilleusement bien son debvoir. Et furent contrainct les dicts Suysses d'abbandonner iiij c[ent] hallebardiers qu'il avoient, et allerent donner sur les hacquebutiers lantskenecht qui estiont huyt cens, tellement que les rompirent, et adoncque les hallebardiers qui donnerent sur les flans des dicts lantskenecht. Quant tout est dict, la bataille fut perdues. Et furent sy mal secourus les lantskenecht que jamais hommes de piedz françoys ne voullut combattre; quant il veirent l'aultre bende des Suysses, se mirent en fuytte. Et estoit le seigneur de Sedan, cherchant après ses enfans, lesquelz les trouva en maulvais ordre. Le seigneur de Jamais, qui estoit ung peu blessiez, monta sur ung cheval pour aller rallier les lantskenecht qui s'en fuoyent; et le Jeune Adventureux fut trouvez entre les morts, lesquelz on ne le congnoissoit plus, car il avoit quarante six playes bien grande, dont la moindre mist six sepmaine à guerir. Son pere le vint trouver et le mist sur ung cheval d'ungne garce de lantskenecht qui fut là trouvez, et le fist mener avecque la gensdarmerie qui s'en alloit. Et se cuyderent rallier les lantskenecht deux ou trois fois, mais l'artilleriez des Françoys, que les Suisses avoient gaignée, commença à battre si trés fort que cela les decourageoit tout. Et y furent tuez beaulcoup de gens de bien lantskenecht, car de trois ou quatre cens hommes qui estoient au premier rancque, ne s'en saulva jà mais homme que l'Adventureux et son frere, et ung gentilz homme nommé Fontaine et Fuillalme de Lympel et deux hallebardier qui estoient au dict Adventureux de sa garde, et tous les capitaines y demourerent, excepté deux. Et bien vous veulx dire que touttes la fleurs des Suysses y demoura, et plus de Suysses que de lantskenecht'(Florange, I.126-128).

53  Florange, I. 127 n. 1.

54  제1차 세계대전 때 이미 화기의 발전으로 이전 세기처럼 병력을 한 곳에 집중시키는 것이 불가능해졌다. 그 뒤로도 수십 년 동안 화기가 계속 발전한 덕분에, 병력이 더욱더 분산되는 경향이 나타났다.

55  르네상스 시대의 전쟁 소음에 대해서는, Díaz, 369 참조.

56  - ¡Guarda allá! - ¿Quién anda ay? - ¡Armas!. ¡Armas! Al primer sueño, revatos. Al alba, tronpetas. - ¡Cabalgar! ¡Cabalgar! - ¡Vista, vista de gente de armas! Esculcas, escuchas, atalayas, ataxadores, algareros, guardas, sobreguardas. - ¡Helos, helos! - No son tantos. - Sí son tantos. - ¡Vaya allá! - ¡Torne acá! - ¡Tornad vos acá! - ¡Yd vos allá! - ¡Nuevas! ¡Nuevas! - Con mal vienen estos. - No traen. - Sí traen. - ¡Vamos, bamos! - ¡Estemos! - ¡Bamos!(Gámez, 42-43).

57  'comme je me retournay en arrière pour commander que l'on apportast deux eschelles, l'arquebusade me fust donnée par le visage du coing d'une barricade qui touchoit à la tour. ... Tout à un coup je fuz tout sang, car je le jettois par la bouche, par le nez et par les yeux. Monsieur de Gohas me voulust prendre, cuidant que je tombasse. Je luy dis: "Laissez-moy, je ne tomberay point; suivez vostre poincte." Alors presque tous les soldats et presque aussi tous les gentilshommes commencèrent à s'estonner et voulurent reculer; mais je leur criay, encores que je ne pouvois presque parler, à cause du grand sang

que je jettois par la bouche et par le nez: "Où voulez-vous aller? où voulez-vous aller? ... ne vous bougez ny n'abandonnez point le combat, car je n'ay point de mal, et que chascun retourne en son lieu." ...Je ne pouvois plus demeurer là, car je commençois à perdre la force ...Je prins un gentil-homme par la main; je ne le sçaurois nommer, car je n'y voyois presque point, et m'en retournay par le mesme chemin que j'y estois allé'(Monluc, III. 344-345). 특정한 부분에 대한 경험적인 묘사를 더 보고 싶다면, Saint-Auban, *Mémoires*, 508-509. Díaz, 9-10, 111-113, 238-239, 312-313, 347-349, 352, 357, 369, 418, 474. Davies, 'Suffolk's Expedition,' 39-42. Haynin, I. 67. Schertlin, 17-19, 50-52. Diesbach, *Autobiographischen Aufzeichungen,* 57. Correggio, 72-73. Villeneuve, *Mémoires,* 386-387. Berlichingen, 18-21. Ehingen, *Reisen,* 58-60 참조. 이런 면에서도 Joinville이 대다수의 르네상스 시대 회고록 저자들보다는 20세기의 회고록 저자들과 더 가깝다는 점이 흥미롭다. 그의 회고록에서 놀라울 정도로 경험이 들어간 묘사를 보려면, Joinville, *Vie,* sections 156-162, 238-241, 313-324 참조.

58  예를 들어, Murrin, *History and Warfare,* 82-83, 125.

59  Rabutin, *Commentaires,* II. 35. Brantôme, VII. 126.

60  르네상스 시대에 이런 생각들이 보편적으로 받아들여진 것은 결코 아니었다. 앞에서 우리는 마르그리트 드 발루아의 생각이 달랐음을 살펴보았다. 평민들의 자서전도 귀족들의 것보다는 일반적으로 감정을 더 중시하는 편이며, 그들은 역사적인 행동이나 명예로운 행동이 자신의 삶과 정체성을 구성한다고 보지 않는다(Amelang, *Flight of Icarus,* 11).

61  Hynes, *Soldiers' Tale,* 14-15.

62  'jetter les yeux en tous les endroits de son armée'(Montaigne, *Essais,* book II, ch. 10 (ed. Thibaudet, 460)).

63    Montaigne, *Essais*, book II, ch.10 (ed. Thibaudet, 461).

64    Mais penses tu que souldars en combat,/Sur l'heure estans au mesme endroit que on bat,/Ou l'on s'efforce a grans coups tout pourfendre,/ Pensent ailleurs sinon a eulx deffendre?/Croy pour certain que adonc ung combatant/Homme de bien n'est ça ou la bastant,/Mais seulement devant luy, et ne songne/Se ung aultre faict bien ou mal la besongne;/Car il est tant empesché a son faict,/ Que alors n'entend se par prouesse on faict,/Ample devoir, ou si on s'entretaille./Touchant viser au fort d'une bataille,/Les yeulx Argus leurs regardz la versans,/ Et linx aussi murailles traversans,/Quant en maintz lieux bien attistrez seroient,/Et toutes pars leurs veues dresseroient,/Si ne pourroit tant l'oeil se dilater,/Que bouche sceust au vray tout relater./... En voz papiers vous aultres escripvez/Au seul recit des premiers arrivez/D'une bataille, et proprement vous semble/Que ont recueilly le faict total ensemble;/Ce lui leur est impossible, attendu/Que l'oeil ne peult par tout estre estendu (Crétin, 'L'apparition du Mareschal', 171-172).

65    'de quinze ou seize avec lesquelz j'en ay conféré, deux ne se sont accordez de la forme du faire en entrée' (Bouchet, Panégyric, 476). Tavannes, *Mémoires*, 20. Dufournet, *Destruction des mythes*, 17. Ariosto, *Orlando*, cantos 5.41, 13.53, 13.77도 참조.

66    'j'ai vuy et seu, selon mon petit entendement et memorre, a la corecsion de cheus qi mieus et plus evidanment que moi, les avoit vues et seues; car ne moine autre qi sommes en quelque lieu, ne poons tout voir bonnement, tout savoir ne tout retenir' (Haynin, I.1-2).

67    'toutte lentrée alaverite, car pour tant que jestoie en armes avecque les outres, je ne le peus tout voir ne retenir come jeuse fet, se jeuse este

au fenestre'(Haynin, I. 250-251). 그는 I. 252에서도 같은 말을 되풀이한다. Haynin, I. 106, II. 17-18. Marche, II. 380. Patten, *Expedition into Scotland*, 64도 참조.

68    Díaz, ch. 109.

69    Díaz, ch. 110.

70    Díaz, chs 111-121.

71    Díaz, chs 121-122.

72    Gómara, *Historia*, chs 96-101.

73    Gómara, *Historia*, ch. 12.

74    Díaz, chs 27-29. Díaz의 전지적 시점이 이야기에 얄궂은 반전을 가미해주는 덕분에 이야기가 훨씬 더 나아질 때가 많다는 점을 지적해두어야겠다. 스페인 측과 인디오 측이 상업적인 거래를 하면서 서로를 속인 이야기를 예로 들어보자. 스페인인들은 인디오들에게 아무 가치도 없는 구슬을 주고, 인디오들은 그것이 대단히 가치 있는 물건이라고 생각한다. 그리고 그 대가로 스페인인들에게 구리 도끼를 주는데, 스페인인들은 그것을 황금 도끼로 착각한다(Díaz, 28).

75    Díaz, chs 55-56, 142, 150, 152, 173, 193. Rabutin, *Commentaires*, I. 170-171. Tapia, 'Relación,' 113-114. Guyon, 14-17, 121. Haynin, I. 62-77. Bueil, I. 109도 참조.

76    Florange, II. 144-145.

77    Díaz, 352.

78    Monluc, III. 345-346. Florange, II. 164도 참조.

79    Monluc, I. 263.

80    Monluc, I. 261-267.

81    Monluc, I. 267-268. 그는 del Vasto의 생각과 말을 자신이 어떻게 알게 되었는지 설명하지 않는다.

82    Monluc, I. 268-269.

**83** Monluc, I. 270.

**84** ‘me conta ce qu'estoit advenu à la bataille; que, comme je prie à Dieu qu'il m'aide, s'il m'eust donné deux coups de dague, je croy que je n'eusse point saigné; car le coeur me serra et fist mal d'ouyr ces nouvelles, et demeuray plus de trois nuicts en ceste peur, m'esveillant sur le songe de la perte’(Monluc, I. 276-277).

**85** Martin du Bellay가 같은 전투를 묘사한 글도 참조. Bellay, IV. 219-226. Florange, I. 186-195, II. 222-227. Castelnau, *Mémoires*, 476. Díaz, 420. Davies, ‘Boulogne and Calais,’ 33도 참조.

**86** 적의 관점에서 사건을 서술한 글이나 당시 주인공은 알 수 없었던 적의 행동에 주의를 기울인 글의 사례를 보려면, Díaz, 17, 23, 50, 55, 64-65, 69, 81, 105, 113-117, 139, 143-151, 359-362. Florange, I. 73, II. 19-20, 33, 36, 120-121, 155-157, 169-170, 181-183, 190-191, 203-205. Davies, ‘Boulogne and Calais,’ 3-6, 43, 44, 55, 64, 68-69. Haynin, I. 32-33. Monluc, I. 185-186. Marche, II. 31, 44, 45, 315-316, 327, III. 23. Gámez, 132. Rabutin, *Commentaires*, I. 138-139, 163, 171-172, 189, 309-310, II. 28-29. Cahrles V, ‘Mémoires,’ 278 참조.

**87** 예를 들어, Haynin, I. 214-215. Díaz, 6-8, 12, 76, 78, 85. Florange, I. 103-105. Guyon, 141. Marche, II. 264. Vere, *Commentaries*, 93-101, 139-143, 154-159. Commynes, *Mémoires*, book I, chs 3-4(ed. Mandrot, I. 22-44). Charles V, ‘Mémoires,’ 288-290.

**88** Shumaker, *English Autobiography*, 221 n. 47 참조.

**89** Davies, ‘Suffolk's Expedition,’ 39-42.

2부 ——————  **5장**

1   예를 들어, Hynes, *Soldiers' Tale*, xii-xiii. Caputo, xi.

2   Hynes, *Soldiers' Tale*, 30.

3   같은 책, 203. Herzog, *Vietnam War Stories*, 16-24도 참조.

4   Schwarzkopf, 443. Schwarzkopf, 151, 157, Herr, *Dispatches*, 153, Caputo,
    28, 106, Yair, *With Me From Lebanon*, 28, Fox, *Eyewitness Falklands*, 63, Mason,
    *Chickenhawk*, 202, 370-372, Cummings, *Moon Dash Warrior*, 88-89, Billiere,
    *Storm Command*, 210, 251두 참주.

5   Cummings, *Moon Dash Warrior*, 95.

6   Yair, *With Me From Lebanon*, 120.

7   Mason, *Chickenhawk*, 53-54, 171, 173, 206. Kingsland, *Quest of Glory*, 57, 138,
    161, 168, 179. Larteguy, *Face of War*, 137, 189. Caputo, 46, 84, 138, 142, 269.
    Sajer, 414, 490. Livingston, *No Trophy No Sword*, 60. Cummings, *Moon Dash
    Warrior*, 108. Kovic, *Born on the Fourth of July*, 219-220. Yair, *With Me From
    Lebanon*, 25. Loyd, *My War Gone By*, 302. Herr, *Dispatches*, 25, 62, 153, 157, 169.

8   Cru, *War Books*, 8. Herzog, *Vietnam War Stories*, 4, 13, 33, 60, Fussell, *Great
    War*, 7도 참조.

9   Kingsland, *Quest of Glory*, 39. 같은 책, 15, Hynes, *Soldiers' Tale*, v, 16-
    17, Hastings, *Korean War*, 84, Horrocks, *Full Life*, 251, Larteguy, *Face
    of War*, 73, Schwarzkopf, 499. Sajer, 60, 173, Herr, *Dispatches*, 129, 169,
    Kovic, *Born on the Fourth of July*, 194-195, Mason, *Chickenhawk*, 89,
    241, Caputo, 136, 275도 참조. 현실과 전쟁 이미지 사이의 차이에 대해서는
    Caputo, 165, Horrocks, *Full Life*, 15, 253, Eytan, *Story of a Soldier*, 313,
    Schwarzkopf, 73, 82, Jünger, *Storm of Steel*, 9도 참조.

10  Cru, *War Books*, 18.

11  O'Nan, *Vietnam*, 312. 같은 책, 311, 318, 327, Caputo, xii, xiv, 6, 14,
    Kovic, *Born on the Fourth of July*, 50, 54-55, 73-74, 171도 참조.

12  예를 들어, Caputo, xix. Cru, *War Books*, 110.

13  예를 들어, Bueil, II. 20-21.

14  Hale, *War and Society*, 38-39. Dickinson, *Instructions*, xcii-cix.

15  Lloyd, *State*, 8.

16  Commynes에 대해서는 예를 들어, *Mémoires*, book I, ch. 3(ed. Mandrot, I. 32) 참조.

17  예외를 한 사람 꼽는다면 Brantôme이 있다. 그는 '역사가들'이 긴 연설문을 창작해서 지휘관들이 말한 것처럼 꾸민다고 조롱한다. 자신의 전쟁 경험을 감안할 때, 지휘관들은 그런 짓을 할 시간이 없다는 것이 그의 설명이다 (Brantôme, VII. 117-118).

18  Nader, *Mendoza Family*, 182. Leonard, *Books of the Brave*, 13-14, 20-22. La Noue, *Discours*, 162. Jones, *Golden Age*, 53-54.

19  Leonard, *Books of the Brave*, 19, 31-33. Cooper, 'Nostre Histoire renouvelée,' 182.

20  Leonard, *Books of the Brave*, 23.

21  같은 책, 26.

22  'quelque livre de chevalliers adventureulx du temps passez'(Florange, I.3).

23  Larteguy, *Face of War*, 185-187.

24  예를 들어, Pero Niño, Bayard, Schaumburg의 자서전. 특히 Eyb, *Geschichten und Taten*, 202 참조.

25  Díaz, 76.

26  Díaz, 56. 181, 246-247도 참조.

27  Ehingen, *Reisen*, 58-60.

28  Díaz, 266. Díaz, 30, Commynes, *Mémoires*, book II, ch. 2(ed. Mandrot, I. 111)도 참조.

**29** Díaz, 53.

**30** '"Saute dedans, soldat; je te donneray vingt escus." Il me dict que non feroit et qu'il estoit mort; et sur ce il se vouloit deffaire de moy à toute force. Mon fils le capitaine Monluc et ces capitaines que j'ay nommez auparavant, lesquels me suivoient, estoient dernier [sic] moy. Je commence à renier contre aux, pourquoy ils ne m'aidoient à forcer ce galand. Alors tout à un coup nous le jettasmes la teste la première dedans, et le fismes hardy en despit de luy. Comme je vis que les casemattes ne tiroient, nous jettasmes deux autres arquebuziers dedans, partie de leur gré, partie par force'(Monluc, II.341).

**31** 'no hay cosa que mas la alegre que el dinero'(Correggio, 44).

**32** 'n'estoit composée que de marautz, bellistres, mal armez, mal complexionnez, faicts-néantz, pilleurs et mangeurs de peuples' (Brantôme V.301).

**33** 예를 들어, Monluc, I. 29, Davies, 'Boulogne and Calais,' 21-22, 74-75, Dickinson, *Instructions*, xxxi-xxxii.

**34** Díaz, 158, 161-162, 372. Monluc, I. 375, II. 201. Guzmán, 178. Commynes, *Mémoires*, book I, ch. 3(ed. Mandrot I. 33). Florange, II. 249. Guyon, 163.

**35** Díaz, 372.

**36** 'que je sentois le coeur et les membres s'affoiblir et trembler'(Monluc, III.423).

**37** Brantôme, VII. 23, 126도 참조. 반면 Bueil는 훌륭한 대의를 위해 싸우는 군인에게는 두려울 것이 없다고 주장한다('n'a paour de rien'(Bueil, II. 21)).

**38** Charny, *Book of Chivalry*, 67, 70-73, 94-96, 118. 중세에 이 이미지가 미친 영향을 보려면, Kaeuper, *Chivalry and Violence*, 209-215, 224-225 참조.

39  전쟁을 낭만적으로 묘사한 드문 사례를 보려면, Haynin, I. 35-36 참조.

40  Monluc, II. 167.

41  Monluc, I. 38.

42  'Dieu vous a faicts naistre pour porter les armes, pour servir vostre prince, et non pas pour courre le lièvre ou faire l'amour'(Monluc, I.423).

43  'je prenois plus de plaisir à ouyr discourir les vieux guerriers que je ne fis jamais à entretenir la plus belle dame que j'aye jamais aimé'(Monluc, II.164).

44  'acordé de darle las manos llenas, y ansy´ hiziera lo demás, sy ella quisiera, aunque era fea'(Guzmán, 49-50). Guzmán, 12도 참조.

45  Davies, 'Boulogne and Calais,' 13, 27-28, 83-84.

46  예를 들어, Monluc, II. 84-86, 106-107. Marche, II. 230. Williams, *Actions of the Lowe Countries*, 122 참조. Muntaner, *Crònica*, II. 99-101도 참조. 이런 면에서는 20세기 회고록 저자들이 기사도의 이상에 더 가깝다는 사실이 흥미롭다. 적잖은 20세기 저자들이 사랑 이야기를 글에 포함시켰다. 특히 Sajer, 171-192 참조.

47  'libros de ficciones'(Mendoza, *Comentarios*, 390).

48  Tavannes, *Mémoires*, 56-58.

49  'au lieu de lire des Amadis ou Lancellots'(Monluc, III.428).

50  'deux heures du jour, s'enfermoit dans son cabinet, feignant faire quelque despesche d'importance, mais c'estoit pour lire Rolland le Furieux en italien' (Monluc, II.173).

51  La Noue, *Discours*, 160-176.

52  같은 책, 163-173.

53  같은 책, 175-176.

54  'pleins de fausseté, & impratiquables, de sorte que c'est cheminer en

erreur, que suyvre telles regles (같은 책, 163).

55    'Quand un gentil-homme auroit toute sa vie leu les livres d'Amadis, il ne seroit bon soldat ne bon gendarme'(같은 책, 175).

56    'chevalliers adventureulx du temps passez'(Florange, 13).

57    이런 인물들이 언급된 소수의 사례를 보려면, Díaz, 61, 159, 346. Marche, II. 217. Rabutin, *Commentaires*, II. 35 참조.

58    Kaeuper, *Chivalry and Violence*, 30-35.

59    Gascoigne, *Fruites of Warre*, 141-143.

60    같은 책, 149. 142, 144도 참조.

61    같은 책, 151-155.

62    같은 책, 160-169.

63    같은 책, 169-175.

64    같은 책, 176-178.

65    Monluc, II. 167.

66    Gascoigne, *Fruites of Warre*, 178-179.

67    같은 책, 183.

68    반면 20세기 회고록 저자들은 전쟁에서 명예를 얻거나(예를 들어, Givati, Cummings) 자신이 참전한 전쟁을 호의적으로 바라보는 경우(예를 들어, Rheingold, Webster)에도 전쟁의 이미지에 관한 담론에 끼어들어, 대중적인 이미지가 틀렸으며 전쟁이라는 현상은 나쁜 것이라고 주장한다. 자신이 전쟁에서 좋은 경험을 했으며 많은 것을 얻었다고 결론지은 Jünger도 전쟁의 이미지에 대한 담론에 합류해서, 대중적인 이미지가 순진하고 부정확하다고 비난하고, 자신도 전선에 도착하자마자 그 이미지에 환멸을 느꼈다고 인정한다.

69    Jouanna, 'Noblesse française,' 214.

70    Hale, *War and Society*, 139.

71    'No quiera Dios, que oy por nuestra crueldad, muera el mas esforçado

capitan que vive, padre de los soldados, y el que nos mantiene, aunque le seamos enemigos; mas antes le conservemos la vida, porque nosotros que vivimos ganando sueldo, no muriamos de hambre en una paz negligente y perezosa'(Brantôme, VII. 64-65).

72  Brantôme, VII. 65.

73  'pour en parler sainement, le soldat n'advise pas quel vent tire sur le droit et sur le tort de la guerre, mais où il y a à gaigner; et qui luy ouvre les moyens pour avoir du pain, celluy-là est son père'(Brantôme, VII. 66-67).

74  'Je sçavois bien que tu ne nous apporterois pas la paix'(Monluc, I.251).

75  'Ess war och guotter frid inn allen rychen der kristendhait'(Ehingen, *Reisen*, 38).

76  'ich wöllt understen inn die treffenlichsten küngrych der kristenhait ziehen und so lang von aim rych inn daz ander, biss ich zuo ernstlichenn grossen sachen und handlungen kumen möcht'(같은 책, 37-38).

77  Berlichingen의 전쟁 사랑에 대해서는 특히 Berlichingen, 14 참조.

78  Davies, 'Suffolk's Expedition,' 39-42. Davies, 'Paris and Boulogne,' 72, 76, 87, 94-95.

79  Gámez, 42-43. 이런 면에서 회고록 저자들은 Froissart의 발자취를 따른다. Froissart도 전쟁의 비참함을 감추지 않았으며, 그런 비참함을 이유로 전쟁을 한심하거나 사악하게 바라보지도 않았다.

80  'propre ennemye de nature'(Bueil, I.13).

81  'C'est joyeuse chose que la guerre; on y oït, on y voit beaucoup de bonnes choses, et y apprent moult de bien'(Bueil, II. 20-21).

82  Rabutin, *Commentaires*, I. 227, 253, II. 12-13, 229. 그러나 같은 책, I. 243도

참조.

**83**  Monluc, II. 585.

**84**  Brantôme, VII. 23-24.

**85**  이 반대의 경우 또한 있었다는 사실이 흥미롭다. 뷔에유는 Jouvencel의 배경을 상상 속의 땅으로 설정함으로써, 자신의 군인 경력을 허구 속에 감춰 비판을 피했다. 특히 루이 11세 측의 비판을 피하기 위해서였다.

2부 ─────　　　　　　　　　　　**6장**

**1**  Neuschel, *Word of Honour*, 22-23. 그러나 Pierre-Bertrand의 죽음에 대한 Monluc의 탄식처럼 일부 사례들은 Neuschel이 개인적인 감정생활의 중요성을 과소평가했음을 암시한다.

**2**  Neuschel, *Word of Honour*, 22.

**3**  같은 책, 118.

**4**  같은 책, 120. 훌륭한 사례를 보려면, Florange, I. 279 참조. Allmand, 'Changing Views,' 177도 참조. 여기서 Allmand는 영국 군인들이 파리 고등법원에서 송사를 벌일 때 한 말을 인용해놓았다. 예를 들어, 그들은 자신을 "bon homme d'armes et [a] servi le prince de Gales ou voiage d'Espaigne, et depuis continuelment a servi le roy et ses predecesseurs, et porta l'estandart du duc de Bedford en la bataille de Verneul"이라고 묘사했다. Pedro de Baeça도 자신이 때로는 주군의 지시가 없는데도 독자적인 의지로 어떤 행동을 해서 주군을 섬겼는지를 계속 언급한다(Baeça, 'Carta,' 486, 491, 497).

**5**  Nader, *Mendoza Family*, 167. Zmora, *State and Nobility*, 125.

**6**  Hale, *War and Society*, 23, 33.

**7**  Kendall, *Louis XI*, 82-83.

8    Marche, III. 101-201. Haynin, II. 18-62.

9    Marche, I. 246-277. Haynin, I. 250-253. Diesbach, *Autobiographischen Aufzeichnungen*, 61-63. Florange, I. 154-159, 262-273. Nader, *Mendoza Family*, 29도 참조. 그 뒤로도 수백 년 동안 많은 군인회고록과 민간인 회고록이 실체가 있는 행동에 초점을 맞췄다는 점이 주목할 만하다. Briot, *Usage du monde*, 88. Hipp, *Mythes*, 155, 194. Nora, 'Mémoires d'État,' 374.

10   Brandt, *Shape of Medieval History*, 43-80.

11   Commynes, *Mémoires*, book I, ch. 1(ed. Mandrot, I. 9-10).

12   같은 책, book II, ch. 8(ed. Mandrot, I. 138-146).

13   Allmand, 'Changing Views,' 177-180. Contamine, 'Mourir,' 19-27.

14   'mourir pour France'(Contamine, 'Mourir', 26).

3부 ——————                          **7장**

1    Mendoza, *Comentarios*, 479.

2    'pour consacrer à l'immortalité les choses dignes de memoire'(Bellay, I. 71). IV. 365-366도 참조.

3    'toutes les choses dignes de memoire, prosperes [et] adverses, advenues de mon temps'(Marche, I. 13). I. 183도 참조.

4    'mettre sommairement par escrit ce que me sembloit plus digne de memoire … memorables faits'(Rabutin, 'Epistre', 389). Charles V, 'Mémoires,' 157도 참조.

5    *Livre des faict de Boucicaut*, 317. Léry, *Histoire d'un voyage*, A. v. Paradin, *Continuation*, 219, 356. Auton, *Chroniques*, I. 3. Gilbert, *Machiavelli*, 228. Dufournet, *Destruction des mythes*, 17. *Très joyeuse histoire de Bayart*, 363. 중세에 대해서는, Guenée, *Histoire et culture historique*, 18, 23 참조. digna memoria를

글로 쓴 중세 저자들에 대해서는, 예를 들어 Alberti Aquensis, *Historia*, 271. Foucher of Chartres, *Fulcheri Carnotensis historia*, 프롤로그 참조.

**6**    Gilbert, *Machiavelli*, 216-217 참조.

**7**    Keen, 'Chivalry, Heralds, and History,' 393. Strauss, *Historian in an Age of Crisis*, 230. Bouchet, *Panégyric*, 407.

**8**    Guenée, *Histoire et culture historique*, 27. Ainsworth, *Jean Froissart*, 142. Ranum, *Artisans of Glory*, 45. Strauss, *Historian in an Age of Crisis*, 230. Gilbert, *Machiavelli*, 216-217, 247. Bellay, IV. 344.

**9**    Amelang, *Flight of Icarus*, 177-178.

**10**    Commynes은 여기서도 예외적인 존재다. Commynes, *Mémoires*, book II, chs 3, 6(ed. Mandrot, I. 117, 132-135) 참조.

**11**    Díaz, 584-585. Díaz, 1. Guzmán, 7, Bellay, I. 2-3, *Livre des faicts de Boucicaut*, 215, 331-332, Monluc, I. 5-6, 14-15, II. 106, 391, III. 426, Marche, II. 309-310, Gámez, 44-45도 참조.

**12**    Bellay, I. 2-3, IV. 342-343. Boyvin, *Mémoires*, 9, 11. Marche, I. 10-11.

**13**    'y cuán en tan poco tenian la vida, para que la habladora fama no los dejase en tinieblas de olvido, ni la inmortal memoria dejase con su escritura de dar testimonio de su valor!'(Cieza de Leon, *Guerre de Chupas*, 172).

**14**    Ariosto, *Orlando*, Canto 4.56도 참조.

**15**    Larteguy, *Face of War*, 27-28.

**16**    Guzmán, 148. Monluc, I. 41, III. 423.

**17**    Jones, *Golden Age*, 21 참조.

**18**    'Trayson n'est digne de mémoire ne de estre escrite.' 이 에피소드에 대한 자세한 논의를 보려면, Allmand, 'Entre honneur,' 476 참조.

**19**    Cru, *War Books*, 13, 57. Mason, *Chickenhawk*, 저자의 말.

**20** 또 다른 예외를 보려면, Commynes, *Mémoires*, book VIII, ch. 14(ed. Mandrot II. 297) 참조.

**21** Sajer, 267.

**22** Sajer, 487.

**23** 예를 들어, Amir, *Fire in the Sky*, Shapira, *Alone in the Sky*, Greene, *Duty*, Johnstone, *Diary of an Aviator*.

**24** 예를 들어, Cummings, *Moon Dash Warrior*, 235. Jünger, *Storm of Steel*, 37-45.

**25** Mason, *Chickenhawk*, 저자의 말. Cummings, *Moon Dash Warrior*, 138. Kingsland, *Quest of Glory*, vii. Lawrence, *Seven Pillars*, 3.

**26** Hasek, *Dobrý voják Svejk*. Heller, *Catch-22*.

**27** Grimmelshausen, *Adventures of Simplicissimus*. *Vida y hechos de Estebanillo de González*. 그러나 중세 전성기에는 목격자들이 상상력을 발휘해서 허구적인 일화와 상세 정보를 이야기 속에 끼워 넣는 경우가 훨씬 더 흔했다. 12세기의 현황에 대해 논한 글을 보려면, Harari, 'Eyewitnessing in Accounts of the First Crusade,' 참조.

**28** 드문 예외 중 하나가 앞에서 인용했던, Díaz de Gámez가 야간 공격을 묘사한 장면이다(165~166쪽 참조). 흥미로운 것은, 그가 이 장면을 쓴 목적이 그런 공격의 실제 경험을 전달하는 것이었다는 점이다. 이 예외적인 사례는 르네상스 시대의 회고록 저자들 중 적어도 일부는 마음만 먹는다면 본보기 묘사기법을 사용할 수 있었다는 사실을 보여준다.

**29** 예를 들어, Díaz, 18, 56.

**30** Cerwin, *Bernal Díaz*, 175-176.

**31** Charles V, 'Mémoires,' 170-171.

**32** Charles V, 'Mémoires,' 204.

**33** 'La quatriesme course ilz trouverent tous deux l'ung l'autre par les armetz, et de telle atteincte que tous deux rompirent leurs lances. De la cinquiesme et sixiesme, tous deux ne se trouverent point. La septiesme se rencontrerent si durement sur les grans gardebras, que le fert dudit de Vauldrey fut agravé et rompu, et le Gascon rompit sa lance; et depuis de la huictiesme, neuviesme, dixiesme et unziesme course, ne firent point d'atteinte'(Marche, I. 307-308). 경험에 대한 묘사가 예외적으로 많이 포함된 마상 창경기 장면을 보려면, 300-301 참조.

34 'elle n'a vescu que 4 ans 9 mois et 2 jours 22 heures et demie'(Mesmes, *Mémoires*, 164-165). 정확한 시각과 날짜에 대한 집착을 보려면, Haynin, I. 214, II. 77-78. Schertlin, 1, 10, 114, 116, 157-158도 참조.

35 'no me quiero detener en contar tantas batallas y reencuentros que casa día pasábamos, lo diré lo más breve que pueda'(Díaz, 346).

36 예를 들어, Díaz, 354.

37 'y porque yo estoy harto de escribir batallas, y más cansado y herido estaba de hallarme en ellas, y a los lectores les parecerá prolijidad recitarles tantas veces, ya he dicho que no puede ser menos, porque en noventa y tres días siempre batallamos a la contina; mas desde aquí adelante, si lo pudiese excusar, no lo traeré tanto a la memoria en esta relación'(Díaz, 359).

38 Mendoza, *Comentarios*, 389-390.

39 'Mi intencion ha sido en el tomar trabajo de escribir estos Comentarios, **no tanto por hacer memoria** de las ganancias y pérdidas de las vitorias cuanto para que la lectura dél fuese de algun provecho à los que han de seguir la guerra y ser soldados'(같은 책, 390).

40 'ocurriendo los mas dias cosas que merecen hacer memoria della'(같은 책, 479).

41 트로이 전쟁 때부터 공성전은 이런 면에서 특히 문제가 되었다. Balbi de

Correggio도 몰타 공성전 때 비슷한 문제에 직면해서, Mendoza와 비슷하게
지긋지긋한 방법을 선택했다.

42    La Noue, *Discours*, 620. Commynes, *Mémoires*, book II, ch. 3(ed. Mandrot, I.
      117)도 참조.

43    La Noue, *Discours*, 690. 610, 756도 참조.

44    Blanchard, 'Écrire la guerre,' 10-14. Dickinson, *Instructions*, xcii-cix도 참조.

3부 ─────        **8장**

1     Hale, *War and Society*, 39. Huppert, *Idea of Perfect History*, 89.
      Gilbert, *Machiavelli*, 224. Strauss, *Historian in an Age of Crisis*, 79-80.
      Zimmermann, *Paolo Giovio*, 266-269.

2     Gilbert, *Machiavelli*, 210.

3     같은 책, 225.

4     같은 책, 248-249.

5     같은 책, 251, 269-270, 291. Strauss, *Historian in an Age of Crisis*, 79-80.

6     Huppert, *Idea of Perfect History*, 137, 150. 같은 책, 89와 Lloyd, *State*, 8도 참조.

7     Bellay, IV. 338-339.

8     Strauss, *Historian in an Age of Crisis*, 79-80.

9     Rio, *Commentarii*, 2-3.

10    Hurtado de Mendoza, *Guerra de Granada*, 96, 106.

11    'Por tanto, se debe contentar quien lee historias de saber lo que desea
      en suma y verdadero, teniendo por cierto que particularizar las cosas
      es engañoso y aun muy odioso'(Gómara, *Historia*, I. 39).

12    Guiccardini, *Storia d'Italia*, book X, chs 4-5.

13    Commynes은 이렇게 썼다. 'Je me passasse bien de parler de ce faict

de Nuz, pour ce que ce n'est pas selon le train de ma matiere, car je n'y estoie pas; mais je suis forcé d'en parler pour les matieres qui en deppendent'(Commynes, *Mémoires*, book IV, ch. 1(ed. Mandrot, I. 265)). Rabutin, *Commentaires*, II. 62도 참조.

14 연상작용을 통한 글쓰기에 대해서는, Haynin, I. 60-61도 참조. 흥미로운 비교 대상으로는, Usāma, *Kitāb al-i'tibār* 참조.

15 Marche, III. 212-213.

16 'se je n'ay tout mis par ordre, au moings ay je dit la verité et recité ce que en est venu à ma congnoissance'(Marche, III. 304). Marche, III. 201도 참조.

17 'tout che que j'en peus avoir memorre'(Haynin, I. 105). 그가 정해진 순서에서 이탈한 사례를 보려면, Haynin, I. 23, 100, 102-103, 104, 141, 177, 228, II. 20 참조.

18 Commynes, *Mémoires*, book III, ch. 4(ed. Mandrot, 181).

19 Muntaner, *Crònica*, I. 45('Que de tots fets, pus hom diga veritat, en qual lloc se vulla hom del llibre ne pot hom parlar'). Díaz, 371, Florange, I. 289-291, Monluc, I. 157, Schertlin, 15, Joinville, *Vie*, sections 390-393, 527-538, Berlichingen, 45도 참조.

20 Paredes, 167.

21 Paredes, 166.

22 Berlichingen, 6-8.

23 Berlichingen, 18-21.

24 Schertlin, 17-19.

25 Marche, I. 297-334.

26 Marche, III. 101-201.

27 Marche, III. 209, 211, 239-240.

28  마상 창경기에 대해서는, Marche, I. 287, 291-293, 331, Guyon, 78-80, Haynin, I. 192-193, Florange, I. 225-226도 참조. 의식에 대해서는, Marche, II. 83-96, 340-380, III. 250-251, Haynin, II. 18-62, Díaz, 544, 550, Florange, I. 262-273 참조.

29  Monluc, I. 104-119.

30  Gruffydd는 예외적으로 보급 문제에 많은 관심을 보인다(예를 들어, Davies, 'Paris and Boulogne,' 56-59, 68-69).

31  예를 들어, Charles V, 'Mémoires,' 192, 230-232.

32  Monluc, I. 101, 129, III. 149-150.

33  'Il est malaisé que deux si grands princes et si voisins puissent demeurer longuement sans venir aux armes'(Monluc, I. 323).

34  예를 들어, Berlichingen, 41-42.

35  'dess andern jars, da man schreibt 1504, fieng sich der Bayerisch krieg an'(Berlichingen, 21).

36  Berlichingen, 9, 13도 참조.

37  Bellay, IV. 58-60.

38  'A l'an 1515, le roy Françoys, se voyant paisible de tous costez et jeune, riche et puissant, et homme de gentilz coeur, et les gens autour de luy qu'il ne luy desconseilloient point de faire la guerre, qui est le plus noble exercisse que peult avoir ung prince ou ung gentilz homme, mais que soit à bonne querelle, commença dresser son armée pour faire son voyage d'Ytallie'(Florange, I. 172).

39  Mesmes, *Mémoires*, 203, 213-214 참조.

40  Gilbert, *Machiavelli*, 253-254, 269-270, 288.

41  Bernáldez, *Memorias*, 23-24 참조. 회고록 저자들은 글이 너무 길어지는 것을 방지하기 위해 일부러 몇몇 사건에 관한 설명을 생략할 때도, 이런 사건들이

늘어살 자리를 암묵석으로 남겨누었다. 그 사건늘이 숭요하지 않다는 발도 셜 코 하지 않았다. 예를 들어, Díaz, 346, 359. Marche, III. 303. Berlichingen, 63, 70-71. Pinto, *Peregrinação*, ch. 60 참조. 회고록 저자들이 발생한 "모든 일"을 서술했다고 주장한 사례가 몇 건 있지만, 이런 주장은 머리말 등 본문이 아닌 곳에만 나타날 뿐이며, 본문의 내용 또한 이런 주장을 뒷받침해주지 않는다(Monluc, III. 17. Marche, I. 13, I. 183. 그리고 Balbi de Correggio의 글 제목 참조).

**42** Correggio, 2.

**43** Díaz, 538.

**44** 'a la corecsion de cheus qui y furte present qui mieux ou plus certainemen les aroite veus ou retenues que moy'(Haynin, II.17).

**45** 'de tout che que gi ai oublyet, je le lesse a la memorre des autres tant des facteurs, istoryens, retorisyens et autres qui sont apris de tes chosses ferre, car tout que jen dis et fais, cest a mon petit et rude entendemen'(Haynin, II.18).

**46** 'Qui plus en set se le die ou escrise, sil luy plait'(Haynin, II.90).

**47** 'se aucune chose y a digne de répréhencion ou correction, il leur plaise, en suppléant à mon ignorance'(Lefèvre, *Chronique*, I.5).

**48** Díaz, 34. Haynin, I. 72.

**49** Patten, *The Expedition into Scotland*, 64. Bellay, III. 135, Berlichingen, 49, Díaz, 13, 66, 72, 74, Florange, II. 143, Haynin, I. 3, 8, 11, 22, 58, 73-74, 78-79, 84, 86, 90, 102, 229, 236, 259-261, Marche, II. 23, 76도 참조.

**50** 앞 장에서 지적했듯이, 20세기 회고록은 대부분 본보기 이야기를 담고 있다. 여기서 말하는 본보기 이야기란 본보기가 되는 특정한 사실들보다는 일반적으로 그들의 이야기 전체를 뜻한다. 따라서 이야기 속에 포함된 특정한 사실들이 그 자체로서 상당히 독특한 경우라도, 그들은 본보기가 되는 과정의 일

부일 뿐이다.

**51** Hynes, *Soldiers' Tale*, 3.

**52** Hynes, *Soldiers' Tale*, 5. Fussell, *Great War*, 114-115, Herzog, *Vietnam War Stories*, 14, 60도 참조.

**53** Bidermann, *Deadly Combat*, 2.

**54** Herr, *Dispatches*, 195. Livingston, *No Trophy No Sword*, 254. Sajer, 350. Jünger, *Storm of Steel*, xv. Loyd, *My War Gone By*, 7, 90-91. Kingsland, *Quest of Glory*, viii. Caputo, xiii-xiv, 21, 95-96, 109-110. Cummings, *Moon Dash Warrior*, 88, 103, 207.

**55** Muse, *Land of Nam*, 175-176.

**56** Cummings, *Moon Dash Warrior*, 86. Givati, *Three Births*, 36, Kingsland, *Quest of Glory*, 29-31도 참조.

**57** Caputo, 127. 이정표가 되는 경험에 대해서는, Sajer, 46-49, 90, 363-364, Caputo, 81, 162, Kingsland, *Quest of Glory*, 15, 24-25, 29-31, 214, Eytan, *Story of a Soldier*, 326, Livingston, *No Trophy No Sword*, 70도 참조.

**58** Cummings, *Moon Dash Warrior*, 38-49, 53-54.

**59** 'le mist en voie de parler et a recorder de sa vie et des armes ou en son temps il avoit esté'(Froissart, *Voyage*, 89).

**60** 'je l'ay toute, et les traittiez comment ilz furent faiz'(Froissart, *Voyage*, 91).

**61** 이 이야기는 중세와 르네상스 시대의 회고록 저자들이 자신의 개인적인 경험을 얼마나 무시했는지를 보여주는 훌륭한 사례다. 프루아사르는 연대기에 여러 사건들의 전반적인 설명만을 담았고 몰레옹은 언급하지도 않았으면서 자신이 '모두' 기록했다고 말한다. 몰레옹 역시 프루아사르가 1360년의 원정을 이미 연대기에 기록했다는 말을 듣고, 그 원정 때 자신이 세운 공적을 이야기하지 않는다. 그러나 이번에도 프루아사르는 원정을 전반적으로 설명했을 뿐, 몰레옹의 이름을 언급하지 않았다. 따라서 두 사람 모두 어떤 사건의 전체적

빈 역사와 개인의 경험이 서로 나느나는 사실을 이해하시 못했음이 분명하나. 두 사람은 어떤 사건의 전체적인 역사와 개인적인 경험에 대한 설명이 상호 호환적이라서, 둘 중 하나가 이미 글로 기록되었다면 다른 하나를 이야기하는 것은 같은 말을 되풀이하는 꼴이 된다고 생각했던 것 같다.

**62** 'Messire Jehan, que dictes vous? Estes vous bien enfourmez de ma vie? Je ay eu encores assez plus d'aventures que je ne vous ay dit, desquelles je ne puis ne ne vueil pas de toutes parler'(Froissart, *Voyage*, 103).

**63** 'en la noble et haulte hystoire de laquele le gentil conte Guy de Blois m'a embesoigné et ensoignié, je le cronizeray et escriray, afin que, avec les autres besoignes dont j'ay parlé en la dicte histoire et parleray et escripray par la grace de Dieu ensuivant, il en soit memoire a tousjours'(Froissart, *Voyage*, 110).

**64** 'commença a parler, et eust volentiers, a ce que je me peuz appercevoir, recordé la *vie* et l'affaire de lui et du Bourc Anglois, son frere, et comment ilz s'estoient porté en armes en Auvergne et ailleurs' (Froissart, *Voyage*, 110).

**65** 'Je me suis mis à parler tout au long de la *vie* Aymerigot Marcel et de remonstrer tous ses *fais*'(Ainsworth, *Jean Froissart*, 128).

**66** 'saintes paroles … granz chevaleries et … granz faiz d'armes'(Joinville, *Vie*, section 2).

**67** 'les grans merveilles et li biau fait d'armes, qui sont avenu par les grans guerres de France et d'Engleterre et des royaumes voisins'(Froissart, *Chroniques*, I.1).

**68** 'en ce temps, par tout le monde generalment, une maladie, que on claime epydimie, couroit: dont bien la tierce partie dou monde morut'

(Froissart, *Chroniques*, IV.100 – 101).

**69** 역사의 내용에 대한 중세의 개념을 보려면, Guenée, *Histoire et culture historique*, 22-24. Ainsworth, *Jean Froissart*, 39-40, 105, Brandt, *Shape of Medieval History*, 82 참조.

**70** 예를 들어, Brantôm, VII. 127. Paradin, *Continuation*, 328.

**71** 한 사람의 생애에서 역사와는 상관없는 부분과 그 사람의 내면을 혼동하면 안 된다. 역사와는 상관없는 사건들을 무시해도 한 사람의 내면을 묘사하는 것은 가능하다. 전투 중에 주인공이 느끼는 감정을 묘사하는 것이 좋은 예다. 또한 내면을 무시한 채, 역사와는 상관없는 사건들을 묘사하는 것도 가능하다. 예를 들어, 주인공의 가정에서 벌어지는 일들 중 겉으로 드러난 사실만을 묘사하는 경우가 그렇다.

**72** 'J'y perdus mon cheval turc, que j'aimois, après mes enfans, plus que chose de ce monde, car il m'avoit sauvé la vie ou la prison trois fois. Le duc de Palliane me l'avoit donné à Rome. Je n'eus ny n'espère jamais avoir un si bon cheval que celuy-là'(Monluc, II.491).

**73** 'et me retiray à Estillac, pour donner quelque ordre à ma maison, ayant sçeu la mort de ma femme'(Monluc, II.506).

**74** Monluc, II. 194, 383.

**75** Monluc, I. 10, 18, III. 95-96, 269, 340-341, 370.

**76** Guyon, 111.

**77** Guyon, 94.

**78** Guyon, 92.

**79** Guyon, 138.

**80** Díaz, 189.

**81** Díaz, 497.

**82** 예외를 보려면, Díaz, 371 참조.

83  Díaz, 39.

84  Díaz, 318.

85  Florange, I. 46-47.

86  'allit en poste pour s'en aller chiez luy et veoir sa femme: laquelle chose avoit bien an et demy qu'elle ne l'avoit veue, et en huyct ans n'avoit estez XV jours avecque elle d'ung tenant, ne à sa maison' (Florange, II. 269).

87  Guzmán, 16, 127.

88  Charles V, 'Mémoires,' 196.

89  'grande sentimento á todos, principalmente ao Emperador que fez e ordenou o que em taes casos se costuma e convem fazer'(Charles V, 'Mémoires', 222).

90  Shertlin, 157-158.

91  Verdugo, *Commentario*, 34.

92  Berlichingen, 52, 71-73, 78.

93  아내에 대해 상당히 길게 언급한 르네상스 시대 회고록 저자들이 소수지만 존재한다. 특히 Diesbach가 그런 경우다. 또한 르네상스 시대 회고록 저자들이 아내에게 관심이 없거나, 아니면 (Foisil의 주장처럼) "사생활이 거의 또는 전혀 없었기"(Foisil, 'Literature of Intimacy,' 328) 때문에 아내를 언급하지 않았다고 단정해서도 안 된다. Monluc과 Pierre-Bertrand의 관계처럼, 회고록 저자들이 어떤 사실을 언급하지 않은 것에 대해 단지 그들이 무심한 탓이라고 단정할 수는 없다.

94  Billiere, *Storm Command*, 10.

95  20세기 군인회고록에 묘사된 성매매 여성에 관해서는, 특히 Kingsland, *Quest of Glory*, 18, 97-103, 111-115, 154-158, 202-203. Mason, *Chickenhawk*, 165, 248, 267, 271-273, 331 참조. 자위행위에 대해서는, Mason, *Chickenhawk*, 196,

238 참조. 동성애에 대해서는 특히 Peters, *For You Lili Marlene* 참조.

**96**   Guzmán, 10-11.

**97**   'comme s'ils estoient freres'(La Noue, *Discours*, 344-345).

**98**   같은 책, 343.

**99**   'Il vient une doulceur au cueur de loyaulté et de pitié de veoir son amy, qui si vaillamment expose son corps pour faire et acomplir le commandement de nostre Createur. Et puis on se dispose d'aller mourir ou vivre avec luy, et pour amour ne l'abandonner point. En cela vient une delectacion telle que, qui ne l'a essaiée, il n'est homme qui sceust dire quel bien c'est'(Bueil, II. 20-21. Allmand, *Society at War*, 28에 실린 번역).

**100**   'Nous nous estions mis en camerada à nosrtre embarquement de Genua, sept archers de corps de l'Empereur, à sçavoir ledit Saint-Martin, Germini, Ponterbier, Jean Nolle, Jennin, Reynas Chassez, Claude Cuquet, et moy'(Guyon, 90-91).

**101**   Guyon, 106, 109.

**102**   Guyon, 94.

**103**   'et illec fut tué en une escarmouche mon bon amy et compaignon monsieur de Chassez'(Guyon, 135).

**104**   'plusieurs de mes bons amis espaignols m'ont tousiours assisté en mes necessitez'(Guyon, 66-67).

**105**   'pour ce qu'un de leurs compaignons, qu'ils aimoient fort, estoit mort' (Monluc, I. 162). Monluc, I. 14, 77, III. 347. Correggio, 98. Verdugo, *Commentario*, 159-160. Eyb, *Geschichten und Taten*, 38-39도 참조.

**106**   예를 들어, Haynin, I. 24-26, 37.

**107**   Haynin, I. 149.

**108** 르네상스 시대 회고록에서 유년기의 역할을 묘사한 글을 보려면, Kuperty, *Se Dire*, 111-116, 124-127, 130-131 참조. Waas, *Legendary Character*, 109-114, Vitz, 'Type et individu,' 430-433도 참조.

**109** 'Au saillir de mon enfance, et en l'eage de pouvoir **monter à cheval**, fuz amené à Lisle, devers le duc Charle de Bourgongne, lors appellé conte de Charroloys, lequel me print en son service'(Commynes, *Mémoires*, book I, ch. 1(ed. Mandrot I. 4)).

**110** 'les choses sont passées depuis quarante et deux ans que j'ay commencé à **monter à cheval**, jusques au trepas dudit feu Roy'(Bellay, I. 9).

**111** 'quant il fut en l'eaige de huyct à ix ans ... ce jeune homme Adventureux se voyant en eaige pour povoir **monter sur ung petit cheval** ... delibera en soy mesmes de aller veoir du monde et aller à la court du roy de France Loys xij'(Florange, I. 3).

**112** 'Le capitaine Mathieu de Merle, natif d'Uzès, avoit deux frères aînés; **il commença en portant l'arquebuse** dans les gardes de M. d'Acier, depuis duc d'Uzès, avec lequel il fit le voyage de Poitou en 1568'(Gondin, *Mémoires de Mathieu Merle*, 489).

**113** Guyon, 1. Ehingen, *Reisen*, 20. Monluc, I. 27, 38-39. Berlichingen, 2.

**114** Guzmán, 7. Díaz, 3. Schertlin, 1.

**115** Charles V, 'Mémoires,' 186.

**116** 'Je pensois avoir mis fin à mes escriptures et à ma vietout ensemble, ne pensant pas jamais que Dieu me fist la grace de **monter à cheval pour porter les armes**'(Monluc, III. 428).

**117** 'Et si Dieu me preste **vie**, encores je ne sçay que je **feray**'(Monluc, III. 445). 몽뤼이 은퇴해서 수도원으로 갈 생각을 하게 된 계기를 전혀 설명하려 하지

않는 것이 그답다. 그는 다만 자신이 하고자 하는 행동에 대해서만 썼다.

118 Berlichingen, 80.

119 Castelnau, *Mémoires*, 476-478, 536-537. Paredes, 166. Diesbach, *Autobiographischen Aufzeichungen*, 47. Ehingen, *Reisen*, 37-38, 65-66. Monluc, I. 42, 67-68. Díaz, 51-53, 108-110, 238-239, 247-252, 254-262.

120 Berlichingen, 13.

121 'Je demeuray là dix huict moys, sans que, pendant ce temps, je fisse chose qui soit digne d'estre mise par escript'(Monluc, I. 321).

122 '[d]epuis ce temps je ne peuz faire aucune chose digne de memoire jusques à la veille de Noël'(Monluc II. 63). Monluc, I. 319, II. 284, Davies, 'Boulogne and Calais,' 87도 참조.

123 Guyon, 66-67.

124 Guyon, 75.

125 Bellay, III. 384, 432.

126 Bellay, IV. 95, 323.

127 그렇다고 해서 반드시 그들이 자신의 삶만 글로 썼다고 생각했다는 뜻은 아니다. 그저 글을 통해 독자들이 자신의 삶을 알 수 있을 것이라고 생각했다는 뜻일 뿐이다. Goulemot, 'Literary Practices,' 381. Kuperty, *Se Dire*, 31도 참조.

128 '*Discours de sa Vie*'(Dubois, *Conception de l'Histoire*, 227).

129 'ce petit escript de ma vie'(Monluc, I. 5).

130 'le discours de ma vie'(Monluc, I. 28, III. 355).

131 'discours que j'ay faict de ma vie'(Monluc, I. 80).

132 'la vie d'un soldat'(Monluc, III. 374).

133 'ma vie'(Monluc, I. 5-6, 26, 97, II. 568, III. 408-409, 422, 427).

134 'afin que les petits Monlucs, que mes enfans m'ont laissé, se puissent mirer en la vie de leur ayeul'(Monluc, I. 82).

**135** 'rendre compte de ma vie' (Monluc, I. 6).

**136** 'laisser ma vie à la posterité' (Monluc, III. 171).

**137** 'mettre toute ma vie par escript' (Monluc, I. 18).

**138** 'Ne desdaignez, vous qui desirez suivre le train des armes, au lieu de lire des Amadis ou Lancellots, d'employer quelqu'heure **à me cognoistre** dedans ce livre' (Monluc, III. 428).

**139** 'La plus part de vous, qui l'avez conneu et qui avez combatu soubz son enseigne, n'en desirés point de tesmoignage; mais la jeunesse qui n'a point veu ce grand homme ... **l'entendra au vray** par ces siens Commentaires' (Monluc, I. 2).

**140** 'l'histoire de sa vie' (Dubois, *Conception de l'Histoire*, 219).

**141** 'j'ay entreprins laisser ma vieà la posterité, et escrire tout ce que j'ay faitde bien et de mal depuis tant d'années que j'ay **porté les armes**' (Monluc, III. 171).

**142** 'pour monstrer et donner à congnoistre au jeusnes gens du temps advenir, en le lysant y prouffiter, sans entrer en paresse; et pour avoir la congnoissane de luyet qu'il fut chevalier de l'ordre, marichal de France, seigneur de Florenges ...' (Florange, I. 1).

**143** *La Vie du Jeune Adventureux nommez Monsieur de Florenges; La vie du jeune monsieur D. Flor.* (Florange, I. 1, II. xxx).

**144** 'Un temps fut, que les homes de valeur escrivoient volontiers leurs vies ou de ceux qu'ils avoient aimez. C'estoient, au moins, quelques remarques des belles actions et, après eulx, enseignemens pour bien faire; maintenant ce n'est plus la mode; en France, ceux qui ont les armes n'usent guères de plumes qu'à leurs chapeaux, et ceux de robes longues n'ont pas moien de se recommander par **faicts mémorables**'

(Mesmes, *Mémoires*, 125-128).

**145** 'croniquer mes gestes'(Mesmes, *Mémoires*, 128).

**146** 'Doncques ne me sçaura pas mauvais gré ce vaillant preud'homme si je luy ay procreé et enfanté un nouvel hoir, voire si durable que il ne pourra jamais mourir au monde: car voirement les livres qui sont faicts **représentent les personnesde** ceux de qui ils parlent, si comme faict le fils la memoire du pere'(*Livre des faicts de Boucicaut*, 331). Ainsworth, *Jean Froissart*, 35도 참조.

**147** 'les oeuvres d'armes et chevaleries, vertus, bonnes meurs, belle vie, et bonne fin de hault et excellent prince très renommé, le duc Loys de Bourbon'(Orville, *Chronique*, 1). 중세의 사례를 보려면, Ainsworth, *Jean Froissart*, 34 참조. histoire와 faits를 호환적으로 사용한 예를 보려면, Guenée, *Histoire et culture historique*, 201-202.

**148** Schwarzkopf, 21.

**149** 부상당했다는 사실이 명예를 가져다준다는 견해에 대해서는, Brantôme, V. 335-336, Vii. 102-105. Baeça, 'Carta,' 503-504 참조. Díaz를 비롯한 여러 회고록 저자들도 어느 특정한 사건에서 정확히 몇 군데의 부상을 입었는지 기록하는 데 많은 주의를 기울였다(Paredes, 167. Muntaner, *Crònica*, II. 101). Baeça도 자신이 정확히 몇 군데나 부상을 입었는지 열거했다(Baeça, 'Carta,' 504). Contamine은 죽은 군인이 정확히 몇 군데의 부상을 입었는지 꼼꼼히 기록하며 그를 기리는 글을 인용했다(Contamine, 'Mourir,' 26). 부상을 정확히 몇 군데나 입었는지에 따라 명예의 수준이 달라졌을 가능성이 크다.

**150** Amelang, *Flight of Icarus*, 123. Brandt, *Shape of Medieval History*, 145-146. Ranum, *Artisans of Glory*, 3-6. Kuperty, *Se dire*, 34. Schalk, *Valor to Pedigree*, xiv, 21, 28-29, 35. James, *Society, Politics and Culture*, 341도 참조.

**151** 'furent tuez des nostres le seigneur de Ricamé, et le bastar de

Dampont, et le cheval du seigneur d'Estrée, chef de l'entreprise; ceux du seigneur Martin du Bellay, du seigneur de Coquelet et du seigneur de Leal y furent aussie tuez'(Bellay, I. 206-207).

**152** Kaeuper, *Chivalry and Violence*, 172-173. 이 원고를 완성한 뒤 나는 Klaus Theweleit의 책 *Male Fantasies: Women, Floods, Bodies, History*(Cambridge, 1987) 를 우연히 발견했다. Theweleit는 예전에 독일 의용군으로 활약했던 사람들이 20세기 중반에 쓴 회고록들을 이 책에서 분석히면서, 그들이 이내를 대히는 태도와 말을 대하는 태도를 대조했다(pp. 3-18, 52-53, 58). 이 전직 의용군들의 태도와 르네상스 시대 군인회고록 저자들의 태도는 놀랄 정도로 비슷하다. 내가 Theweleit의 책을 너무 늦게 발견해서 이 책에 그의 연구 내용을 포함시킬 수는 없었지만, 르네상스 시대 전사들의 사고방식과 삶을 바라보는 시각이 적어도 일부 군인들 사이에서는 내가 추정했던 것보다 훨씬 더 오랫동안 보존되었음을 그의 책이 잘 보여주는 듯하다.

**153** Commynes, *Mémoires*, book III, ch. 11(ed. Mandrot, I. 247).

**154** 예를 들어, Berlichingen, 2.

**155** 'pendant ceste guerre ... j'y vis de très belles choses pour mon apprentissage, et me trouvay ordinairement en tous les lieux où je pouvois penser acquerir de la reputation, à quelque pris que ce fust' (Monluc, I. 41).

**156** Monluc, I. 47-57.

**157** Guyon, 6-7. Ehingen, *Reisen*, 34. Florange, I. 54-57.

**158** Guzmán, 11-12.

**159** Berlichingen, 84-87.

**160** Petito가 19세기 초에 펴낸 회고록집(Petito, *Collection complète des mémoires*)처럼 조금 오래된 판본에서 특히 이런 특징이 두드러진다. 회고록 번역본도 마찬가지다. 예를 들어, Díaz의 회고록의 표준 영어 번역본은 테노치티틀란 함락으

로 끝난다. 그 전에도 일화 전체를 통째로 건너뛴 부분이 몇 군데 있다.

3부 ——————                          **9장**

1    Cummings, *Moon Dash Warrior*, 93. 고딕체는 원문대로다.

2    Caputo, 305.

3    Díaz, 185, 342. Diesbach, *Autobiographischen Aufzeichnungen*, 81. Ehingen,
     *Reisen*, 61. Berlichingen, 51, 63, 84, 90-92. Davies, 'Boulogne and Calais,'
     63-64, 72-74, 80, 87. Haynin, I. 1. Bueil, I. 18. Monluc, I. 26-27, III. 423.
     Paredes, 3.

4    르네상스 시대의 대중적인 문집에도 비슷한 논리가 적용되었다. 여기서는 완
     전히 다른 유형에 속하는 것들이 '흥미'와 '중요성'을 기준으로 한 문헌에 함
     께 포함되었다.


4부 ——————

1    이런 정치적 메시지와 권력에 대한 권리주장이 아무리 급진적이더라도 항상
     의식적이거나 의도적인 것은 아닐 수 있다는 점을 지적해야 할 것 같다. 사실
     가장 강력한 메시지는 '투명한' 메시지이며, 이런 메시지를 만들어낸 사람은
     이것이 정치적 메시지임을 인식하지 못하고 단순히 '진리'라고만 생각한다.


4부 ——————                          **10장**

1    '위대한 이야기'라는 개념에 대해서는, Berkhofer, *Beyond the Great Story*
     참조. 왕조-민족의 위대한 이야기는 역사 전반을 민족이나 왕조의 이야기와
     동일시하며, 특정한 나라와 사람들의 역사를 그 민족이나 왕조의 이야기와 동

닐시안나. 왕소-민속의 위대한 이야기는 십숭발十 모든 시내에 손새였으며, 적어도 근대에 이르러서는 역사 이야기 중 지배적인 위치를 차지하게 되었다.

2    royal state는 개인적 네트워크로 이루어진 군주제와 뚜렷이 구분되는, 르네상스 시대 군주정부의 제도와 정책을 간단히 일컫는 말이다. 따라서 '왕'은 한 개인이자 추상적인 기능을 의미하며, 이 둘 사이에는 커다란 차이가 있을 수 있다. 예를 들어 프랑수아 1세는 개인으로서 자신을 가장 강력한 귀족으로 보고 거기에 맞게 행동했을 수 있으나, 그의 휘하에 있던 법률가들과 관리들은 '왕'에 대해 훨씬 더 절대주의적인 시각을 퍼뜨리려고 했다.

3    Lloyd, *State*, 152.

4    Allmand, 'Changing Views,' 173-176. James, *Society, Politics and Culturem*, 309. Kaeuper, *Chivalry and Violence*, 304-305. Kaeuper는 이런 정책의 기원을 찾아 중세 전성기까지 거슬러 올라간다(같은 책, 93-102, 107-120). 그러나 폭력을 독점하려는 왕의 주장이 실현된 적은 중세 내내 드물었다.

5    James, *Society, Politics and Culture*, 309, 320, 328, 333, 394.

6    Kaeuper, *Chivalry and Violence*, 305.

7    Dewald, *European Nobility*, 21. Bitton, *French Nobility*, 95-96. Nader, *Mendoza Family*, 99-100, 111. Maczak, 'Nobility-State Relationship,' 200-201. Baumgartner, *Louis XII*, 84. James, *Society, Politics and Culture*, 328-329, 333-337. Major, *From Renaissance Monarchy*, 58, 72.

8    James, Society, *Politics and Culture*, 380. Dewald, *European Nobility*, 121-122도 참조.

9    James, *Society, Politics and Culture*, 315-316, 370-371. Keen, 'Chivalry, Heralds, and History,' 413. 반면 Kaeuper, *Chivalry and Violence*, 153-155. Bellay, IV. 68도 참조.

10   롤랑에게 불후의 명성을 안겨준 행동은 '국가'의 이익보다 개인의 명예를 범죄적으로 우선한 것이었다. 근대의 군대에서 그런 짓을 저질렀다면 롤랑은 처

형까지는 아닐망정 십중팔구 강제전역을 당했을 것이다. 샤를마뉴의 서사적인 이야기에는 이보다도 더 극단적인 사례들이 포함되어 있다. 여기서는 반란을 일으킨 귀족들이 충성스러운 롤랑만큼이나 명예를 얻는다. 중세 군인회고록에서 이와 비슷한 견해를 표현한 글을 보려면, Muntaner, *Crònica*, I. 127 참조.

11  아만디스나 오를란도의 이야기 같은 르네상스 시대의 기사도 소설에는 중세의 샤를마뉴 이야기와 비슷한 전복적인 일화들이 많다.

12  르네상스 시대 귀족들의 명예가 자율적이었다는 사실은 예를 들어 셰익스피어의 작품에 나오는 노퍽 공작의 발언에도 반영되어 있다. 공작은 국왕 리처드 2세에게 귀족에게 왕을 위해 목숨을 바치라고 요구할 수는 있지만, 귀족의 명예는 오로지 귀족의 것이니 왕이 그것을 좌우할 수는 없다고 말한다(Richard II, act 1, scene i). 국가의 관료제도가 명예를 하사하게 될 때 어떤 일이 벌어지는지 보려면, Billiere, *Storm Command*, 323-324 참조.

13  'tuit fait d'armes font bien a loer a tous ceulx qui bien y font ce qu'il y appartient de faire. Car je ne tieng qu'il soit nul petit fait d'armes fors que tous bons et grans, combien que il un des fais d'armes vaille miex que il autre'(Charny, *Book of Chivalry*, 86. 번역, 같은 책, 87). 84, 88도 참조.

14  같은 책, 86-88.

15  같은 책, 92-94.

16  같은 책, 96-98.

17  같은 책, 100-104, 194.

18  같은 책, 98.

19  'n'y regardent profit, ne avantage pour leurs amis, ne a la grant grevance de leurs ennemis, mais sanz conseil donner ne prendre fierent des esperons et a po d'arroy, et font d'armes assez de leur main et moult de fois plus a leur domage que a leur profit, mais de l'onneur de la main font il assez, et en ceste maniere se sont il trouvez en

pluseurs bonnes journees sanz autre estat ne maniere de la faire; mais contre l'onnour de hardiesce ne leur peut l'en rienz reprouver'(같은 책, 150. 번역, 151).

20  예를 들어, Mendoza, *Comentarios*, 461. Marche, II. 45-46, 324.

21  Bellay, I. 7.

22  Brantôme, VII. 141.

23  Monluc, I. 64-65. Florange, II. 181-183. Berlichingen, 88도 참조.

24  Correggio, 65, 71-72, 81.

25  Díaz, 470.

26  'Fama, sive bona, sive mala, fama est'(Brantôme, VII. 102).

27  Brantôme, VII. 275.

28  Brantôme, VII. 77-81. Paradin, *Continuation*. 328.

29  'hydalgos com'el rey; dineros menos'(Brantôme, VII. 56). 반대되는 사례로 Jouvencel을 내세울 수 있을 것 같다. 군인은 반드시 왕과 왕국의 이익을 위해서만 싸워야 하며, 명예는 주로 왕과 공공의 이익에 봉사해서 얻는 것이라고 주장하기 때문이다(Allmand, 'Entre honneur,' 474-475, 478). 그러나 이런 Bueil조차 봉사는 명예를 얻을 기회를 제공할 뿐이지 그 자체로서 명예를 주지는 않는다는 말에 십중팔구 동의했을 것이다. Bueil 본인이 왕에 맞서서 싸웠다는 점도 주목할 만하다.

30  Froissart, *Voyage*, 101-102 참조.

31  'car je voy bien que les historiens en parlent maigrement'(Monluc, I. 337).

32  'Je croy que les histoires, qui n'escrivent que des princes et grands, en parlent assés et passent soubs silence ceux qui ne sont pas d'une si grande taille'(Monluc, II. 350).

33  'gens de lettre ... desguisent trop les choses'(Monluc, II. 170).

34  'afin que mon nom ne se perde, ny de tant de vaillans hommes que

j'ay veu bien faire, car les historiens n'escrivent qu'à l'honneur des roys et des princes. Combien de braves soldats et gentils-hommes ay-je nommé icy dedans, desquels ces gens ne parlent du tout, non plus que s'ils n'eussent jamais esté! Celuy qui a escrit la bataille de Cerizolles, encor qu'il me nomme, en parle toutesfois en passant; si me puis-je vanter que j'euz bonne part de la victoire, aussi bien qu'à Bologne et Thionville, et ces escrivains n'en disent rien, non plus que de la valleur d'un grand nombre de voz pères et parens, que vous trouverez icy' (Monluc, III. 422).

**35**  Monluc은 III. 412에서도 같은 말을 반복한다.

**36**  Paradin, *Histoire*, 132-133.

**37**  Paradin, *Continuation*, 385.

**38**  예를 들어, Thou, *Histoire universelle*, II. 277, 285, 306-307, 316-318.

**39**  Tavannes, *Mémoires*, 8.

**40**  'ausquels on n'ose attribuer l'honneur des victoires qu'ils ont acquises, pour ne le faire perdre à leurs Majestez, qui souvent dorment dans les licts, dans les armes estonnez, cependant que les capitaines commandent les armées, dont ils ont le danger, et les autres la gloire'(같은 책, 19).

**41**  'La fortune est bonne en cela pour ceux qui sont grandz et de grand' qualité; la moindre blessure ou rafflade qu'ilz reçoivent, les voylà haut eslevez en gloire pour jamais : nous autres petitz compaignons, nous nous en contentons de peu, et tout ce que nous faisons ce ne sont que petitz eschantillons au pris de grandes pièces des grandz, qui sçavent mieux faire sonner la trompette de leur renommée que nous, qui ne pouvons passer partout comm' eux à publier nos playes et valeurs'

(Brantôme, V. 336).

42   Boyvin, *Mémoires*, 13.

43   'qui n'ont jamais bougé d'un cabinet bien tapissé, ou de la suitte des friandes tables de la Cour, ne sçauroient non plus juger que c'est que de la guerre et de la diversité de ses effects, que faict l'aveugle des couleurs'(Boyvin, *Mémoires*, 14).

44   Díaz, 31. 266도 참조.

45   'hizo Cortés esto, fue allá, vino de acullá, y dice otras tantas cosas que no llevan camino, y aunque Cortés fuera de hierro, según lo cuenta Gómara en su historia, no podía acudir a todas partes'(Díaz, 115. 266도 참조).

46   'y como Gómara dice en su historia que sólo la persona de Cortés fue el que venció la de Otumba, ¿por qué no declaró los heroicos hechos que estos nuestros capitanes y valerosos soldados hicimos en esta batalla? Así que por esta causas tenemos por cierto que por ensalzar a sólo Cortés le debieran de untar las manos porque de nosotros no hace mención'(Díaz, 266).

47   Gómara, *Historia*, I. 316.

48   'toda la honra y prez de nuestras conquistas se daba a sí mismo y no hacía relación de nosotros'(Díaz, 560).

49   'no se refiera la honra de todos a un solo capitán'(Díaz, 573).

50   'y más dice la verdadera Fama, que no hay memoria de ninguno de nosotros en los libros e historias que están escritas del coronista Francisco López de Gómara, ni en la del doctor Illescas, que escribio El Pontifical, ni en otros modernos coronistas, y sólo el marqués Cortés dicen en sus libros que es el que lo descubrió y conquistó, y que

los capitanes y soldados que lo ganamos quedamos en blanco, sin haber memoria de nuestras personas ni conquistas, y que ahora se ha holgado mucho en saber claramente que todo lo que he escrito en mi relación es verdad, y que la misma escritura trae consigo al pie de la letra lo que pasó, y no lisonjas y palabras viciosas, ni por sublimar a un solo capitán quiere deshacer a muchos capitanes y valerosos soldados, como ha hecho Francisco López de Gómara y los demás coronistas modernos que siguen su propia historia sin poner ni quitar más de lo que dice'(Díaz, 585). Díaz, 1, 303-304, 592-593도 참조. 그러나 Díaz가 자신의 전쟁 경험을 역사가들이 무시한 것에 대해 화를 내지 않았음을 주목해야 한다. 그는 자신의 몫이 되어야 할 명예를 인정받지 못했다는 점에 대해서만 화를 냈다.

51 'escrituras y relaciones de los duques y marqueses y condes e ilustres varones'(Díaz, 593).

52 'yo escriba los heroicos hechos del valeroso Cortés, y los míos, y los de mis compañeros'(Díaz, 593).

53 'me hallé en más batallas que Julio César'(Díaz, 593 - 595).

54 Díaz, 324, 390.

55 Díaz, 2-3. 정복전쟁 이야기를 쓴 또 다른 정복자인 Francisco de Aguilar는 콜럼버스의 이야기로 글을 시작하며, Cordova의 원정은 전혀 언급하지 않는다.

56 Díaz, 577-578.

57 폭력, 명예, 귀족의 정체성 사이의 상관관계를 보려면, 특히 Kaeuper, *Chivalry and Violence*, 129-135, 143 참조. 귀족들이 왕에게 반란을 일으킬 때 명예가 필수적인 요소였다는 점에 대해서는 James, *Society, Politics and Culture*, 341, 343 참조.

58 Neuschel, *Word of Honour*, 93. Bernard, *Tudor Nobility*, 31-35도 참조.

**59** Dewald, *European Nobility*, 121-122.

**60** James, *Society, Politics and Culture*, 319.

**61** Baeça, 'Carta,' 488-489, 495-499도 참조. 여기서 Baeça는 여러 개인적인 전쟁에서 Villena 후작을 위해 싸웠다는 이야기뿐만 아니라, 가톨릭 군주들에 맞서 반란에 참여한 이야기도 자랑스럽게 들려준다.

**62** Belichingen, 31-32. 르네상스 시대 독일에서 벌어진 많은 개인적인 전쟁과 불화의 사례를 보려면, Zmora, State and Nobility 참조.

**63** Brantôme, VII. 131-133.

**64** Kaeuper, *Chivalry and Violence*, 305. Billacois, *Duel dans la société française*. Kiernan, *Duel in European History*.

**65** Horrox, *Richard III*, 18. 19-20도 참조.

**66** Monluc, III. 415.

**67** 'Il servoit son maistre, et moy le mien; il m'attaquoit pour son honneur, et je soustenois le mien; il vouloit acquerir de la reputation, et moy aussi'(Monluc, II. 64).

**68** Berlichingen, 78.

**69** Berlichingen, 64. 기사가 가신으로서 주군에게 바친 봉사와 연인으로서 행한 봉사를 비교해보면 이 점에 대해 더 확실히 알 수 있다. 적어도 소설 속에서 기사들은 왕보다 연인에게 더욱 노예처럼 봉사했다. 그러나 이런 봉사에서 가장 중요한 점은 그것이 그들의 독립적인 행동이었다는 점이다. 달리 어쩔 도리가 없어서 연인에게 봉사하는 경우에는 명예를 얻을 수 없었다. 기사들의 봉사가 보답받지 못했다는 서술이 이 점을 더욱 예리하게 강조할 때가 많았다. 잔인한 상대에게 충실히 봉사하는 사람이 최고의 연인이라는 기사도의 관념은 고마워할 줄 모르는 왕을 충실히 섬기는 사람이 최고의 기사(예를 들어 El Cid나 Guillaume of Orange)라는 또 다른 관념과 쌍벽을 이룬다. 이 두 가지 관념에서 중요한 것은 어떤 경우에든 봉사가 강요된 것이어서는 안 된다는 점이다.

기사가 독립적인 행위자로서 자유의지로 바치는 봉사이니만큼, 상대방에게서 보답을 받지 못할수록 명예로웠다. 이와 비슷한 경우로는, 이름 모를 아가씨나 고난에 빠진 기사를 구해주는 기사가 있다. 이때에도 '봉사'는 자발적으로 행해졌다는 점 때문에 특히 명예로웠다.

**70**  Charny, *Book of Chivalry*, 120.

**4부** ——————  **11장**

**1**  중세의 시각에 대해서는 Le Roy Ladurie, *Montaillou*, 424-431. Brandt, *Shape of Medieval History*, 130. Bagge, 'Individual in Medieval Historiography,' 42-43도 참조.

**2**  또는 종교적인 주인공도 가능하다.

**3**  이런 명단을 보려면, Florange, I. 8-14, II. 183-184. Crreggio, 187-226. Haynin, I. 14-21, 73-74, 229 참조. 이것은 물론 르네상스 시대 군인회고록만의 독특한 특징이 아니다. 예를 들어 많은 중세 연대기에서도 이런 명단을 볼 수 있다.

**4**  Monluc이 라바스탕에서 부상당했을 때 자신을 도와준 신사의 이름을 언급하지 못한 것에 대해 사과하면서, 그때 자신이 너무 약해져 있어서 그 신사가 누구인지 알아보지 못했다고 해명하는 것을 앞에서 이미 살펴보았다. Correggio, 94-129. Haynin, I. 72, 229, Rabutin, *Commentaires*, II. 76, Berlichingen, 64도 참조.

**5**  'pour ceux qui par le chemin de la vertu, aux despens de leur vie veulent eterniser leur nom, comme, en despit de l'envie, j'espère que j'auray faict celuy de Monluc'(Monluc, III. 428). Monluc, II. 392, III. 410, Díaz, 22, Gómara, *Historia*, I. 98, Salignac, *Siège de Metz*, 511도 참조.

**6**  Brantôme, VII. 288-291.

7    Brantôme, I. 329-334.

8    'ung Gantois, villain et de petit estat, **et sans nom pour estre recogneu**, fit ce jour tant d'armes, tant de vaillance et d'oultraige, que se telle adventure estoit advenue à ung homme de bien, **ou que je le sceusse nommer**, je m'acquiteroie de porter honneur à son hardement; car vaillance est entre les bons si privilegiée et de telle aucthorité, qu'elle doit estre manifestée, publiée et dicte de petite personne ou de petit estat comme des plus grans'(Marche, II. 324).

9    'Mais couraigeusement soubstint l'assault de ses ennemis. Et avint que le filz de son medecin, nommé Robert Cottereau, monté sur ung fort cheval, vit son maistre en ce dangier, et se vint fourrer au millieu de ce debat, l'espée au poing; dont la François, qui tenoit le conte moult de près, s'eslongna de ceste place; et fut le conte garanty pour celle fois. Et prestement le conte fit chevalier ledit messire Robert Cottereau' (Marche, III. 11 - 12).

10   Haynin, I. 70.

11   'le filz du medecin de Paris appellé maistre Jehan Cadet'(Commynes, *Mémoires*, book I. ch. 4(ed. Mandrot, I. 36)).

12   Díaz, 447, 563.

13   Díaz, 205. 여기서도 Díaz의 태도와 Gómara의 태도가 흥미로운 대조를 이룬다. Gómara는 지면이 있다면 스페인 정복자의 이름을 모두 열거했겠지만, 그것은 불가능한 일이므로 그들 각자가 자기 집에서 명단을 열거해볼 수밖에 없을 것이라고 썼다(Gómara, *Historia*, II. 111-112).

14   Correggio, 187-226. Clari, *Conquête de Constantinople*, ch. I. 72-94도 참조.

15   Hassig, 'War, Politics and the Conquest of Mexico' 참조.

16   Guzmán, 32.

17  Monluc, II. 64.

18  Monluc, II. 158.

19  'estoupés les oreilles aux cris. ... Cent fois je m'en suis repenty'(Monluc, II. 125-126).

20  Neuschel, *Word of Honour*, 194. Chartier, 'Introduction,' 15-16. Comparato, 'Case of Modern Individualism,' 161-162. Cleman, 'Individual and the Medieval State,' ix. Bagge, 'Individual in Medieval Historiography,' 35-36.

21  Goetz, *Spanish Golden Age Autobiography*, 57, 111-112, 130. Burke, *Renaissance Sense of the Past*, 105-106. Spadaccini, 'Introduction,' 1. 그래도 르네상스 시대에는 때로 민간인의 글과 군인회고록 사이의 차이가 비교적 적었다. 저자가 역사와 개인사를 구분한다는 원칙을 알고 있다 하더라도, 그 원칙을 실천에 옮기기는 힘들었다. 왕조-민족의 역사는 여전히 비교적 세가 약했고, 인과관계와 추상과 내적인 성찰은 모두 아직 그리 중요하지 않았다. 따라서 많은 민간인과 평민은 회고록에서 생생하고 현실적인 사건들을 중심으로 일화를 늘어놓으며 결말을 열어두었다. 그들 자신은 본인이 역사적 행위자가 아니라서 자신의 행동이 역사적 사건이 아니라고 분명히 인식하고 있다 하더라도, 역사와 개인사를 어느 정도 뒤섞는 경우도 많았다.

## 맺음말

1  회고록 저자들에게 자율적인 내면이 없었다는 뜻은 아니다. 그들이 그 내면을 기준으로 자신을 규정하지 않았다는 뜻일 뿐이다. 비슷한 맥락에서, 그들이 자신을 독특한 존재로 생각하지 않았다는 뜻도 아니다. 그들은 스스로 독특한 존재라고 보았으나, 그 독특함을 규정하는 것은 자신의 독특한 개성이 아니라 독특한 행동이라고 생각했다.

2    Billacois, *Duel dans la societe française*, 146-147, 155-157, 210-211, 236.

     Kiernan, *Duel in European History*, 1-2, 53, 56-57, 113. Baldick, *Duel*, 84.

     Steinmentz, *Romance of Duelling*, I. 12. Kelso, *Doctrine*, 104. Elias, *Court Soceity*,

     240. Anglo, 'How to Kill,' 2. Moote, *Louis XIII*, 189.

3    철저히 개인적인 목적보다는 집단적인 목적을 추구한다고 드러내놓고 말한

     회고록 저자를 보려면, 예를 들어 Monluc, III. 412, 422 참조. Amelang도 근

     대 초기 장인들의 자서전에 대해 비슷한 주장을 했다. 설사 저자 본인은 제대

     로 인식하지 못했을지라도, 그런 '개인적인' 기록을 집필하는 것이 개인의 이

     해관계보다 집단의 이해관계에 봉사하는 정치적 행위이자 공적인 의무인 경

     우가 많았다는 것이다(Amelang, *Flight of Icarus*, 197, 219, 221, 226, 235-236).

4    그래서 17세기 초에 Agrippa d'Aubigné는 *Histoire universelle*과 자신의 삶

     을 다룬 *Sa vie*를 모두 썼으며, 두 책에서 각각 몹시 다른 역할로 등장했다

     (Aubigné, *Sa vie*. Aubigné, *Histoire universelle*).

5    Murrin, *History and Warfare*, 245.

6    비슷한 주장을 보려면, Shumaker, *English Autobiography*, 29-30 참조.

7    Karnow, *Vietnam*.

8    예를 들어, 최근 제작된 이스라엘 영화 〈Kippur〉.

## 부록 A

1    Amelang은 서유럽 전역에서 나온 근대 초기의 자전적 문헌들을 많이 나

     열하고 있는데, 그들 중 상당수가 회고록의 자격요건을 갖췄다(Amelang,

     *Flight of Icarus*). 스페인어 문헌에 대해서는 특히, Pope, *Autobiografia

     Española* 참조. Spadaccini, 'Introduction,' 12. Levisi, 'Golden Age

     Autobiography'. Ettinghausen, 'Laconic and Baroque'. Gusdorf,

     *Écritures du moi*, 209. Molino, 'Stratégies de l'autobiographie,' 124-

125. Amelang, 'Spanish Autobiography,' 61. Goetz, *Spanish Golden Age Autobiography*, 21. Morga, *Sucesos de las Islas Filipinas*. Cabeza de Vaca, *Naufragios y Comentarios*. Cota, *Memorias*도 참조. 독일 문헌에 대해서는, Rupprich, *Deutsche Literatur*, I. 158, II. 221-228. Waas, *Legendary Character*. Benecke, *Maximilian*. Boulay, 'German Town Chroniclers'. Cohn, 'Götz von Berlichingen,' 22-40 참조. 이탈리아어 문헌에 대해서는, Guglielminetti, 'L'autobiographie en Italie,' Comparato, 'Case of Modern Individualism,' 155-156, Pius II, *Memoirs* 참조. 회고록과 비슷하게 상업적인 문제, 개인적인 문제, 가문 이야기, 정치적 문제에 관한 이야기를 결합한 이탈리아의 ricordanza 장르를 다룬 글을 보려면, Bec, *Marchands écrivains* 참조. 오늘날의 베네룩스 지역에서 나온 문헌에 대해서는, *Collection de mémoires relatifs à l'histoire de Belgique*. Dadizeele, *Mémoires* 참조.

2   일부 근대학자들은 15세기 이전에도 프랑스에 회고록이 존재했다고 인정한다. 예를 들어, Aries, 'Pourquoi écrit-on des mémoires?' 14. Nora, 'Mémoires d'État,' 369-370 참조.

3   Joinville의 글은 1546년에 *Mémoires de Joinville*이라는 제목으로 출간되었다(Bellay, I. 4, n. 2). 16세기의 프랑스 저자들 중 적어도 일부는 Joinville을 회고록 저자로 보았다(Bellay, I. 4. Montaigne, *Essais*, book II, ch. 10(ed. Thibaudet, 462)).

4   중세의 선구적인 문헌들에 대해서는, Bellay, IV. 360. Kaminsky, 'To Restore Honour and Fortune'. Gusdorf, *Écritures du moi*, 209. Goetz, *Spanish Golden Age Autobiography*, 23. Amelang, 'Spanish Autobiography,' 61. Shumaker, *English Autobiography*, 14, 16. Briesemeister, 'Autobiographie in Spanien,' 49. Lehman, 'Autobiographies'. Zumthor, 'Autobiography' 참조.

5   예를 들어, Tacitus는 Nero의 어머니 Agrippina의 회고록을 언급하는데, 지

남은 이 문헌이 소실되어 찾아볼 수 없다. 'id ego, a scriptoribus annalium non traditum, repperi in commentariis Agrippinae filiae, quae Neronis principis mater uitam suam et casus suorum posteris memorauit'(Tacitus, *Annals*, book 4.53(ed. Martin and Woodman, p. 64)).

6    Babur, *Babur-nama*. Elliot, *History of India*.

7    Mihailovic, *Memoirs*.

8    그는 프랑스에서 수도사가 된 뒤 프랑스어로 글을 썼다. Hetoum, *Fleurs des hystoires* 참조.

9    Abu al-Fida, *Memoirs*.

10   Usama, *Kitab al-i'tibar*.

11   Constantine Porphyrogenitus, *Three Treatises* 참조.

12   Marche, I. 181, 188, II. 95, 320.

13   'escriptures et memoires'(Marche, I. 60).

14   'faire et compiler aucungs volumes, par maniere de memoires, où sera contenu tout ce que j'ay veu de mon temps digne d'escripre et d'estre ramentu'(Marche, I. 183).

15   'rédigier et mettre par escript aucunnes petites récordacions et mémores'(Lefèvre, *Chronique*, I. 1).

16   'ce présent petit livre par manière de recordacion et mémoire'(같은 책, I. 4-5).

17   Bernáldez, *Memorias*, 385.

18   Bellay, I. 3-4.

19   Bellay, IV. 347-361.

20   Bellay, I. 12-13, 27-28, 41, 107-122.

21   Boyvin, *Mémoires*, 13. Monluc, II. 170. Rabutin, *Commentaires*, II. ix. Vieilleville, *Mémoires*, 18. Demers, *Commynes*, 23. Fumaroli, 'Mémoires et

Histoire,' 24. Roy, *Habsburg-Valois Wars*, 10. Tavannes, *Mémoires*, 19. La Noue, *Discours*, vii도 참조. Montaigne의 에세이 중, 그가 회고록 집필 관행을 언급하며 특히 Commynes과 du Bellay의 회고록을 분석한 부분에도 크게 관심이 쏠린다(Montaigne, *Essais*, book II, ch. 10(ed. Thibaudet, 462)). 회고록 집필의 전통을 의식한 프랑스의 회고록 저자들에 대해서는, Monluc, I. 140, III. 435, Mesmes, *Mémoires*, 125-128도 참조.

22  Bellay, I. 3-4.

23  Bellay, III. 299, IV. 325.

24  Bellay, IV. 347-361. 투키디데스나 몽스트를레가 회고록을 썼다는 뒤 벨레 형제의 주장에 동의할 학자가 거의 없다는 점은 말할 필요도 없다.

25  Caesar의 *Commentaries*를 또렷이 언급하며 이용한 사람들로는 프랑스의 회고록 저자인 du Bellay, Castelnau, Monluc, Rabutin(Castelnau, *Mémoires*, 409. Monluc, I. 3, 27, III. 339. Rabutin, 'Epistre,' 389. Rabutin, *Commentaires*, 193. Dickinson, *Instructions*, cxvii-cxviii)뿐만 아니라, 스페인의 Díaz, Enríquez de Guzmán, Mendoza, Verdugo, Avila, Díaz de Gámez, 독일의 Zimmern, 영국의 Williams, 웨일스의 Gruffydd(Guzmán, 7. Mendoza, *Comentarios*, 391, 430. Verdugo, *Commentario*, ii. Avila, *Primer Comentario*, 4와 기타 여러 곳. Gámez, 276. Zimmern, *Zimmersche Chronik*, I. 32. Williams, *Actions of the Lowe Countries*, 4, 55. Davies, 'Boulogne and Calais,' 65)가 있다. Caesar의 영향에 관해서는, Cahrles V, 'Mémoires,' 157-158. Goetz, *Spanish Golden Age Autobiography*, 110.3 참조. 당시 Caesar의 번역본에 대해서는, Gaguin, *Commentaires de Iules Cesar*. Bossaut, 'Traductions françaises.' 245, 259, 275, 291, 374, 377-379 참조. Xenophon과 Josephus의 글도 비록 약하기는 해도 영향을 주었다. Xenophon에 대해서는, Tavannes, *Mémoires*, 56. La Noue, *Discours*, vii. McFarlane, *Renaissance France*, 53 참조. Josephus에 대해서는, Díaz, 370. Guenée, *Histoire et culture historique*, 250, 271. Nader, *Mendoza Family*, 183, 187,

200 참조. 영향을 미친 다른 고전시대 자료에 대해서는, 예를 들어 Aguilar, 'Relación,' 204-205. Díaz, 97. Bueil, I. 32. Monluc, III. 62-65. La Noue, *Discours*, vii 참조. 고전시대 모델의 중요성과 그 문헌들을 구할 수 있었는지에 대해서는, Knecht, 'Military Autobiography,' 4, 7. Fumaroli, 'Mémoires et Histoire,' 24 참조.

**26** 르네상스 시대의 회고록 저자들에게 가장 커다란 영향을 미친 고전시대의 모델인 Caesar의 *Commentaries*의 첫 프랑스어 번역본이 Charles of Burgundy 의 요구로 만들어졌다는 사실도 주목할 만하다.

**27** Champagney의 글(현대의 편집자들이 'Mémoires'라는, 오해의 소지가 있는 제목을 붙여놓았다)도 참조. 그는 부르고뉴에서 이주한 귀족 가문의 아들로 바르셀로나에서 태어나 이탈리아와 현재의 베네룩스 지역에서 합스부르크 왕가를 위해 일했다(Champagney, *Mémoires*).

**28** 잉글랜드와 스페인에서 Commynes의 글이 잘 알려져 있었던 것에 대해서는, Williams, *Actions of the Lowe Countries*, 148. Fumaroli, 'Mémoires et Histoire,' 22-23 참조. 다른 프랑스 문헌들을 프랑스 밖에서 구할 수 있었는지에 대해서는, Bellay, IV. lxiii-lxiv 참조. Castelnau가 잉글랜드에 있는 동안 회고록을 썼다는 사실도 주목할 만하다(Castelnau, *Mémoires*, 404). Mendoza의 프랑스어 번역본에 대해서는, Mendoza, *Comentarios*, xxv 참조. 프랑스에서 Verdugo의 글을 구할 수 있었는지에 대해서는, Verdugo, *Commentario*, xxxvii 참조.

**29** Diesbach, *Autobiographischen Aufzeichnungen*, 43-65.

**30** Schertlin, 79-81.

**31** Cohn, 'Götz von Berlichingen,' 23.

**32** Diesbach, *Autobiographischen Aufzeichnungen*, 27.

**33** Williams, *Actions of the Lowe Countries*, 55.

**34** Díaz, 414.

**35** Díaz, 370, 577-578.

**36** Díaz, 593.

**37** Díaz, 612.

**38** Pere III, *Chronicle*, 43-44. Pere III, *Chronique*, 228-229. Muntaner, *Crònica*, I. 31-31.

**39** 가장 유명한 사례가 Commynes의 글이다. 그는 때로 자신의 글이 Louis XI 의 전기 또는 그 전기를 쓰기 위한 원재료라고 주장했지만, 결과물은 그의 주장과 상당히 달랐다. Louis XI가 죽어서 땅에 묻히는 장면을 묘사한 뒤에도 그의 글이 한참 더 이어졌기 때문이다. 자신의 회고록을 다른 사람의 전기처럼 포장하는 방법은 매력적이었다. 특히 저자 본인이 그리 중요하지 않은 인물인 경우, 허세를 부린다는 비난에서 벗어날 수 있었기 때문이다. 이런 관행은 17세기에도 널리 퍼져 있었다(Briot, *Usage du monde*, 138).

**40** Cutierre Díaz de Gámez가 쓴 Pero Niño의 전기가 이런 사례다. Díaz de Gámez는 Niño 휘하에서 군기를 드는 역할을 맡아, 책에 묘사된 모든 원정에 참여했다. 그가 자신은 현장에 있었지만 Niño는 없었던 사건들을 서술한 부분이 몇 군데 있다(Gámez, 122-123, 203-205, 208-210, 270). 또한 군기를 드는 사람의 특별한 임무와 중요성에 대해 곰곰이 되짚어본 부분도 있다(Gámez, 205, 207, 208-209, 267, 269, 272, 276). 비슷한 맥락에서, Count Arthur of Richemont, Bayard, Mathieu Merle, Wilwolt von Schaumburg, Duke Lour of Bourgon의 전기도 회고록으로 읽을 수 있다(Gruel, *Histoire*. *Très joyeuse histoire de Bayart*. Gondin, *Mémoires de Mathieu Merle*. Eyb, *Geschichten und Taten*. Orville, *Chronique*).

**41** 예를 들어, Lefèvre, *Chronique*, I. 247, II. 1-li. Marche, II. 309-310 참조. Small은 회고록 장르가 부르고뉴 궁정에서 Chastelain을 중심으로 한 작가 집단의 손으로 창조되었으며, Chastelain은 le Bel과 Froissart가 시초가 된 발랑시엔의 역사전통에 크게 영향을 받았다고 주장한다(Small, *George*

*Chastelain*). Small 본인은 이 두 구절을 하나도 언급하지 않았지만, 이들이 서로 연결되어 있음은 확실하다.

**42** Rabutin은 Caesar를 본떠 자신의 글에 *Commentaires des Guerres en la Gaule Belgique*라는 제목을 붙였으며, 서문에서 Caesar의 본을 따랐다고 밝힌 회고록 저자들도 여러 명 있었다(Monluc, I. 27. Rabutin, 'Epistre,' 389. Guzmán, 7. Mendoza, *Comentarios*, 391).

**43** Caesar, *Bello Gallico*, book 7, ch. 52.

**44** 같은 책, book 5, ch. 52.

**45** 아주 드문 예외적인 사례를 보려면, 같은 책, book 5, ch. 44 참조.

**46** 'Alemaña Prouinçia grandissime, es oy toda ella divisa en dos partes' (Avila, *Primer Comentario*, 4).


## 부록 B

**1** 나는 이 책에서 20세기의 많은 군인회고록을 언급했는데, 여기서는 본문에 언급된 회고록 저자들에 대해서만 설명했다.

참고문헌

## 1차 자료

Abū al-Fida, Ismail ibn Ali, *The Memoirs of a Syrian Prince: Abu'l-Fida', Sultan of Hamah (672 – 732\1273 – 1331)*, ed. and trans. P. M. Holt (Wiesbaden, 1983).

Aguilar, Francisco de, 'Relación breve de la Conquista de la Nueva España', in Germán Vázquez (ed.) *J. Diaz, A. Tapia, B. Vazquez y F. Aguilar: La Conquista de Tenochtitlan* (Madrid, 1988), pp. 161 – 206.

Alberti Aquensis, *Historia Hierosolymitana in Recueil des historiens des croisades. Historiens occidentaux. Tome quatrième* (Farnborough, Hants, 1967 [Paris, 1879]).

Amir, Amos, *Fire in the Sky* (Tel Aviv, 2000 [Hebrew]).

Ariosto, Ludovico, *Orlando Furioso e Cinque Canti*, ed. Remo Ceserani and Sergio Zatti, 2 vols (Turin, 1997 [1962]).

Aubigné, Agrippa de, *Histoire universelle*, ed. André Thierry, 11 vols (Geneva, 1981 – 2000)

Aubigné, Agrippa de, *Sa vie à ses enfants*, ed. G. Schrenk (Paris, 1986).

Auton, Jean de, *Chroniques de Louis XII*, ed. R. de Maulde la Clavière, 4 vols (Paris, 1889 – 95).

Avila, Luys de, *El Primer Comentario del Muy Illustre Senor Don Luys de Avila y Cuniga En la Guerra de Alemaña* (Venice, 1552).

Babur Padshah Ghazi, *Zahiru'd-din Muhammed, The Babur-nama in English (Memoirs of Babur)*, trans. Annette Susannah Beveridge (London, 1969 [1922]).

Baeça, Pedro de, 'Carta que Pedro de Baeça escrivio a el marques de Villena sobre que le pidio un memorial de lo que por el avia fecho', in Real academia de la historia (ed.), *Memorial Historico Espanol: Coleccion de documentos, opusculos y antiguedades*, vol. 5 (Madrid, 1853), pp. 485 – 510.

Balbi de Correggio, Francisco, *La Verdadera Relacion de todo lo que el anno de M.D.LXV. ha succedido en la isla de Malta, de antes que llegasse l'armada sobre ella de Soliman gran Turco ... Recogida por F. Balbi de Correggio ... y en esta segunda impression por el mismo autor reuista, emendada y ampliada ...* (Barcelona, 1568).

Bel, Jean le, *Chronique*, ed. Jules Viard and Eugene Deprez, 2 vols (Paris, 1904 – –5).

Berlichingen, Götz von, *The Autobiography of Götz von Berlichingen*, ed. H. S. M. Stuart (London, 1956).

Bernáldez, Andrés, *Memorias del Reinado de los Reyes Catholicos*, ed. Manuel Gomez-Moreno and Juan de M. Carriazo (Madrid, 1962).

Bidermann, Gottlob Herbert, *In Deadly Combat. A German Soldier's Memoir of the Eastern Front*, ed. and trans. Derek S. Zumbro (Lawrence. Kan., 2000 [trans. of *Krim-Kurland* (Stuttgart, 1964)]).

Billiere, Peter de la, *Storm Command: A Personal Account of the Gulf War* (London, 1993).

Bouchet, Jean, *Panégyric du chevallier sans reproche, Louis de la Trémoille*, in Michaud, *Nouvelle collection*, ser. I, vol. 4, pp. 403 – 78.

Boyvin, François de, *Mémoires du Sieur François de Boyvin, Chevalier, Baron du Villars ... sur les guerres demeslées tant en Piedmont qu'au Montferrat et Duché de Milan, par feu Messire Charles de Cossé, Comte de Brissac ... commençant en l'année 1550, et finissant en 1559 ...*, in Michaud, Nouvelle collection, ser. I, vol. 10, pp. 1 – 390.

Brantôme, Pierre de Bourdeille, abbot of, *Oeuvres complètes de Pierre de Bourdeille, seigneur de Brantôme*, ed. Ludovic Lalanne, 10 vols (Paris, 1864 – 82).

Bueil, Jean de, *Le Jouvencel par Jean de Bueil suivi du commentaire de Guillaume Tringant*, ed. Léon Lecestre, 2 vols (Paris, 1889).

Cabeza de Vaca, Alvar Núñez, *Castaways. The Narrative of Alvar Núñez Cabeza de Vaca*, ed. Enrique Pupo-Walker, trans. Frances M. López-Morrilas (Berkeley, 1993).

Cabeza de Vaca, Alvar Núñez, *Naufragios y Comentarios* (Madrid, 1922).

Caesar, Julius, *C. Iuli Caesaris Commentariorum pars prior qua continentur libri VII de Bello Gallico cum A. Hirti supplemento*, ed. Renatus de Pontet (Oxford, 1969 [Oxford, 1900]).

Caffarus, *Annali genovesi di Caffaro e de' suoi continuatori dal MXCIX al MCCXCIII*, ed. Luigi Tommaso Belgrano (Genoa, 1890 – 1929).

Caputo, Philip, *A Rumor of War* (London, 1977).

Carorguy, Jacques, ##*Mémoires de Jacques Carorguy, 1582 – 95*, ed. Edmond M. Bruwaert (Paris, 1880).

Castelnau, Michel de, *Mémoires de Michel de Castelnau, in Michaud, Nouvelle collection*, ser. I, vol. 9, pp. 401 – 554.

Champagney, Frédéric Perrenot de, *Mémoires de Frédéric Perrenot, sieur de Champagney, 1573 – 1590*, ed. A. L. P. de Robaulx de Soumoy (Bruxelles, 1860).

Charles IV, *Vita Karoli Quarti, ed. Ludwig Ölsner and Anton Blaschka* (Prague, 1979).

Charles V, 'Mémoires de Charles-Quint', in Alfred Morel-Fatio (ed.) *Historiographie de Charles-Quint* (Paris, 1913).

Charny, Geoffroi de, *The Book of Chivalry of Geoffroi de Charny*, ed. and trans.

Richard W. Kaeuper (Philadelphia, 1996).

Cheverny, Philippe Hurault, count of, *Mémoires de messire Philippe Hurault, Comte de Cheverny*, in Michaud, *Nouvelle collection*, ser. I, vol. 10, pp. 459 – 576.

Chrétien de Troyes, *Yvain. Le Chevalier au Lion*, ed. Wendelin Foerster (Manchester, 1942).

Cieza de Leon, Pedro de, *Guerras Civiles del Perú. Guerra de Chupas*, ed. Márcos Jiménez de la Espada (Madrid, 1881).

Cieza de Leon, Pedro de, *Guerras Civiles del Perú. Guerra de Las Salinas*, ed. Márcos Jiménez de la Espada (Madrid, 1877).

Cieza de Leon, Pedro de, *Guerras Civiles del Perú. Guerra de Quito*, ed. Márcos Jiménez de la Espada (Madrid, 1877).

Clari, Robert de, *La Conquête de Constantinople*, ed. Philippe Lauer (Paris, 1924).

Coligny, Gaspar de, *Discours de Gaspar de Coligny, seigneur de Chastillon, Admiral de France, ou sont sommairement contenues les choses qui se sont passées durant le siège de Sainct-Quentin*, in Michaud, *Nouvelle collection*, ser. I, vol. 8, pp. 563 – 83.

*Collection de mémoires relatifs à l'histoire de Belgique*, ed. Société de l'Histoire de Belgique, 46 vols (Brussels, 1858 – 76).

Commynes, Philippe de, *Mémoires*, ed. B. de Mandrot, 2 vols (Paris, 1901 – 3).

Compagni, Dino, *La cronica di Dino Compagni delle cose occorrenti ne'tempi suoi*, ed. Isidoro del Lungo (Città di Castello, 1913 – 16).

Constantine Porphyrogenitus, *Three Treatises on Imperial Military Expeditions*, ed. John F. Haldon (Vienna, 1990).

Contreras, Alonso de, *Vida del Capitan Alonso de Contreras*, in Jose M. de Cossio (ed.) *Biblioteca de Autores Españoles. Autobiografias de Soldados* (siglo XVII) (Madrid, 1956), pp. 75 – 248.

Cota, Sancho, *Memorias de Sancho Cota*, ed. Hayward Keniston (Cambridge, Mass.,

1964).

Coulton, George Gordon (ed.) *From St. Francis to Dante: Translations from the Chronicle of the Franciscan Salimbene (1221–1288)* (Philadelphia, 1972 [1907]).

Crétin, Guillaume, 'L'apparition du Mareschal sans reproche, feu Messire Jaques de Chabannes, en son vivant mareschal de France, faicte par ledit Cretin', in Kathleen Chesney (ed.) *Oeuvres Poétiques de Guillaume Crétin* (Paris, 1932), pp. 142–81.

Cummings, Delano, *Moon Dash Warrior. The Story of an American Indian in Vietnam. A Marine from the Land of the Lumbee* (Livermore, Ml., 1998).

Cust, H., *Gentlemen Errant: Being the Journeys and Adventures of Four Noblemen in Europe during the Fifteenth and Sixteenth Centuries* (London, 1909).

Dadizeele, Jan van, *Mémoires de Jean de Dadizeele* (Bruges, 1850).

Davies, M. Bryn, 'Boulogne and Calais from 1545 to 1550', *Bulletin of the Faculty of Arts. Fouad I University*, 12 (1950), pp. 1–90.

Davies, M. Bryn, 'The 'Enterprises' of Paris and Boulogne 1544', *Bulletin of the Faculty of Arts. Fouad I University*, 11 (1949), pp. 37–97.

Davies, M. Bryn, 'Suffolk's Expedition to Montdidier 1523', *Bulletin of the Faculty of Arts. Fouad I University*, 7 (1944), pp. 33–43.

Díaz de Gámez, Gutierre, *El Victorial o Crónica de Don Pero Niño*, in Juan de Mata Carriazo (ed.) *Colección de crónicas españolas*, vol. 1 (Madrid, 1940).

Díaz del Castillo, Bernal, *Historia Verdadera de la Conquista de la Nueva España*, ed. Joaquín Ramírez Cabañas, 10th edn (Mexico, 1974 [1955]).

Dickinson, G. (ed.) *The Instructions sur le Faict de la Guerre of Raymond de Beccarie de Pavie Sieur de Fourquevaux* (London, 1954).

Diesbach, Ludwig von, *Die autobiographischen Aufzeichnungen Ludwig von Diesbachs*, ed. Urs Martin Zahnd (Bern, 1986).

Du Bellay, Martin and Guillaume du Bellay, *Mémoires* (1513 – 47), ed. V.-L. Bourrilly and F. Vindry, 4 vols (Paris, 1908 – 19).

Ehingen, Jörg von, *Reisen nach der Ritterschaft*, ed. Gabriele Ehrmann, 2 vols (Göppingen, 1979).

Eisenhower, Dwight D., *Crusade in Europe* (London, 1948).

Elliot, H. M. and Dowson, J. (eds) *The History of India as Told by its Own Historians*, 7 vols (London, 1867 – ).

Enriquez de Guzmán, Alonso, *Libro de la Vida y Costumbres de Don Alonso Enríquez de Guzmán*, ed. Hayward Keniston (Madrid, 1960).

Enzinas, Francisco de, *Mémoires de Francisco de Enzinas*, ed. Ch.-Al. Campan, 2 vols (Bruxelles, 1862).

Eyb, Ludwig von, *Die Geschichten und Taten Wilwolts von Schaumburg*, ed. A. von Keller (Stuttgart, 1859).

Eytan, Refael, *Story of a Soldier* (Tel Aviv, 1985 [Hebrew]).

Florange, Robert III de la Marck, lord of, *Mémoires du Maréchal de Florange dit le Jeune Adventureux*, ed. Robert Goubaux and P.-André Lemoisne, 2 vols (Paris, 1923 – 4).

Fox, Robert, *Eyewitness Falklands. A Personal Account of the Falklands Campaign* (London, 1982).

Frazer, Richard McIlwanie, *The Trojan War: The Chronicles of Dictys of Crete and Dares the Phrygian* (Bloomington, 1966).

Freile, Juan Rodríguez, *El Carnero*, ed. Mario Germán Romero (Bogotá, 1984).

Froissart, Jehan, *Chroniques de J. Froissart*, ed. Siméon Luce, 15 vols (Paris, 1869 – 1975).

Froissart, Jehan, *Voyage en Béarn*, ed. A. H. Diverres (Manchester, 1953).

Foucher of Chartres, *Fulcheri Carnotensis historia Hierosolymitana* (1095 – 1127), ed.

Heinrich Hagenmeyer (Heidelberg, 1913).

Gaguin, Robert (trans.) Les Commentaires de Iules Cesar (*s.l.*, 1539).

Gaguin, Robert, Les grandes croniques (Paris, 1514).

García de Paredes, Diego, ##*Breve Svma dela Vida y Hechos de Diego Garcia de Paredes la qual el mismo escriuio ...*, in Hernando Perez del Pulgar, *Chronica del gran capitan Gonçalo Hernandez de Cordova y Aguilar* (Alcala, 1584), pp. 165 – 7.

Gascoigne, George, *The fruites of Warre, written upon this Theame, Dulce Bellum inexpertis ...*, in George Gascoigne, *The Complete Works*, ed. John W. Cunliffe, 2 vols (New York, 1974), vol. 1, pp. 139 – 84.

Gerald of Wales, *Expugnatio Hibernica. The Conquest of Ireland*, ed. and trans. A. B. Scott and F. X. Martin (Dublin, 1978).

Givati, Moshe, *Three Births in September* (Tel Aviv, 1990 [Hebrew]).

Gómara, Francisco López de, *Annals of the Emperor Charles V*, ed. and trans. Roger Bigelow Merriman (Oxford, 1912).

Gómara, Francisco López de, *Historia de la Conquista de Mexico*, ed. D. Joaquin Ramirez Cabañes, 2 vols (Mexico, 1943).

Gondin, *Mémoires de Mathieu Merle, Baron de Salavas*, in Michaud, *Nouvelle collection*, ser. I, vol. 11, pp. 485 – 92.

Gray, Thomas, *Scalacronica*, ed. Joseph Stevenson (Edinburgh, 1836).

Greene, Robert B., *Duty: A Father, His Son, and the Man Who Won the War* (New York, 2000).

Grimmelshausen, Johann Jakob Christoffel von, *The Adventures of Simplicissimus*, trans. John P. Spielman (New York, 1981).

Gruel, Guillaume, *Histoire d'Artus III, Duc de Bretaigne, Comte de Richemont et Connestable de France; Contenant ses mémorables faicts depuis l'an 1413 jusques a l'an 1457*, in Michaud, *Nouvelle collection*, ser. I, vol. 3, pp. 185 – 230.

Guibert of Nogent, *The Deeds of God through the Franks. Gesta Dei per Francos*, trans. Robert Levine (Woodbridge, 1997).

Guicciardini, Francesco, *Storia d'Italia*, ed. Giovanni Rosini, 6 vols (Paris, 1837).

Guizot, François P. G., *Collection des mémoires relatifs à l'histoire de France ... jusqu'au 13e siècle*, 31 vols (Paris, 1823 – 35).

Gunther of Pairis, *The Capture of Constantinople: The 'Hystoria Constantinopolitana' of Gunther of Pairis*, ed. and trans. Alfred J. Andrea (Philadelphia, 1997).

Guyon, Fery de, *Mémoires de Fery de Guyon*, ed. A.-P.-L. de Robaulx de Soumoy (Bruxelles, 1858).

Hasek, Jaroslav, *Dobrý voják Švejk pred válkou a jiné podivné historky* (Prague, 1957).

Haynin, Jean de, *Mémoires de Jean, Sire de Haynin et de Louvignies, 1465 – 1477*, ed. D. D. Brouwers, 2 vols (Liège, 1905).

Heller, Joseph, *Catch-22* (New York, 1961).

Herr, Michael, *Dispatches* (London, 1978).

Hetoum, Prince of Gorigos, *Les fleurs des hystoires de la terre Dorient* (Paris, 1510?).

Horrocks, Brian, *A Full Life* (London, 1974).

Hurtado de Mendoza, Diego, *Guerra de Granada, ed. Bernardo Blanco-González* (Madrid, 1970).

Jaume I, *Crònica o llibre dels feits, in Ferran Soldevila* (ed.) *Les Quatre Grans Cròniques* (Barcelona, 1971), pp. 1 – 402.

Johnstone, Sandy, *Diary of An Aviator: An Autobiography* (Shrewsbury, 1993).

Joinville, Jean de, *Vie de saint Louis*, ed. Jacques Monfrin (Paris, 1995).

Jünger, Ernst, *The Storm of Steel: From the Diary of a German Storm-Troop Officer on the Western Front* (London, 1994, trans. of *In Stahlgewittern* [Leisnig, 1920]).

Kingsland, Gerald, *In Quest of Glory* (London, 1989).

Kovic, Ron, *Born on the Fourth of July* (New York, 1976).

La Marche, Olivier de, *Mémoires d'Olivier de la Marche*, ed. Henri Beaume and J. d'Arbaumont, 4 vols (Paris, 1883).

La Noue, François de, *Discours politiques et militaires*, ed. F. E. Sutcliffe (Geneva, 1967).

Larteguy, Jean, *The Face of War. Reflections on Men and Combat*, trans. Beth de Bilio (New York, 1979, trans. of La Guerre Nue [Paris, 1976]).

La Tour Landry, Geoffrey de, *The Booke of Thenseygnementes and Techynge that the Knyght of the Towre Made to His Doughters*, trans. William Caxton, ed. Gertrude Burford Rawlings (London, 1902).

Lawrence, T. E., *Seven Pillars of Wisdom* (Oxford, 1988 [1926]).

Lefèvre, Jean de, *Chronique de Jean Le Févre seigneur de Saint-Remy*, ed. François Morand, 2 vols (Paris, 1876 – 81).

Léry, Jean de, *Histoire d'un voyage fait en la terre du Brésil* (Genève, 1975).

Livingston, Harold, *No Trophy No Sword. An American Volunteer in the Israeli Air Force During the 1948 War of Independence* (Chicago, 1994).

*Le livre des faicts du bon Messire Jean le Maingre, dit Boucicaut*, in Michaud, *Nouvelle collection*, ser. I, vol. 2, pp. 203 – 332.

López de Ayala, Pedro, *Crónicas de los reyes de Castilla: desde don Alfonso el Sabio hasta los católicos don Fernando y doña Isabel*, ed. Cayetano Rosell, 3 vols (Madrid, 1953).

Loyd, Anthony, ##My War Gone By, I Miss It So## (London, 1999).

Manning, Frederic, *The Middle Parts of Fortune: Somme and Ancre, 1916* (New York, 1977).

Mariana, Juan de, *Historia General de España*, 16 vols (Madrid, 1817).

Marot, Jehan, *Le voyage de Genes*, ed. Giovanna Trisolini (Geneva, 1974).

Mason, Robert, *Chickenhawk* (Guernsey, 1984).

*Mémoires de François de Lorraine, Duc d'Aumale et de Guise*, in Michaud, *Nouvelle collection*, ser. I, vol. 6, pp. 1 – 539.

*Mémoires de Louis de Bourbon, Prince de Condé*, in Michaud, *Nouvelle collection*, ser. I, vol. 6, pp. 541 – 711.

Mendoza, Bernardino de, *Comentarios de lo sucedido en las Guerras de los Paises-Bajos desde el año de 1567 hasta el de 1577*, ed. Cayetano Rosell (Madrid, 1853).

Mendoza, Bernardino de, *Theorica y practica de Guerra* (Madrid, 1595).

Mesmes, Henri de, *Mémoires inédits de Henri de Mesmes, suivi de ses pensées inédites écrites pour Henri III*, ed. Edouard Fremy (Genève, 1970 [Paris, 1886]).

Michaud, Joseph François and Jean Joseph Poujoulat (eds) *Nouvelle collection des mémoires pour servir à l'histoire de France, depuis le XIIIe siècle jusqu'à la fin du XVIIIe*, 3 series, 32 vols (Paris, 1836 – 39).

Mihailovic, Konstantin, *Memoirs of a Janissary*, trans. Benjamin Stolz (Ann Arbor, Mich., 1975).

Monluc, Blaise de, *Commentaires de Blaise de Monluc, Maréchal de France*, ed. Paul Courteault, 3 vols (Paris, 1911).

Montaigne, Michel de, *Essais*, ed. Albert Thibaudet (Paris, 1950).

Morga, Antonio de, *Sucesos de las Islas Filipinas*, ed. and trans. J. S. Cummins (Cambridge, 1971).

Morgan, Walter, *The Expedition in Holland, 1572 – 1574*, ed. Duncan Caldecott-Baird (London, 1976).

Muntaner, Ramon, *Crònica*, ed. Marina Gustà, 2 vols (Barcelona, 1979).

Nevaire, Phelippe de, *Estoire de la Guerre qui fu entre l'empereor Frederic & Johan d'Ibelin*, in Gaston Raynaud (ed.) *Les Gestes des Chiprois. Recueil de chroniques françaises écrites en orient aux XIIIe et XIVe siècles* (Genève, 1887), pp. 25 – 138.

Odo of Deuil, *De profectione Ludovici VII in orientem*, ed. and trans. Virginia Gingerick Berry (New York, 1948).

Oliver of Paderborn, *The Capture of Damietta*, ed. and trans. John J. Gavigan

(Philadelphia, 1948).

O'Nan, Stewart (ed.) *The Vietnam Reader* (New York, 1998).

Orville, Jehan Cabaret de, *La Chronique du bon Duc Loys de Bourbon*, ed. A.-M. Chazaud (Paris, 1876).

Paradin, Guillaume, *Continuation de l'Histoire de Nostre Temps* (Lyon, 1556).

Paradin, Guillaume, *Histoire de Nostre Temps* (Lyon, 1550).

Patten, William, *The Expedition into Scotland ... made in the first year of his majesty's most prosperous reign: and set out by way of Diary by William Patten, Londoner*, in A. F. Pollard (ed.) *An English Garner: Tudor Tracts 1532 – 1588* (Westminster, 1903), pp. 53 – 157.

Pere III of Catalonia, *Chronicle*, trans. Mary Hillgarth, 2 vols (Toronto, 1980).

Pere III of Catalonia, *Chronique Catalane de Pierre IV d'Aragon III de Catalonia*, ed. Amédée Pagès (Toulouse, 1941).

Peters, Robert, *For You Lili Marlene. A Memoir of World War II* (Madison, 1995).

Petitot, Claude Bernard, Alexandre Petitot and Louis-Jean-Nicolas Monmerqué (eds) ##*Collection complète des mémoires relatifs à l'histoire de France: depuis le règne de Philippe-Auguste ... [jusqu'à la paix de Paris, conclue en 1763]. Avec des notices sur chaque auteur, et des observations sur chaque ouvrage ...*, 2 series, 131 vols (Paris, 1820 – 29).

Pinto, Fernão Mendes, *Peregrinação, ed. Adolfo Casais Monteiro* (Lisbon, 1983).

Pius II, *Memoirs of a Renaissance Pope. The Commentaries of Pius II. An Abridgment*, ed. Leona C. Gabel, trans. Florence A. Gragg (New York, 1959).

Rabutin, François de, *Commentaires des Guerres en la Gaule Belgique* (1551 – 1559), ed. Ch. Gailly de Taurines, 2 vols (Paris, 1932, 1944).

Rabutin, François de, 'Epistre au magnanime Prince Messire François de Cleves, Duc de Nivernois', in Michaud, *Nouvelle collection*, ser. I, vol. 7, pp. 389 – 90.

Rabutin, François de, 'Proeme de l'Auteur', in Michaud, *Nouvelle collection*, ser. I, vol. 7, pp. 391 – 2.

Raymond of Aguilers, *La 'Liber' de Raymond d'Aguilers*, ed. John Hugh and Laurita L. Hill (Paris, 1969).

*Relação Verdadeira dos Trabalhos que o Governador D. Fernando de Souto e Certos Fidalgos Portugueses passaram no Descobrimento da Provincia da Flórida, Agora Novamente Escrita por um Fidalgo de Elvas*, ed. Gavazzo Perry Vidal (Lisbon, 1940).

Remarque, Erich Maria, *Im Westen nichts Neues* (Berlin, 1929).

Rheingold, Uriel, *The Journey to Sharem A-Sheikh* (Tel-Aviv, 1966 [Hebrew]).

Rio, Martin Antoine del, *Commentarii de Tumultu Belgico ab adventu Joannis Austriaci ad Gregorium XIII Pont. Max.*, ed. and trans. Ab. Delvigne, 3 vols (Bruxelles, 1869 – 71).

Rochechouart, Guillaume de, *Mémoires de messire Guillaume de Rochechouart*, in Michaud, *Nouvelle collection*, ser. I, vol. 8, pp. 595 – 605.

Rogers, Francis M. (ed. and trans.) *The Travels of the Infante Dom Pedro of Portugal* (Cambridge, Mass., 1961).

Saint-Auban, Jacques Pape, lord of, Mémoires de Saint-Auban, in Michaud, *Nouvelle collection*, ser. I, vol. 11, pp. 493 – 514.

Saint-Marc, Antoine du Puget, lord of, *Mémoires d'Antoine du Puget, Sieur de Saint-Marc*, in Michaud, *Nouvelle collection*, ser. I, vol. 6, pp. 709 – 52.

Sajer, Guy, *The Forgotten Soldier. War on the Russian Front – A True Story*, trans. Lily Emmet (London, 2000, trans. of *Le soldat oublié* [Paris, 1968]).

Salignac, Bertrand de, *Le siège de Metz par l'Empereur Charles V, en l'an 1552*, in Michaud, Nouvelle collection, ser. I, vol. 8, pp. 505 – 61.

Salimbene of Parma, *Cronica*, ed. Giuseppe Scalia, 2 vols (Bari, 1966).

Sassoon, Siegfried, *Memoirs of an Infantry Officer* (London, 1930).

Schertlin, Sebastian von Burtenbach, *Leben und Thaten des weiland wohledlen und gestrengen Herrn Sebastian Schertlin von Burtenbach, durch ihn selbst deutsch beschrieben*, ed. Ottmar F. H. Schönhuth (Münster, 1858).

Schiltberger, Hans, *Hans Schiltbergers Reisebuch*, ed. Valentin Langmantel (Tübingen, 1885).

Schwarzkopf, H. Norman, *It Doesn't Take a Hero* (London, 1992).

Shapira, Dani, *Alone in the Sky* (Tel Aviv, 1994 [Hebrew]).

Tacitus, Cornelius, *Annals. Book IV*, ed. R. H. Martin and A. J. Woodman (Cambridge, 1989).

Tapia, Andrés de, 'Relación de algunas cosas de las que acaecieron al muy ilustre señor don Hernando Cortés ...', in Germán Vázquez (ed.) *J. Diaz, A. Tapia, B. Vazquez y F. Aguilar: La Conquista de Tenochtitlan* (Madrid, 1988), pp. 67 – 123.

Tavannes, Jean de Saulx, viscount of, *Mémoires de tres-noble et tres-illustre Gaspard de Saulx, seigneur de Tavannes*, in Michaud, *Nouvelle collection*, ser. I, vol. 8, pp. 1 – 504.

Thomas, Pierre, lord of Fossé, *Mémoires du sieur de Pontis* (Amsterdam, 1694).

Thou, Jacques-Auguste de, *Histoire universelle*, 16 vols (Basle, 1742).

*La très joyeuse, plaisante et récréative histoire du gentil Seigneur de Bayart composée par le Loyal Serviteur*, ed. M. J. Roman (Paris, 1878).

Tringant, Guillaume de, 'Commentaire du *Jouvencel*', in Léon Lecestre (ed.) *Le Jouvencel par Jean de Bueil suivi du commentaire de Guillaume Tringant*, 2 vols (Paris, 1889), vol. 2, pp. 263 – 99.

Troyes, Jean de, *Histoire de Louys Unziesme, Roy de France, et les choses mémorables advenues de son régne, depuis l'an 1460 jusques a 1483*, in Michaud, *Nouvelle collection*, ser. I, vol. 4, pp. 241 – 351.

Usa-ma Ibn Munqidh, *Kitāb al-i'tibār li-Ibn Munqidh*, ed. H. Derenbourg (Paris,

1886).

Valenciennes, Henri de, 'Histoire de l'Empereur Henri', in Geoffroi de Ville-Hardouin, *Conquête de Constantinople, avec la continuation de Henri de Valenciennes*, ed. M. Natalis de Wailly (Paris, 1882), pp. 304 – 421.

Valois, Marguerite de, *Mémoires et Lettres de Marguerite de Valois*, ed. M. F. Guessard (New York, 1966 [Paris, 1842]).

Verdugo, Francisco, *Commentario del Coronel Francisco Verdugo de la Guerra de Frisa*, ed. Henri Lonchay (Bruxelles, 1899).

Vere, Francis, *The Commentaries of Sir Francis Vere, Being divers Pieces of Service, wherein he had command; written by himself, in way of Commentary*, in Charles Harding Firth (ed.) *An English Garner. Stuart Tracts, 1603 – 1693* (Westminster, 1903), pp. 83 – 210.

*La vida y hechos de Estebanillo de González, hombre de buen humor. Compuesto por él mismo* (Antwerp, 1646).

Vieilleville, François de Scepeaux, lord of, *Mémoires de la vie de François de Scepeaux, sire de Vieilleville et Comte de Durestal, Mareschal de France*, in Michaud, *Nouvelle collection*, ser. I, vol. 9, pp. 1 – 400.

Villehardouin, Geoffroy de, *La Conquête de Constantinople*, ed. Jean Dufournet (Paris, 1969).

Villeneuve, Guillaume de, *Mémoires de Guillaume de Villeneuve*, in Michaud, *Nouvelle collection*, ser. I, vol. 4, pp. 375 – 402.

Webster, David Kenyon, *Parachute Infantry: An American paratrooper's memoir of D-Day and the fall of the Third Reich* (London, 1994).

Williams, Roger, *The Actions of the Lowe Countries written by Sir Roger Williams, knight*, in John X. Evans (ed.) *The Works of Sir Roger Williams* (Oxford, 1972).

Wolff, Tobias, *In Pharaoh's Army. Memories of the Lost War* (New York, 1995).

Yair, Yoram, *With Me From Lebanon. The Paratroops' Brigade in the Peace for Galilee Campaign* (Tel Aviv, 1990 [Hebrew]).

Zimmern, Froben Christof von, *Zimmerische Chronik*, ed. Paul Herrmann (Leipzig, 1935).

## 2차 자료

Ainsworth, Peter F., *Jean Froissart and the Fabric of History. Truth, Myth, and Fiction in the Chroniques* (Oxford, 1990).

Allmand, Christopher T. (ed.) *Society at War. The Experience of England and France during the Hundred Years War* (Edinburgh, 1973).

Allmand, Christopher T., 'Changing Views of the Soldier in Late Medieval France', in Philippe Contamine, Charles Giry-Deloison, Maurice H. Keen (eds) *Guerre et sociéte en France, en Angleterre et en Bourgogne XIVe – XVe siècle* (Lille, 1991), pp. 171 – 88.

Allmand, Christopher T., 'Entre honneur et bien commun: le témoignage du Jouvencel au XVe siècle', *Revue Historique* 301:3 (1999), pp. 463 – 81.

Amelang, James S., 'Spanish Autobiography in the Early Modern Era', in Winfried Schulze (ed.) *Ego-dokumente* (Berlin, 1996), pp. 59 – 71.

Amelang, James S., *The Flight of Icarus. Artisan Autobiography in Early Modern Europe* (Stanford, 1998).

Anglo, Sydney, 'How to Kill a Man at Your Ease: Fencing Books and the Duelling Ethic', in S. Anglo (ed.) *Chivalry in the Renaissance* (Woodbridge, 1990), pp. 1 – 12.

Ariès, Philippe, 'Pourquoi écrit-on des mémoires?', in Noémi Hepp and Jacques Hennequin (eds) *Les valeurs chez les mémorialistes Français du XVIIe siècle avant la Fronde: colloque* (Paris, 1979), pp. 13 – 20.

Bagge, Sverre, 'The Individual in Medieval Historiography', in Janet Coleman (ed.) *The Individual in Political Theory and Practice* (Oxford, 1996), pp. 35 – 57.

Baldick, Robert, *The Duel: A History of Duelling* (London, 1965).

Baumgartner, Frederic J., *Louis XII* (New York, 1994).

Bec, Christian, *Les marchands écrivains à Florence, 1375 – 1434* (Paris, 1967).

Beer, Jeanette M. A., *Villehardouin: Epic Historian* (Geneva, 1968).

Benecke, Gerhard, *Maximilian I, 1459 – 1519. An Analytical Biography* (London, 1982).

Berkhofer, Robert F., *Beyond the Great Story. History as Text and Discourse* (Cambridge, Mass., 1995).

Bernard, G. W., *The Tudor Nobility* (Manchester, 1992).

Bertiere, Simone, 'La recul de quelques mémorialistes devant l'usage de la première personne: réalité de la rédaction et artifices de l'expression', in Noémi Hepp and Jacques Hennequin (eds) *Les valeurs chez les mémorialistes Français du XVIIe siècle avant la Fronde: colloque* (Paris, 1979), pp. 65 – 77.

Billacois, François, *Le duel dans la société française des XVIe – XVIIe siècles* (Paris, 1986).

Bitton, Davis, *The French Nobility in Crisis, 1560 – 1640* (Stanford, 1969).

Blanchard, Joël, 'Commynes et la nouvelle histoire', *Poetique*, 79 (September 1989), pp. 287 – 98.

Blanchard, Joël, 'Écrire la guerre au XVe siècle', *Le moyen français*, 24 – 25 (1989), pp. 7 – 21.

Blanchard, Joël, 'Commynes et l'historiographie de son temps', in Sergio Cigada and Anna Slerca (eds) *Recherches sur la littérature du XVe siècle* (Milan, 1991), pp. 191 – 205.

Blanchard, Joël, 'Nouvelle histoire, nouveaux publics: les mémoires à la fin du Moyen Age', in Jean-Philippe Genet (ed.) *L'histoire et les nouveaux publics dans l'Europe médiévale (XIIIe – XVe siècles)* (Paris, 1997), pp. 41 – 54.

Bossuat, R., 'Traductions françaises des Commentaires de César à la fin du XVe siècle', *Bibliothèque d'humanisme et Renaissance*, 3 (1943), pp. 253 – 411.

Boulay, F. R. H. du, 'The German Town Chroniclers', in R. H. C. Davis and J. M. Wallace-Hadrill (eds) *The Writing of History in the Middle Ages* (Oxford, 1981), pp. 455 – 70.

Brandt, William J., *The Shape of Medieval History* (London, 1966).

Briesemeister, Dietrich, 'Die Autobiographie in Spanien im 15. Jahrhundert', in August Buck (ed.) *Biographie und Autobiographie in der Renaissance: Arbeitsgespräch in der Herzog August Bibliothek Wolfenbüttel vom 1. bis 3. November 1982* (Wiesbaden, 1983), pp. 45 – 56.

Briot, Frédéric, *Usage du monde, usage de soi. Enquête sur les mémorialistes d'Ancien Régime* (Paris, 1994).

Brody, Robert, 'Bernal's Strategies', *Hispanic Review*, 55:3 (1987), pp. 323 – 36.

Burckhardt, Jacob, *The Civilization of the Renaissance in Italy*, 2 vols (New York, 1958).

Burke, Peter, *The Renaissance Sense of the Past* (London, 1969).

Bynum, Caroline Walker, 'Did the Twelfth Century Discover the Individual?', in Caroline Walker Bynum (ed.) *Jesus as Mother: Studies in the Spirituality of the High Middle Ages* (London, 1982), pp. 85 – 109.

Caboche, Charles, *Les mémoires et l'histoire en France*, 2 vols (Paris, 1863).

Cerwin, Herbert, *Bernal Díaz, Historian of the Conquest* (Norman, Okla., 1963).

Charbonneau, Frédéric, 'Les mémoires Français du XVIIe siècle: prolegomenes à l'établissement d'un corpus', *Dix-septieme siècle*, 48:2 (1996), pp. 349 – 57.

Chartier, Roger, 'Introduction', in Philippe Ariès and Georges Duby (eds) *A History of Private Life. III: Passions of the Renaissance*, trans. Arthur Goldhammer (Cambridge, Mass., 1989), pp. 1 – 11.

Church, William F., 'France', in Orest Ranum (ed.) *National Consciousness, History, and Political Culture in Early-Modern Europe* (Baltimore, 1975), pp. 43 – 66.

Cohn, Henry J., 'Götz von Berlichingen and the Art of Military Autobiography', in J. R. Mulryne and Margaret Shewring (eds) *War, Literature and the Arts in Sixteenth-Century Europe* (London, 1989), pp. 22 – 40.

Coirault, Yves, 'Autobiographie et mémoires (XVIIe – XVIIIe siècles) ou existence et naissance de l'autobiographie', *Revue d'histoire littéraire de la France*, 75 (1975), pp. 937 – 53.

Coleman, Janet, 'The Individual and the Medieval State', in Janet Coleman (ed.) *The Individual in Political Theory and Practice* (Oxford, 1996), pp. 1 – 34.

Comparato, Vittor Ivo, 'A Case of Modern Individualism: Politics and the Uneasiness of Intellectuals in the Baroque Age', in Janet Coleman (ed.) *The Individual in Political Theory and Practice* (Oxford, 1996), pp. 149 – 70.

Contamine, Philippe, 'The War Literature of the Late Middle Ages: The Treatises of Robert de Balsac and Béraud Stuart, Lord of Aubigny', in Christopher T. Allmand (ed.) *War, Literature, and Politics in the Late Middle Ages* (Liverpool, 1976), pp. 102 – 21.

Contamine, Philippe, 'Froissart: Art militaire, pratique et conception de la guerre', in J. J. N. Palmer (ed.) *Froissart: Historian* (Bury St Edmunds, 1981), pp. 132 – 44.

Contamine, Philippe, 'Mourir pour la patrie', in Pierre Nora (ed.) *Les Lieux de Mémoire. II. La Nation*, 3 vols (Paris, 1986), vol. 2, pp. 12 – 43.

Cooper, Richard, '"Nostre histoire renouvelée": The Reception of the Romances of Chivalry in Renaissance France', in Sidney Anglo (ed.) *Chivalry in the Renaissance* (Woodbridge, 1990), pp. 175 – 238.

Cru, Jean N., *War Books: A Study in Historical Criticism*, trans. S. J. Pincetl and E. Marchand (San Diego, 1976, trans. of *De témoignage* [Paris, 1930]).

Davis, Natalie Zemon, *Fiction in the Archives. Pardon Tales and their Tellers in Sixteenth-Century France* (Stanford, 1987).

Demers, Jeanne, *Commynes mémorialiste* (Montréal, 1975).

Dewald, Jonathan, ##*The European Nobility, 1400 – 1800* (Cambridge, 1996).

Dronke, Peter, *Poetic Individuality in the Middle Ages* (Oxford, 1970).

Dubois, Claude-Gilbert, *La Conception de l'Histoire en France au XVIe siècle (1560 – 1610)* (Paris, 1977).

Duby, Georges and Philippe Braunstein, 'The Emergence of the Individual', in Philippe Ariès and Georges Duby (eds) *A History of Private Life. II: Revelations of the Medieval World, trans. Arthur Goldhammer* (Cambridge, Mass., 1988), pp. 507 – 632.

Dufournet, Jean, *La destruction des mythes dans les Mémoires de Ph. de Commynes* (Genève, 1966).

Dufournet, Jean, 'Commynes et l'invention d'un nouveau genre historique: les mémoires', in Danielle Buschinger (ed.) *Chroniques nationales et chroniques universelles. Actes du colloque d'Amiens* (Göppingen, 1990), pp. 59 – 77.

Dunn, Peter N., *Spanish Picaresque Fiction: A New Literary History* (London, 1993).

Elias, Norbert, *The Court Society* (Oxford, 1983).

Ettinghausen, H., 'The Laconic and the Baroque. Two Seventeenth-Century Spanish Soldier-Autobiographers (Alonso de Contreras and Diego Duque de Estrada)', *Forum for Modern Language Studies*, 26 (1990), pp. 204 – 11.

Foisil, Madeleine, 'The Literature of Intimacy', in Philippe Ariès and Georges Duby (eds) *A History of Private Life. III: Passions of the Renaissance, trans. Arthur Goldhammer* (Cambridge, Mass., 1989), pp. 327 – 62.

Fumaroli, Marc, 'Les mémoires du XVIIe siècle au carrefour des genres en prose', *Dixseptieme siècle*, 94 (1971), pp. 7 – 37.

Fumaroli, Marc, 'Mémoires et Histoire: le dilemme de l'historiographie humaniste au XVIe siècle', in Noémi Hepp and Jacques Hennequin (eds) *Les valeurs chez les mémorialistes Français du XVIIe siècle avant la Fronde: colloque* (Paris, 1979), pp. 21–45.

Fussell, Paul, *The Great War and Modern Memory* (Oxford, 1975).

Gilbert, Felix, *Machiavelli and Guiccardini. Politics and History in Sixteenth-Century Florence* (Princeton, 1965).

Gilmore, Leigh, 'The Mark of Autobiography: Postmodernism, Autobiography, and Genre', in Kathleen Ashley, Leigh Gilmore and Gerald Peters (eds) *Autobiography and Postmodernism* (Boston, 1994), pp. 3–18.

Gilmore, Leigh, 'Policing Truth: Confession, Gender, and Autobiographical Authority', in Kathleen Ashley, Leigh Gilmore and Gerald Peters (eds) *Autobiography and Postmodernism* (Boston, 1994), pp. 54–78.

Giono, Jean, *The Battle of Pavia*, trans. A. E. Murch (London, 1965, trans. of *Le désastre de Pavie* [Paris, 1963]).

Goetz, Rainer H., *Spanish Golden Age Autobiography in Its Context* (New York, 1994).

Goldberg, Jonathan, 'Cellini's 'Vita' and the Conventions of Early Autobiography', *Modern Language Notes*, 89 (1974), pp. 71–83.

Goulemot, Jean Marie, 'Literary Practices: Publicizing the Private', in Philippe Ariès and Georges Duby (eds) *A History of Private Life. III: Passions of the Renaissance*, trans. Arthur Goldhammer (Cambridge, Mass., 1989), pp. 363–96.

Greyerz, Kaspar von, 'Religion in the Life of German and Swiss Autobiographers (Sixteenth and Early Seventeenth Centuries)', in Kaspar von Greyerz (ed.) *Religion and Society in Early Modern Europe 1500–1800* (London, 1984), pp. 223–41.

Guenée, Bernard, *Histoire et culture historique dans l'Occident médiéval* (Paris, 1980).

Guenée, Bernard, 'Les Grandes Chroniques de France', in Pierre Nora (ed.) *Les Lieux de Mémoire. II. La Nation*, 3 vols (Paris, 1986), vol. 1, pp. 189 – 214.

Guglielminetti, Marziano, 'L'autobiographie en Italie, XIVe – XVIIe siècles', in C. Delhez-Sarlet and M. Catani (eds) *Individualisme et Autobiographie en Occident*, pp. 101 – 14.

Gurevich, Aron I., *The Origins of European Individualism*, trans. Katharine Judelson (Oxford, 1995).

Gusdorf, Georges, *Les écritures du moi* (Paris, 1991).

Hale, J. R., *War and Society in Renaissance Europe, 1450 – 1620* (London, 1985).

Hanning, Robert W., *The Individual in Twelfth-Century Romance* (London, 1977).

Harari, Yuval Noah, 'Eyewitnessing in Accounts of the First Crusade: The Gesta Francorum and Other Contemporary Narratives', *Crusades*, 3 (2004, forthcoming).

Hassig, Ross, 'War, Politics and the Conquest of Mexico', in Jeremy Black (ed.) *War in the Early Modern World* (London, 1999), pp. 207 – 36.

Hastings, Max, *The Korean War* (New York, 1988).

Hedeman, Anne D., *The Royal Image. Illustrations of the Grandes Chroniques de France, 1274 – 1422* (Berkeley, 1991).

Herzog, Tobey C., *Vietnam War Stories: Innocence Lost* (London, 1992).

Hipp, Marie-Thérèse, *Mythes et réalités. Enquête sur le roman et les mémoires (1660 – 1700)* (Paris, 1976).

Horrox, Rosemary, *Richard III. A Study of Service* (Cambridge, 1989).

Hundert, E. J., 'The European Enlightenment and the History of the Self', in Roy Porter (ed.) *Rewriting the Self. Histories from the Renaissance to the Present* (London, 1997), pp. 72 – 83.

Huppert, George, *The Idea of Perfect History. Historical Erudition and Historical Philosophy in Renaissance France* (Chicago, 1970).

Hynes, Samuel, *The Soldiers' Tale. Bearing Witness to Modern War* (London, 1998).

IJsewijn, Josef, 'Humanistic Autobiography', in Eginhard Hora and E. Kessler (eds) *Studia Humanitatis: Ernesto Grazzi zum 70. Geburtstag* (Munich, 1973), pp. 209 – 19.

James, Mervyn, *Society, Politics and Culture. Studies in Early Modern England* (Cambridge, 1986).

Jones, R. O., *The Golden Age. Prose and Poetry*, in R. O. Jones (ed.) *A Literary History of Spain* (London, 1971).

Jones, Thomas, 'A Welsh Chronicler in Tudor England', *Welsh History Review*, 1 (1960), pp. 1 – 17.

Jouanna, Arlette, 'La noblesse française et les valeurs guerrières au XVIe siècle', in Gabriel-A. Pérouse, André Thierry and André Tournon (eds) *L'Homme de guerre au XVIe siècle: actes du colloque de l'Association RHR Cannes 1989* (Saint-Étienne, 1992), pp. 205 – 18.

Kaeuper, Richard W., *Chivalry and Violence in Medieval Europe* (Oxford, 1999).

Kagan, Richard L., 'Clio and the Crown: Writing History in Habsburg Spain', in Richard L. Kagan and Geoffrey Parker (eds) *Spain, Europe and the Atlantic World* (Cambridge, 1996), pp. 73 – 99.

Kaminsky, Amy Katz and Elaine Dorough Johnson, 'To Restore Honour and Fortune: "The Autobiography of Leonor López de Córdoba"', in *The Female Autograph, ed. Domna C. Stanton* (Chicago, 1984), pp. 70 – 80.

Karnow, Stanley, *Vietnam: A History. The First Complete Account of Vietnam at War* (New York, 1983).

Keen, Maurice, 'Chivalry, Heralds, and History', in R. H. C. Davis and J. M. Wallace-Hadrill (eds) *The Writing of History in the Middle Ages* (Oxford, 1981), pp. 393 – 414.

Kelley, Donald R., *Foundations of Modern Historical Scholarship: Language, Law, and History in the French Renaissance* (New York, 1970).

Kelso, Ruth, *The Doctrine of the English Gentleman in the Sixteenth Century* (Gloucester, Mass., 1964).

Kendall, Paul Murray, *Louis XI* (London, 1971).

Kenny, Neil, *The Palace of Secrets: Béroalde de Verville and Renaissance Conceptions of Knowledge* (Oxford, 1991).

Kiernan, Victor Gordon, *The Duel in European History* (Oxford, 1988).

Kirkpatrick, F. A., 'The First Picaresque Romance', *Bulletin of Spanish Studies*, 5:20 (1928), pp. 147 – 54.

Knecht, Robert J., 'Military Autobiography in Sixteenth-Century France,' in J. R. Mulryne and Margaret Shewring (eds) *War, Literature and the Arts in Sixteenth-Century Europe* (London, 1989), pp. 3 – 21.

Knecht, Robert J., 'The Sword and the Pen: Blaise de Monluc and his Commentaires', *Renaissance Studies*, 9:1 (1995), pp. 104 – 18.

Koenigsberger, Helmut, 'Spain', in Orest Ranum (ed.) *National Consciousness, History, and Political Culture in Early-Modern Europe* (Baltimore, 1975), pp. 144 – 72.

Krieger, Leonard, 'Germany', in Orest Ranum (ed.) *National Consciousness, History, and Political Culture in Early-Modern Europe* (Baltimore, 1975), pp. 67 – 97.

Kuperty, Nadine, 'La stratégie des préfaces dans les Mémoires du XVIe siècle', in Madeleine Bertaud and François-Xavier Cuche (eds) *Le Genre des Mémoires, Essai de Définition. Colloque International des 4 – 7 Mai 1994* (Paris, 1995), pp. 13 – 25.

Kuperty, Nadine, *Se dire à la Renaissance: les mémoires au XVIe siècle* (Paris, 1997).

Kuperty-Mandel, Nadine, 'The Illusion of Subjectivity', Poetics Today, 7:3 (1986), pp. 527 – 45.

Lehman, Paul, 'Autobiographies of the Middle Ages', *Transactions of the Royal*

*Historical Society*, 5th ser., 3 (1953), pp. 41 – 52.

Leonard, Irving A., *Books of the Brave* (Cambridge, Mass., 1949).

Le Roy Ladurie, Emmanuel, *Montaillou, village occitan de 1294 à 1324* (Paris, 1975).

Lesne-Jafro, Emmanuele, 'Les Mémoires et leurs destinataires dans la seconde moitié du XVIIe siècle', in Madeleine Bertaud and François-Xavier Cuche (eds) *Le Genre des Mémoires, Essai de Définition. Colloque International des 4 – 7 Mai 1994* (Paris, 1995), pp. 27 – 44.

Levisi, Margarita, 'Golden Age Autobiography: The Soldiers', in Nicholas Spadaccini (ed.) *Autobiography in Early Modern Spain* (Minneapolis, 1988), pp. 97 – 118.

Lloyd, Howell A., *The State, France and the Sixteenth Century* (London, 1983).

McDonald, William C., *German Medieval Literary Patronage from Charlemagne to Maximilian I* (Amsterdam, 1973).

McFarlane, I. D., *Renaissance France: 1470 – 1589* (New York, 1974).

Ma̦czak, Antoni, 'The Nobility – State Relationship', in Wolfgang Reinhard (ed.) *Power Elites and State Building* (Oxford, 1996), pp. 189 – 206.

Major, James Russell, *From Renaissance Monarchy to Absolute Monarchy* (Baltimore, 1994).

Mesnard, Jean, 'Conclusion: Les Mémoires comme genre', in Madeleine Bertaud and François-Xavier Cuche (eds) *Le Genre des Mémoires, Essai de Définition. Colloque International des 4 – 7 Mai 1994* (Paris, 1995), pp. 361 – 71.

Molino, Jean, 'Stratégies de l'autobiographie au Siècle d'Or', in Université de Provence, Centre de recherches hispaniques (ed.) *L'Autobiographie dans le monde hispanique. Actes du colloque international de la Baume-lès-Aix, 11, 12, 13 mai 1979*, (Paris, 1980), pp. 115 – 37.

Moote, Alanson Lloyd, *Louis XIII: The Just* (Berkeley, 1989).

Morgan, Prys, 'Elis Gruffudd of Gronant – Tudor Chronicler Extraordinary',

*Flintshire Historical Society Publications*, 25 (1971 – 2), pp. 9 – 20.

Morris, Colin, *The Discovery of the Individual: 1050 – 1200* (New York, 1973).

Murrin, Michael, *History and Warfare in Renaissance Epic* (Chicago, 1994).

Muse, Eben J., *The Land of Nam* (London, 1995).

Nader, Helen, *The Mendoza Family in the Spanish Renaissance, 1350 to 1550* (New Brunswick, 1979).

Nelson, William, *Fact or Fiction: The Dilemma of the Renaissance Storyteller* (Cambridge, Mass., 1973).

Neuschel, Kristen B., *Word of Honour: Interpreting Noble Culture in Sixteenth-Century France* (Ithaca, 1989).

Nora, Pierre, 'Les Mémoires d'État de Commynes à de Gaulle', in Pierre Nora (ed.) *Les Lieux de Mémoire. II. La Nation*, 3 vols (Paris, 1984 – 92), vol. 2, pp. 355 – 400.

Pope, Randolph D., *La autobiografía Española hasta Torres Villarroel* (Frankfurt, 1974).

Porter, Roy, 'Introduction', in Roy Porter (ed.) *Rewriting the Self. Histories from the Renaissance to the Present* (London, 1997), pp. 1 – 14.

Ranum, Orest, *Artisans of Glory. Writers and Historical Truth in Seventeenth-Century France* (Chapel Hill, 1980).

Roy, Ian (ed.) *The Habsburg-Valois Wars and the French Wars of Religion* (London, 1971).

Rupprich, Hans, *Die deutsche Literatur von sp%ooten Mittelalter bis zum Barock*, 2 vols (Munich, 1970 – 3).

Russell, Peter E. (ed.) 'The Memorias of Fernán Alvarez de Albornoz, Archbishop of Seville, 1371 – 80', in *Hispanic Studies in Honour of Ignasi González Llubera*, ed. Frank Pierce (Oxford, 1959), pp. 319 – 30.

Sawday, Jonathan, 'Self and Selfhood in the Seventeenth Century', in Roy Porter (ed.) *Rewriting the Self. Histories from the Renaissance to the Present* (London, 1997), pp. 29 – 48.

Schalk, Ellery, *From Valor to Pedigree. Ideas of Nobility in France in the Sixteenth and Seventeenth Centuries* (Princeton, 1986).

Schrenck, Gilbert, 'Aspects de l'écriture autobiographique au XVIe siècle. Agrippa d'Aubigné et Sa vie à ses enfants', *Nouvelle Revue du XVIe siècle*, 3 (1985), pp. 33 – 51.

Schrenck, Gilbert, 'Brantôme et Marguerite de Valois: d'un genre l'autre ou les Mémoires incertains', in Noémi Hepp (ed.) *La Cour au miroir des mémorialistes, 1550 – 1682. Actes du colloque du Centre de philologie et de littérature [sic] romanes de Strasbourg, 16 – 18 novembre 1989* (Paris, 1991), pp. 183 – 92.

Shumaker, Wayne, *English Autobiography: Its Emergence, Material and Form* (Berkeley, 1954).

Small, Graeme, *George Chastelain and the Shaping of Valois Burgundy* (Bury St Edmunds, 1997).

Soons, Alan, *Juan de Mariana* (Boston, 1982).

Southern, Richard W., *The Making of the Middle Ages* (New Haven, 1959).

Southern, Richard W., 'Medieval Humanism', in Richard W. Southern, *Medieval Humanism and Other Studies* (New York, 1970), pp. 29 – 60.

Spadaccini, Nicholas and Jenaro Talens, 'Introduction: The Construction of the Self. Notes on Autobiography in Early Modern Spain', in Nicholas Spadaccini (ed.) *Autobiography in Early Modern Spain* (Minneapolis, 1988), pp. 9 – 40.

Spiegel, Gabrielle M., *The Chronicle Tradition of St Denys* (Brookline, Mass., 1978).

Steinmetz, Andrew, *The Romance of Duelling, in All Times and Countries*, 2 vols (Richmond, 1971 [1868]).

Strauss, Gerald, *Historian in an Age of Crisis. The Life and Work of Johannes Aventinus 1477 – 1534* (Cambridge, Mass., 1963).

Ullmann, Walter, *The Individual and Society in the Middle Ages* (London, 1967).

Vitz, Evelyn B., 'Type et individu dans l'autobiographie médiévale', Poetique, 24 (1975), pp. 426 – 45.

Waas, Glenn Elwood, *The Legendary Character of Kaiser Maximilian* (New York, 1941).

Watts, Derek A., 'Self-Portrayal in Seventeenth-Century French Memoirs', *Australian Journal of French Studies*, 12 (1975), pp. 263 – 86.

Zimmermann, T. C. Price, *Paolo Giovio: The Historian and the Crisis of Sixteenth-Century Italy* (Princeton, 1995).

Zmora, Hillay, *State and Nobility in Early Modern Germany. The Knightly Feud in Franconia, 1440 – 1567* (Cambridge, 1997).

Zumthor, Paul, 'Autobiography in the Middle Ages?', *Genre*, 6 (1973), pp. 29 – 48.

74쪽  Hendrik Scheffer, Blaise de Montesquieu-Lasseran-Massencome, seigneur de Montluc, 1834, Palace of Versailles.

106쪽  (위) Immanuel Giel, Goetz von Berlichingen in Weisenheim am Sand.
(아래) Christian von Mechel, Die Eiserne Hand (Handprothese) von Gotz von Berlichingen, c.1815.

111쪽  Francois Dubois, Le massacre de la Saint-Barthelemy, c.1572-84, Musee cantonal des Beaux-Arts.

147쪽  Francisco Lopez de Gomara, Almagro se apodera del Cuzco, 1554, "Historia General de las Indias".

173쪽  Unknown, second half of 17th century, The Conquest of Tenochtitlan, Jay I. Kislak Collection; Rare Book and Special Collections Division (26.2).

190쪽  Master of the Codex Manesse, Manessische Liederhandschrift, 1305-1315, Heidelberg Universitatsbibliothek.

211쪽  Martin Rota Kolunic, The Battle of Lepanto, 1572, Real Academia Espanola.

229쪽  Sir John Gilbert, Morning of the Battle of Agincourt, 25th October 1415, 1884, http://www.bridgemanartondemand.com.

245쪽  Hans Sebald Beham, Fortuna, 1541, Private collection.

275쪽  디아스: Genaro Garcia, Supuesto retrato de Bernal Diaz Del Castillo, 1904.
플로랑주: Francois-Edouard Picot, Portrait of Robert Fleuranges de La Marck, 1834, Palace of Versailles.

셰르틀린: Dominicus Custos, Feldhauptmann Schertlin, Herr zu Burtenbach, late 16th century, Kulturgeschichte des deutschen Volkes.

카를 5세: Juan Pantoja de la Cruz, Emperor Charles V with a Baton, c.1605, Museo del Prado.

318쪽 Follower of Joachim Patinir, Schlacht bei Pavia, 1530, Kunsthistorisches Museum.

이 책은 나의 박사학위 논문을 개정한 것이다. 1998년 10월부터 2001년 12월까지 옥스퍼드의 지저스 칼리지에서 수행한 연구가 이 글의 기반이 되었는데, 그 3년 동안 스티븐 건Steven Gunn 박사님(옥스퍼드 머튼 칼리지)의 지도와 격려가 내게 큰 힘이 되었다. 박사님의 헤아릴 수 없이 귀한 지원과 도움, 연구 중에 자유로운 실험을 허용해주신 것, 그리고 실험 결과가 그리 좋지 않았을 때 나를 구원해주신 것에 모두 감사드린다.

또한 예전에 예루살렘의 히브리 대학에서 나를 지도해주신 베냐민 Z. 케다르Benjamin Z. Kedar 교수님에게도 많은 신세를 졌다. 케다르 교수님의 지도로 학사과정과 석사과정을 밟으면서 익힌 많은 기법들이 이 책에 사용되었을 뿐만 아니라, 내가 옥스퍼드로 오기 전에 이 연구 프로젝트를 처음 기획할 때도 케다르 교수님에게 도움을 받았다.

논문의 초고를 읽은 뒤 몹시 중요한 비판과 조언을 해주신 마틴 밴 크리벨트Martin van Creveld 교수님, 논문의 또 다른 초고를 읽은 뒤 귀중한 제안들을 해주신 존 워츠John Watts 박사님, 논문 최종본의 수정을 도와주신 크리스토퍼 T. 올먼드Christopher T. Allmand 교수님과 주디스 폴먼Judith Pollmann 박사님에게도 감사드린다.

건 박사님, 폴먼 박사님, 편집자 피터 사우든Peter Sowden은 출판과 관련해서 내게 훌륭한 조언을 해주었으며, 논문을 책으로 변환하는 작업도 도와주었다.

이 밖에 친구들, 가족, 대학원의 동료 학생 등 내게 도움과 아이디어를 제공해준 모든 사람에게도 감사의 말을 전하고 싶다. 특히 사라이 아로니Sarai Aharoni, 에후드 아미르Ehud Amir, 야비에르 에스콜라Javier Escolar, 톰 갈Tom Gal, 요시 마우리Yossi Maurey, 에란 샬레브Eran Shalev, 야론 토렌Yaron Toren, 그리고 내 할머니 파니 루팅거Fanny Luttinger에게 감사한다.

나를 끊임없이 지원해준 옥스퍼드의 근대사학부 직원들, 지저스 칼리지의 직원들에게도 감사한다.

마지막으로, 박사학위 3년차 때 히브리 대학 학부에서 백년전쟁을 주제로 강의할 기회를 주신 예루살렘의 히브리 대학 역사학과와 베냐민 Z. 케다르 교수님에게 특히 감사의 말을 전하고 싶다. 내 강의를 들은 학생들에게도 역시 감사한다. 강의 경험 및 학생들과의 토론 경험은 여러 면에서 내게 중요한 영향을 미쳤으며, 이 책의 중요 부분들에 대한 나의 생각을 정리하는 데 특히 도움이 되었다.

영국 정부가 경제적으로 후한 도움을 주지 않았다면 나는 공부를 하는 동안 생계를 해결할 수 없었을 것이다. 영국 정부는 내게 해외 연구학생 장학금을 주었고, 로스차일드 재단은 내가 공부를 시작한 첫해에 로스차일드 특별 연구비를 지급해주었다. 지저스 칼리지(옥스퍼드)도 박사학위 과정 2년차와 3년차 때 옥스퍼드의 근대사학부와 함께 옥스퍼드 근대사 대학원 장학금을 수여해주었다. 같은 시기에 AVI 특별 연구비도 받을 수 있었다. 또한 앵글로유대인 연합은 박사과정 2년차 때 경제적인 도움을 주었다.

마지막으로 부모님께 많은 신세를 졌다. 내가 공부하는 내내 부모님은 내내 경제적인 면을 비롯한 여러 면에서 최선을 다해 나를 도와주셨다.

# Renaissance Military Memoirs

## : War, History and Identity, 1450-1600